조선
500년의
거짓말

김학준 지음

조선 500년의 거짓말

민중의 눈으로 다시 쓴 조선 역사

인문서원

저는 역사를 전공하지 않았으며, 집필을 업으로 삼은 사람이 아닙니다. 다만 인류의 역사에 흥미를 느낀 평범한 독자에 지나지 않습니다. 그런데 우리 역사, 특히 조선시대를 다룬 이런저런 교양 역사서를 접하는 과정에서 어떤 흐름을 발견하게 되었습니다. 시중에 나와 있는 책들이 임금과 왕실, 그리고 양반 사대부들의 생각과 시선, 행위를 바탕으로 이야기를 풀어가고 있다는 사실입니다. 그뿐만 아니라 그들의 위선과 탐욕, 반민중적인 행보에 대해서는 사뭇 관대하거나 아예 관심조차 두지 않으려는 경향이 뚜렷함을 알게 되었습니다. 조선 역사를 비판적으로 서술한 책이 없는 것은 아니지만, 그 역시 군신 사이의 힘겨루기나 권력을 놓고 벌이는 사대부 사회의 정치적 갈등이라는 범주를 벗어나지 않았습니다. 그리고 당대 지배 질서에 더 근원적이고 솔직하게 다가감으로써 수탈로 고통받은 민중의 삶과 오늘날 우리 사회의 밑거름이 된 그들의 역사적 발자취를 조명한 글은 더욱 귀했습니다.

결국 조선 역사를 다루는 서적의 대세가 지배계급의 사상과 이해관계를 긍정하고 그들의 위치에서 과거를 서술하는 것임을 부정하기란 쉽지 않은 일이었습니다. 직접 글을 써보겠다는 저의 무모한 시도는 바로 여기서부터 시작되었습니다.

"우리 역사에서 실제 사실이 아닌, 그렇다고 믿고 싶거나 나에게 익숙한 것만을 기억하는지도 모른다. 선조들의 자랑스러운 업적과 지난날의 밝은 면만 찾아 읽으며 자부심을 느끼는 것이 역사 읽기의 전부일 수는 없다. 어두운 역사의 부끄러운 면까지 있는 그대로 바라보고 성찰함으로써 지난 잘못을 되풀이하지 않으려는 자세가 중요하고 또 절실하다."

외람되지만 제 나름으로는 책 읽기와 역사 공부를 통해서 이런 인식을 가지게 되었습니다. 늦은 깨달음이었습니다.

만약 우리가 역사에서 볕이 든 방향으로만 눈을 돌리고 그 시대를 호령한 자들에게 유독 호의를 가진다면, 아픈 역사는 반복될 수밖에 없습니다. 지배계급의 붓으로 쓰인 역사는 그들의 생각을 반영하고, 그들의 입장을 옹호하기 위해 가공하고 미화하기 마련입니다. 그러므로 그 시대 민중의 고통과 억눌린 목소리를 들으려는 세심한 배려와 노력을 소홀히 하는 순간, 어두운 역사는 언제든 오늘의 우리와 후손들 삶에 같은 방식으로 개입하려 들 게 분명합니다.

제가 이 글을 쓰는 내내 잊지 않으려 한 믿음이 있습니다. 민중을 배제하고 나면 그 시대 역사는 절반도 알지 못하는 것이며, 역사의 주체를 지배계급으로 국한한 역사는 절반의 진실도 말하지 않는다는 생각이 그것입니다. 이 책은 그런 생각에서 애민(愛民), 사림(士林), 사대(事大), 반정(反正), 민란(民亂)이라는 다섯 개의 테마를 중심으로 썼습니다. 모두 조선의 통치 이념, 왕조 사업 그리고 선전 구호와 관련된 당대 지배계급의 거짓과 위선을 제대로 드러내는 주제라고 생각합니다. 저는 대다수 역사 서적이 다분히 편향적으로 해석하고 평가해온 이 주제들을, 조선 민중의 입지와 눈높이에서 다르게 해석하고 싶었습니다.

제1부에서는 입버릇처럼 조선 통치자들의 입에 오르내린 애민 사상의 허구와 실상을 들여다보았습니다. 제2부에서는 16세기 이후의 사대부들이 선비의 전형이라며 후손들을 오도한, 이른바 사림의 실체를 다루었습니다. 제3부에서는 역대 임금과 사대부들이 그 불가피한 사정을 힘주어 변명했던 사대 관행의 진실을 이야기했습니다. 그리고 제4부에서는 당대의 역신들이 반정으로 포장했던 쿠데타와 왕위 찬탈의 전모에 대해 알아보았습니다. 마지막으로 제5부에서는 오백 년 세월 동안 억압과 수탈에 시달린 민중의 항거를 민란으로 매도한 그 모든 거짓에 대해 힘닿는 대로 정리해보았습니다. 할 수만 있다면 백성들의 비참한 삶과 가혹한 운명이라는 수동적인 서술에서 한 발짝 더 나아가 역사의 주체로서 민중을 서술하고자 했으나,

쉽지 않았습니다.

이 글은 저에게 영감과 통찰을 제공한 선생님들의 허다한 책과 논문에 결정적으로 힘입었습니다. 글쓰기를 준비하며 읽고 생각하는 시간은 혼자서는 감히 이르지 못할 그분들의 식견과 혜안에 탄복하는 시간이기도 했습니다. 그런 역작들을 참고 문헌의 목록으로 대신하였으니 염치없습니다. 이 자리를 빌려 양해와 함께 감사의 말씀을 드립니다.

논쟁의 여지가 있는 내용과 어쩌면 저 자신도 눈치채지 못한 오류에 동의하지 않는 분들이 계시리라 생각합니다. 이는 전적으로 얕은 공부와 생각이 빚어낸 제 모자람 때문입니다. 그럼에도 불구하고 새로운 관점에서 우리 역사를 바라보고자 하는 독자들께 조금이나마 다채로운 경험을 드릴 수 있다면 더 바랄 것이 없습니다. 인내심을 갖고 부족한 글을 읽어주신 독자 여러분께 고개 숙여 감사드립니다.

이 책이 나오기까지 개인적으로 감사드려야 할 분들이 많습니다. 평소 독자로 만나왔던 몇몇 출판사에 투고하는 만용을 부렸지만, 솔직히 제 원고가 세상 밖으로 나올 수 있을지 확신이 서지 않았습니다. 그런 와중에 인문서원 출판사와 인연이 닿은 것은 천만다행이었습니다. 신뢰할 만한 이력이나 정보도 없는 초심자의 글을 읽고 흔쾌히 손 내밀어주신 양진호 대표님의 용기에 경의를 표합니다. 아울러 서툰 글을 다듬어주신 편집자께도 고마움을 전합니다.

책을 쓸 거라며 부도수표나 다를 바 없는 객기를 긴 시간 동안 남발해왔습니다. 그런데도 소중한 시간과 곁을 내주며 술잔을 함께 기울인 벗들이 있습니다. 박성조, 한명환, 김채기, 김성훈 그리고 윤희보, 성훈 모두에게 '덕분에 견뎌냈노라'는 말을 건넵니다. 호방한 권일우의 격려도 큰 힘이 되었습니다. 그동안 신통치 않은 체면 때문에 늘 불편했는데, 이참에 후배 곽교철과 신재명에게 그럭저럭 치레는 했다고 우겨볼 생각입니다. 끝으로 삶의 현장 어딘가에서 분투하고 있을 건호에게 응원의 메시지를 남깁니다.

차례

제1부

애민,
愛民

"백성을 위하고 어여삐 여겼다"는

거짓말

1장

500년을 일관한 거짓과 위선

애민, 지배계급의 거짓 이데올로기

윗사람은 허술하게 입고 먹어야 한다는 건, 한 번도 지켜진 적이 없는
동양의 거짓말이다. ─최인훈, 『광장』

그들의 지배자는 의식적이든 무의식적이든 자신들의 기생적 삶을 자
연적이면서 동시에 바람직한 것으로 정당화하려고 … 관념, 가치, 법
률, 생활 습관, 제도 등을 만들어낸다.
─이사야 벌린, 『칼 마르크스: 그의 생애와 시대』

불행한 역사일수록 더 정확하게 아는 일이 중요합니다. 불행한 역사에
눈감으면 더 불행한 역사를 저지르거나 당할 수 있을 것이기 때문입니
다. 그리고 지난 세기의 불행한 역사를 제대로 아는 일이 새로운 세기

의 국제 우호와 평화를 담보하는 일이 될 수 있기 때문입니다. 역사를 가르치고 배우는 의미가 거기에 있습니다.

— 강만길, 『분단고통과 통일전망의 역사』

그들에게 애민은 어떤 의미였을까?

"치자로서 해야 할 도리는 모름지기 백성을 내 몸처럼 위하고 사랑함으로써, 그들을 도탄에서 구제하고 편안하게 하는 데 있다."

이런 이야기는 역사 서적이나 사극 드라마 같은 데서 누구나 한 번쯤은 접해본 말입니다. 이는 조선의 임금과 사대부들이 흔히 입에 담았던 말 가운데 하나이기도 합니다. 그래서 조선의 지배계급이 과연 그토록 백성을 위하고 어여삐 여겼는지 확인해보았습니다.

먼저 국사편찬위원회가 제공하는 『조선왕조실록』 온라인 서비스에 접속해서 검색란에 '애민(愛民)'을 입력해보았습니다. 그랬더니 해당 단어를 포함하는 기록이 800건이 넘게 나옵니다. 중민(重民), 안민(安民), 보민(保民), 위민(爲民), 민본(民本) 따위의 비슷한 의미의 단어까지 같은 범주에 넣는다면 아마 그 수효는 능히 수천에 이를 겁니다. 이처럼 기록상으로는 임금과 양반 사대부들의 '백성 사랑'을 뚜렷이 확인할 수 있었습니다. 하지만 실제로도 그랬을까요?

"내가 일찍이 정조의 실록을 편찬하는 작업을 하면서 기주(記注)의 본초(本草) 및 재상들의 찬정(竄定)*을 보았는데, 권세 있는 사람은 오

---

* 기주(記注)는 임금과 신하들의 말과 행동을 사실대로 속기한 초고본을 의미합니다. 찬정(竄定)은 글의 잘못된 내용을 바로잡는 일을 말합니다.

로지 포장을 일삼아 찬양하는 말이 아닌 것이 없고, 꼭 필요하지 않은 말도 모두 자세히 적었다. 가난하고 지체가 낮은 자에 대해서는 모두 누락시켜버리거나 대충 쓰기도 하였다. 그러니 뒤바뀌고 보태고 빼서, 사실이 실제 자취를 잃어버렸을 것임을 미루어 알 수 있다."

위의 인용문은 정조와 순조 대의 문신 사대부인 윤기라는 인물의 시문집 『무명자집(無名子集)』 가운데 「작사지법(作史之法)」이라는 글의 일부입니다. 윤기는 벼슬이 정3품 호조참의에 이르렀고, 정조가 죽은 뒤에는 『정조실록』의 편찬관으로 참여하기도 한 인물입니다. 이처럼 실록 편찬에 직접 관여한 인물의 증언에서 알 수 있듯이, 당대 실력자들의 언행이 미화되고 윤색되어 실록으로 전해지는 실상은 어쩔 수 없었나 봅니다. 결국 지배계급의 '백성 사랑'이 실록을 도배한 것은 사실 여부와 관계없이 다분히 후대의 평가를 의식한 포장된 위선이거나, 진정이 담기지 않은 과장된 수사에 지나지 않으리라는 의구심을 떨치기 어렵습니다.

조선 역사 전체를 대강 머릿속에 떠올려보더라도 지배계급의 백성 사랑은 얼른 수긍이 가지 않습니다. 모름지기 진짜 사랑은 자기 안위를 걱정해야 하는 어려운 상황에서 시작되는 법입니다. 그런데 조일전쟁과 조청전쟁이 터졌을 때, 백성을 버리고 가장 먼저 달아난 이들은 임금과 조정의 사대부들이었습니다. 그들은 이후로도 느낀 게 없는 사람처럼 행동하더니 결국 조청전쟁을 자초해 또다시 강토를 쑥밭으로 만들어 백성을 사지로 내몰았습니다. 그러고도 제대로 책임지는 사람이 없었습니다. 외침을 두 차례나 겪고도 그들은 조금도 달라진 모습을 보이지 않았으며, 언제나 놀고먹으며 땅을 늘렸고 자기 곳간 채우는 일에만 열심이었습니다.

　백성들의 고충을 조금이나마 덜어주자며 내민 대동법과 균역법의
시행에는 한사코 고개를 가로젓던, 조선 후기 양반 사대부들의 면면
이 떠오릅니다. 그들은 반복된 흉년으로 굶주림에 허덕이던 민중의
고통은 본체만체, 환국이다 예송 논쟁이다 하며 오직 권력 장악에만
분주했습니다. 더 내몰릴 곳이 없어 죽기 살기로 들고일어난 19세기
의 수많은 농민 봉기도 머릿속을 맴돕니다. 한마디로 조선의 지배계
급은 헤아릴 수 없이 많은 권리와 특혜를 누리지만, 나라에 지는 의
무는 모두 백성에게 떠넘기고도 부끄러워할 줄 모르는 존재였습니
다. 그러고도 치세 내내 '애민'이라는 거짓말을 입에 달고 살았으니,
도대체 왜 그랬을까요?

　이제부터 조선의 지배계급이 말한 '애민'이 우리 역사에서 진정 어
떤 의미를 갖는지, 그리고 그런 '달콤한 거짓말'이 무엇을 위한 것인
지를 자세히 살펴보기로 합니다.

백성을 중심에 두지 않은 민본사상

조선의 통치 이념인 유교사상은 나라와 정치 행위의 존재 기반이 백
성에게 있다고 가르칩니다. '백성의 마음이 곧 하늘의 뜻'이라고도
합니다. 그래서 민심을 외면하는 군주는 존재 의미를 잃는다고 믿었
습니다.

　고대 유학이 말하는 천명론(天命論)은 '대다수 백성은 비록 보잘것
없고 무지하지만, 순수하고 떳떳한 본성을 지녔으니 위로 하늘의 뜻
을 아는 일이란 곧 백성의 뜻을 살피는 것이다'라고 가르칩니다. 나

아가 '하늘의 뜻에 따라 한번 나라를 다스리게 된 군주는 그 지위를 변함없이 유지하는 것이 아니다'라고 말합니다. 군주가 덕을 잃으면 백성의 마음은 그를 떠나게 되고, 이는 곧 하늘의 뜻도 군주를 떠나는 것이어서 그 지위를 잃게 되기 때문입니다. 군주의 지위뿐만 아니라 백성의 마음도 한결같이 고정된 것이 아니라는 뜻이죠.

한편, 『시경』이나 『서경』에 담긴 천명을 바탕으로 한 민본사상은 공자와 맹자의 정치사상에 커다란 영향을 주었습니다. 공자는 정치 행위에서 가장 중요한 세 가지 근본을 "양식과 군비를 풍족하게 하고, 백성들이 믿게 만드는 것이다"(『논어』 「안연편」)라고 말했습니다. 그리고 그중에서 으뜸이 백성의 신뢰라고 했습니다.

이런 생각은 맹자에 이르러 한층 강화되어, "백성은 귀하고 사직은 그다음이요, 군주는 가벼운 존재다"(『맹자』 「진심 하편」)라고 말하기에 이릅니다. 맹자는 여기서 한 걸음 더 나아가 나쁜 군주는 바꿔도 무방하다는 말까지 합니다. 이른바 '폭군 방벌론'을 긍정한 겁니다. 비록 맹자의 혁명론이 군주제 자체를 부정하는 것이 아니라 단지 새로운 군주로 교체하는 것에 지나지 않았지만 말입니다.

그런데 우리가 조선의 민본사상을 말할 때 주의해야 할 것이 있습니다. 후대의 신유학, 즉 주희 성리학의 세례를 받은 조선의 민본에는 한 가지 조건이 전제되어 있었습니다. 바로 '군주가 나라의 모든 것을 소유한다'는 관념입니다. 그러니까 조선의 민본은 군주가 소유한 것을 백성에게 베푸는 방식으로 이루어지는 겁니다. 결국 주희 성리학과 조선 유학의 민본사상은 백성이 아니라, 군주가 중심이 되는 가르침이었습니다. 이처럼 지배계급에 대한 복종을 관념화한 주희 성리학과 그 영향을 받은 조선의 민본사상은 고대 유학의 천명론이나 공맹의 가르침과 사뭇 결이 달랐습니다.

백성, 안락과 풍요를 위한 필요충분조건

유학을 숭상한 조선의 지배계급은 '다스리는 자라면 백성을 위한 길을 걸어야 하고, 민본을 정치 행위의 궁극적 지향점으로 삼아야 한다'고 말해왔습니다. 그렇다면 과연 그들이 '백성 사랑'을 실천하는 삶을 살았을까요?

어떤 임금이나 사대부도 자기 자신이나 가문을 위해 정치한다고 말하지는 않았습니다. 하지만 오랜 역사를 통해서 보여준 그들의 행적은 말과는 전혀 달랐습니다. 애민을 입에 올리면서도 실제로 펼쳐 보이는 정책과 행동은 백성의 삶과 동떨어져 있었습니다. 백성은 권력 유지를 위한 명분 쌓기용으로만 그들 입에 오르내렸습니다. 백성을 위하고 아낀다는 말은 한낱 수사일 뿐이고, 현실에서 백성을 위한 정책이 펼쳐진 사례는 드물었습니다. 듣는 사람에 따라서는 불편할 수 있겠지만, 조선의 역사가 가감 없이 보여주는 진실은 이랬습니다.

백성들은 자식같이 어여뻐 여겨야 할 대상이 아니라 그저 천한 아랫것들에 지나지 않았습니다. 지배계급의 눈에 비친 백성은 어리석고 예절을 모르는 존재였으며, 영원히 가르치고 다스려야 하는 대상이었습니다. 다른 한편으로는 자신들의 삶을 풍요롭게 해주는 착취의 대상이었기에 꼭 필요한 존재이기도 했습니다. 노동력을 제공하고 조세를 부담하고, 그럼으로써 자신들의 안락과 풍요를 보장했기에 소중하고 어여쁜 존재가 바로 백성이었던 겁니다.

그렇다면 지배계급이 '백성을 사랑하는 것은 곧 하늘의 뜻'이라고 버젓이 말한 것은 대체 무엇이란 말입니까?

그들에게 애민이란 말은 '백성 위에 군림하며 다스리는 것이 지배계급의 타고난 본성이요 천직'이라는 거짓말을 합리화한 통치 이데올로기였습니다. 애민의 배경에는 백성들을 더 효율적으로 다스리기 위해 슬쩍 어루만져주는 그들의 속임수가 깔려 있었습니다. 군말 없이 시중드는 백성의 우직함과 선량함을 칭찬하면서 그런 백성을 사랑하노라고 반복해서 말한 것도 실은 일하지 않고도 누리며 사는 세상이 영원하기를 바랐던 지배계급의 속내에 지나지 않습니다.

조선의 유학자 대부분은 이런 생각을 세련되게 다듬고 전파함으로써 지배계급의 이익 수호에 충실한 삶을 살았습니다. 말과 붓으로는 백성을 위했지만, 실제로는 백성을 착취하고도 미안해하거나 양심의 가책을 받지 않았으니까요. 그들은 백성의 의식이 자라나 서로 연대하는 것을 막기 위한 장치 마련에도 소홀함이 없었습니다. 한글이 백성들에게 꽤 널리 보급되었음에도 불구하고 양반 사대부들은 한글을 철저히 외면했습니다. 지배계급의 필독서인 사서삼경의 한글 번역본이 전혀 없지는 않았지만, 당대의 고급 정보는 오롯이 한문으로 쓰였습니다. 한글 번역서는 의서나 농서 같은 실용 서적에 국한되었습니다. 양반 사대부의 자부심 그 자체였던 중국의 한자 문화는 백성들로서는 감히 배울 엄두도 못 낼 만큼 어려웠고, 글을 깨우쳐 자기 정체성을 확립할 최소한의 시간적·경제적 여유가 없던 백성들에게는 말 그대로 그림의 떡이었습니다.

따라서 지배계급을 위한 삼엄한 신분 질서는 조선 사회에서 마치 자연의 법칙인 양 받아들여졌습니다. 그렇게 백성들은 자신의 암울한 처지를 '바꿀 수 없는 운명'으로만 알았고, 오랜 세월을 인내하며 비참하게 살아야 했습니다.

성리학의 위선에 기대어

그들은 자신이 불쌍하다고 생각하지 않는다. 그들은 운명을 받아들인다. 운명은 자연의 이치이다. 그렇지 않다면, 큰일이 났을 것이다. 그렇지 않다고 생각한다면, 그들은 강을 건너 높은 건물들이 견고하고 당당하게 자리 잡은 곳으로 벌 떼처럼 몰려갈 것이다.

— 서머싯 몸, 『인간의 굴레』

사회적 비판은 그 사회에서 가장 악한 세력이 아니라 '그 사회의 변화를 가로막는 가장 주요한 세력'에 집중되어야 한다. 그 세력은 두 가지 요건을 갖는다. 가장 악한 세력과 갈등하거나 짐짓 적대적인 모습을 보임으로써 인민들에게 존경심과 설득력을 가질 것, 그러나 그 갈등과 적대의 수준은 지배체제 자체를 뒤흔들 만큼 심각하지 않을 것, 그 두 가지 요건의 절묘한 조화가 바로 사회 변화를 가로막는 것이다. … 우리는 오늘 세상의 율사들을 생각해야 한다. … 정작 고통받는 사람들의 문제에 대해선 근본적인 변혁이 아니라 동정과 시혜의 방식으로만 접근하여, 그 고통의 구조를 영속화하는 '저명한 사람들'을.

— 김규항, 『예수전』

백성을 효과적으로 통제하다

성리학을 숭상한 조선 사회에서 질서란 곧 '신분 차별'을 의미합니다. 조선의 지배 질서는 예치(禮治)라는 이름으로 그럴듯하게 포장되어 있지만, 그 본질은 어디까지나 '차별의 인정'에 지나지 않습니다. 왜냐하면 '예'의 근본 개념은 '위아래가 다른 것을 분별하고, 그런 구별 안에서 각자 타고난 분수를 지키며 살아야 한다'는 생각이기 때문이죠.

조선의 임금과 양반 사대부는 자신들의 특권을 세습하고 사리사욕을 채우기 위해서 신분 질서 강화와 체제 안정이 절대적으로 필요했습니다. 백성을 위하는 마음가짐과 태도라는 측면에서 보자면 임금이 양반 사대부와 비교해서 조금은 볼 만했지만, 그도 사대부 자식이기는 마찬가지입니다. 어쨌든 조선의 지배계급은 탐욕과 특권 세습을 위해서 신분 차별을 합리화한 성리학 이론을 적극적으로 활용했습니다.

권력자의 압제와 탄압에 저항하는 것이 인간의 기본 권리라고 생각했던 16세기의 프랑스 사상가 에티엔 드 라 보에시는 『자발적 복종』이라는 책에서 이렇게 말합니다. "질서의 필연성을 주장하는 현실의 권력층은 항상 그들 세력의 욕구를 강요하고 만족시키기 위해 질서를 주장한다. … 질서가 정의를 강화하는 것이 아니라, 정의가 질서에 확신을 갖도록 하는 것이다." 질서라는 개념을 거꾸로 해석한 조선의 지배계급을 되돌아보게 만드는 말입니다.

모름지기 질서를 강조하는 무리일수록 자기 계급의 욕망과 이기심을 마음속 깊이 감추기 마련입니다. 정의에 뿌리를 둔 올바른 질서를 세우기 위해 통치하는 것이 아니라, 자기 계급의 이기적 목적을 위해 신분 질서를 이용하기 때문입니다.

성리학적 예치 말고도 지배계급에 봉사한 유교 이념은 많습니다. 500년 긴 세월 동안 조선의 지배계급이 군림할 수 있었던 이유를 강력한 신분 질서 하나만으로 다 설명할 수 없기 마련이죠. 백성을 효과적으로 다스리려면 억압적인 장치로는 한계가 있습니다. 그래서 통치 효율을 높이기 위해 '덕치'와 '교화'가 동원되었습니다. 그것은 백성을 어루만져 보살피고, 가르쳐서 이끈다는 유교적 정치 이념입니다. 얼핏 생각하면 예치와 다소 상반된 인상을 주지만, 실은 일맥상통하는 통치술입니다.

무엇보다 조선의 지배계급이 펼친 정치 행위에는 그 자체만으로도 애민을 담보할 수 있는 핵심 덕목이 빠져 있습니다. 예치·덕치·교화와 같은 유교 이념을 실천하려면, 무엇보다도 백성을 향한 사랑과 진심이 전제되어야 하는데, 그들의 마음과 행동에는 그것이 없었습니다. 진정성 없는 백성 사랑, 그것이 조선 지배계급의 진짜 문제였습니다. 진심이 담긴 애민 정신은 어쩌면 조선의 지배계급이 태생적으로 갖추지 못한 자질일는지도 모릅니다.

거대한 속임수

역사 속의 모든 지배계급은 항상 그럴듯한 관념 체계를 만들어 민중을 속여왔습니다. 그것이 세상 바깥에 있는 초월적 신앙의 대상이든, 풀이가 어려운 사변적 언어로 가득한 형이상학적 세계이든, 역사의 주체는 민중이 아니라고 가르친다는 점에서는 똑같습니다.

지배계급은 항상 현실적인 지배와 특권을 이어가는 일에 몰두합니다. 그들은 세상의 변화와 발전은 관념, 정신세계 또는 종교적 절대자나 그를 대신하는 영웅들에 의해서 이루어진다고 말합니다. 지금의 현실 세계는 고정불변의 진리이므로, 애써 현실을 탓하지 말라고 충고하기도 합니다. 그리고 피지배계급의 관심을 '마음가짐'의 문제로 돌리려고 애씁니다. 그래야 억압받는 자들이 세상의 변화와 역사의 발전에 무관심할 것이고, 불평등하고 힘든 현실을 바꾸기보다는 그것으로부터 달아나게끔 만들 수 있을 테니까요.

조선의 지배계급도 성리학의 난해한 관념 체계를 끊임없이 강화하고 민본을 가장한 '애민'을 입에 올렸습니다. 그렇게 진실을 깨닫지 못한 백성들은 저항 의지가 무뎌졌으며, 궁극적으로는 스스로 체념하고 기존 질서에 순응했습니다. 결국 조선 민중은 극소수 양반 사대부들을 위해 평생을 바쳐 헌신할 수밖에 없었습니다. 조선의 민중이 조일전쟁과 조청전쟁을 통해 지배계급의 보잘것없고 추악한 실체를 목격하고도 변변한 저항 한 번 못 하고 한참을 견뎌낸 것도 바로 이런 이유 때문입니다.

생각해보면, 해방 이후 한반도의 남과 북에서 독재체제가 동시에 자리 잡은 것도, 체제 질서를 강조하고 신분 차별을 당연시한 성리학적 가치관이 이 땅에서 말끔히 해소되지 않았기 때문인지도 모릅니다. 위선적이고 간교한 지배 이데올로기, 즉 지배계급의 거짓말이 만들어낸 결과는 그만큼 고약하고 질겨서 많은 희생과 시간을 바쳐서야 비로소 바로잡을 수 있는 것입니다.

'애민 조선'의 실상

우리 국가는 기자(箕子) 이래로 낮은 사람은 높은 사람을 업신여기지 못하고 천한 사람은 귀한 사람을 업신여기지 못하게 하여, 나라의 풍속을 유지하고 강상(綱常)을 정돈하여왔습니다. 예의의 나라라고 일컫게 된 것은 그 족속의 '분별'을 엄하게 한 때문입니다.

— 『조선왕조실록』 세종 12년(1430) 2월 12일

임금이 말하기를 "내가 강상이 무너지는 것을 모르는 것은 아니나, 사람의 목숨을 함부로 죽이는 것은 임금을 업신여기는 것이다. 지금 공경, 대부가 한갓 노비 주인의 의리만 알고 임의로 죽이는 죄는 생각지 않는 것이 과연 옳은가?"

그러자 동지사 서거정이 이렇게 아뢰었다. "옛날 (중국 한나라) 재상 병길은 길에서 죽은 사람에 대해서는 묻지 않고 소가 헐떡거리는 것을 물었는데, 그의 생각은 한 사람이 죽는 것은 족히 근심할 것이 없지만 소가 헐떡거리는 것은 음양이 어그러진 것이니 이것은 큰 변이라고 여긴 것입니다. 지금 노비가 상전을 고소하는 것이 어찌 소가 헐떡거리는 정도일 뿐이겠습니까?" 하니, 임금이 아무 말이 없었다.

— 『조선왕조실록』 성종 9년(1478) 1월 23일

옳고 그른 것보다 더 중요한 '위아래'

1478년(성종 9) 1월, 당시 성종은 할머니(세조비 정희왕후 윤씨)의 7년

수렴청정에서 벗어나 이제 막 친정을 시작한 21세의 청년이었습니다. 그 무렵 돈의문 밖에서 칼에 찔려 죽은 여인의 시체가 발견되었는데, 아마도 그녀의 신분은 노비였던 것 같습니다. 이 사건을 접한 성종은 신하들에게 사람을 죽이고 살리는 것은 임금의 권한임을 상기시키며 이렇게 말합니다.

"임금인 나도 신하들이 죽을죄를 지은 죄인을 심사해 사형을 청할 때면, 슬픈 마음에 더해 혹시 잘못 판단하지나 않을까 두려워 대신들과 신중하게 의논한다. 그런데 최근에는 사람을 함부로 죽이는 일이 일어났다." 이어서 "범인을 알려주는 사람은 보상하되, 만약 '노비가 주인을 고변'할 때는 천인의 신분을 면하고 양인으로 삼으라"는 지시까지 덧붙였습니다.

성종은 이 사건의 실체를 아마도 주인이 불법적으로 여자 종을 죽이라고 지시했거나 아니면 직접 죽인 것으로 파악한 듯합니다. 그러자 신하들이 들고일어났습니다. 노비가 상전을 고발하는 것을 문제 삼으며 이틀 동안이나 임금과 논쟁을 벌인 겁니다.

결국 군신 사이의 긴 논쟁을 마무리 지은 것은 대제학을 지낸 문장가 서거정의 다음과 같은 말이었습니다. "옛날 중국 한나라의 재상 병길이란 사람은 길에 버려진 시체에 대해서는 묻지 않고 소가 헐떡이고 있는 모습을 보고 물었습니다. 병길이 그렇게 한 이유는 한 사람의 죽음은 그다지 걱정할 바가 아니지만, 소가 헐떡이는 것은 음양의 조화가 깨져 생긴 변고이기 때문입니다. 지금 노비가 상전을 고발하게 하는 것은 소가 헐떡이는 것보다 훨씬 더 위험한 변고가 아닐 수 없습니다." 이는 '괜히 하찮은 일에 신경 쓰면서 노비가 주인을 고발하는 해괴한 일을 조장하지 마시라'고 임금에게 경고한 것이나 마찬가지입니다.

사대부들의 생각에 성종의 지시는 선대 임금이 만든 법을 어기면서까지 강상의 질서를 어지럽히는 것이고, 동시에 하늘의 뜻을 거스르는 것과 다름없었습니다. 서거정의 단호한 충고에 젊은 성종은 아무 말도 하지 못했습니다.

위아래가 무엇인지 보여준 부민고소금지법　여기서 '선대 임금이 만든 법'이란 무엇을 말하는 걸까요? 1420년(세종 2), 당시 상왕으로 있던 태종은 백성이나 하급 관원은 설사 수령이나 상급자가 잘못을 저지르더라도 이를 고소할 수 없게 하는 법을 만들었습니다. 이름하여 부민고소금지법(部民告訴禁止法)입니다. 때는 조선 창업 이후 채 30년이 되지 않은 시점이었습니다.

이 법이 만들어진 배경으로는 대략 두 가지를 생각할 수 있습니다. 하나는 중앙의 통치가 직접적으로 닿지 않는 지방 수령들에게 힘을 실어주어 신생 왕조에 충성할 동기를 제공하려는 것이고, 다른 하나는 옳고 그름을 떠나 아랫사람이 상전을 욕보이지 못하게 해야 '위아래'의 명분이 바로 선다는 믿음이었습니다. 하지만 이후로 수령이나 고위 관직자가 백성에게 횡포를 부려도 문젯거리가 되지 않는 어이없는 장면들이 속출하게 되었습니다. 게다가 이런 상황을 나라가 장려한 꼴이었으니, 한심한 일이 아닐 수 없습니다.

수령과 상전의 행위가 옳으냐 그르냐는 '위아래'를 중시하는 명분 앞에서 지극히 사소한 문제가 되고 말았습니다. 백성의 억울함을 풀어주어야 할 수령 본연의 책무는 그렇게 없던 일이 되고 말았습니다.

신문고에 얽힌 거짓과 위선 여기서 부민고소금지법의 허점을 보완한 장치로서, 1401년에 만들어진 신문고를 떠올린 분들도 계실 겁니다. 여태껏 백성을 위한 제도라고 알려졌지만, 사실은 백성의 억울함을 전혀 해소하지 못한 보여주기식 행정의 대표 격이 신문고입니다.

무엇보다 터무니없는 것은 신문고가 설치된 장소가 의금부라는 사실입니다. 힘없는 백성은 겁이 나서 가까이 갈 엄두가 나지 않는 곳에 신문고를 설치했으니까요. 설령 마음을 단단히 먹고 북을 치려고 해도 사전에 거쳐야 할 과정이 너무 번잡했습니다. 서울 사는 이는 먼저 사건 담당 관청을 거쳐 사헌부에 호소해야 했고, 지방의 백성은 수령과 관찰사를 거쳐 사헌부에 호소하게끔 되어 있었습니다. 신문고를 쳐서 수령이나 관찰사 혹은 상관이나 주인을 고발하려고 마음먹은 이들은 북을 쳐보기도 전에 자신이 먼저 처벌받는 상황을 걱정해야 했습니다.

만에 하나 천신만고 끝에 사헌부 허락까지 받았다 해도, 그게 다가 아닙니다. 북을 치기 전에 의금부 관리의 신문과 조사를 거쳐야 했다니, 그저 헛웃음이 나올 지경입니다. 설령 북을 쳤더라도, 의금부 관리가 임금에게 보고하지 않고 뭉개면 그뿐입니다. 도대체 이게 또 무슨 말이냐고요? 임금의 청력을 지적하는 말입니다. 당시 의금부 위치는 지금의 지하철 종각역 제일은행 본점 자리였으니, 임금이 창덕궁이나 경희궁으로 거처를 옮긴 경우는 말할 것도 없고, 조금 가까운 (하지만 임금의 처소인 강녕전까지 직선거리로 대략 1킬로미터 떨어진) 경복궁에 머물렀다고 해도 북소리가 임금 귀에 제대로 들렸을까요?

이처럼 삼엄한 상황에서 아랫것들이 상전을 고발하는 것 자체가 말이 되지 않습니다. 따라서 신문고가 진정 백성을 위한 제도가 맞는지 따지는 것은 더 이상 무의미한 일입니다. 지금까지 살펴본 내용만 보아도 조선 지배계급의 애민은 단지 위선적인 구호에 지나지 않았다는 것을 똑똑히 알 수 있습니다.

애민으로 '명분'을 은폐하다

조선을 건국한 사대부들은 유교 정치 이념의 두 축인 '민본'과 '명분(名分)' 가운데 민본을 전면에 내세워 건국에 성공했습니다. 그래서 조선 초기에는 국정 과제의 우선이 민생 안정이었습니다. 하늘의 뜻은 곧 백성의 마음이라고 생각해서 애민이 강조되었고, 천재지변은 하늘이 임금에게 보내는 경고라고 인식했습니다. 그리고 백성의 삶을 고려한 부세 제도와 진휼 정책 등이 자연스럽게 펼쳐질 수 있었습니다. 그러나 16세기에 접어들어 민본 이념이 변질하면서 본래의 가치를 상실하기 시작합니다.

민본 이념과 건국 정신의 퇴색　16세기는 양반이라는 계급적 자의식으로 무장한, 이른바 '사림' 사대부들이 세력을 강화하고 이익을 확장하던 시기입니다. 바로 이 시기에 민본 이념 본래의 취지가 훼손되면서 애민은 한낱 정치 구호로 전락하게 됩니다. 그렇게 해서 성리학적 명분론이 마침내 양반 사대부들의 의식 속에 확고히 자리 잡게 되었습니다. 백성이 나라의 근본이라는 건국 이념의 한 축이 무너지고, 바야흐로 명분을 중시하는 지배 이데올로기가 조선 사회 전반에 걸쳐 민본을 대체한 것입니다.

민본 이념의 변질이 가져온 변화는 군신 간에도 나타났습니다. 하늘의 뜻을 읽는다면서 입으로는 민심을 말하지만, 정작 민심을 핑계로 임금에게 압력을 가해 사대부의 힘을 강화하는 수단으로 삼은 것입니다. 가령 천재지변 같은 재앙 때문에 임금이 신하들에게 구언(求言)하면, 그들은 백성을 위한 현실적인 대책이나 제도 개선을 아뢰는 것이 아니라 엉뚱한 말로 동문서답하기 일쑤였습니다. 천재지변이 일어난 것은 군주의 덕이 부족해서 일어난 일이니 먼저 유교적 도덕과 자질을 함양하라고 말하는 식이었습니다. 물론 양반 사대부들은 늘 왕도와 덕치를 내세우고 교화를 말했지만, 그들이 다스린 조선 후기의 실상은 뱉은 말과는 완전히 다른 세상이었습니다.

뺏기만 하고 돌려주지 않는 민생 정책　조선왕조는 민본을 이용해 신분 질서와 체제 안정이라는 두 가지 목적을 달성하는 데 성공했습니다. 그렇지만 실제로 고단한 백성들을 어루만져준 것은 아닙니다. 넘을 수 없는 신분의 벽, 양반 사대부의 권력 독점, 지방 수령의 권위적인 다스림, 백성을 수탈하는 조세 징수 따위는 말할 것도 없고, 구휼 장치인 환곡을 세입으로 변질시키고 병역 부담을 오로지 백성들 몫으로 떠넘겼습니다. 결국 조선 민중의 삶은 처참하기가 이루 말할 수 없었습니다.

임금과 양반 사대부들은 백성들이 땅에서 이탈하면 농업이 무너지고, 자신들의 편안한 삶과 신분 질서에도 균열이 생길까 봐 겁이 났습니다. 그래서 농업을 제외한 어떤 생산 활동도 천시했습니다. 그리고 안빈낙도(安貧樂道)의 삶을 노래하면서, 가난하고 고상한 삶을 자랑으로 여긴다며 너스레를 떨었습니다. 그런데 조선의 지배계급은 가난하지도, 고상하지도 않았습니다. 이 정도면 거짓과 위선이 예술의 경지에 오른 겁니다. 관용 없는 당쟁과 서인의 권력 독점, 그로 말미암은 정치적 소외와 경제적 낙오로 생겨난 조선 후기의 허다한 몰락 양반은 예외였지만 말입니다.

그뿐만이 아니었죠. 그들은 주희 성리학을 떠받들어 조선 사회의 모든 영역을 빈틈없이 움켜쥐었고, 그 이념에서 조금이라도 벗어난 생각은 철저히 배척했습니다. 자신들의 기득권과 풍요를 보장하는 신분 질서를 영속시킬 목적으로 위선적 사회에 자물통을 단단히 채웠던 겁니다.

조선왕조의 민생 정책이란 것도 가만히 들여다보면 참으로 보잘것없는 것입니다. 백성들이 간신히 생존을 이어가게 하고, 수확량을 늘리는 영농 방식에 관심을 두는 정도가 전부였으니까요. 조선 사회를 유지하는 물질적 기반이 농업 생산에 전적으로 의존하였기에 농민의 생존만큼은 최소한으로 유지되어야 체제 유지가 가능했기 때문이죠. 다시 말해서 조선의 민생 정책이란 원활한 세금 징수와 노동력 착취가 가능한 수준의 기반 유지라는 고민에서 비롯한 것입니다. 그것은 지배계급의 이익을 위한 전략이지, 백성을 사랑하는 마음에서 우러나온 것이 결코 아닙니다. 생각건대 노동을 천시한 지배계급이 유독 농민과 농사일을 치켜세우며 농자천하지대본(農者天下之大本)과 같은 구호를 외친 것도 백성이 농사지어야 자신들이 누릴 수 있기에 뱉은 거짓말로밖에 읽히지 않습니다.

민생 정책의 실체가 이럴진대 사회 전체의 생산과 소득 증대를 위한 정책은 당연히 꿈도 꿀 수 없었습니다. 500년 조선 지배계급의 머릿속에는 백성에게 되돌려주는 '복지'라는 개념은 그 맹아조차 찾을 수 없었고, 오로지 '수탈'뿐이었다고 말해도 지나치지 않습니다. 조선의 민중은 미래에 대한 실낱같은 희망조차 없는 그런 세상에서 짐승처럼 살았습니다. 이것이 애민을 표방한 조선왕조의 정직한 모습입니다.

2장

백성에게 사나운 왕실

부끄러움을 모른다

사신은 논한다. … 임진왜란이 일어나자, 서울의 백성 가운데 창을 거꾸로 들이댄 자까지 있었고, 임진년 이후에는 반역하는 백성이 잇따라 일어났으니, 그 까닭이 무엇인가? '왕자와 여러 궁'들이 백성의 토지를 빼앗아 차지하는 등 못 하는 짓이 없으므로 백성이 생업을 잃고 불평하여 배반하기 때문이다.

—『조선왕조실록』선조 36년(1603) 8월 6일

'내수사'의 폐단이 날로 더 불어나고 있으며, '궁가'가 남의 전답과 집을 불법으로 점거하고 훈척들이 멋대로 기세를 부리는 사례를 비록 낱낱이 다 들 수는 없으나 초야에서의 비난이 과거에 비하여 자못 심하니, 신들은 이 점이 통탄스럽습니다.

─『승정원일기』 인조 4년(1626) 3월 14일

대저 조종(祖宗) 이래로 여러 왕자와 공주나 옹주가 성장해서 사궁으로
나갈 때는 으레 내수사의 장리를 내리지만, 조정에서 모두 알지 못하는
일인데, 요사이는 매양 그 장리가 걷히지 않으므로 (고리대를 갚지 못한
백성의) 농사지을 땅을 떼어 받기를 바랍니다.

─『조선왕조실록』 중종 20년(1525) 8월 8일

숙정공주와 숙안공주(현종의 누이들)가 임금이 결재한 공문이라는 핑계
를 대고 신천, 재령, 평산 등지에 있는 백성의 땅을 불법으로 탈취했는
데, … 백성들이 생업을 잃고 원망하는 소리가 하늘을 찔렀다.

─『조선왕조실록』 현종 3년(1662) 7월 13일

내수사, 후안무치의 본을 보이다

조선 창업 이래로 왕실 재정은 꾸준히 증가했습니다. 정도전의 좌절
이후, 한순간도 주저하거나 멈추지 않았습니다. 임금과 그 일족은 내
수사(內需司)와 여러 궁방(宮房)을 앞세워 막대한 규모의 사유지를 불
법적으로 소유했습니다. 이 과정에서 직접적으로 피해를 본 사람들은
대부분 힘없는 백성들이었습니다. 뜻있는 신하들이 질책하고 개혁을
요구했지만, 왕실의 부당한 횡포는 왕조 내내 멈추지 않았습니다.

끝없이 증가하는 왕실 사유지 내탕(內帑)이라고도 불렸던 내수사는
왕실의 사유재산 관리를 위해 설치한 관아입니다. 하지만 왕실 재산

을 관리하는 특성상, 관아라기보다 궁방으로 취급되었습니다. 조선을 개창한 신흥 사대부들은 역성혁명 1년 전부터 토지 국유를 명분으로 과전법*이라는 토지 개혁을 단행했습니다. 이런 조치는 '하늘 아래는 군주가 다스린다(天下王有). 따라서 천하 만물이 군주의 것이니, 군주는 사사로이 국가 재정 이외의 재산을 가질 필요가 없다(人君無私藏)'는 고려 말 신흥 사대부들의 토지 관념에서 비롯한 것입니다.

하지만 정도전 일파가 살해당하고 태종이 왕권을 강화하면서부터 왕실 사유지가 급속도로 늘어납니다. 과전법 체제가 서서히 붕괴하고, 이에 비례해 왕실의 토지 소유욕이 커진 것이 주된 이유였습니다. 결국 1423년(세종 5)이 되면 왕실 사유지와 재산을 관장할 별도의 관청, 즉 내수소를 설치하지 않고는 관리 자체가 힘들게 되었습니다. 그리고 1466년(세조 12)에는 조직을 확대 개편해 공식 직제를 갖추면서 내수사로 이름을 바꾸었습니다.

내수사에는 토지와 노비가 배정되었는데, 내수사의 농장은 1472년(성종 3)에 전국에 걸쳐 이미 325개소를 헤아리게 됩니다. 전국에 흩어진 농장을 경작하고 관리하던 내수사 노비들의 숫자도 공노비 제도가 폐지된 1801년(순조 1)에 이르면 무려 3만 7천 명이나 되었다고 합니다. 따라서 내수사의 엄청난 재산 규모를 미루어 짐작할 수 있습니다.

---

* 과전법은 고려 말의 신흥 사대부들이 조선 창업을 염두에 두고 단행한 당시로서는 가히 혁명적인 토지제도입니다. 토지 국유화를 기본 이념으로 삼아 고려 귀족들의 대토지 점유가 낳은 당대 모순의 척결과 새 왕조의 경제적 기반 확립에 초점을 두었습니다.

한편, 궁가(宮家)라고 불린 궁방은 왕자와 공주, 그리고 후궁들이 왕실로부터 독립·분가해서 사는 집을 의미합니다. 여기에는 면세 혜택을 지닌 궁방전이 지급되었는데, 궁방이 조선시대 내내 수많은 폐단을 일으킨 가장 큰 이유는 토지 소유에 상한이 없었기 때문입니다.

내수사의 방자한 위세　임금의 일가친척들이 궁방을 통해 막대한 재산을 축적하고, 그 과정에서 어떤 비난을 샀는지에 관해서는 이를 입증하는 사례가 너무 다양하고 방대해서 뒤에서 따로 살펴보기로 하겠습니다. 여기서는 임금의 사유재산을 관리하는 내수사의 폐단을 먼저 다루려고 합니다.

설립 초기의 내수소는 그 규모와 역할이 비교적 단순했습니다. 하지만 덩치가 커진 조선 후기의 내수사는 백성들에게 사사로이 벌을 주거나 제재를 가하는 등 그 위세와 불법 행위가 자못 방자해졌습니다. 재정 관리라는 내수사 본연의 존재 목적에서 벗어나 왕실의 위엄을 등에 업고 횡포를 일삼는 권력기관으로 변신한 겁니다. 이런 내수사의 부당한 행태는 여러 궁방과 양반 사대부들에게 '잘못된 신호'로 작용했으며, 마침내 지배계급 전체의 기강을 허물고 윤리 의식을 무디게 만들었습니다.

내수사의 위세는 주인을 배반하고 내수사에 의탁하려는 사노비들이 늘어날 만큼 대단했습니다. 내수사 소속이 되면, 우선 주인의 추쇄를 피할 수 있었고, 이전보다 잘 먹고 속 편한 삶이 보장되었습니다. 노비가 개인의 재산이던 시절에 이런 '노비 투탁(投託)' 현상은 엄연히 사유재산 침해였습니다. 하지만 송사를 통해서 이를 해결하고 싶어도 내수사를 상대로 이길 수도 없었고, 패소하면 벌을 받거나(『숙종실록』 4년 5월 19일), 심하면 내수사에 갇혀 매를 맞는 봉변까지 감수해야 했습니다. 심지어 인조는 주인을 배반하고 내수사에 투속한 노비를 그대로 두라는 직접 지시(『승정원일기』 인조 1년 9월 26일)를 내릴 정도였습니다.

폐단을 모른 척한 임금 내수사에서 내린 공문 한 장만 있으면 수령도 어쩌지 못했습니다. 어지간한 배짱을 가진 간 큰 수령이 아니라면, 내수사 농장을 설치하는 데 협조하거나 내수사가 수리 시설을 독점할 수 있도록 도울 수밖에 없었습니다. 심지어 백성의 논밭을 뺏는 일조차 묵인할 수밖에 없었습니다.

1652년(효종 3) 10월 21일, 사간원 관리들은 "오늘날 나라의 형세는 통곡할 만합니다"라고 운을 떼며 다음과 같이 내수사 폐지를 건의합니다. "내수사의 공문을 앞다투어 가지고 가서 여러 고을의 수령을 위협하는데, 조금만 어기면 죄에 걸려 파직되기도 합니다. 내수사의 침탈이 일반 백성의 땅에도 미치고 제방의 이익까지 다 차지하므로, 내수사를 폐지해야 한다는 것이 나라 사람들의 공론입니다. 이제 내수사에 스스로 투탁하는 자는 물리치고, 송사하는 마당에서 사리가 어그러지는 자는 패하게 만들어 더는 퍼져가지 못하게 한다면 민간의 피해를 조금이라도 덜 수 있을 것입니다." 당시 내수사의 민폐가 얼마나 심각했으면, 사간원이 나서서 내수사 폐지를 청원했을까요?

조정에서 지방 수령들에게 불법적인 궁가와 권세가의 재산을 조사해 혁파하라고 지시를 내려도 눈치가 환한 수령들은 이런 명령을 곧이곧대로 믿지 않았습니다. 따라서 조정의 지시가 제대로 먹힐 리 없었습니다. 실제로 임금은 폐단 혁파에 대해 "여러 차례 아뢰었으나 따르지 않았다"(『효종실록』 즉위년 11월 17일)고 실록은 전합니다.

이 정도면 내수사의 횡포로 고통받는 백성들의 사정을 임금이 알면서도 모른 척했다는 것이 정확한 표현이 아닐까요? 애민은커녕 백성을 못살게 굴고, 사납게 수탈하는 일에 그야말로 나라님이 힘을 보탠 꼴입니다. 조선 왕실의 백성 사랑은 이런 것이었습니다.

다채롭고 거리낌 없는 왕실의 재테크

지금부터 임금의 일족들이 폭력적으로 토지와 재산을 늘려간 사례를 살펴보기로 하겠습니다. 그들이 땅을 긁어모으고 재물을 쌓기 위해 불법을 자행한 방법은 실로 다양합니다. 여기서는 크게 네 가지 형태로 나누어 살펴보겠습니다.

재산을 늘리는 다양한 방식　먼저 '임금이 자신의 사재(私財), 엄밀히 말해 나라 땅을 분배'하는 방식을 들 수 있습니다. 세종은 내수소를 설치하여 장리(長利)를 놓아 왕실 토지를 확대하는 한편(『세종실록』 27년 9월 6일), 종친에게 땅을 나눠 주기도 했습니다(『세종실록』 7년 5월 13일). 하지만 이때의 토지 분급은 궁가의 경제력 보완을 위해서가 아니라 형인 효령대군에 대한 예우를 위한 일이었으니, 대체로 문제 될 것은 없어 보입니다. 임금이 자신의 일족에게 본격적으로 사재를 나눠 준 기록은 1468년(세조 14)부터 등장합니다. 실록에 따르면 그해 3

월 21일, 세조가 승지를 통해 후궁 두 사람과 손자인 훗날의 월산대군과 성종, 그리고 손녀인 명의공주에게 농사지을 땅과 농가, 그리고 양식을 내려주라고 내수사에 지시한 것입니다. 직전제 시행으로 궁가에 지급되는 직전의 액수가 초기 과전에 비해 절반 가까이 줄었고, 직전의 세습이 금지되어 왕족의 경제력이 약화한 것이 주된 이유였습니다.

두 번째로는 '임금이 직접 궁방전을 하사'하는 방식입니다. 중종 때부터 절수(折受)라는 명목으로 토지와 재산을 늘려가던 왕실이, 궁방전 지급을 본격적으로 확대하고 관례화한 것은 선조 때의 일입니다. 특히 토지대장에는 등재되었지만 '경작하지 않는 묵힌 땅(無主陳田)'이라는 이유로 전국에 걸쳐 엄청난 토지가 궁방에 절수되었습니다. 궁방 절수는 이후로는 토지에만 국한하지 않고 그 대상이 대폭 확대되었습니다. 소금을 생산하는 염장, 오늘날의 양식장에 해당하는 어전(漁箭), 그리고 배 타는 사람들에게 물리는 선세(船稅)까지도 절수 대상에 포함시킨 것이죠. 땔감을 얻던 시지(柴地), 넓디넓은 산림도 예외가 될 수 없었습니다. 당시는 조일전쟁 이후 온 나라가 황폐해진 상황에서 백성들이 터전을 잃고 떠돌던 시기였습니다. 그런데도 임금이라는 자가 백성들의 고단한 처지는 안중에도 없이 왕실 축재에 본격적으로 팔을 걷어붙인 겁니다. 부끄러움을 모르는 왕실의 행태를 적나라하게 보여주는 절수에 관해서는 뒤에서 더 자세히 살펴보겠습니다.

세 번째로는 백성들이 함께 이용하는 '공유지나 국유지를 떼어 주는' 방식을 들 수 있는데, 이 역시 절수에 해당합니다. 백성들이 추위를 건디고 취사를 하기 위해 땔감을 마련하는 임야나 소나 말을 먹이는 들판 따위의 공동 이용지, 물을 가두었다가 가물 때 함께 사용하는 수리 시설, 심지어는 갯벌이나 시냇물까지도 마음대로 나눠 가졌습니다.

애민이 무색한 임금과 왕실   네 번째 방식은 왕실의 권위를 등에 업고 노골적으로 '백성의 땅을 강탈'하는 수법입니다. 효종의 딸이자 현종의 누이인 숙안공주와 숙정공주의 궁방에서 백성의 땅을 뺏은 일로 논란이 된 적이 있었습니다.(『현종실록』 3년 7월 13일) 사건의 전말은 대략 이렇습니다.

1662년 7월, 두 공주의 궁방은 임금이 결재한 것처럼 꾸민 가짜 공문을 들이대고 백성의 땅을 강탈했습니다. 그리고 해당 지역의 수령에게 그 땅을 궁가 재산인 것처럼 행정 처리하라고 압력을 넣었습니다. 그러자 그 수령은 궁가의 위세에 눌리기도 하고, 한편으로는 아첨할 마음도 생겨 강탈한 땅을 궁가 재산에 편입시켰습니다. 그런데 그의 상관인 관찰사는 이 사실을 호조에 알렸습니다. 사실관계 조사에 들어간 호조는 궁방이 불법으로 문서를 위조해 백성의 땅을 강탈한 사실을 확인하고 이 사실을 현종에게 보고했습니다. 그런데 임금의 반응이 뜻밖이었습니다. 현종은 대뜸 화를 내며 보고한 당상(호조참판 서원리와 호조참의 홍처후)을 파직하고 죄를 추궁하라고 지시했습니다.

"이 보고는 너무도 근거가 없다. 절수한 앞뒤 경위나 일의 옳고 그름은 따져보지도 않고 그저 내준 것만 문제 삼았는데, 어찌 감히 이럴 수 있단 말이냐?" 현종은 한술 더 떠서 "호조참판이 규칙과 관례를 몰라서 그런 것인가?"라는 질책까지 했습니다. 백성의 편에서 공정하게 일을 처리한 호조참판을 도리어 세상 물정도 모르는 한심한 사람이라며 꾸짖은 셈입니다.

임금의 반응을 목격한 사관이 오죽 어처구니가 없었으면 '미안한(거북하고 부끄러운) 분부'라고 표현했을까요. 땅문서를 위조해 백성의 땅을 가로챈 누이 집안의 불법은 눈감아주고, 똑바로 일한 신하는 옹색한 논리로 내친 임금 앞에서 애민은 완전히 무색해지고 말았습니다. 이와 유사한 사례는 이듬해 실록(『현종실록』 4년 12월 22일)에도 등장합니다.

이런 일은 현종의 아들인 숙종 대에도 되풀이됩니다. 1681년, 숙종의 여동생인 명안공주 궁방에서 백성들이 손수 땀 흘려 일군 간척지를 강탈한 일로 송사가 일어났습니다. 이때 임금이 이를 조사하라고 지시했고, 결국 궁방의 잘못이 사실로 드러나자 되돌려주라고 지시한 기록이 보입니다.(『숙종실록』 7년 8월 20일)

숙종은 1년 전에 명안공주가 혼례를 올릴 때 누이를 위해 나라 법이 정한 한계를 넘겨가면서 크고 사치스러운 집을 지어주었습니다. 그런데도 무엇이 더 부족해서 백성이 농사짓는 땅까지 가로채려 했을까요? 이해할 수 없는 노릇입니다. 왕실이 자신들의 권위를 앞세워 백성의 재산을 가로챈 사례는 이것 말고도 무수히 많습니다. 대표적인 사례 몇 가지만 더 나열하겠습니다.

고리대를 놓아 이를 갚지 못하는 것을 계기로 백성들의 논밭과 가축을 빼앗고(『성종실록』 8년 1월 13일), 법이 정한 면적을 넘어 묘역을 조성하느라 백성의 땅을 점유하기도 했습니다(『성종실록』 1년 6월 13일). 모리배들에게 왕실의 권위를 빌려주고 대가를 취한 사례도 있습니다. 궁실을 등에 업은 장사치들이 백성들의 농토나 재물, 그 종들까지 뺏어다가 궁방과 나눠 가진 겁니다.(『중종실록』 36년 12월 17일)

탐욕과 몰염치의 맨얼굴　한편, 임금과 그 일족들이 재산을 늘리는 과정에서 민중의 노동력을 착취하는 일은 당연하다 못해 자연스러웠습니다.

숙종에게는 10대 초반에 죽은 명선공주와 명혜공주라는 누이가 있었는데, 죽은 두 누이를 위해 논밭을 만들고 둑을 쌓는 일에 무려 3천 명의 내수사 노비가 동원되었습니다.(『숙종실록』 3년 4월 1일) 두 명 모두 혼례도 올리지 못하고 죽었으니, 대궐을 나가 살 사궁(私宮)을 지었을 리 없고 가족이 있을 리도 없는데 이런 명을 내린 겁니다. 쉽게 이해하기 힘든 일이지만, 아마도 제사 명목으로 내수사 토지를 늘리려는 속셈이 아니었나 추측합니다. 어쨌거나 중요한 것은 죽고 없는 공주를 위한답시고, 비록 내수사 노비 신분일망정 수천 명이나 되는 백성을 동원할 정도였으니, 살아 있는 왕족의 궁방에서 백성의 노동력을 착취하는 일쯤은 식은 죽 먹기보다 쉬웠을 겁니다.

궁방의 탐욕이 나라 기강을 어지럽힌 사례도 어렵지 않게 찾을 수 있습니다.

1702년(숙종 28) 영의정 서문중은 사직을 청하는 상소문을 올리면서 궁방의 폐해를 거론했습니다. 거기서 서문중은 궁방의 절수 폐단과 나라의 군역 자원을 제멋대로 동원하는 일을 바로잡으라고 건의

합니다.(『숙종실록』 28년 8월 4일) 어떤 대가나 보상도 지불하지 않고, 사사로이 백성을 동원하는 조선 왕실의 비정함과 몰염치를 엿볼 수 있습니다. 궁방의 노동력 착취가 얼마나 극심했으면, 정승의 입에서 군역(軍役)조차 제대로 보충할 수 없는 지경에 이르렀다는 말이 나왔을까요. 그나마 사정이 괜찮은 백성은 길게는 수년이 걸리는 노역 동원을 피하려고 비싼 품삯을 쳐서 사람을 샀지만, 사정이 그렇지 못한 대다수 백성들의 고충은 말로 다 할 수 없었습니다.

지금까지 조선의 왕족들이 불법적으로 재산을 불리는 행태를 대강 살펴보았습니다. 그들은 나라가 정한 법 따위는 조금도 개의치 않고 탐욕을 만족시켰으며, 자기들을 부양하느라 피땀 흘린 백성들에게 사납고 냉정했습니다. 임금은 이런 사실을 알면서도 늘 소극적으로 대처하거나 묵인했습니다. 근본적인 대책이나 확실한 치유책을 마련할 생각, 의지 따위는 찾아볼 수 없습니다. 왕실 일족이 수치를 모르고 낯 두껍게 행동할 수 있었던 배경에는 이런 임금의 태도가 크게 한몫했습니다. 따라서 백성에게 염치없기로는 조선의 대다수 임금과 그 일족들이 양반 사대부들과 크게 다르지 않았습니다. 이처럼 조선의 왕실은 애민을 논하는 것 자체가 무의미할 만큼 이기적이고 뻔뻔했습니다.

'궁방 절수'라는 폭력

"신들이 여러 '궁가'가 개펄의 어염을 '불법으로 점유하는 일'과 '전세를 면제받는 일' 등에 대해 이미 충분히 그 잘못을 열거하였으니, 성상께서도 이미 상세히 들으셨을 줄로 압니다. … 바다 개펄이 어찌 임금이 사사로이 남에게 주고 궁가가 영원히 점유할 수 있는 곳이겠습니까? … 그런데 지금은 여러 궁가가 서로 앞다투어 '불법으로 점유'하되 물산이 풍부한 곳을 마음대로 골라잡아 바닷가 수천 리의 구역을 모조리 '사사로이 침탈'하고 있습니다. 이리하여 나라 재리(財利)의 원천이 끊겼으니, 재정이 고갈되는 것도 전혀 이상하지 않습니다."
— 『승정원일기』 인조 4년(1626) 3월 15일

사헌부에서 아뢰기를 "궁가의 절수하는 폐단이 해택(海澤: 갯벌)에까지 미치고 있습니다. 흥양현의 나로도는 호남 바닷가의 일고여덟 읍에서 출어하는 큰 어장인데, 대군방(大君房)에 절수하였다고 하니, 이런 폐단이 먼 지방에까지 미친 것을 예전에는 듣지 못했습니다. 전라도 관찰사가 사정을 조사하여 임금께 아뢰게 함으로써 엄중히 금단하게 하소서…"라고 하니, 임금은 "윤허하지 않는다"라고 비답하였다.
— 『승정원일기』 인조 8년(1630) 5월 12일

"신이 듣건대, 1개 궁가의 면세전이 혹 1,400결에 이르고 있다 하는데, 이것은 중간 크기 고을의 전체 결수에 해당하는 규모입니다. 이런데도 어떻게 백성의 원망이 없겠습니까."

—『조선왕조실록』 현종 3년(1662) 11월 13일

"궁방, 아문, 영읍(감영이나 병영이 있는 고을)의 산간 지대에서 화전을 일
구는 땅과 섬에서 절수한 논밭에 … 풍흉을 막론하고 일정한 총액을 강
제로 정하는 것은 하소연할 데 없는 백성들에게 큰 고통이 된다. … 만
약 함부로 백성들을 학대하는 자가 있으면 먼저 각 궁방과 서울의 관아
부터 그 차인(差人: 궁방이나 관아에서 잡일을 하던 구실아치)에게 엄중히 죄
를 물어서 산간 지대의 백성과 바닷가 백성이 어깨를 쉴 수 있게 할 것
이다." —『일성록』 정조 16년(1792) 8월 30일

땅은 모조리 궁방전에 흡수되어 땅임자는 궁의 환관이나 계집들이 차
지하였고, 이제는 그들의 먹다 남은 찌꺼기나 핥는 노비와 마찬가지가
되어버린 고향 사람들이었다. —황석영,『장길산』

절수 혹은 강탈

앞서 왕실의 재산 축적을 다룬 내용 가운데 절수(折受)라는 용어가
자주 등장한 바 있습니다. 지금부터는 절수에 대해 구체적으로 알아
보고, 조선의 지배계급이 절수를 이용해 민중의 재산을 강탈하고 나
라 재정을 축낸 사례들을 소개하려고 합니다.

절수 폐단의 장본인은 임금 일족　재물을 떼어 주는 것을 절급(折給)이
라고 하듯이, 절수를 글자 그대로 풀이하면 '뚝 떼어 받는다'라는 의

미가 됩니다. 조선시대에 토지를 떼어 받는 사람은 이 사실을 관아에 신고해야 했고, 수령은 신고한 사람에게 소유권을 증명하는 입안(立案)을 발행해주었습니다. 입안은 토지 소유권뿐만 아니라 개간처럼 땅을 개발할 권리까지 입증해주는 문서입니다. 따라서 절수와 입안은 별개가 아니라, 토지를 떼어 받는 과정에 꼭 필요한 단일 절차였습니다.

그런데 조선시대에 절수가 사회적으로 문제가 된 것은 궁방 절수, 그중에서도 특히 궁가의 불법 행위에서 비롯된 것이었습니다. 궁방은 구체적으로는 궁실과 궁가로 나눌 수 있는데, 내수사와 칠궁처럼 왕실 안에서 재정과 제사를 담당한 곳이 궁실이고, 궁가는 왕실에서 분가하여 독립한 임금의 자녀나 선왕의 후궁에게 생계 기반을 마련해주고 이를 관리하던 곳입니다. 한마디로 궁가는 임금 일족을 지칭하는 말이나 다름없었습니다. 그리고 조선 사회에서 물의를 일으킨 대다수 궁방 절수의 주체도 궁가였습니다.

궁방이 땅을 떼어 받는 방식은 둘로 나뉩니다. 첫 번째는 궁방에서 직접 주인 없는 땅을 조사해 그 땅을 관할하는 수령에게 신고한 후, 입안을 받아내는 방식입니다. 다른 하나는 이조를 통해 임금의 결재를 받은 공문을 호조로 보내 땅을 떼어 받는 것입니다. 이때 그 땅은 현재 '경작되지 않는 묵은 것'이어야 하고, '주인 없는 땅'이어야 한다는 전제가 따릅니다. 따라서 이조에서 임금에게 결재를 올리기 전과 호조가 절급 절차를 밟기 전에 그 땅이 주인 없이 노는 땅이라는 사실을 반드시 입증해야 합니다.

변칙과 불법이 난무하다　그런데 차츰 절수 과정이 어지러워지면서 이른바 '앞질러 절수'하는 사례가 빈번하게 일어났습니다. 이조의 조사 과정을 생략하거나, 임금에게 공문을 결재받은 다음 호조의 조사 절차를 건너뛴 채, 궁방 소유로 넘기는 변칙이 생겨난 겁니다.

그뿐만 아니라 궁방이 엄연히 주인 있는 땅의 문서를 위조해 입안을 받거나, 절수에 문제가 있는 땅을 차지하기 위해 이조나 호조를 생략하고 곧장 임금의 결재를 받아 궁방 재산에 편입하기도 했습니다. 임금의 결재 한 번으로 절수가 집행되었으니, 힘없는 백성들이 자기 땅을 불법적으로 강탈당할 여지는 그만큼 커지게 되었습니다.

숙종 대에 영의정 서문중이 올린 사직 상소에는 이런 대목이 나옵니다. "땅은 한정이 있는데 절수는 끝이 없으며, 지금은 주인 없는 땅이 남지 않았음에도 더러 빈 땅이라고 우기며 여러 세대에 걸쳐 전해온 땅을 빼앗고 있습니다." 서문중은 "명나라 황제의 전장(田莊)과 고려 말기 사전(私田)의 폐해가 끝내 나라를 망치고 말았습니다"(『숙종실록』 28년 8월 4일)라고 덧붙이면서, 절수 폐단이 망국을 부르는 원인이 될 수도 있다고 경고했습니다.

이처럼 17세기가 되면 여러 궁방에서 절수라는 이름으로 백성의 땅을 강탈하는 일은 예사였고, 그 폐단 또한 어찌나 심각했던지 왕조의 존망까지 염려할 지경에 이르렀습니다.

선조, 불법 절수의 본을 보이다　궁방 절수가 처음 시행된 것은 중종 대에 들어서입니다. 그리고 명종 대가 되면, 불법 절수 때문에 민원이 발생할 만큼 성행하게 됩니다. 하지만 당시까지만 해도 주인 없는 노는 땅이나 바닷가의 갯벌을 대상으로 절수가 이루어졌기 때문에, 백성의 땅을 가로채는 일은 거의 없었습니다. 그리고 절수지에 면세 혜택이 없었으므로, 조일전쟁 이후의 궁방 절수와 비교하면 그 폐단의 정도가 비교적 가벼운 편이었습니다.

임금이 직접 하사하는 궁방전 지급이 급증하면서 불법적인 궁방 절수가 본격화한 것은 선조 대부터입니다. 온 나라가 전쟁의 참화에서 벗어나지 못한 채 굶어 죽는 백성이 수두룩한 상황에서 왕실 사람들은 재산 불리기에만 온통 정신이 팔렸던 겁니다.

백성들이 왜군을 피해 앞다투어 피난하는 통에 당시 조선 팔도는 버려진 논밭으로 넘쳐났습니다. 선조는 전쟁이 끝나자마자 이런 논밭을 주인 없는 땅이라며 20명이 넘는 자식들에게 궁방전 명목으로 알뜰하게 나눠 주었습니다. 심지어 예빈시(사신을 접대하거나 종친과 대신에게 음식을 내리는 일을 담당한 관청)가 세금을 걷던 어장까지 자식들 몫으로 돌려버렸습니다. 그리고 중앙 관서들도 부족한 경비를 자체 조달한다는 명목으로 절수에 가담함으로써 절수 대상과 규모가 이전과는 비교조차 할 수 없을 만큼 커졌습니다. 그리하여 산림과 하천, 바닷가의 갯벌과 어장, 염전 등 백성들이 다 함께 이용하던 공공 자산까지 무분별하게 절수 대상에 포함되었습니다. 선조의 지각없고 한심한 작태가 불법 절수의 본보기가 된 겁니다.

임금의 못난 자식 사랑

잠깐 화제를 바꾸어 선조와 그의 자식들, 그리고 그들이 거느린 궁방 노비들이 조일전쟁 기간에 보여준 어처구니없는 행적들을 살펴보고 넘어가겠습니다. 선조 대의 불법 절수를 이해하는 데 도움이 되리라 생각하기 때문입니다. 지금부터 우리는 보통 사람의 상식으로는 절대 이해할 수 없는, 왕자들의 포악하고 기이한 행동과 변변치 못한 선조의 그릇된 부정(父情)을 마주하게 될 겁니다.

전쟁 중에도 계속된 왕자들의 악행　　장남 임해군, 다섯째 아들 정원군 그리고 정원군과 두 달 차이 나는 동갑내기 이복동생 순화군은 평소 아랫사람과 백성을 함부로 대하는 포악함과 탐욕으로 명성이 자자했습니다. 임해군과 순화군의 행실에 대해서는 익히 들어 알고 있지만, 정원군의 악행은 의외로 많이 알려지지 않았습니다. 정원군의 큰 아들이 훗날 반역으로 왕위를 찬탈한 능양군 인조이기 때문이죠. 임금이 된 능양군과 역도들은 생전에 정원군이 저지른 나쁜 행실을 감추고 미화했습니다. 아무튼 선조의 이 세 아들은 전쟁으로 피난 가 있는 동안에도 방자한 행실로 백성들을 괴롭혔습니다.

　1592년 왜군이 무인지경으로 북상하자, 선조는 북변의 민심을 어루만지고 의병을 모집하라는 뜻에서 임해군과 순화군을 함경도로 보냈습니다. 그런데 임해군과 순화군은 왕자로서의 본분은 망각한 채, 궁방 노비들을 풀어 백성을 약탈하고 못살게 굴었습니다. 상전을 믿고 멋대로 날뛰는 궁방 노비들은 지나는 고을의 수령들에게도 함부로 굴며 패악을 떨었습니다.

　피난처에서 악행을 일삼던 두 왕자는 함경도 회령에서 왜군의 포로가 되고 말았습니다. 그런데 놀라운 것은 그들이 왜군의 손에 붙잡힌 것이 아니라는 겁니다. 백성들이 두 왕자를 잡아다가 왜장 가토 기요마사에게 넘겨버린 겁니다. 임해군과 순화군의 횡포 때문에 현지 민심이 어느 정도로 돌아섰는지를 가늠케 하는 사건이 아닐 수 없습니다.

정원군 역시 조일전쟁 와중에 임해군과 순화군 못지않게 악명을 떨치고 다녔습니다. 인조 반역으로 많이 묻히기는 했지만, 정원군의 악행과 관련한 기록은 여럿 남아 있습니다. 1593년, 달아나던 선조는 청천강을 건너면서 정원군에게 이렇게 명합니다. "재신(宰臣)들이 걸어서 대가를 따르니 너도 뒤에 따라오는 것이 마땅하다."

정원군의 평소 행실이 불량하다는 걸 선조 자신도 익히 잘 알고 있었음을 보여주는 대목입니다. 사관은 이런 해석을 덧붙였습니다. "뒤에 따라오라는 명령은 정원군의 교만한 습성을 억제하기 위한 것이다. 이렇게 방지하는데도 궁방 노비들의 방자한 폐단이 백성들에게 원한을 쌓아 심지어 왕자를 잡아 왜적에게 주었으니, 어찌 삼가지 않을 수 있겠는가."(『선조실록』 26년 2월 18일)

1597년 여름, 지금의 소공동에 있던 남별궁에서 백관이 임금을 알현한 직후에 일어난 일입니다. 정원군의 하인과 좌의정 김응남의 하인이 서로 먼저 말을 끌어 길을 다투는 일이 발생했습니다. 그러자 정원군의 궁방 노비들이 떼로 몰려들어 좌의정의 하인을 마구 구타했습니다. 당시 여러 신료와 수행원들, 심지어 서울에 와 있던 명나라 사람들까지 지켜보고 있었지만, 그들은 조금도 개의치 않았습니다. 현장에 있었던 정원군과 순화군은 아무런 제지도 하지 않고 멀거니 구경만 했습니다.(『선조실록』 30년 6월 18일) 왕자의 노비들이 환한 대낮에 여러 사람이 지켜보는 가운데 정1품 정승의 하인을 두들겨

팰 정도였으니 그 왕자의 위세는 얼마나 대단했으며, 그들 눈에 비친 백성들은 대체 얼마나 하찮은 존재였겠습니까?

이런 기록도 있습니다. "사신은 논한다. … 여러 왕자 중에서 임해군과 정원군은 남의 농토를 빼앗고 남의 노비를 빼앗는 등, 그들이 일으키는 폐단은 한이 없다. 이에 가난한 사족과 궁한 백성들이 모두 자기의 토지를 잃고도 감히 항의 한 번 못 하고 조정과 민간이 시끄러웠으니…."(『선조실록』 35년 6월 11일)

못나고 어리석은 아비, 선조   1597년 9월, 정원군은 다니는 고을마다 궁방 노비들을 풀어 노략질을 일삼았습니다. 황해도 수안에 이르렀을 때는 무려 말 200마리를 동원해야 할 만큼 많은 양의 재물을 약탈했습니다. 사헌부가 정원군과 그 노비들을 단속하고 처벌할 것을 임금에게 청하자, 선조는 천만뜻밖에도 이런 대답을 합니다. "이 일은 아마 그렇지 않을 것이다. 폐단을 저지른 하인이 없지는 않겠지만 주인이라고 해서 꼭 그것을 다 안다고 할 수 없는데, 어찌 이렇게까지 해야겠는가?"(『선조실록』 30년 9월 22일)

1597년 정초에는 임해군과 정원군이 자신의 궁방 노비들을 장사꾼으로 위장시켜 군사 기밀을 적에게 넘기고 돈을 받은 일이 드러났습니다. 사헌부가 이 사실을 알리고, 관련자들을 처벌하라고 주청했습니다. 그러나 선조는 "살펴서 천천히 결정하겠다"는 말로 묵살해 버렸습니다. 신하들의 거듭된 요청에도 선조는 끝까지 이적 행위를 한 얼빠진 자식들을 처벌하지 않겠다는 뜻을 밝혀, 아비의 덜떨어진 부정을 과시했습니다.(『선조실록』 30년 1월 4일, 5일) 한 나라의 군주 이

전에, 선조는 가장으로서도 못나고 어리석은 자였습니다.

지금까지 언급한 선조와 세 아들의 행적을 살펴보면서 여러분은 어떤 느낌을 받으셨나요? 백성을 사랑하는 마음은 그만두고라도, 임금과 왕실 일원으로서의 기본적인 품위나 체모조차 눈 씻고 찾으려야 찾을 수가 없는 자들이었습니다. 세 왕자의 품성이나 행실도 고약하기 이루 말할 수 없지만, 낯빛도 붉히지 않고 자식 감싸기에만 분주한 그 아비라는 자도 수준 미달이기는 매한가지였습니다. 특히 1580년생 동갑인 정원군과 순화군의 난행은 요즘으로 치면 초·중·고등학생에 해당하는 10대의 나이에 저지른 것입니다. 더구나 전쟁으로 나라가 존망의 갈림길에 처한 엄중한 시기였음을 떠올린다면, 그들의 언행은 도저히 용서받을 수 없는 것입니다. 그들에게 오늘날의 정신의학적 기준을 적용하자면, 미안한 얘기지만 전형적인 사이코패스의 양상이 고스란히 드러났다는 평을 받을 게 분명합니다.

반역을 유발한 조선 왕실 『선조실록』에서 어느 사관은 국난의 와중에 임금과 왕자들이 보여준 어처구니없는 행실이 민심을 어떻게 바꿔놓았는지 지적하며, 애민의 허구성을 통렬한 문장에 담아 폭로했습니다. 무엇보다 '조일전쟁 중에 일어난 허다한 반역은 임금과 그 일족들 탓'이라고 진단한 솔직담백하고 기개 넘치는 논평은 저절로 무릎을 치게 만듭니다.

"사신은 논한다. … 임진년 이후에 반역하는 백성이 잇따라 일어났으니, 그 까닭이 무엇인가? 왕자와 여러 궁방이 민전을 빼앗아 차지하는 등 못 하는 짓이 없으므로 백성이 생업을 잃고 불평하여 배반했기 때문이다. 이 때문에 임해군과 순화군이 북지(北地: 함경도)의 백성들에게 묶여서 적에게 보내졌으니, 극도로 사무친 원망이 아니면 어찌 이렇게 하였겠는가.

　(임금께서) 왕자와 궁방을 징계하지 않으므로 난리가 겨우 진정되자 침탈이 그치지 않았다. 침탈뿐만 아니라 사람을 초개(草芥: 지푸라기)처럼 죽이기도 했다. 임해군, 정원군 그리고 순화군의 궁가는 나라 안에 함정을 만들어 백성들이 '이 나라가 언제나 망할까?' 하고 원망하게 만들었다. 그런데도 임금은 한 번이라도 감히 말하는 자가 있으면 이처럼 엄히 꾸짖었을 뿐, 자식을 의로운 방도로 사랑하는 교훈을 따른 적이 없었다. 이는 여러 왕자를 통해서 반란을 도모한 역적들에게 백성을 몰아주는 것이니, 참으로 통곡하고 눈물을 흘리며 길게 탄식할 일이라 하겠다."(『선조실록』 36년 8월 6일)

　한마디로 왕실이 반역을 유발했다는 겁니다. 이렇듯 『조선왕조실록』에는 왕실의 더러운 민낯들이 기록으로 남아서 후세 사람들을 부끄럽게 만듭니다. 그나마 분조를 이끌며 자기 안위를 돌보지 않았던 광해군만이 왕자에 걸맞은 처신으로 위안을 주고 있습니다.

폐단의 본격화

조일전쟁이 끝나자, 조선 강토는 황폐해지고 수많은 백성들이 죽거나 터전을 잃은 채 떠돌았습니다. 말 그대로 '땅은 넓은데 백성이 없는' 상태가 연출된 겁니다. 하지만 왕실 사람들은 주인 잃은 논밭과 노비들을 본격적으로 강탈하기 시작합니다. 모질고 험한 시절을 맞았어도 마치 남의 나라 일인 양 아랑곳하지 않고 탐욕 채우기에 분주했습니다. 이렇듯 선조 재위 시에 만연하게 된 불법 절수가 절정에 이른 것은 반세기 뒤의 현종 대(1659~1674)였습니다.

국력 소진의 주범　영·정조 시기에 접어들어 궁방 절수의 폐단은 차츰 개선될 조짐을 보였습니다. 영조 때에 균역법이 시행되면서 어염세가 균역청 재원으로 넘어갔고, 어장이나 염전에 대한 절수가 축소되었습니다. 정조 재위 시에는 궁방 절수로 획득한 논밭 규모가 종전의 절반 수준으로 줄었습니다. 하지만 정조가 죽고 얼마 지나지 않아 등장한 안동 김씨 세도정치로 나라 기강이 엉망이 됨에 따라, 변화의 불씨는 완전히 사그라들고 맙니다. 왕조가 망하는 순간까지 이런 상태가 줄곧 계속되다가 결국 모든 궁방 재산이 제국주의 일본의 손에 넘어가고서야 끝이 납니다.

　지금까지의 내용으로 보면, 궁방 절수는 그 성격과 규모라는 측면에서 선조 이전과 이후로 나눌 수 있습니다. 선조 이전에는 절수지에 대한 면세 혜택도 없었고, 궁방이 불법적으로 백성들의 땅을 강탈하는 일도 거의 없었습니다. 그런데 선조 때부터 면세와 면역의 특혜가 주어지면서, 궁방 절수가 백성들의 삶과 터전을 짓밟는 폭력이 되었을 뿐만 아니라, 궁극적으로는 국력을 소진하는 핵심 요인으로 작용했습니다.

숙종의 꼼수, 언 발에 오줌 누기식 개혁　선조 이후에도 궁방 절수의 폐단을 인식하고 간혹 절수를 통제하거나 문제가 된 절수지를 원래대로 되돌려놓은 사례가 있었습니다. 하지만 이는 언 발에 오줌 누기식의 시늉에 불과했습니다. 왜냐하면 절수 그 자체가 불법의 온상이라는 인식을 가지고 과감하게 수술을 단행한 임금이 사실상 단 한 명도 없었기 때문이죠.

그런데 절수가 백성의 땅을 강탈하는 양상을 띠고, 궁방 면세전이 급증하여 재정이 어려워지면서 한때나마 절수 제도가 폐지된 적이 있었습니다. 1695년(숙종 21)의 이른바 을해정식(乙亥定式)이 그것입니다.

이 조치는 절수 제도를 폐지하는 대신에 조정이 돈을 주어 그 돈으로 토지를 살 수 있게 하는 것이 주된 내용이었습니다. 그리고 신설되는 궁에 대해서는 호조가 세금을 납부해야 하는 민결면세전(民結免稅田) 200결을 이관하는 내용이 포함되었습니다. 절수 폐지의 대가로 궁가에 지급한 돈이 은으로 5천 냥이었는데, 이 돈으로 마련할 수 있는 농토의 면적이 놀랍게도 약 250결이나 되었다고 합니다. 당시 일등전 1결의 넓이가 1만m²(약 3천 평)가 넘었으니, 조정이 궁가에 지급한 돈으로 대략 2.5km²(75만 평) 넓이의 땅을 살 수 있었습니다. 이 면적은 여의도에는 조금 못 미치고, 대략 압구정동 정도에 해당합니다. 절수 폐단을 없애자고 시행한 개혁의 실체가 이런 것이었습니다.

절수를 폐지한다면서 신설 궁방에 200결의 땅을 이관하는 것도 이해할 수 없습니다. 종래의 절수지를 단번에 없애자니 여러 가지로 부담이 컸던 걸까요? 그렇지만 실제로는 200결 한도를 넘어 절수하는 사례가 너무 많아서(『숙종실록』 21년 7월 23일), 개혁은 시작부터 그 취지가 무색해지고 말았습니다.

더 기막힌 것은 이런 을해정식마저도 불과 5년이 지나자 없던 일이 되고 말았다는 사실입니다. 1700년, 사헌부는 숙종에게 이런 보고를 올립니다. "을해년 이후로도 절수는 그전과 같고, 궁가에서 점유하는 장토(莊土)는 처음보다 지나치게 불어나 있으며, 호조에서 주는 돈은 이내 상례가 되었다고 합니다. 백성들이 억울함을 호소하는 사달은 이루 다 헤아릴 수가 없을 정도이고, 조정에서 형편에 맞게 처리했던 본뜻은 마침내 허투(虛套: 겉치레로 꾸민 속임수)로 돌아갔습니다."(『숙종실록』26년 12월 13일)

절수 폐단을 막겠다며 기껏 벌인 일이 실은 속임수에 지나지 않았습니다. 돈은 돈대로 주고 절수는 예전처럼 할 수 있었으니, 왕실 사람들만 행복에 겨워 콧노래를 부른 꼴이었습니다. 숙종은 처음부터 개혁할 마음이 없었으며, 결국 '무슨 일이 있어도 내 일족들은 반드시 챙기겠다'는 애민과는 정반대의 이기적인 속내만 만천하에 폭로하고 말았습니다. 지배계급이 주도한 개혁이란, 특히 개혁의 대상이 지배계급일 경우에는 동서고금을 막론하고 그 어떤 개혁도 성공할 수 없었습니다.

세금도, 국역도 부담하지 않는 불법적 특혜　궁방 소유의 토지에는 세금을 물리지 않았고, 궁방 노비에 대해서는 군역과 요역이 면제되었습니다. 궁방이 백성의 땅을 침탈하는 것으로도 모자라 면세와 면역의 특권까지 누린 겁니다.

『경국대전』의 원활한 시행을 위해 후속 법전으로 간행한 『대전속록』에는 내수사 노비에 대해 잡역을 면제시켜주는 조항이 있습니다. 궁가에서는 이를 근거로 자신들이 사들인 땅이 내수사에 소속되었다고 둘러대기 시작했습니다.(『인조실록』 3년 10월 21일, 『승정원일기』 인조 4년 3월 15일). 이와 관련하여 인조는 이렇게 말했습니다. "그렇게 해온 지가 이미 오래되었으니 갑자기 고치기는 어려울 듯하다."

궁방전이 국역을 회피하는 방법은 또 있었습니다. 조일전쟁 이후에는 온 나라에 유민들이 발생해 이들을 정착시켜 살아가게 할 방도를 찾아야 했습니다. 궁가는 이익을 위해서라면 어려운 나라 사정도 적극적으로 활용했습니다. 조정의 묵인 아래 유민들을 모아 궁방전을 경작하도록 했는데, 이런 땅을 궁둔(宮屯)이라 불렀습니다. 이는 왕족이 소유한 둔전(屯田)이라는 뜻으로, 그들이 만들어 붙인 명칭입니다. 둔전은 본래 중앙과 지방의 관아 그리고 군영에서 직접 경영하는 토지를 일컫는데, 여기에는 전세와 부역 의무가 합법적으로 면제되었습니다. 임금의 일족들은 이런 식으로 궁가의 사유지를 둔전이라고 우김으로써 면세와 면역의 근거로 삼았으니 참으로 뻔뻔하기 이를 데 없습니다.

이처럼 궁방전의 면세와 면역이 법에 터 잡지 않고, 왕실의 힘에 기대어 관행적으로 이루어졌다는 점에서, 그에 따른 사회적 파장은 매우 심각했습니다. 왕족들의 이기심이 조선 지배계급의 다른 한 축인 양반 사대부들의 몰염치와 반민중성을 더욱 북돋웠을 게 뻔하기 때문이죠.

한편 인조는 무력 찬탈로 스스로 임금이 된 직후에 다음과 같은 교서를 내린 바 있습니다. "백성을 침해하고 나라를 병들게 한 귀척(貴戚: 왕의 친족)과 권세가가 가진 모든 전장을 대상으로 세금 감면과 부역 면제도 함께 조사해 제거하며, 내수사와 대군방(大君房)에 빼앗겼던 민전도 일일이 환급한다."(『인조실록』 1년 3월 14일) 하지만 8개월 만에 '선조(先朝: 선왕의 치세)에서 하사한 물건을 하루아침에 혁파해 버리는 것도 미안하다'는 허튼 변명으로 자신이 뱉은 말을 뒤집어버 립니다.(『인조실록』 1년 11월 11일)

지금까지 살펴본 것처럼 궁방전의 불법적 면세 관행은 궁가 절수 를 더욱 부추겼고, 조선 후기의 궁방 면세지는 그야말로 폭발적으로 증가했습니다. 인조 초기에 수백 결이었던 궁방 면세지는 현종 대에 는 1개 궁가가 1,400결(약 420만 평)이라는 어마어마한 면세결을 보유 하는 지경에 이릅니다.(『현종개수실록』 3년 7월 13일, 7월 24일, 9월 21일)

백성의 땅을 갈고리로 긁고, 나라를 거덜 내다 궁방 절수에 일관되게 관대했던 임금들의 태도는 백성들이 자발적으로 자기 논밭을 궁가 에 넘기는, 이른바 투탁(投託) 현상을 불렀습니다. 나라에 내는 세금 이나 궁가에 바치는 세금이나 어차피 다를 게 없으니, 백성의 처지에 서는 면역 혜택이라도 받으려고 자기 땅을 궁가에 가져다 바친 겁니 다. 그야말로 '백성의 땅을 갈고리로 긁어서 취한다'는 표현이 꼭 들 어맞는 세상이었습니다.

하지만 백성 소유의 논밭이 줄어드는 것은 그만큼 세금을 거둘 수 있는 땅이 사라지는 것을 의미했습니다. 따라서 조선 후기의 왕실 곳 간은 풍족해졌지만, 나라 재정과 백성의 처지는 형편없이 쪼그라들 고 말았습니다. 이처럼 궁방 절수와 궁방의 면세·면역이 나라 재정 의 걸림돌이 되자, 현종 대에는 결국 면세지의 상한을 정할 수밖에 없었습니다. 대군과 공주는 500결(약 150만 평), 왕자와 옹주는 350결

(105만 평)이었습니다.(『현종실록』 3년 9월 5일) 우리는 이 대목에서 면세 한도의 규모에 놀라고, 궁방전의 규모 자체에 또 한 번 놀라게 됩니다.

여하튼 궁방 절수로 인한 폐단은 조선 후기의 여러 가지 모순 가운데서도 가장 심각한 것이었습니다. 게다가 이 문제를 근본적으로 해결할 대책을 세우지 않았기에 마침내는 국력을 잠식하는 상황에 이르고 말았습니다. 순조 때에 편찬한 『만기요람』에 따르면, 전국의 논밭이 약 146만 결이었습니다. 이 가운데 궁방전과 각종 둔전 등의 면세지는 65만 결(전체의 44.5퍼센트)이었고, 세금을 거둘 수 있는 땅은 81만 결에 지나지 않았습니다. 이처럼 19세기가 되면 조선왕조는 면세지가 온 나라 논밭의 절반에 가까운 이상한 나라가 되었습니다. 결국 궁가의 면세와 면역은 재정 부담을 심화하는 한편, 백성들에게 세금과 요역 부담을 가중시켜 양반 사대부들의 수탈로 가뜩이나 고달픈 삶을 더욱 처참하게 만들었습니다. 그 결과 수많은 자영농이 소작인 신세로 전락하는 상황이 연출되었습니다. 과중한 국역에서 벗어나려고 농민들이 자기 땅을 궁방에 넘기고 소작을 부쳐 생존을 도모한 결과였습니다. 심지어 굶주림을 면하려고 스스로 궁방 노비가 된 백성들까지 생겨났습니다. 이처럼 조선 후기 자영농의 절반 이상이 소작농으로 전락한 데는 궁방의 광대한 토지 점유가 크게 한몫했음을 기억해야 합니다.

이것 말고도 궁방 절수가 조선 후기 사회에 끼친 폐단은 또 있습니다. 묵은 땅을 개간하면 개간한 사람이 주인이 된다는 여태까지의 암묵적인 원칙이 철저히 무시된 것입니다. 궁방 절수가 노동하는 백성에게 아무런 보답도 제시하지 않는 것을 당연시하는 풍토가 생겨난 겁니다.

한편 버려진 넓은 땅이나 바닷가 갯벌을 간척해서 농토로 만들려면 엄청난 인력이 필요했습니다. 결국 이런 큰 역사(役事)에 군역을 지는 장정들을 사사로이 동원하는 것도 사회적 관행으로 자리 잡을 수밖에 없었습니다. 이런 현상은 왕실의 위세 없이는 불가능했으니, 이 또한 궁방 절수가 불러온 폐단이 아닐 수 없습니다.

조선 왕실의 이기심과 탐욕

조선 왕실은 입으로는 백성을 아끼고 위한다고 말했지만, 궁방 절수라는 폭력과 착취를 저지르고도 짐짓 모르는 체했습니다. 임금조차 지주의 한 사람을 자처하며 궁방전 확대에 힘을 보탰습니다. 그런 자들이 능사로 입에 담았던 백성 사랑의 진정성이야 두말할 것도 없습니다. 그들은 어떤 희망이나 열매도 백성들과 나눌 생각이 없었습니다.

그들은 왕조의 미래에 대해서도 눈뜬장님이었습니다. 조선 후기에 시행된 대동법은 재정 확충을 위해 꼭 필요한(지배계급 누구도 제도의 취지 자체는 부정하지 못한) 제도였습니다. 그런데도 전국적인 시행에 자그마치 100년이라는 긴 세월이 걸렸습니다. 곰곰이 생각해보면 일이 이렇게 된 책임은 일차적으로 임금과 그 일족들에게 있었습니다. 그들의 자기희생이 선행되지 않았기 때문입니다. 본보기를 보이지 않는 임금이 세수 확보의 열쇠를 쥐고 있던 지주 계급, 즉 양반 사대부들의 희생과 양보를 끌어내기는 어려운 일이었습니다.

희생과 모범이 수반되지 않은 호소는 결코 메아리를 동반할 수 없는 법입니다. 백성을 위한 애민 정치를 구현하고 세수 확충을 통한 재정 건전성을 확보하려면, 임금과 왕실이 앞장서서 양보하고 먼저 기득권을 내려놓는 본을 보였어야 합니다. 구체적으로는 내수사 재정 규모를 줄이고 면세 혜택 폐지를 포함한 궁방 절수의 근본적인 개혁이 선행되었어야 합니다. 그런 다음에야 양반 사대부 지주들에게 세금과 국역 부담을 설득할 명분이 서는 것인데, 조선 왕실은 어느 것 하나 양보하거나 단념하지 않았습니다.

국가 생산력을 온전히 농업에 의존하는 한계를 극복하지 못한 상태에서 지주계급의 납세와 국역 부담 없이는 나라도, 왕실도 건전하게 유지될 수 없습니다. 조선왕조는 이런 초보적이고 단순한 이치를 무시했습니다. 조선 왕실의 이기적이고 탐욕스러운 행태는 자기 왕조에 대한 반역이자 심각한 자기부정이 아닐 수 없습니다.

3장

삿된 성리학 추종자들

백성을 짓밟고 걸은 반(反)유학의 길

도둑의 무리 못지않게 경계를 해야 할 것이 있다는 것을 명심하지 않으면 안 된다. 성현의 길을 배웠으되 그것이 무엇을 위한 것인가를 모르는 무리 말이다. 이들이 도둑과 합세하여 나라를 망해 먹은 셈이다.
— 박경리, 『토지』

18세기에서 19세기 조선에서 활동하던 프랑스 신부들은 이렇게 지적했다. "조선 귀족계급은 세계에서 가장 강력하고 가장 오만하다. … 조선 양반은 그들의 계급적 특권, 기득권을 보존하고 확대하기 위해 단결하므로 서민이나 임금마저도 그들의 권력에 대해 싸우지 못한다. … 조선의 사대부 귀족들은 도처에서 지배자와 폭군처럼 행동한다. 돈이 필요하면 하인을 보내 상인이나 농민을 잡아 와 가두고 때리며 돈을 요구한다. 정직한 양반은 강탈하기보다는 차용을 가장해 돈을 요구하되 결코 반환하지 않는다. 이러한 특권을 유지하기 위해 그들의 계급 이익을 지키는 데는 모두 하나로 일치되어 있다."

— 정병석, 『조선은 왜 무너졌는가』

양반은 그 누구도 육체노동을 하지 않았다. 사실상 어떤 종류의 노동도 하지 않았는데, 양반의 삶은 상놈의 일을 지휘하는 것으로 구성되어 있었고, 상놈들은 모든 명령에 복종했다. 담뱃대에 불을 붙이는 것이나, 벼루에 먹을 가는 것도 다른 사람이 해주어야 했다. 생활 속 아무리 간단한 일이라도 직접 하는 것이 없다 보니, 손은 비단 같았고 손톱은 길게 자라 있었다. — 제임스 게일, 『조선, 마지막 10년의 기록』

백성을 착취한 유자들의 나라

왕실 사람들과 함께 조선 지배계급의 다른 한 축을 이룬 양반 사대부들은 금과옥조로 받든 유교사상과 정반대의 삶을 살았습니다. 입과 붓으로는 민본, 덕치, 교화 같은 성현의 가르침을 논했지만, 실제로는 백성들 위에 군림하며 그들을 억압하고 착취했습니다.

애민을 말한 양반 사대부 가운데 어느 누가 진정으로 백성을 아끼고 사랑했는지, 그리고 백성의 간절한 바람에 귀를 열고 배운 바를 실천했는지 똑바로 알아야 합니다. 유감스럽게도 조선의 거의 모든 양반 사대부들은 백성의 피땀을 훔치며 대를 이어 누리는 삶에 의문을 품지 않았습니다. 이런 실상에 회의를 느끼거나 불편부당한 사회질서를 모색하려 한 자는 극히 드물었습니다.

성리학을 추종한 양반 사대부들은 유교 성현의 가르침을 외워서 과거 시험을 보았습니다. 하지만 벼슬길에 나아가서는 범속한 인간으로 완벽하게 변신하는 것에 수치심을 느끼지 않았습니다. 그들은 백성들의 어려움을 두 눈으로 보고도 뒷짐 지고 거들먹거렸으며, 그것이 자신들에게 주어진 당연한 권리라도 되는 양 백성 수탈에 골몰했습니다.

조선 민중의 현실은 언제나 참담했습니다. 그들은 먹이사슬의 말단에서 수령과 양반 지주들의 수탈, 그리고 아전들의 농간이라는 삼중고에 시달렸습니다. 양반 사대부들은 백성을 위하고 가엽게 여겨야 한다고 말했지만 결코 진심이 아니었습니다. 약탈과 위선은 그들의 계급적 속성 가운데 가장 두드러진 특징이었습니다.

그들이 누릴 수 있었던 특권

"생활이 불안정하면 바른 마음을 오래 간직할 수 없다(無恒産 無恒心)"(『맹자』「양혜왕 상편」)라는 말에서 알 수 있듯이, 백성의 삶을 편안하게 한 뒤에 비로소 하늘의 이치에 맞도록 이끄는 것이 고대 유학의 정치관입니다. 하지만 조선의 양반 사대부들은 본연의 정치적 역할과 책임은 등한시하면서, 계급적 특권을 향유하고 유지하는 데만 열중했습니다.

주는 것 없이 받기만 하는 존재　그들이 누린 특권을 한마디로 정리하자면, '평생을 놀고먹었다'는 표현이 적절하다고 생각합니다. 생산적인 활동에는 일절 가담하지 않았고 공식적으로 간여조차 하지 않았습니다. 그러면서 자기들을 부양하려고 피땀 흘리는 백성들을 내려다보며 뒷짐 지는 삶을 살았습니다. 그러고도 아무런 항의나 견제도 받지 않은 채 편안히 지냈습니다. 지금부터는 그들이 일하지 않고도 부귀를 누릴 수 있었던 비결, 즉 양반 사대부들의 특권을 크게 셋으로 나누어 살펴보려고 합니다.

첫째, '노비와 소작농의 노동력을 착취'함으로써 부를 축적할 수 있었습니다. 그들은 왕실 사람들과 더불어 나라 땅의 대부분을 소유한 농경사회의 지주였습니다. 그리고 많게는 수백 명의 노비를 개인 재산으로 소유했습니다. 노비의 헌신에는 대가가 따르지 않았습니다. 그들이 소유한 땅은 노비들만으로는 관리가 불완전할 만큼 넓고 여러 지역에 걸쳐 있었습니다. 따라서 해당 지역 백성들에게 소작을 줄 수밖에 없었는데, 이때는 생산 작물의 절반 이상을 자기 몫으로 챙겼습니다.

다음으로는 '군역을 면제'받는 특권을 가졌습니다. 조선 초기에는 그들도 군역 의무를 부담했습니다. 하지만 이는 어디까지나 제도적인 측면에 국한되었고 실제로는 온갖 편법을 동원해 의무를 회피했습니다. 조선 사회에서 원칙적으로 군역을 면제받을 수 있는 대상은 학생 신분인 성균관과 사학의 유생, 그리고 소과에 급제한 생원과 진사입니다. 하지만 양반 사대부들이 군역을 회피할 수 있는 방법은 그것 말고도 많았습니다. 형식적으로나마 존재하던 양반의 군역 의무가 완전히 사라진 것은 인조가 반역을 일으킨 17세기부터였습니다. 결국 그들의 군역 부담은 백성들 몫으로 전가되었습니다. 당시 조선은 하마터면 나라가 망할 뻔한 전쟁을 두 차례나 치른 상황이었습니다. 그런데도 양반 사대부의 군역을 예전처럼 부활하자고 말한 이는 단 한 사람도 없었습니다.

정약용 같은 개혁론자도 병농일치제 수준의 군제 개혁을 주장했을 뿐, 양반이 직접 무기를 들어야 한다는 말은 하지 않았습니다. 그 자체가 양반 신분을 의미할 정도로 군역 면제는 지배계급의 상징처럼 인식되고 있었기 때문입니다. 이는 조선이라는 나라가 지배계급의 자발적 의지로는 그 어떤 개혁도 불가능했다는 것을 여실히 보여주는 대표적인 사례입니다. 나라를 이끄는 자들이 양보하고 솔선수범하기는커녕, 특권에 집착하며 주는 것 없이 받기만 하는 풍토는 이처럼 뿌리가 깊었습니다.

신분 세습과 기회의 독점　세 번째로는 (원칙적으로 양인 신분까지 혜택을 누릴 수 있었던) 신분 보장 시스템, 즉 '교육 혜택과 과거 응시*를 독점'하는 특권을 들 수 있습니다. 이를 통해 상류 사회로 진입하는 문을 틀어막아 조선 민중의 신분 상승을 원천 차단했고, 우월한 신분을 손쉽게 세습할 수 있었습니다.

전근대 사회에서 교육받을 수 있다는 것은 많은 시간과 경제력이 뒷받침되는 것을 의미합니다. 그러니 일하지 않고도 놀고먹을 수 있는 자들이 교육 혜택을 선점하고 과거 응시를 독점한 것은 너무나 당연했습니다. 그들은 관직에 진출해서도 중인이나 양인 신분과 달

---

* 양인이나 중인에게도 열려 있던 잡과와 조선 후기의 무과는 예외입니다.

리 승진에 한계가 없었습니다. 그리고 관직에 나아가는 것만으로도 재산 증식이 가능했습니다. 정해진 녹봉에 더해, 오늘날의 관점으로 보면 명백히 불법적인 경제 활동인 이른바 선물이나 뇌물 수수, 횡령이나 수탈 등으로 재물을 불릴 수 있었으니까요. 드문 예외, 가령 그가 청렴한 선비이거나 반대 당파나 정적에게 부정 축재로 탄핵당한 경우만 아니면, 누구도 이런 관행을 부끄러워하거나 불편하게 여기지 않았습니다. 게다가 그렇게 획득한 불로소득을 일가 친족들끼리 거리낌 없이 나눠 가질 수 있었으니, 이 또한 그들이 향유한 특권 가운데 빠뜨릴 수 없는 기쁨이었습니다.

삿된 마음으로 손수 만든 특권　지금까지 언급한 세 가지 특권 말고도 양반 사대부가 누릴 수 있는 혜택은 소소하게 많았습니다. 법을 어겨도 노비가 대신 처벌받거나 돈으로 몸값을 치르고 형벌을 면할 수 있었으며, 집안의 노비에게 사사로이 형벌을 가해도 처벌받지 않았습니다. 심지어 입는 옷과 신발을 비롯한 온갖 생활 격식에서도 백성들과 차별을 두어 우월함을 과시했습니다.

그런데 재미있는 것은 위에서 나열한 여러 특권 가운데 대부분이 양반 사대부가 손수 만든 '관행'이었다는 점입니다. 양반 사대부들은 관직에 몸담은 때를 제외하면 생애 대부분을 나고 자란 고향이나 처가가 있는 향리에 거주했습니다. 그들은 전국 방방곡곡에서 신분적 위세와 정치적 영향력, 그리고 지주로서의 경제력 등을 무기로 한통속인 지방 수령과 결탁해 긴 세월에 걸쳐 자기 편리한 대로 특권을 만들어 사회 관행으로 통용시켰습니다. 그리고 당연한 권리인 양 자손들에게 대물림했습니다.

반면에 조선 사회에서 양반 사대부들이 실제 부담한 의무로는 딱히 거론할 만한 게 없습니다. 그들은 한 사회의 지도층으로서 마땅히 이행해야 할 의무는 외면했고, 오로지 특권에 안주하며 세월을 보냈습니다. 물론 그들 가운데 유학의 본령에 따라 바른길을 걸은 참 선비도 있었습니다. 하지만 하나의 계급으로서 양반 사대부들은 누리는 지위나 혜택에 상응하는 자질과 품격을 갖춘 집단이 아니었습니다. 그들이 평생을 편히 앉아 놀고먹을 수 있었던 것은 전적으로 백성들의 피땀 어린 헌신 때문이었습니다. 그런데도 신분 귀천의 잣대를 칼같이 들이대며 백성들을 동등한 인간으로 대접하지 않았습니다. 그러면서 제 밥그릇 챙기는 일에는 일정한 재능을 발휘했으니, 이만하면 부끄러움을 모르는 뻔뻔함도 그들만의 특권이었을까요? 아무튼 지금 우리가 알고 있는 양반 사대부들의 특권이 실은 나라 법이나 조정의 시책과 상관없이, 삿된 마음으로 직접 만든 관행이었음을 똑똑히 기억해두어야 합니다.

양반 사대부의 위선과 탐욕

어느 시대, 어느 나라, 어느 민족을 막론하고 토지 소유는 귀족층의 근 거이자 거대한 재산의 기초이며 권력의 원천이다.
— 헨리 조지, 『진보와 빈곤』

양반은 생업을 위해 일하지 않으며, 친척들의 도움으로 사는 것을 전혀 부끄럽게 여기지 않고, 담뱃대조차 자기 손으로 가져오지 않는 기생충 같은 자들이다. …

조선이 당면한 가장 큰 문제는 수천 명의 건장한 남성들이 자신들보다 나은 형편에 있는 친구나 친척에게 의존해 살아가는 관습이다. 이런 관 계에는 어떠한 수치심도 없고 이를 비난하는 여론도 없다. …

나는 땅을 경작하는 이들이 최종적인 수탈의 대상이라는 것을 거의 지 겹게 반복했다. 농사꾼들은 다른 어떤 계층보다 열심히 일하고, 토지의 생산성과 다소 원시적이지만 토양과 기후에 매우 잘 적응된 그들만의 기술들을 쉽게 배가시킬 수 있다. 그러나 자신들의 수확에 대한 소유권 이 확실치 않기 때문에 그들은 단지 가족을 부양할 수 있는 정도로 생 산하는 데 만족하고, 더 좋은 집을 짓거나 훌륭한 옷을 입는 것을 두려 워한다. … 수탈당하는 것이 확실한 운명을 가진 계층이 최악의 무관심 과 타성과 무기력의 늪으로 가라앉아야만 했다는 점은 슬픈 일이다. …

여러 가지 개혁에도 불구하고 조선에는 착취하는 사람들과 착취당하는 사람들, 이렇게 두 계층만이 존재한다. 전자는 허가받은 흡혈귀라 할 수 있는 양반 계층으로 구성된 관리들이고, 후자는 전체 인구의 5분의 4를 차지하고 있는 하층민들로서 그들의 존재 이유는 흡혈귀들에게 피를 공급하는 것이다. ─ 이사벨라 버드 비숍, 『한국과 그 이웃 나라들』

영천에 사는 백성이 그 자식에게 훈계하기를, "양반과 사귀지 마라. 꼭 곤장 맞을 일이 생긴다. 관리와 사귀지 마라. 반드시 고된 노역에 끌려가게 된다." ─ 성대중, 『청성잡기』 4권, 「성언(醒言)」

구차하게 땀 흘리지 않겠다

조선 사회에서 양반 사대부들은 경제적으로 지주계급이었습니다. 그리고 한평생 그들이 종사한 직업도 관리가 유일했습니다. 그들은 대가족주의의 우산 아래에서 공고히 연대했고, 친족의 도움으로 살아가는 일을 그다지 부끄러워하지 않았습니다. 박지원의 『양반전』에 '비루한 일은 끊어버리라'는 뜻의 '절기비사(絶棄鄙事)'라는 대목이 나옵니다. 이 말은 양반이 농상공의 천한 일에 종사하면 안 된다는 뜻입니다. 아무튼 양반 사대부는 노동하면 안 되는 존재였습니다.

정도전, 놀고먹는 것을 정당화하다　성종 대에 편찬한 『동문선』 19권에는 정도전이 쓴 「걸식론(乞食論)」이 실려 있습니다. 여기서 정도전은 이렇게 말했습니다. "천자와 공·경·대부는 백성을 다스리며 먹고 살았고, 아래에 있는 농·공·상업을 하는 백성은 노동에 부지런히 힘써 먹고살았다. 옛 성인은 하루라도 구차하게 먹고살아서는 안 된다는 것을 알아서, 위로부터 아래에 이르기까지 각기 직업을 두어 하늘이 먹여 살리는 혜택을 받게 했으니 … 이런 방법에 의하지 않고 생활하는 자는 모두 옳지 못한 백성"이므로 "법에 비추어 반드시 죄를 받아 용서할 수 없는 것이다."

　정도전은 지배계급은 백성을 다스리며 먹고살았다고 점잖게 표현했지만, 이는 '구차하게 일하지 않고 놀고먹겠다'고 선언한 것이나 다름없습니다. 그리고 노동에 힘쓰는 것은 오로지 백성의 몫이니 이를 어기는 자는 용납하지 않고 죄를 묻겠다고까지 말했습니다. 왕조 창업의 설계자이자 개혁적 사상을 가진 정도전의 인식이 이와 같았으니, 후대 양반 사대부들의 노동에 대한 관념이야 더 말할 나위도 없습니다.

노동을 천하게 여긴 고약한 인식　조선의 양반 사대부는 상업에 종사하는 사람들을 '이익만을 도모하는 부류'라며 멸시했고, 땀 흘려 생산하는 모든 일을 천하게 여겼습니다. 물론 농사일만은 예외로 쳤습니다. 하지만 조선 후기의 몰락 양반을 제외하면 그들이 시늉으로라도 직접 농사짓는 일은 없었으니, 이 또한 지주 신분에서 오는 양반 사대부들의 위선일 뿐입니다. 차라리 '글을 읽고 유교 경전을 이해하는 능력 자체가 곧 부의 원천이 되는 세상에서, 굳이 생산 활동이나 상행위로 먹고살 이유가 없다'고 말하는 게 더 인간적이고 솔직하게 들릴 겁니다. 여전히 우리 곁에 노동 자체를 존중하지 않는 고약한 인식이 남아 있다면, 그건 아마도 관리를 제외한 모든 직업을 하찮게 여겼던 조선의 지배계급 때문일는지도 모릅니다.

　노동으로 몸을 일으킨 사람이 존경받지 못하는 것은 비단 조선 사회에 국한된 현상은 아닐 겁니다. 이는 동서양을 떠나 인류 역사에서 상당히 오랫동안 뿌리내린 전통입니다. 19세기 산업자본주의 사회와 경제 행위를 비판한 미국의 사회학자 소스타인 베블런은 『유한계급론』에서 근대 산업사회의 지배계급 행태를 이렇게 조롱했습니다. "지배계층이 아무 일도 하지 않고, 잉여를 폭력과 술책으로 약탈하는 것 자체를 명예롭고 위엄 있는 행위로 여기는 심정적 태도가 만들어지면서 '유한계급'의 씨앗이 배태되었다"라고 말입니다. 그의 말처럼 땀 흘리지 않고도 부와 명예를 획득한 사람이 존경받는 인간 세상에서, 조선의 양반 사대부들이야말로 유한계급의 흠 잡을 데 없는 사례로 꼽힐 만합니다.

상행위는 천해도 재물은 귀중하다   조선의 지배계급은 상업을 비루하게 여겼지만, 상행위로 얻는 재물까지 하찮게 생각하지는 않았습니다. 양반 사대부 가문의 집사나 서얼 자식은 상업에 종사할 수 있었으므로, 양반 사대부들은 그들 명의로 땅이나 노비를 거래했습니다. 그리고 그들에게 장사 밑천을 대어 재산을 늘리기도 했습니다. 그뿐만 아니라 서얼이나 자기 집에 드나드는 식객을 부유한 상인 자식과 결혼시켜 경제 기반을 다지기도 했습니다. 조선 사회에서 양반 사대부들이 상인들과 결탁해 비리를 저지르고 유통경제를 교란하는 일은 흔한 일이었습니다.

양반 사대부들은 재물을 우습게 여기는 '청빈'이 선비의 진정한 덕목이라고 말했지만, 실상 그들의 내면은 물욕으로 가득했고, 이익 창출에 대한 관심도 민감했습니다. 따라서 자신의 사회적 신분과 권세를 이용해 재물 늘리는 일을 결코 게을리하지 않았습니다. 상업은 천하지만 상행위로 얻는 재물은 귀중했던 겁니다.

가난을 노래한 위선

양반 사대부들이 시로써 즐겨 노래한 것 가운데 빠질 수 없는 주제가 있습니다. '가난 속에서도 마음을 편히 가지고 도를 즐긴다'는 뜻의 이른바 안빈낙도(安貧樂道)가 그것입니다.

송순의 안빈낙도와 거짓 풍류　이와 관련한 유명한 시조 한 수를 소개합니다. 지은이는 16세기에 한성판윤을 지내고 서인 출신 보수 사림의 스승으로 대접받았던 송순이며, 소개할 구절은 그의 문집에 실린 「면앙정잡가」 중 두 번째 수입니다.

　　십 년을 경영하여 초려(草廬) 삼간 지어내니,
　　나 한 칸 달 한 칸에 청풍(淸風) 한 칸 맡겨두고
　　강산(江山)은 들일 데 없으니 (병풍인 양) 둘러놓고 보리라.

　이 시조는 송순이 벼슬을 내놓고 고향인 담양에 내려와 정자를 지은 뒤에 읊은 것인데, 재물에 욕심이 없는 가난한 선비가 새로 만든 정자를 바라보며, 자연과 하나 되는 삶을 한껏 멋을 부려 노래한 것입니다. 그런데 송순이 직접 작성해서 남긴 「분재기」(分財記: 자식들에게 상속할 재산을 분류한 문건)를 위의 시조와 함께 살펴보면 고개를 갸우뚱하지 않을 수 없습니다.

그는 8명의 자녀에게 노비 160명, 논밭 724마지기(14만 5천 평), 그리고 127칸에 달하는 기와집을 남겼습니다. 당시 기준으로 보아도 송순은 굉장히 부유한 지주였습니다. 따라서 그의 실제 삶의 규모는 안빈낙도와는 전혀 맥이 닿지 않는 수준이었습니다.

일찍이 공자는 "거친 밥 먹고, 물 마시고 팔을 베고 자도, 즐거움이 또한 그 속에 있다"(『논어』「술이편」)고 말했습니다. 어쩌면 송순도 공자의 안빈낙도를 흉내 내고 싶었는지 모릅니다. 하지만 생전에 그 많은 재산을 축적한 송순의 안빈낙도는 사대부의 위선을 풍류로 꾸며 노래한, 이를테면 청빈을 가장한 환상곡에 지나지 않았습니다.

김일손의 실없는 거짓말 조선 초기의 강직한 언관으로 알려진 김일손은 경연이 끝난 자리에서 임금에게 이렇게 고했습니다. "(스승인 김종직이) 병으로 휴가를 얻어 가마 타고 귀향하려 하는데, 집이 가난해 부리는 종이 없으므로 가마 멜 사람을 준비하지 못했습니다."(『성종실록』 22년 3월 21일) 이 말을 들은 성종은 "만약 그대의 말이 없었더라면 내가 어떻게 알았겠는가?"라며 안타까워했고, 군사를 보내 가마를 메게 하라고 지시했습니다.

그런데 김종직은 청빈한 사대부가 아니었습니다. 김일손이 존경하는 스승을 높이려는 마음에서 실없는 말을 한 것인데, 어쨌거나 임금에게 거짓을 고한 셈입니다. 실제로 김일손은 얼마 안 가서 이 일로 국문을 받고 좌천되었습니다.(『성종실록』 22년 4월 23일) 코미디 같은 일입니다. 이처럼 양반 사대부들, 특히 성종 대 이후에 등장한 사림들은 걸핏하면 청빈한 삶을 노래하고 칭송하기를 즐겼습니다. 그러나 송순과 김일손의 사례에서 알 수 있듯이, 그들의 위선적인 거짓말을 곧이곧대로 믿었다가는 당시 지배계급의 실체를 제대로 파악하기 어려울 게 분명해 보입니다.

우리도 그들처럼, 백성의 터전을 빼앗다

조선 사회에서 양반 벼슬아치들이 백성들의 집을 함부로 뺏는 일은 흔했습니다. 특히 조선 후기가 되면 이런 만행은 기록에서 쉽게 찾을 수 있을 만큼 빈번해졌습니다. 믿기지 않지만, 이것이 애민을 표방한 나라의 실상이었습니다.

"벼슬하는 사람들이 여염집을 빼앗아 점유하여 백성들의 원망이 아주 심하다. 관계 부서가 엄하게 금지하도록 앞뒤로 지시한 것이 한두 번이 아닌데, 폐습이 이미 고질화하였으니 몹시 한심스럽다."(『광해군일기』 9년 2월 3일)

"사대부가 여염집을 빼앗아 백성들의 원망하는 소리가 많다. 또 빚을 징수하는 일로 시비를 가리지 않고 잡아 가두어 침해를 끼친다고 하니 너무도 놀랍다. 각별히 규찰하고 적발하여 치죄하도록 사헌부에 전하라."(『승정원일기』 인조 1년 7월 5일)

"한성부의 여러 당상관을 파직하였다. 이는 여염집을 빼앗지 말라는 금령이 조금 느슨해졌기 때문이다."(『영조실록』 22년 7월 4일)

위에 인용한 기사들에서 알 수 있듯이, 사대부 관리들이 백성의 거처를 빼앗아도 고작 꾸짖고 탄식하거나 해당 관리를 파직하는 선에서 끝났습니다. 결국 백성에게 강도질하는 악행이 멈추지 않은 것은 나라가 이를 방치한 것이나 다를 바 없기 때문입니다.

'여염집을 빼앗지 말라'는 임금의 명령은 광해군 때부터 정조 때까지 여러 차례 등장합니다. 여러 대에 걸쳐서 왕명으로 금하고 다스렸음에도 양반 사대부들의 백성 침탈이 끊이지 않았다면, 조정의 느슨한 대처 말고도 뭔가 다른 곡절이 있지 않았을까요?

아마도 임금의 일족들이 똑같은 짓을 저지르고도 다스려지지 않았기 때문이 아닐까 생각합니다. 이를 입증할 만한 사례는 아주 많습니다.

인조 4년인 1626년의 여름, 사헌부에서는 백성의 땅을 강탈한 궁가 편을 든 임금이 옳지 않다며 이렇게 아룁니다.

"신들이 삼가 호조에서 증거 서류를 붙인 서류 목록을 살펴보았더니 '이천부 백성의 농토는 확실한 문서가 있으니 본래 주인에게 돌려줘야 한다'는 송사가 있었습니다. 궁가에서 마구 점거한 것이 분명해 털끝만큼도 의심할 것이 없는데도, 위(인조)에서 '이는 그들이 스스로 그렇게 만든 것이니, 누구를 원망하고 허물하겠는가? 시행하지 말라'고 판결하신 사건입니다. 지난날 세금과 부역이 너무 번거롭고 무거워 백성들이 명령을 견뎌내지 못하게 되자, 어리석은 것이 백성이라 세도가의 전결에 투속되어 우선 면역하는 계책으로 삼았습니다. 이는 부득이하게 나온 행동으로 그 정상이 참으로 불쌍합니다. 이제 다행히도 탕감하여 바로잡기 위해 문서까지 갖추었음에도 도리어 어리석은 백성에게 죄를 돌린다면, 백성을 겁탈하는 것과 무엇이 다르겠습니까?"(『인조실록』 4년 8월 23일)

기사 내용을 대략 재구성해보면 사건의 전말은 이렇습니다. 어느 백성이 궁가에서 매기는 과중한 세금과 부역을 감당하지 못하다가,

강제로 궁가에 땅을 빼앗기고 관청에 억울함을 호소했습니다. 사건을 조사하고 정상을 참작한 해당 관청은 그 땅을 원래 임자인 백성에게 돌려줘야 한다고 판단해 땅문서까지 갖춰주었습니다. 그러자 궁가는 이에 불복했고, 사정을 보고받은 인조도 이 일이 백성의 잘못이라며 궁가 손을 들어주었습니다. 결국 사헌부가 나서서 임금의 처분이 옳지 못하다고 아뢰기에 이르러, 그 전모가 고스란히 실록에 실리게 된 것입니다.

실록을 검색해보면 왕실에서 백성을 침탈한 사례가 사대부가의 그것보다 훨씬 더 많이 발견되는데, 놀랍게도 제대로 판결하거나 처벌한 경우가 거의 없다시피 한 것을 알 수 있습니다. 이렇듯 왕족들이 앞장서서 백성의 재산을 강탈하고, 임금은 대수롭지 않게 그들을 감싸고 두둔했습니다. 상황이 이러하니, '여염집을 빼앗지 말라'는 임금의 영이 양반 사대부들에게 제대로 먹힐 리 없었습니다. 이를테면 '왕실도 다 하는 일을 우리라고 못 할 건 무언가?'라며 잘못을 합리화하게 되는 것이죠. 결국 임금과 그 일족들이 사대부들의 강도질에 면죄부를 발급한 것이나 진배없습니다.

탐욕과 위선에 사로잡힌 정승들

양반 사대부 계급의 탐욕과 위선에 얽힌 몇 가지 이야기를 구체적인 사례 위주로 살펴보려고 합니다. 범위를 조선 500년으로 넓히면 그 사례가 너무 많아서, 여기서는 개국 이래 100년 남짓 사이에 일어난 정승급 사대부의 일화만 소개합니다.

개국공신 하륜의 탐욕   태종 때 영의정을 지낸 하륜은 통진 고양포(김포 지역)에 제방을 쌓아서 간척지를 독차지했는데, 그 규모가 200석(360가마)을 수확할 수 있는 넓이였습니다. 이때 하륜은 그 지역 수령을 조종하여 군정(軍丁: 군역에 이름을 올린 장정)을 마음대로 동원해 노역시켰습니다. 하지만 태종은 이 일을 알고도 하륜에게 협조한 수령만 파직하고, 불법을 저지른 하륜은 공신이라는 이유로 죄를 묻지 않고 넘어갔습니다. 한편 제방 쌓는 일로 인근 백성의 원망이 심하다는 말을 들은 하륜은 웃으며 이렇게 말했다고 합니다. "원망하는 자들이 어리석고 미련하다. 제방을 쌓아 물을 막아서 비옥한 전지를 만든다면 나라에 이익이 되는데 마음에 걸릴 게 무엇이겠느냐?"(『태종실록』 14년 5월 18일)

선왕의 신하들에 대해 말하기를 삼갔던 세종이 드물게 태종의 신하를 평한 적이 있습니다. 이때 세종은 "하륜은 자기 욕심 채우기를 꾀하는 신하"(『세종실록』 13년 9월 8일)라고 잘라 말했습니다. 영의정 하륜의 탐욕은 인물평에 신중했던 세종의 이 말로 능히 가늠할 수 있습니다.

후세가 크게 오해한 황희   세종 때 영의정을 지낸 황희는 교하에 있는 둔전을 부당하게 가로챈 일로 사헌부와 사간원의 탄핵을 받았습니다. 이때 세종은 "대신을 어찌 작은 과실로 가볍게 끊을 것이냐?"(『세종실록』 13년 9월 8일)라고 반문하며 넘어갔습니다. 오늘날까지 청렴한 정승으로 오해하고 있는 황희의 허물은 『조선왕조실록』 여러 곳에 실려 있습니다.

인척의 범죄를 덮으려다 파직된 일도 있습니다. 사위인 서달이 어느 고을을 지나다가 그 고을 아전들이 예를 갖추지 않는다며, 아랫사람을 시켜 아전 몇 명을 구타했습니다. 그런데 그중 심하게 맞은 아전 한 명이 죽어버렸습니다. 관할 감사가 서달의 죄를 조사하라고 지시하자, 황희는 여러 인맥을 동원해 사건을 무마하고 사위가 풀려나도록 힘을 썼습니다. 하지만 이 일은 사건 조서에 이상한 점이 있음을 눈치챈 세종이 의금부로 하여금 사건을 다시 처리하라고 지시하면서 실상이 드러나고 말았습니다. 결국 사건의 전모가 밝혀져 서달은 장을 맞고 유배형에 처해졌고, 황희는 파면되었습니다.(『세종실록』 9년 6월 21일)

뇌물 수수로 탄핵당한 적도 있습니다.(『세종실록』 10년 6월 14일) 탄핵 며칠 뒤 황희가 사직하던 날, 실록의 사관은 다음과 같이 황희를 비판합니다. "여러 해 동안에 매관매직하고 형옥을 팔아(형벌과 감옥에 갇힌 일에 개입해서) 뇌물을 받았다. 그런 그가 임금에게 무겁게 보인 것은, 사람들과 더불어 일을 의논하거나 혹은 고문(顧問: 전문적 식견이나 의견을 묻는 일)에 대답할 때 말씨가 온화하고 단아하며 의견을 주고받는 것이 다 사리에 맞아서 틀리거나 잘못되지 않았기 때문일 뿐이다." 그리고 이런 말을 덧붙입니다. "황희는 심술이 바르지 않아서, 혹시 자기에게 거슬리는 자가 있으면 몰래 헐뜯었다."

사관은 이것 말고도 황희의 부도덕한 추행까지 폭로했습니다.(『세종실록』 10년 6월 25일) 내용을 요약하면 대략 이렇습니다. "박포*라는 자의 아내가 자기 종과 간통하다가 다른 종이 이를 눈치채자, 소문이 두려워 그 종을 우물에 빠뜨려 죽였습니다. 그후 박포의 아내는 황희의 집에 숨어 지냈는데, 이때 황희가 박포의 아내와 간통했습니다."
그러니까 죄인을 숨겨주는 것도 모자라 그 죄인과 불륜까지 저질렀
다는 말입니다.

황희는 그로부터 2년 뒤에는 청탁을 받고 죄인을 풀어주려다가 탄
핵당하기도 했습니다. 세종은 이때도 대신을 함부로 벌할 수 없다며
두둔했지만, 사헌부가 재차 상소하자 어쩔 수 없이 황희를 파면했습
니다.(『세종실록』 12년 11월 21일, 24일)

이처럼 황희는 세상인심과 한참 동떨어진 불미스러운 일로 여러
차례 탄핵당한 인물입니다. 그런데도 황희는 세종의 비호 덕분에 번
번이 다시 중용될 수 있었습니다. 임금의 뜻을 잘 헤아려서 일 처리
가 깔끔했고, 24년이나 재상 자리에 있으며 세종과 오랜 인연을 맺
었을지언정, 황희는 탐욕에 눈이 멀어 공사 구분을 못 했고 부도덕한
행실로 문제가 많았습니다. 그런데도 오늘날까지 많은 사람들이 그
를 청렴한 재상의 표상으로 오해하고 있으니, 지금까지 이 땅의 역사
서술이 바람직했다고 말하기 어렵습니다.

고리대금업으로 명성을 떨친 유정현 조선 초기의 양반 사대부들이 농
토를 늘리는 손쉬운 방법으로는 단연코 장리(長利)를 꼽을 수 있습니
다. 봄에 먹을 것이 없는 백성에게 돈이나 곡식을 꾸어주고, 가을에
추수한 곡식의 절반 이상을 이자로 가로채는 것을 말합니다.

---

* 무신 출신 개국공신인 박포는 세종의 큰아버지(이성계의 4남)인 이방간에게 이른바 제2
차 왕자의 난을 일으키도록 부추긴 죄로 1400년(정종 2)에 처형당했습니다.

앞서도 언급했듯이 내수사나 궁가에서 장리를 놓아 백성을 착취했지만, 양반 사대부들도 그에 뒤지지 않았습니다. 수많은 백성들이 장리 빚 때문에 유민 신세로 전락하고, 왕실과 양반 사대부들은 그 덕분에 막대한 토지를 소유할 수 있었습니다. 장리로 인한 폐단이 사회경제적으로 심각한 문제를 가져왔지만, 임금이나 대신들은 장리가 아니면 백성이 살아갈 수 없다며, 장리가 백성을 위한 구휼책이라도 되는 양 떠들었습니다. 급기야는 재정 부족으로 나라의 진휼 기능이 약해진 틈을 타서 장리를 합법적으로 수용하고 권장하기까지 했습니다. 그러나 장리의 본질은 어디까지나 악덕 고리대금업이었을 뿐입니다. 장리를 놓아 재산을 축적한 당대의 재상급 인물로는 유정현, 정인지, 윤필상 등이 특히 유명했습니다.

태종 대에 영의정을 역임한 유정현은 장리 준 돈을 다 받아낸 하인에게 상을 주어가면서 부를 쌓았습니다. 그래서 그의 곳간에 "곡식을 쌓은 것이 7만여 석이나 되었다"(『세종실록』 6년 1월 29일)는 기록이 남아 있습니다. 매년 가을이 오면 유정현은 집안의 종을 풀어서 장리 빚 독촉으로 극심한 횡포를 부렸습니다. 그의 사람됨이 어찌나 빈틈없고 악랄했던지, 백성들이 '비록 굶주리는 한이 있어도 유정현한테는 장리 빚을 내지 않는다'고 말할 정도였습니다. 그런데도 유정현의 반응이 참으로 가관입니다. "신의 집 종이 밖에서 돌아와 말하기를, '유정현의 장리를 꾸어 가는 사람이 없다'고 하는 것으로 봐서, 백성들이 심하게 궁핍하지는 아니한 줄로 알고 있사오니, 환곡을 다시 더 주지 말고 궁핍하다고 할 때를 더 기다려보게 하소서."(『세종실록』 7년 4월 13일)

유정현은 빚을 제때 갚지 못한 채무자의 집에 하인들을 보내 가마와 솥까지 몽땅 가져오게(『세종실록』 6년 1월 29일) 할 만큼 악랄한 사채업자였습니다. 굶어 죽으라는 것이었죠.

정인지, 재물을 사랑한 만석꾼　정인지는 태종 때부터 60년 넘게 선왕들을 보필했고, 세조 때는 영의정까지 역임한 인물입니다. 1478년 성종이 그런 정인지를 왕사(王師)로 삼으려 하자, 정인지가 '오로지 재산을 불려 치부한 인물'이라며 성균관 유생들이 왕사 임명에 반대하는 상소를 준비하면서 논란이 일었습니다.(『성종실록』 9년 2월 19일)

몇 개월 후에 정인지가 죽자, 사관은 이렇게 말했습니다. "재물 늘리기를 좋아하여 재산이 수만 석에 이르렀다. 논과 밭을 널리 차지했으며 심지어 이웃에 사는 사람의 것까지 많이 점유했으므로, 당시의 의논은 이를 옳지 않게 여겼다. 그의 아들 정숭조는 아비의 그늘을 바탕으로 벼슬이 재상에 이르렀는데, 재물을 늘림에 있어서는 아비보다 더하였다."(『성종실록』 9년 11월 26일)

여기서 정인지 부자가 만석꾼 대지주였다는 사실, 그런데도 이웃집 땅까지 넘볼 만큼 물욕이 많아서 세상 사람들이 그들을 손가락질하고 천하게 여겼음을 알 수 있습니다.

윤필상, 나라 예산의 4.5퍼센트를 축재하다　윤필상은 단종 때부터 연산군 치세에 이르기까지 50년 넘게 관직에 있으며 영의정까지 지낸 인물입니다. 그의 탐욕도 아주 유명했는데, "윤필상의 종이 주인의 세력을 믿고 장리를 빙자하여 백성의 재산을 뺏으니, 간교하고 교활한 것이 이보다 심할 수가 없습니다"(『성종실록』 8년 3월 1일)라고 실록에 기록되어 있습니다. 그리고 '집이 다섯 채나 되었고, 무명 3만여 필, 양곡 1천여 석을 축재'(『연산군일기』 10년 4월 27일)했는데, 이는 당시 나라 예산의 4.5퍼센트에 해당하는 규모라고 합니다. 윤필상의 탐욕과 관련해서 "재산을 모으기 위해 면포와 양곡 값이 오르내리는 시세를 보아서 장사꾼들을 끌어다가 사고 바꾸었다. 그리고 그의 집 문 앞은 마치 저잣거리 같았다"(『연산군일기』 윤4년 19일)라는 기록도 남아 있습니다.

조선시대에는 면포가 화폐를 대신하여 상거래뿐만 아니라 세금 내는 용도로도 쓰였습니다. 그런데 윤필상은 '면포를 무려 1천여 동이나 쌓아놓고'(『연려실기술』 별집 제11권) 살았다고 합니다. 면포 1천 동이 어느 정도 규모인지 얼른 감이 오지 않습니다. 면포 한 필의 길이가 16미터, 폭이 32센티미터였고 한 동이 1,750필이었으니, 1천 동을 환산하면 면포 길이로는 자그마치 2만 8천 킬로미터가 되는 셈입니다. 펼치면 서울과 부산을 자그마치 35회나 왕복할 수 있는 길이입니다. 그 어마어마한 규모에 입이 떡 벌어질 지경입니다. 당시 면포 한 필로 쌀 2말(36kg)을 살 수 있었다고 하니, 면포 1천 동이면 무려 쌀 6만 3,000톤을 사들일 수 있는 겁니다. 『연려실기술』에 적힌 내용에 다소 과장이 있다고 하더라도, 나라 예산의 5퍼센트에 가까운 윤 필상의 재산이 어느 정도였는지는 짐작하고도 남습니다.

애민과 철저히 동떨어진 삶

위의 사례들에서 보듯이 조선의 양반 사대부들은 초기부터 온갖 불법적이고 부도덕한 방법으로 땅을 늘렸습니다. 그래서 조선이 개국하고 100년이 지나 연산군이 즉위할 무렵에는 대농장을 소유한 사대부 지주들이 즐비했습니다. 조선의 양반 사대부들은 소유한 땅이 많고 적은 차이가 있었을 뿐, 너나없이 지주 계층이었습니다.

그들은 자신과 일족의 안락과 풍요를 위해 노비의 노동력을 무상으로 착취하고, 소작인의 땀을 헐값에 사서 생산과 관리를 해결한 농경사회의 유한계층이었습니다. 그들은 그렇게 만들어진 경제적 지위와 우월한 신분을 바탕으로 교육 혜택과 벼슬에 나설 기회를 독점했습니다. 관직에 올라서는 주어진 권한을 사사로이 사용해 더 많은 재물을 긁어모았습니다. 사대부 지주만이 누릴 수 있었던 이런 선순환 고리는 대를 이어 전승되었습니다. 그렇게 세월은 흘러서 조선 후기가 되면 양반 사대부들은 수탈을 견디다 못해 일어선 백성들의 저항에도 꿈쩍하지 않고, 심지어 임금도 함부로 하지 못할 만큼 견고한 입지를 다지게 됩니다.

양반 사대부들이 500년 동안 단 한 순간도 지배계급의 지위를 상실하지 않은 비결은 이제 명백해졌습니다. 그들이 소유한 땅과 노비들, 일하지 않고도 재물을 축적한 불공정한 사회구조, 그리고 어려운 한자 문화를 고수하며 지식을 독점한 것이야말로 양반 사대부들이 고귀한 신분을 계승하며 500년을 군림할 수 있었던 밑천입니다. 한마디로 그들은 실록과 각종 사료, 그리고 그들의 문집에 실려 있는 애민 혹은 민본사상과 전혀 맥락이 닿지 않는 삶을 살았던 겁니다.

누가 무엇을 개혁한단 말인가?

대체로 정치인들 가운데는 한전론이나 균전론에 찬성하는 것보다는 반대하는 편이 많았으며, … 이 시기의 '봉건 지배층의 경제 기반'은 토지를 통한 '농민 수탈'에 있었으므로, 토지 소유에 어떤 제한을 당한다는 것은 그 경제 기반을 상실하는 것이 되는 까닭이었다.
— 김용섭, 『조선후기농업사연구 1』

11세기 송 제국에서 '왕안석의 변법' 개혁이 실패한 이래 중국 역사는 사대부가 주도하는 정치형태에서는 '어떤 변법과 개혁도 불가능하다'는 법칙 하나를 내놓았다. 나무랄 데 없는 왕안석의 도덕적 명성과 재상이라는 높은 지위, 그리고 정부를 절대적으로 통제할 수 있는 송 제국 황제 신종은 권력을 쥐고도 처참하게 실패했다. — 백양, 『백양 중국사』

"그런 거야, 친구. (우리 귀족들은) 둘 가운데 하나를 택할 수밖에 없는 거지. 현재의 사회구조가 정당하다고 인정하고 자신의 권리를 지키기 위해 애쓰든가, 나처럼 자신이 부당한 우위를 누리고 있음을 인정하고 그것을 기꺼이 누리든가 말이야." — 레프 톨스토이, 『안나 카레니나』

견제받지 않는 권력

조선 역사에서 지배계급이 스스로 개혁을 구상하고 시행한 경우는 매우 희귀한 사례에 속합니다. 그마저도 개혁을 논의하는 과정에서 거센 내부 반발에 부딪히기 일쑤였으며, 근본적인 문제 해결은 하지도 못한 채, 임기응변식으로 변죽만 울리다 슬그머니 끝나버렸습니다. 어쩌다 백성을 위한, 하지만 지배계급의 양보가 꼭 필요한 작은 개선책이라도 시행할라치면 양반 사대부들은 어김없이 그 제도의 허점을 파고들어 개혁을 무력화하는 방법을 찾아냈습니다. 이런 식으로 조선 지배계급은 500년 그 기나긴 세월이 마치 태평성대라도 되는 양 허투루 흘려보냈습니다.

모든 개혁에 등 돌린 태생적 반개혁 성향　조선에서 제대로 된 개혁이 불가능했던 이유는 무엇일까요? 그것은 다름 아닌 태생적 반개혁 성향이었습니다.

경제 기반을 철저히 토지 소유에 바탕을 두고 있던 왕족과 양반 사대부들은 나면서부터 수탈 말고는 기득권과 풍요를 보장받을 방법이 없다고 배웠고 또 그렇게 믿었습니다. 모순이 정점으로 치달은 조선 후기에 영조와 정조, 대원군처럼 왕조의 미래를 걱정한 나머지 개혁의 필요성을 깨닫고 이를 실천하려 한 이들도 있었습니다. 하지만 대부분의 임금과 양반 사대부들의 생각은 달랐습니다.

농경사회인 조선에서 개혁이란 어차피 토지 문제와 직결될 수밖에 없었습니다. 그리고 개혁의 핵심 과제는 토지 소유의 제한과 수탈 완화를 포함한 수취 체제의 개선일 수밖에 없었습니다. 그런데도 이런 개혁에 사사건건 반대하고 나선 것은 그들 모두가 지주였기 때문입니다. 그들은 대를 이어 몸에 밴 탐욕과 이기심을 내려놓을 의지나 용기가 없었습니다. 따라서 토지 소유권 침해와 경제적 양보를 뜻하는 개혁에 찬동하는 일이 태생적으로 불가능했습니다. 나라를 바로 세우고 애민을 실천할 실질적이고 유일한 방법이 개혁이었지만, 크든 작든 자신들이 손해를 감수해야 하는 상황을 받아들이지 못하고 끝내 등 돌리고 말았습니다.

어차피 모두가 양반 사대부 한편 조선 역사에서 양반 사대부와 경쟁 관계에 있는 사회계층이 부재했다는 점도 개혁을 기대할 수 없었던 또 하나의 이유입니다. 조선 초기의 '사화'와 후기의 '환국 정치'*에서 알 수 있듯이, 단순한 집권 정파의 교체로는 개혁의 성패에 아무런 영향을 미칠 수 없었습니다. 어차피 그들 모두가 본질적으로 똑같은 양반 사대부였으니까요. 조선을 이끌어간 사대부들의 정치사상, 특히 그들이 품고 있던 민본주의의 실체는 당색과 상관없이 본질적으로 다르지 않았습니다.

물론 문벌이나 학맥의 차이에서 오는 견해차가 있었고, 제각기 소속 당파의 이익을 위해 행동하기는 했습니다. 하지만 양반이라는 신분 질서를 뛰어넘어 사회경제적으로 이질적인 계층으로 전환하거나, 다른 신분과 연대하거나 융합하는 일은 일어나지 않았습니다.

시대와 활동 무대를 조선 후기와 중앙 조정으로 좁혀보면, 인조 반란 이후 양반 사대부의 보수적이고 반민중적인 성향은 오히려 한층

---

* 환국이란 노론·소론 혹은 남인 당파 가운데 임금의 뜻에 맞지 않는 세력을 일시에 몰아내고 다른 특정 당파 신하들을 대거 등용하는 파행적인 정치 행태를 말합니다. 숙종 대의 갑인환국(1674), 경신환국(1680), 기사환국(1689), 갑술환국(1694)과 영조 대의 정미환국(1727) 등이 그 사례입니다.

뚜렷해졌습니다. 광해군의 정치적 패배 이후부터 망국에 이르기까지 조선 후기의 집권 사대부들은 하나같이 '보수 사림'의 후예였기 때문입니다.

아무튼 500년 내내 조선 지배계급의 중추는 오로지 양반 사대부 계층이었고, 그들의 선택이 계급적 이익과 충돌하는 일은 결코 없었습니다. 양반 사대부들의 이익이나 존립에 위협이 되는 결정이라면, 그것이 왕조의 위기를 해소할 유일무이한 방법일지라도 그들에게는 고려 대상조차 될 수 없었기 때문이죠.

임금도 사대부의 자식　몇몇 현군(賢君)을 포함한 조선의 모든 임금은 단지 정도의 차이만 있을 뿐, 양반 사대부의 사고와 인식의 범주에서 벗어날 수 없었습니다. 그들은 어려서 사대부의 가르침을 받고 자라났으며, 사대부가의 여식과 결혼해 사대부가를 외가로 둔 후계자(경종과 영조는 예외지만)를 생산했습니다. 따라서 조선의 임금이 양반 사대부 신하들과 같은 사상을 공유한 것은 당연한 일입니다. 그렇게 임금과 양반 사대부는 당대 지배 이데올로기와 지배계급의 정서를 공유하며 운명을 함께하는 정치적 동지나 다름없는 존재가 되었습니다. 임금도 사대부의 자식이었던 겁니다.

임금은 죽는 날까지 궁궐을 벗어나지 않았습니다. 군사 훈련이나 사신 접대, 능행이나 원행 같은 선왕의 묘소 참배, 그리고 요양을 위한 온천행을 이유로 이따금 궐 밖 행차에 나서기도 했지만, 이 모두가 백성들의 삶과는 동떨어진 현장이었습니다. 따라서 영조와 철종처럼 즉위 이전에 청년 시절을 민간에서 보낸 경우가 아니면, 민중의 삶을 직접 목격하고 이해한 임금은 사실상 없었습니다.

그들은 한평생 양반 사대부 신하들에 둘러싸여 나랏일을 보았고, 그들이 걸러낸 정보와 충고를 통해 세상을 보았습니다. 그러므로 양반 사대부의 이익과 정면으로 충돌하는 문제와 맞닥뜨렸을 때, 대부분의 임금이 그들 입장에서 고민하고, 그들의 이익을 침범하지 않는 선에서 결단하는 것이 자연스러운 일이었습니다.

이런 현실적인 이유뿐만 아니라 바로 양반 사대부가 개혁 대상인 나라에서 과연 누가 무엇을 어떻게 개혁할 수 있었겠습니까? 더군다나 백성은 정치 과정에 참여할 수 없고, 임금이 양반 사대부와 한 몸이나 다를 바 없는 나라에서 백성을 위한 개혁이 성공하기를 바란다면, 이는 환상일 수밖에 없었습니다.

우리가 조선에서 성공한 개혁을 찾으려 할 때, 양반 사대부가 하나의 계급이자 기득권 세력으로서 완전히 뿌리내리지 못한 창업 초기 (태조에서 세종 재위 당시까지)로 거슬러 올라가야 하는 까닭도 거기에 있습니다. 임금도, 신하도 한목소리로 애민을 말했지만, 결국 백성의 안녕은 언제나 뒷전일 수밖에 없었습니다.

무책임한 정치권력과 허무하게 날린 개혁 기회 사회적으로 경쟁 계층이 없으니, 양반 사대부들의 잘못된 정책이나 독주를 견제할 세력도 당연히 없었습니다. 조선은 개국 200년 만에 지배계급의 안일함과 무능 때문에 두 차례의 전쟁을 겪었고, 간신히 존망의 갈림길에서 소생했습니다. 하지만 책임지는 사람이 없었습니다.

특히 인조가 반역으로 왕위에 오르고 난 뒤부터 양반 사대부가 펼친 대부분의 정책은 조일전쟁에서 보여준 조선 민중의 헌신과 기대를 철저히 짓밟는 것이었습니다. 과거를 청산하기는커녕 오히려 더 고답적인 이념과 비현실적인 정책을 들고나와 기존의 봉건 질서를 강화했습니다. 그나마 조선 역사에서 짧은 기간 존재했던 소수의 진보 사림이 정치적으로 패배해 역사의 무대에서 퇴장할 때 애민 정신도 함께 실종되었습니다.

돌이켜 보면 17세기 초의 조선은 나라를 구한 백성과 진짜 충신들의 피로 조일전쟁을 승리로 이끌었고 그 여세를 몰아 새로운 바람을 일으킬 절호의 기회를 맞은 것이나 진배없었습니다. '위기가 곧 기회'라는 말이 있듯이, 바로 그런 중요한 시기에 제 발로 변화의 기회를 걷어차고 역사의 흐름을 거꾸로 돌린 사건이 바로 보수 사림 역도들이 일으킨 인조 반역입니다. 이후 조선은 전쟁을 통해서 아무런 교훈도 얻지 못한 채 예전보다 더 냄새나고 고약한 양반 사대부의 나라로 전락했으니, 이 어찌 허망하고 안타까운 일이 아니겠습니까? 조선이 개혁을 성사시킬 호기는 그렇게 사라졌습니다.

나라도, 백성도 관심 밖인 자들의 몽니

대동법이 전국에 걸쳐 시행되기까지 100년이라는 긴 세월이 필요했습니다. 대동법의 시행이 지지부진했던 것은 단 하나, 종전보다 세금을 많이 내야 하는 양반 사대부들의 집요한 반대 때문이었습니다.

100년 걸린 대동법　　그럼에도 불구하고 조선의 지배계급이 대동법 시행을 끝내 수용할 수밖에 없었던 이유는 무엇일까요? 이미 한계를 넘어선 방납의 폐단을 내버려둔다면, 장차 기존의 지배 질서를 계속해서 유지하기가 어려울지도 모른다고 판단했기 때문입니다. 방납의 폐해로 인한 백성의 고충과 불만이 임계치를 넘어섰던 겁니다.

하지만 100년 세월이면 대동법의 처음 취지를 무색하게 할 온갖 부당 관행과 편법이 동원되기에 충분한 시간이었습니다. 양반 사대부들은 하나둘 법망을 빠져나가고, 백성은 힘든 노동과 찢어지는 가난 속에 여전히 고통받아야 했습니다. 따라서 백성의 부담을 덜어주려 한 대동법 실시 의도는 시행 단계에 이르면 선언적·역사적 의미에 그칠 수밖에 없었습니다. 부정기적인 진상이나 별공은 갑오년 (1894)까지도 사라지지 않았고, 대동미의 소요 비중이 중앙 재정에 편중됨에 따라 지방에 드는 대동미가 부족해 결국 백성들에 대한 잡세 징수가 더 늘어났기 때문입니다. 따라서 백성들의 처지에서 대동법 시행의 전체 과정과 실효성을 말하자면, 개혁이란 표현을 쓰는 것조차 미안하다는 생각이 듭니다.

똘똘 뭉쳐 호포제를 저지하다 16세기가 되자 양반 사대부들은 병역 의무에서 제외되고, 일반 백성들만 오롯이 군역을 부담하는 상황이 되었습니다. 이 무렵, 지배계급의 수탈 강도도 극심해져서 자영농이 대거 몰락하고 관의 손길이 미치지 않는 곳으로 떠도는 유민 신세로 전락했습니다. 심지어 혹독한 국역과 굶주림을 면하려고 궁가나 사대부가의 노비가 되기도 했습니다.

이에 따라 군역을 부담할 백성들의 절대적 수효가 줄었고, 그만큼 늘어난 군포(軍布) 부담 때문에 나머지 백성들은 생존을 위협받는 처지가 되었습니다. 두 필씩 바치는 군포 이외에 스스로 노비가 되거나 달아난 농민들의 몫까지 부담해야 했으니까요. 백성들이 군역을 면하려고 대신 납부하던 군포의 성격이 조세나 다름없이 변질한 것도 이런 사회적 모순에서 비롯한 것입니다. 그런데 군역 폐단의 심각성은 문제가 이것으로 끝이 아니라는 데 있었습니다. 군역을 부담할 백성이 줄어 나라 재정까지 덩달아 위축되고 시나브로 국력이 기울었기 때문이죠.

이런 상황에서 백성들의 부담을 조금이나마 덜어주려는 취지에서 양반들도 군포를 내야 한다는, 이른바 호포제(戶布制)* 논의가 일어났습니다. 하지만 호포제는 대동법보다 훨씬 더 맹렬한 저항에 부딪힙니다. 기존 제도로는 도저히 감당할 수 없는 상황에서 제시된 최소한의 정책에 불과했지만, 결국 그런 호포제마저 양반 사대부들의 반대로 무산되고 맙니다. 그들은 여태까지 누려온 특권과 이익을 양보해야 하는 상황이 닥치면, 언제나 일사불란하게 저항했습니다. 호포제 시행이 없던 일이 되자, 영조 대에 백성들의 군포 부담을 한 필로 줄이는 균역법이 시행되었지만, 이는 군역 문제를 근본적으로 해결할 수 없는 임시방편이었을 뿐입니다.

결국 호포제는 안동 김씨 세도 정권을 끝장낸 대원군에 의해, 1871년

---

* 군역 의무를 지지 않는 양반들 때문에 백성들의 부담은 더욱 커졌습니다. 이에 군포 두 필로 군역을 대신하는 궁여지책이 생겨났지만, 가뜩이나 힘든 백성들에게는 이마저도 고역이었습니다. 거기에 조선 후기 수령과 아전들의 농간까지 더해지면서 군포 문제는 외면할 수 없는 국가 중대사가 되었습니다. 호포제가 논의된 배경에는 이런 절박한 사정이 있었습니다.

(고종 8)이 되어서야 시행되었습니다. 당시 양반 사대부들이 호포제 수용의 조건으로 내건 내용이 가관입니다. 본인 이름이 아니라, '자기 집 종의 이름으로 군포를 납부한다'는 단서를 붙인 겁니다. 그렇게라도 해야 500년을 이어온 양반 체면과 권위, 그리고 신분 질서가 조금이나마 덜 훼손되리라고 생각한 그들의 용렬함을 보는 것 같아 실소를 금할 수 없습니다. 어쨌거나 양반 사대부들의 반대를 꺾고, 누구도 해내지 못한 호포제 시행을 관철한 대원군의 박력은 아무리 높이 평가해도 지나치지 않습니다.

왕안석과 주희, 그리고 조선 사대부의 진심

역사적으로 '개혁에 저항한 지배계급'을 확인할 수 있는 가장 상징적인 사건으로는 중국 송나라에서 대대적인 개혁을 펼쳤던 신종(神宗)과 왕안석(王安石)의 좌절을 꼽아야 합니다. 우리가 왕안석의 개혁 실패와 그런 왕안석을 '세상에 둘도 없는 간신'으로 두고두고 공격한 조선 양반 사대부들을 역사의 거울에 비춰 보아야 하는 이유는 간단합니다. 바로 애민 정신과 정면으로 배치되는 조선 지배계급의 진심을 확인하기 위해서입니다.

송나라와 조선, 사대부 지주의 지상낙원　송나라는 3년마다 정기적으로 과거를 실시하여 사대부 대지주의 숫자가 급증했습니다. 이에 따라 땅을 잃은 수많은 농민들이 소작농으로 전락했고, 세수가 줄어 재정이 차츰 어려워졌습니다. 당시 송나라 지배계급은 인구의 5퍼센트에 불과했지만, 그들이 차지한 땅과 재산은 나라 전체의 90퍼센트에 이르렀습니다. 그런데도 그들의 탐욕과 약탈 행위는 그치지 않았습니다. 문치주의 송나라는 사대부 지주들에게는 그야말로 둘도 없는 지상낙원이었습니다. 이런 송 제국의 모습을 재현한 곳이 바로 17세기 이후의 조선왕조였습니다.

1067년, 패기 가득한 20세의 신종이 6대 황제 자리에 올랐습니다. 그리고 2년 뒤, 송나라를 부강하게 만들겠다는 야심을 가지고 왕안석이 주창한 개혁적 '신법'을 전격 수용했습니다. 바야흐로 기득권 세력의 횡포를 저지하고 도탄에 빠진 백성을 구하기 위한 개혁이 시작된 겁니다. 이는 지배계급이 자발적으로 개혁을 시도한 사례인데, 중국 역사뿐만 아니라 동서양을 통틀어 보더라도 드문 일입니다.

신법은 백성들에게 가능한 한 부담을 주지 않으면서, 나라 재정을 건전하게 만들기 위해 고안된 것입니다. 따라서 민중에게 희망을 보여주고 재정 회복의 방책을 제시한 왕안석이야말로 위대한 경세가 반열에 이름을 올리기에 손색없는 인물이었습니다.

왕안석은 유자였지만 나라와 백성을 위해서라면 유가의 속박에 얽매일 생각이 없었습니다. 하지만 그의 개혁은 성공하지 못했습니다. 개혁을 수용할 만한 사회적 기반이 허약했던 것도 하나의 이유이지만, 그의 발목을 붙잡은 것은 무엇보다 기득권 세력의 맹렬한 반발이었습니다. 이 개혁이 성공하려면 기득권 세력인 사대부 지주, 그리고 그들과 결탁한 대상인들의 양보가 반드시 필요했지만, 그들은 그럴 생각이 조금도 없었습니다.

왕안석이 시행한 신법을 간단히 정리하면, 그동안 기득권 세력이 백성을 상대로 폭리를 취하던 분야에 나라가 적은 이윤을 앞세워 직접 뛰어드는 방식이라고 말할 수 있습니다. 왕안석 개혁의 핵심은 부자를 억눌러 나라 재정을 늘리는 방식이었던 겁니다.

여태까지 송나라 사대부들은 농민들에게 고리대를 빌려주고, 상환하지 못한 농민의 땅을 차지하는 방식으로 재산을 불려왔습니다. 그런데 개혁이 시작되자 나라가 농민들에게 낮은 이자로 돈을 빌려주는 바람에 땅을 늘려갈 길이 막혀버렸습니다. 고리대업으로 배를 불리던 지주와 상인, 그리고 그들의 뒷배가 되어준 사대부들이 들고일어난 것은 정해진 이치였습니다.

그뿐만 아니라 신법 개혁으로 나라 예산이 40퍼센트나 축소되어 관리 자리가 적잖이 사라졌고, 그만큼 사리사욕을 채울 기회도 줄었습니다. 신법에 미친 듯이 저항한 송나라 지배계급의 비밀이 이로써 자연스럽게 풀렸습니다.

왕안석을 간신으로 매도한 진짜 이유　어쨌거나 당시 송나라의 내부 사정은 몹시 어려웠으므로, 누구나 개혁의 필요성 자체에는 공감하고 있었습니다. 그리고 왕안석의 개혁이 산적한 모순을 해결하려는 고민의 결과라는 사실도 모르지 않았습니다. 지금까지 모든 개혁에는 '기득권 세력의 이익을 침범하지 않아야 한다'는 전제가 불문율처럼 따라붙었습니다. 하지만 왕안석은 지배계급의 이런 묵계를 무시해버렸습니다.

정의감과 도덕적 신념으로 무장한 왕안석은 자신을 지지한 신법당과 함께 개혁을 이끌었지만, 기득권 세력의 심술과 반발은 상상을 뛰어넘었습니다. 송나라 기득권 세력은 자신들의 재산과 이익을 침해한 왕안석에게 '소인' 혹은 '간신'이라는 터무니없는 오명을 뒤집어씌워 공격했습니다. 황제가 덕을 쌓아 올바른 치도를 펼 수 있도록 돕지 않고, 도리어 백성을 상대로 이익을 얻는 장사꾼으로 만들어버렸다는 것이 주된 이유였습니다. 하지만 논란의 핵심은 왕안석을 비판한 사대부들이 하나같이 백성을 수탈한 '대지주'였다는 데 있습니다. 그리고 왕안석을 비난하고 공격한 배경에는 개혁이 성공할 경우, 지배 구조에 변화가 일어날지도 모른다는 두려움이 자리 잡고 있었습니다. 이것이 왕안석이 간신으로 매도당한 역사의 실체적 진실입니다.

아무튼 기득권 세력의 맹목적인 반대와 집요한 저항이 멈추지 않자, 신종도 왕안석을 마냥 감싸줄 수만은 없는 상황이 되었고, 결국 왕안석은 자리에서 물러날 수밖에 없었습니다. 그의 퇴진 이후에도 개혁은 계속되었지만, 신종이 죽으면서 결국 신법은 폐지되고 맙니다. 이후로 송나라는 쇠퇴를 거듭하다가 중원을 금나라에 빼앗기고 결국 양자강 너머로 달아나 남송을 세우는 신세가 됩니다. 왕안석이 물러난 지 불과 50년 만의 일이었죠.

주희를 숭배한 조선 사대부들의 거짓 인물평　그런데 앞서 언급한, 송나라 사대부들이 군자와 소인을 바꿔치기해 왕안석을 매도한 대목이 어쩐지 익숙하다는 느낌이 듭니다. 어째서일까요?

훗날, 신법 개혁을 반대하고 저지한 사마광이 도리어 군자의 상징인 양 왜곡되는 어이없는 일이 벌어집니다. 이는 주희가 남송 사상계를 주도하면서부터 생겨난 현상입니다. 반면, 특권 세력을 억제하고 부정부패를 없애 송나라의 사회 기강을 바로잡아 궁극적으로는 부강한 나라를 만들려고 했던 왕안석은 간신이자 소인이 되고 맙니다. 이쯤 되면 주희를 비롯한 남송 사대부들의 편향성과 가치 전도는 역사의 가치와 존재 이유를 훼손한 것이나 다름없습니다.

더 어처구니없는 것은 조선의 임금과 양반 사대부들이 주희와 남송 사대부의 거짓 인물평을 답습했다는 사실입니다. 『조선왕조실록』을 읽어보면, 왕안석이 조선 군신들의 험한 입길에 오른 사례가 셀 수 없이 많습니다. 그들은 왕안석을 '비현실적인 신법으로 이치에 어긋난 변화를 획책한 간신'이라고 비난했고, 그것도 모자라 송나라 멸망의 책임까지 그에게 뒤집어씌웠습니다.

조선왕조에서 왕안석을 호의적으로 평가한 희귀한 사례도 있습니다. 먼저 세종이 즉위하던 해의 어느 경연 석상에서 임금과 변계량이 나눈 대화 중에 등장하는 내용입니다. 변계량이 왕안석을 두고 "그의 문장과 정사(政事) 그리고 마음 씀을 보건대, 모든 면에서 다른 사람이 미칠 수 없으니, 전적으로 소인이라고 지목할 수 없을 듯합니다"라고 말했습니다. 그러자 세종은 이렇게 대답합니다. "왕안석은 소인 가운데 재주 있는 사람이다."(『세종실록』 즉위년 11월 7일) 세종과 변계량의 대화에서 보듯이, 성리학이 완전히 뿌리내리지 못한 건국 초기에는 왕안석이 비록 소인일지언정 간신으로까지는 인식되지 않았고, 단지 너무 급하게 개혁을 추진하다 실패한 인물 정도로 이해하는 분위기였음을 알 수 있습니다.

다음으로 소개할 내용은 18세기 후반, 정조가 총애하던 남인 관료 이가환에게 한 말입니다. "임금이 말하기를 … 왕안석의 신법이 또한 어찌 하나도 취할 수 없는 것이겠는가?"(『정조실록』 2년 2월 14일) 그리고 어느 경연 석상에서 좌의정 채제공과 이런 대화를 나누기도 했습니다.

"임금이 이르기를 '대체로 왕안석은 고집이 너무 지나쳤지만, 그 재주야 어찌 세상에 쓸 만한 것이 없었겠는가. … 세상에 쓰이는 재주로 말하자면 왕안석이 절대로 사마광보다 못하지 않을 것이다.' … 채제공이 아뢰기를, '요즘 유자들의 논의는 사마광과 왕안석은 서로 비교할 수도 없다고 말하는데 이는 정말로 편협한 것입니다. 신법을 혁파하기는 지극히 쉬운 일이지만, 구법을 바꾸기는 매우 어려운 일입니다. 어찌 사마광의 재간이 왕안석보다 뛰어나다고 할 수 있겠습니까?'"(『정조실록』 15년 4월 30일)

주희 성리학과 보수 사림이 조선 사상계를 완전히 장악한 당시 시대상을 감안하면, 정조와 남인 재상 채제공이 공정하고 합리적인 지성의 소유자였음을 새삼 확인시켜줍니다.

분별력과 역사의 가르침

조선왕조에서 왕안석은 언제나 간신 소인배일 수밖에 없었고, 세종이나 정조처럼 왕안석을 객관적인 사실 그대로 평가한 사례는 실로 극소수입니다. 특히 16세기 이후의 보수 사림은 왕안석이 "신종 황제의 귀를 막아 잘못된 길로 이끌었을 뿐 아니라, 왕도와 거리가 먼 군사와 상공업 쪽으로 정사를 치우치게 했다"고 매도했습니다. 아무튼 주희와 그를 숭배한 조선의 지배계급 때문에 사마광과 왕안석에 대한 뒤집힌 평가가 오늘날까지도 진실인 양 통용되는 실정입니다.

왕안석의 좌절과 그에 관한 부당한 평가를 지켜보면서, 이런 생각이 들었습니다.

개혁이 실패할 때마다 배고픈 자들은 더욱 가난해지고, 풍요로운 자들은 더 많은 것을 소유하게 되었습니다. 시대와 지역을 막론하고, 누구나 알아챌 수 있는 악당들만이 역사의 진보와 개혁을 가로막는 것이 아닙니다. 인간 세상의 변화와 발전에 걸림돌이 되는 세력에는 짐짓 백성을 위하고 사랑하는 군자인 척하면서 실은 지배 이데올로기에 기대어 기득권과 자신의 이익에만 집착한 자들도 포함되는 것입니다.

그러므로 지배계급의 악의적인 위선과 거짓말을 분별하지 못하고, 진정성을 갖고 개혁을 실천하려 한 참일꾼을 가려내지 못한다면 불평등하고 가치가 뒤집힌 세상은 우리 곁에서 절대 사라지지 않을 겁니다. 인류 역사가 가르쳐주는 단순하고도 명쾌한 교훈입니다.

4장

백성을 구조적으로 착취한 나라

부패를 유발하는 나라

예는 서인(庶人)에게까지 내려가지 않고, 형벌은 대부에게까지 올라가
지 않는다. —『예기(禮記)』

우리는 대개 우리 주변에서 보는 불공평에 화를 낸다. 그러나 마르크스
의 생각으로는 이것이 화를 낸다거나 도덕적으로 그럴듯한 충고를 하
거나 할 문제는 아니었다. 착취는 착취하는 개인의 죄가 아니다. … 죄
는 언제나 제도에 있는 것이지 개인에게 있는 것은 아니다.
— 자와할랄 네루,『세계사 편력』

구조적 부패를 용납한 사회

조선의 지배계급이 보여준 갖가지 부패상을 '개인의 위선과 탐욕의

문제'로만 접근하게 되면, 500년 조선 폐단의 전모를 파악하기가 어렵다고 생각합니다. 지배계급의 부패와 수탈을 개인의 도덕성 문제로 돌려버리면, 문제의 본질에서 완전히 벗어날 수밖에 없습니다. 그보다는 지배계급에게 특권을 보장해준 조선의 사회·제도적 장치와 그것을 뒷받침한 주희 성리학 이데올로기에서 원인을 찾아야 할 것입니다. 다시 말해 왕실과 양반 사대부의 부패상을 조선 사회의 구조적인 문제로 접근했을 때, 비로소 문제의 본질을 정확히 인식할 수 있다는 얘기입니다.

그렇다면 부패를 유발한 구체적인 요인은 무엇이었을까요? 지금부터는 조선 사회가 부패를 용납한 구조적인 요인을 크게 네 가지로 나누어 살펴보려고 합니다.

주희 성리학 양반 사대부의 부패를 조장하면서 그것을 치유하기 힘들게 만든 것으로는 무엇보다 교조적으로 변질한 주희 성리학을 첫손에 꼽아야 합니다.

1623년, 보수 사림은 쿠데타로 광해군의 왕위를 찬탈한 뒤, 정계에서 진보 사림을 완전히 몰아냈습니다. 이후로 조선의 주류 사회는 보수 사림 천하가 되었습니다. 그리고 양반 사대부 중심의 지배 질서와 기득권을 옹호하는 주희 성리학을 온 나라에 확산시키기 위한 맹목적인 질주가 본격화합니다. 그 결과 사상계는 주희 성리학이 독점했고, 나라는 주희를 숭배하는 서인 세력, 그중에서도 노론 당파가 정치를 농단하는 사상 독재 국가로 전락했습니다. 이로써 17세기 이후의 주희 성리학은 단순한 지배 이념을 넘어, 국가 종교 차원의 무결점 진리로 떠받들어졌다고 해도 과언이 아닙니다.

조선의 주희 성리학은 시대 변화에 대응하고 사회 풍습을 정화하기는커녕, 권력의 입맛에 맞지 않는 모든 생각과 논쟁을 제거함으로써 사회적 견제 장치와 민중의 저항을 무디게 하는 역할에 충실했습니다. 특히 소수의 외척 가문이 권력을 장악한 19세기 세도정치기가 되면, 기득권 유지와 세습에 골몰한 몇몇 노론 가문을 중심으로 신권이 왕권을 제압하는 기현상이 일어납니다. 물론 이런 척박한 풍토에도 개혁을 말하는 양반 실학자들이 등장했지만, 그들은 동시대에 정치·사상적으로 영향력이 없는 소수의 약자에 머물렀습니다. 그들의 저술 역시 대부분 활자화되지 못한 채* 필사본 형태로만 존재해 널리 읽히지 못했습니다. 이런 사정에서 짐작할 수 있듯이 실학자들이 그 사상과 포부를 당대에 구현하기에는 역부족이었습니다.

숱한 사상들이 탄압받고 사라진 적막한 폐허에는 나라의 미래와 민중의 고통 따위는 안중에도 없는 주희 성리학만이 홀로 고고하게 남겨졌습니다. 그리고 현실 정치판에서는 오로지 체제 유지와 개인이나 가문의 이익 수호에 뜻을 둔 부패하고 탐욕스러운 자들이 '그들만의 세상'을 즐기고 있었습니다. 결국 19세기의 조선 제도권 안에는 양반 사대부들의 탐욕과 부정부패를 제어할 만한 장치가 남아 있지 않았습니다.

---

*실학의 선구로 평가받는 이수광의 『지봉유설』이 인조 대에 목판본으로 사후 간행되었고, 유형원의 『반계수록』 역시 사후 100년 가까이 지나 영조의 지시로 목판 인쇄되었습니다. 그러나 이런 예외를 제외하면 실학 서적 대부분은 20세기에 접어들어 활자화되었습니다.

통제받지 않은 향촌 사회　조선 사회에서 부패를 가능하게 만든 두 번째 요인으로는 통제를 벗어난 향촌 사회의 존재를 들 수 있습니다. 조선왕조는 수령으로 부임한 사대부와 향촌에 거주하는 양반, 이른 바 재지사족 혹은 토호들이 힘을 합쳐 지방을 통치하는 전략을 펼쳤습니다. 조선 후기에는 수령권이 강화됨에 따라 재지사족들의 힘이 약해지지만, 아무튼 시골 양반들이 서원과 향약을 이용해 향촌을 실질적으로 장악하는 상황을 묵인했고, 나아가 그들이 주도하는 자치 조직까지 허용함으로써 양반들의 부정부패를 조장했습니다.

양반들로 구성된 자치 조직인 '향회'는 관아 향리를 임명하거나 내칠 수도 있었으며, 부역 체제(백성이 부담하는 공공 의무) 운영과 같은 지방행정에도 간여하면서 막강한 영향력을 행사했습니다. 향촌의 양반들은 향회를 통해 결속을 다졌고, 수령이나 향리들과 결탁해 온갖 패악을 일삼았습니다. 심지어 청렴한 수령을 견제하기도 하면서 백성 위에 군림했습니다. 쉽게 말해서 고을 양반들은 자신의 권익을 손수 챙겼던 겁니다. 이처럼 조선왕조는 재지사족의 향촌 영향력을 공공연하게 묵인하고 그들의 자치 조직을 장려함으로써, 부패한 수령과 시골 양반, 그리고 향리들이 부정을 저지를 수 있는 환경을 조성했습니다.

통제받지 않은 향촌 사회가 키운 폐단은 이루 말할 수 없이 많습니다. 특히 17세기 후반부터는 삼정(三政)이 문란해지기 시작했고, 화폐 유통의 확대로 양반들의 고리대 폐단이 농촌 사회를 심각하게 위협했습니다. 이처럼 수령과 향리의 부정부패와 더불어 고을 양반들의 횡포는 향촌 사회의 고질적인 병폐로 자리 잡았습니다.

지배계급에게 관대한 법과 형벌　양반 사대부에게 관대한 법과 형벌 제도 역시 조선 사회가 부패를 용납한 또 하나의 요인이었습니다. 하급 관원과 아전은 부정한 상관을 고소할 수 없었고, 고을의 구실아치나 일반 백성이 부패한 관찰사나 수령을 고소하는 일은 법으로 금지되었습니다. 이른바 부민고소금지법이 그것입니다.

조선의 양반 사대부 사회에서는 고대 중국 이후로 내려오는 괴상한 관행이 폭넓은 공감대를 형성하고 있었습니다. 바로 『예기』「곡례편」에 나오는 "예는 일반 백성에게 내려가지 않고, 형벌은 대부에게로 올라가지 않는다"라는 원칙입니다. 여기에는 '지배계급은 예로써 알아듣도록 권유하고 격려하며, 백성들은 형벌로써 다스린다'는 뜻이 담겨 있습니다.

역모처럼 체제에 도전하거나 왕권을 위협하는 대역죄가 아니라면, 양반 사대부에게는 최대한 관용을 베푸는 것이 조선 사회의 암묵적인 관행이었습니다. 따라서 형벌은 백성을 겨냥해서 만들어진 것이나 마찬가지였습니다. 이런 상황에서 양반 사대부의 탐욕을 제어하고, 그들의 부정부패를 적극적으로 막는 것이 실효를 거둘 수 있었을까요?

부패를 용납한 네 번째 요인, 공사 구분이 없는 '선물 경제'

조선의 양반 사대부들 사이에서 당연시되었던 선물(膳物) 경제라는 신기한 풍토, 이 또한 부패 유발 요인으로 빼놓을 수 없습니다. 양반 사대부들에게 선물이란 도대체 무엇을 의미했는지, 그리고 선물이 어떻게 부패를 유발하고, 백성들에게 부담을 가중했는지를 실제 사례 중심으로 살펴보겠습니다.

사람들 사이에서 서로 마음과 정을 주고받는 미풍양속쯤으로 인식되었기에, 선물에서 부정부패를 연상하기란 쉽지 않습니다. 하지만 조선시대의 선물 관행, 특히 관직에 몸담은 양반들의 선물 수수 관행은 뇌물 수수나 공금 횡령의 성격까지를 내포한 광범위한 부정 행위였습니다. 과연 어찌 된 영문일까요?

조선시대 양반들의 삶에서 선물을 주고받는 일은 일상 그 자체라고 해도 지나친 말이 아니었습니다. 선물을 주고받는 범위와 크기는 대체로 관직자들이 맺고 있는 인적 교류 관계를 통해서 결정되는데, 선물의 범주에는 부당한 청탁을 받고 이를 들어주는 행위까지 포함되었습니다. 관권을 등에 업고 사사로이 백성을 동원하거나 부당하게 민원을 해결하는 일은 말할 것도 없고, 관직을 배경으로 관아의 재원을 멋대로 출연해서 일가친척이나 지인들에게 나눠 주는 것도 아주 흔한 일에 속했습니다.

유희춘과 이문건의 사례 선조 대의 명망 있는 사대부 가운데 홍문관 부제학과 전라도 관찰사, 이조참판 등을 지낸 유희춘(1513~1577)이 있었습니다. 그는 초기 사림 가운데 한 사람으로 출중한 학식과 명종 대의 깨끗한 처신으로 당대 사림들에게 좋은 평판을 받았던 사대부입니다. 유희춘은 죽기 전까지 11년 동안의 생애를 기록한 『미암일기』라는 저술을 남긴 것으로도 유명합니다. 이 일기는 당대에는 『조선왕조실록』의 사료로도 사용되었고, 현재는 국가 보물로 지정되었을 만큼 역사적 가치를 인정받은 저술입니다. 그러면 『미암일기』에 기록된 내용을 바탕으로 당대의 선물 관행을 잠깐 들여다보겠습니다.

향리에 낙향해 있던 유희춘은 담양 부사에게 이런 부탁을 했습니다. 자신의 논에 물을 끌어들이기 위해 둑을 쌓으려는데 군사를 동원할 수 있도록 문서를 만들어달라는 것이었습니다. 며칠 뒤 유희춘은 부사가 보내준 문서를 이용해 인근 세 개 면에서 300명가량의 군사를 동원해 나흘 동안 일을 시킬 수 있었습니다. 그리고 어느 겨울에는 47칸짜리 새 집을 지을 목적으로 휴가를 얻어 고향에 내려왔습니다. 그러자 인근 여러 고을의 수령들이 목수와 일꾼, 그리고 목재와 양식 등을 보내주어 힘들이지 않고 새 집을 지을 수 있었다고 합니다. 이때 동원된 인력은 '땅을 다지는 데 필요한 일꾼 50명과 기와를 운반한 농부 364명이었다'고 구체적으로 기록되어 있습니다.

그의 일기에는 이런 기록도 남아 있습니다. 유희춘이 해남현의 우두머리 아전이던 송원룡에게 숯을 요구한 일이 있었는데, 송원룡이 거절하고 숯을 주지 않았다고 합니다. 그때 유희춘의 조카가 고을 양반의 대표 격인 별감 자리에 있었는데, 송원룡의 행위가 상하 위계와 풍속을 해치는 일이라며 질책했습니다. 그런데 송원룡은 조금도 두려워하거나 반성하는 기색이 없었습니다. 그러자 이를 괘씸하게 여긴 유희춘은 해남 현감의 형을 통해 그 일이 현감 귀에 들어가도록 했습니다. 이 사실을 알게 된 해남 현감은 송원룡에게 두 번에 걸쳐 곤장 90대를 친 다음, 호장(戶長: 아전의 수장) 자리에서 내쫓았습니다. 한편 이때 도움을 준 해남 현감이 훗날 어떤 잘못으로 탄핵받을 처지에 놓이자, 유희춘은 그를 구명하는 편지를 써서 서울로 보내기도 했습니다.

송원룡이야말로 관아 물품을 사사로이 사용하려는 전직 고위 관료의 청을 물리쳤으니, 올곧은 인물이 아닐 수 없습니다. 그런데도 그는 이 일 때문에 죽도록 매를 맞고 생업에서 쫓겨났습니다. 유희춘은 나중에도 당시 일을 후회하거나 부끄러워하지 않았습니다.

역시 초기 사림의 한 사람으로서 정3품 승지를 역임한 이문건 (1494~1567)은 을사사화 때 경상도 성주로 23년이나 유배되었다가 그곳에서 죽었습니다. 그런데 놀라운 것은 이문건이 유배 중에도 예전과 다름없이 사회적 영향력을 행세하며 생활할 수 있었다는 점입니다. 유배지인 성주가 이문건의 고향이기도 했지만, 장차 유배에서 풀려 고위직으로 복귀할 가능성이 있다고 판단한 관할 목사와 인근 고을 수령들이 그와 원만히 지내려고 노력한 덕분이었습니다.

그는 유배지에서 노비와 소작인까지 두고 토지세를 수납할 권리, 공물 대납권 그리고 둔전의 경작권 등을 행사할 정도로 특혜를 받았습니다. 이문건은 관아에 소속된 장인을 수시로 불러 일을 시키기도 했고, 관아에서도 그를 위해 잡일을 처리해주는 등 편의를 제공했습니다. 유희춘의 경우와 조금 다른 맥락이지만(유배 중인 처지에 관의 비호와 도움을 받았다는 사실을 생각하면) 전직 중앙의 사대부라는 인적 교류망 안에서 형성된 선물 경제의 수혜 사례로 손색이 없습니다.

성리학에 조예가 깊은 원로 사림이자 온화한 성품의 사대부로 평가받았던 유희춘과 을사사화로 고초를 치른 사림으로서 두루 신망이 높았던 이문건의 사례를 통해서, 조선 양반 사대부들이 얼마나 공사 구분에 어두웠고 공공연히 선물 경제에 안주했는지 똑똑히 확인할 수 있습니다. 하물며 바른 원칙이나 도덕과 담을 쌓고 산 권세가

나 탐관오리라면, 선물 경제를 빙자한 부정부패의 정도가 어느 정도였을지 충분히 짐작할 수 있습니다.

국가 자원의 재분배?　관직을 고리로 한 선물 수수의 유형은 지방관끼리 주고받거나 현직 지방관과 전임자 사이에서 이루어지는 것, 그리고 지방관이 중앙의 양반 사대부나 지방의 유력한 양반에게 보내는 것이 주를 이루었습니다. 그런데 직접적인 관계가 없는 사이에서도 한 다리 걸친 선물 수수는 아주 흔했습니다.

조선의 관직자들 가운데 녹봉만으로 살아간 사람은 극소수에 지나지 않습니다. 더 놀라운 것은, 현직에 있지 않은 양반들도 지방 관아에서 보내주는 음식물을 가지고 양식을 해결하거나 땅을 사들이기도 했다는 사실입니다.

한편 중앙의 사대부들은 부모 봉양이나 학문 정진을 핑계로 걸핏하면 벼슬을 내던지고 낙향했습니다. 그렇게 고향에 내려가면 취할 수 있는 혜택이 꽤 쏠쏠했습니다. 인근 수령들에게 군사 동원을 청탁해서 집이나 정자를 지을 수 있었고, 선물받은 양식으로 논밭을 사들일 수 있었습니다. 심지어 자기 개인 문집을 출간하는 데 도움을 얻기도 했습니다.

좀 어이없기는 하지만, 일부에서는 선물 경제가 (관청에서 세금으로 걷은 공적 재원에서 나왔고, 관직을 매개로 이루어지고 관권이 동원된다는 측면에서) '국가 자원의 재분배'라고 해석하는 경향도 있는 듯합니다. 하지만 그것이 지배계급 안에서 배타적으로, 그리고 엄연히 불법적으로 형성된 사실을 간과하면 곤란합니다. 그리고 선물 수수를 뒷받침하는 모든 것들이 본질적으로 민중의 땀과 희생의 결과라는 것도 잊지 말아야 합니다.

어쨌든 선물 주고받기는 유희춘의 사례에서 보듯이 주고받은 명세와 전후 사정까지 자세히 기록으로 남길 만큼, 양반 사대부들에게는 자연스럽고 당당한 일이었습니다. 하지만 그들이 선물 경제에 대해 도덕적으로 아무런 문제의식을 느끼지 않았다고 해서 그것이 '횡령'이나 '뇌물'이 아닐 수는 없습니다. 선물 경제가 상류 사회의 일반 관행이었다고 해서 나라와 백성에게 암적 요인으로 작용하지 않았노라 장담할 수 없는 것처럼 말입니다.

아무튼 조선 후기가 되면서 양반 사대부들의 선물 수수 행위는 점점 더 보편적인 경제 행위로 뿌리내렸습니다. 선물받은 양식으로 논밭을 사들일 만큼 주고받는 선물의 규모는 굉장했습니다. '구매력이 높은 양반들이 선물 경제에만 의존한 탓에 장시(場市) 활성화가 제한되고, 결국 조선이 시장경제로 가는 데 걸림돌로 작용했다'는 평가까지 나올 정도니까요.

관직이 경제력과 사회적 관계를 지탱하다

이런 선물 경제가 부패를 유발하는 요인이었다는 점 말고도 또 한 가지 알 수 있는 것은 양반 사대부들에게 관직이 곧 사회적 관계와 경제적 지위를 지탱해준 유력한 도구였다는 사실입니다. 그들은 관권을 동원해 배타적으로 선물을 주고받으며 서로 결속을 다지고 가문을 보살폈습니다.

옛 속담에 '수양산 그늘이 강동 팔십 리를 덮는다'는 말이 있습니다. 이는 어떤 한 사람이 크게 입신하게 되면 일가붙이와 주변 사람들까지 그 덕을 본다는 뜻입니다. 집안에서 높은 벼슬아치를 배출하거나, 그런 인물을 알고 지내면 이런저런 혜택을 나눠 받을 수 있다는 저급한 환상이 그 시절에는 아주 유효했음을 보여주는 격언이죠. 그리고 한 개인의 출세가 드라마틱한 인간 승리와 동급의 미덕으로 널리 인식되었다는 것도 눈치챌 수 있습니다. 하지만 우리는 이 속담에서 일신의 풍족만 돌보고 민중의 고통은 안중에도 없던 당시 지배계급의 민낯을 떠올릴 수 있어야 합니다.

천거에 의한 지방관의 임명 또한 넓게 보면 선물 경제의 한 형태로서 부패를 조장한 요인으로 꼽을 수 있습니다.

조선시대에는 대신들이 임금에게 수령을 천거할 때 인물의 적합성이 아닌 청탁과 정실에 따르는 경우가 많았습니다. 이런 현상은 당파 간의 반목과 경쟁이 치열해지는 조선 후기 이후에 더 두드러집니다. 급기야 19세기 세도정치기에는 수령 자리를 사고파는 매관매직이 어엿한 인사 관행으로 자리 잡습니다. 그러니 돈을 주고 수령 자리를 꿰찬 사람이 청렴한 목민관으로서 바른 정사를 펼치리라 기대할 수 있겠습니까? 그렇게 수령 자리는 부패를 키워가는 탐욕의 못자리가 되었습니다. 부패를 부른 요소는 이것 말고도 또 있습니다.

빈번한 수령 교체도 부정부패를 유발하는 요인이었습니다. 언제 자리가 갈릴지 모르는 처지에서 부패한 수령의 선택과 집중이 어디로 향할지는 너무나 뻔했습니다. 그리고 서리·향리 계층의 무보수가 부패를 키웠다는 것도 의심의 여지가 없습니다. 이들에 대한 물질적 보상은 16세기에 접어들면 이미 전무한 상태가 됩니다. 그렇다 보니 그들이 자리를 이용해 사익을 취하는 행위를 묵인할 수밖에 없는 분위기였고, 여기에 수령과 고을 양반들의 탐욕이 손쉽게 얹어진 겁니다.

조선 지배계급의 부정부패는 지금까지 살펴본 여러 가지 요인들이 서로 얽히고설켜서 마침내 개혁 대상에 이름도 못 올릴 만큼, 지배계급 삶의 한 부분이 되고 말았습니다. 결국 조선 사회에서 지배계급의 부패상은 구조적인 착취 시스템에서 생겨났기에 주저하거나 눈치 볼 것도 없이 당당히 요구하는 특권처럼 인식되었습니다.

조선의 이상한 경제와 분배

풍요와 안일이 착취와 혹사의 대가로 이루어지는 사회를 나는 부정직한 사회라고 단정한다. ─ 정운영, 『시선』

조선의 산업 기술, 생산력, 근로 의욕은 아시아의 다른 나라들에 훨씬 못 미치는 수준인데, 그것은 조선 정부가 산업의 발달에 무관심할 뿐만 아니라 그것을 억제했기 때문이다. ─ E. J. 오페르트, 『금단의 나라 조선』

왜소하고 이기적인 경세관

사대부들이 강조한 '근검절약' 정신 역시 조선 지배계급의 퇴행적 인식과 같은 맥락에서 살펴보아야 합니다.

자기 내면을 갈고닦는 수양의 관점에서 근검절약을 말했다면 결코 나무랄 일이 아닙니다. 하지만 권력을 쥐고 정치를 하는 위치에서 백성들에게 근검절약을 주문한다면, 이건 문제가 다릅니다. 나라 경제가 백성들이 경작한 농산물에만 의지하고 있는 상황인데, 농업을 제외한 다른 산업은 배척하면서 오로지 근검절약만 강조했으니 나라 경제가 위축되는 건 뻔하지 않겠습니까? 더구나 당장 먹을 것도 부족한 가난한 백성들에게 근검절약이라니요. 이는 나라를 이끌고 미래를 책임져야 할 정치 지도자의 자세가 아닐뿐더러, 백성들에게 '가난을 어쩔 수 없는 운명으로 받아들이라'는 진짜 속마음을 에둘러 말한 것이나 다를 바 없습니다.

공자는 『논어』 「위령공편」에서 이런 말을 했습니다. "군자라야 진실로 곤궁함을 견딜 수 있다." 그리고 "군자는 도를 추구하지, 밥을 걱정하지 않는다." 하지만 이런 격언은 국정을 책임진 자들의 소신이 되어서는 곤란합니다. 백성을 배불리 먹이지는 못할망정 가난하고 배고픈 것을 견디라고 말한다면, 그런 위정자는 그저 무능한 위선자일 뿐이기 때문이죠. 물론 조선 사대부 대부분이 공자 말씀처럼 청렴하고 가난한 삶을 실천한 적은 없지만 말입니다.

아무튼 근검절약을 들먹이고 가난을 찬양했던, 16세기 이후 사림 사대부들이 다스린 조선왕조는 날로 피폐해졌고, 백성들은 왕조가 문을 닫는 날까지 단 한 번도 가난에서 벗어나지 못했습니다.

조선은 나라 안에서 모든 것을 생산하고 소비하는 자급자족 국가였습니다. 19세기 말 개항을 앞두고 있던 당시의 대외 무역량은 국내 총생산의 2퍼센트에도 미치지 못했습니다. 이처럼 나라 바깥에서 경제적 잉여가치가 유입되지 않는 구조를 지녔기 때문에 나라 재정은 항상 넉넉하지 못했습니다. 백성들은 지배계급의 수탈 때문에 늘 가난하고 불안정한 삶을 살았습니다. 반면 생산 활동에 참여하지 않는 부유한 양반 사대부들은 병역을 면제받고 면세 특권을 누렸습니다. 온갖 고된 의무는 가난한 백성들이 전적으로 부담해야 했습니다. 한마디로 조선은 자급자족 경제구조를 고수하며 민중을 착취하는 가난한 농업 국가였습니다.

극심한 흉년을 만나 헤아릴 수 없이 많은 백성들이 굶어 죽는 순간에도 모여서 하는 일이라고는 임금이 자기 부덕을 자책하고, 하늘을 우러르며 탄식하는 것이 고작이었습니다. 인근 나라와의 교역을 통해 이런 사태에 대비하고 타개하려는 궁리나 시도는 없었습니다. 그렇다면 조선의 지배계급이 해외 무역이나 상공업 진작을 통해 나라를 부강하게 만들고 백성들을 배불리 먹일 생각을 하지 않은 이유는 무엇일까요? 그들은 대체 왜 이런 폐쇄적이고 대책 없는 태도를 고집하면서까지 자급자족 경제에 안주한 걸까요?

조선이 자급자족 경제를 고수하도록 만든 주범은 상공업을 통한 이익 창출을 비천하게 여긴 성리학 이념과 이를 비판 없이 추종한 임금과 양반 사대부들입니다. 이런 자들의 경륜이란 그 한계가 명백합니다. 따라서 조선의 거의 모든 임금과 양반 사대부들은 국부를 증강하고 민생을 풍요롭게 해야 한다는 관념 자체가 없었습니다. 하지만 정말 그게 전부였을까요?

대전제는 신분 질서와 기득권 유지

조선의 지배계급은 근본적인 구조 개혁과 경제 체질 개선으로 기존 분배 구조를 바꾸려는 생각은 꿈에서도 하지 않았습니다. 도리어 이런 혁신적 사고에 두려움을 가졌고, 적대적이었습니다. 만약 개혁이 일어나 백성들이 더 많이 분배받고 덜 빼앗기는 상황이 오면, 자신들은 그만큼 손해를 감수해야 하고 백성들은 더 이상 순종하지 않을 것이라고 생각했을 겁니다.

그들의 경륜이나 경제 관념이 수준 미달인 이유도 있었지만, 수탈적 경제를 개선하자는 논의 자체를 금기시하고 자급자족 경제에 만족한 진짜 이유는 바로 신분 질서와 기득권 유지 때문이었습니다.

조선의 임금과 사대부는 500년 동안 성리학적 농경사회의 울타리를 떠나지 않았고, 바깥세상으로 눈을 돌리려는 꿈은 꾸지도 않았습니다. 그것은 선택이 아닌 신념의 문제였고, 그들의 생존 전략이기도 했습니다. 그들은 유교적 신분 질서를 바탕으로 누려온 특권과 우월적 지위가 외국과의 교역으로 위협받는 상황이 두려웠습니다. 상업 자본이 언젠가 자신들의 지위를 위협할 거라는 정도의 예상은 그들도 할 수 있었으니까요.

그들은 신분 질서의 위계에서 상인들을 밑바닥에 두었고, 상업에 종사하는 것은 천한 일이라고 말했습니다. 양반 사대부들이 부를 축적한 상인들과 암암리에 손을 잡았다면, 그것은 어디까지나 고상한 가면을 쓴 채 그들을 이용해 탐욕을 채우기 위한 것이지, 절대 상업을 일으키거나 상인 세력을 키우려는 의도가 아니었습니다.

아무튼 조선 사회에서 상공업을 장려하는 방책이나 무역을 통한 부의 증대는 함부로 공론화할 수 없는 주제였습니다. 500년 내내 임금과 사대부 사이에 벌어졌던 경제 관련 논의는 오로지 '가지고 있는 한정된 자원을 효과적으로 거두어서 어떻게 나눠 가질 것인가?'

에 모였습니다. 정치하는 사람이라면, 더구나 애민을 말하는 지도자라면 백성의 삶에 대해 고민하고 책임지는 자세를 보였어야 합니다. 경제 규모를 키워 부국강병을 실현하고 백성들을 잘살게 할 걱정을 했어야 마땅합니다. 하지만 조선의 지배계급은 그러지 않았습니다. 오직 작은 떡을 나눠 먹을, 그나마도 공정하지 않고 불평등한 궁리만 했습니다.

불평등을 수용하는 역사

조선시대에는 임금을 포함한 왕실 일족, 양반 사대부 계층, 그리고 중인 계층 등이 권력 서열에 따라 순차적으로 부와 권익을 나눠 갖는 불평등한 메커니즘이 작동했습니다. 나라의 생산을 대부분 농업에 의존하고, 땅에서 나는 곡물이 국부의 전부이다시피 한 나라에서 각자도생해야만 했던 조선 민중은 분배 메커니즘 바깥에 존재했습니다. 전쟁과 같은 국가 위기나 천재지변에도 이런 분배 시스템은 한결같이 작동했습니다. 한마디로 말해서 구조적으로 백성을 착취한 나라, 그것이 조선이고 조선의 경제였습니다. 그런 나라에 애민은 존재하지 않는 거짓말이었습니다.

　지배계급이 남긴 위선적 애민의 흔적을 좇아가는 동안, 뇌리에서 떠나지 않는 한 가지 생각이 있었습니다. "이른바 사회적 위치에 따라 그 사람의 경제력이 기하급수적으로 증감하는 상황을 저항감 없이 받아들이거나 당연시하는 분위기가 존재한다. 힘들고 궂은 일일지언정 공동체를 위해 반드시 해야 할 일을 하는 사람이 더 좋은 보상을 받아야 한다는 생각은 비현실적인 이상이다." 드러내놓고 말하지 않을 뿐, 이는 많은 사람들이 양해하는 인간 사회의 불편한 진실입니다. 인간의 본능적 욕망이 무의식적으로 발현된 것이든, 자본주의 시장경제에 따른 논리적 귀결이든 간에 부정할 수 없는 사실임이 분명합니다.

그렇지만 한 번쯤은 이렇게 반문하고 고민해보아야 합니다. "인간에 대한 편견 없는 인식과 사회경제적 평등을 가르치고 지향하는 현대 사회에서, 불평등에 무감각한 이런 분위기가 널리 퍼져 있는 까닭은 무엇이며, 이런 생각을 앞으로도 자연스러운 통념으로 받아들여야 할 것인가?"

제2부

사림,
士 林

"세속을 뛰어넘은 고결한 선비였다"는

거짓말

5장

누가 사림인가?

오래된 편견과 오해

좌찬성 소세양이 아뢰기를, … "기묘년 이후로는 성리학을 한다는 이름만 가지면 경학이나 사장에 힘쓰지 않아도 품관이 되기도 하고 당상관도 되기 때문에 배우지 않는 폐습이 이 때문에 생겨났습니다."
― 『조선왕조실록』 중종 34년(1539) 8월 4일

선조 초년에 영의정 이준경이 세상을 떠났다. 이준경은 죽음을 앞두고 선조 임금에게 올리는 차자(箚子)를 남겼는데 거기서 이렇게 말하였다. "요즘 사람들(사림)이 고담대언(高談大言)이나 주고받으면서 붕당을 결성하는데, 이 붕당이 끝내는 뿌리 뽑기 어려운 재앙이 될 것이 틀림없습니다." … 이준경의 말은 이이 등을 지목하여 말한 것이었다. 이에 이이는 황급하게 상소를 올리며 말하기를, "조정이 맑고 밝은데 어찌 붕당이 있겠습니까? 사람이 장차 죽을 때는 그 말이 선하다고 했는데 이준경은 죽으면서 그 말이 악합니다." … 수년 후에 이준경이 유차(遺箚)에서 한 예언은 끝내 사실(1575년의 동서분당)로 드러났다.

—이건창, 『당의통략』

사림은 민생을 돌본다는 기치를 내걸었지만, 사실 이들에겐 지배권력 확보가 무엇보다 우선이었다. 백성의 삶을 안정시킬 수 있는 조세와 군역 등의 제도 개선에 대한 관심과 실천은 비교적 미약했다. 지배 질서 유지에 유리한 유교화 사업에는 힘을 다해 뛰어들었지만, 유교 이상 정치의 하나인 민생 안정을 위한 정책은 차선으로 밀려났다. 대신, 자신들의 경제 기반을 다져 사회경제적 지위를 공고히 하는 데 공을 들였다. … 사림 지배체제가 확립되면서 다른 신분과 계층을 배척하고 자신들의 신분 특권 공고화에 온 힘을 기울이는 배타성과 세습성이 점차 강화됐다. —조윤민, 『두 얼굴의 조선사』

사림은 정말 고결한가?

"조선은 건국 이래 숱한 풍파를 겪는 과정에서 공신들을 대거 양산했습니다. 그 공신들과 후손들, 이른바 훈구 세력은 사회경제적으로 우월한 지위를 차지한 채, 서로 연대하고 기득권을 세습하며 힘을 키워갔습니다. 그 와중에 뜻있는 자들과 백성들에게 손가락질받던 조선 초기의 훈구 세력에 맞서는 선비들이 나타났으니, 그들이 곧 학식과 도덕성을 두루 갖춘 '사림'입니다."

이상은 사림 집단이 성종 대에 처음 중앙 정계에 이름을 알리며 등장하는 모습을 역사학계와 대중의 인식을 토대로 간추려본 글입니다. 사림은 세속을 초월한 고결한 선비를 일컫는 말이지만, 과연 조선의 사림이 그렇게 고결한 존재였을까요? 남송의 주희가 자기 학문을 도학으로 지칭하며 공맹의 고대 유학과 차별화한 그 '주희 성리학'을 염두에 두고, 조선 사림은 스스로를 도학의 정통 계승자라고 주장했습니다. 그렇다면 사림이 진정 학식과 품격을 갖춘 특별한 존재였을까요?

결론적으로 말하면 사림은 그런 존재가 아닙니다. 조선 후기의 정계와 사상계를 좌지우지했던 보수 사림 세력이 꾸며낸 환상일 뿐입니다. 그렇다면 사림에 관해 잘못 알려진 정보는 실제 모습과 얼마나 큰 차이가 있는 것일까요? 이제부터 이런 문제의식을 바탕으로 사림에 관해 유포된 아주 오래된 착각, 즉 세속을 뛰어넘은 고결한 선비의 세상으로 들어가보겠습니다.

사림에 대한 근원적 오해 사림 사대부에 대한 오해는 그들이 훈구 계열의 사대부와 완전히 다른 집단이라는 생각에서부터 시작됩니다. 그러나 사림이라는 존재가 어느 날 하늘에서 뚝 떨어진 것처럼, 훈신들과 이질적인 사회경제적 토양에서 몸을 일으켜 신분 질서의 꼭대기까지 올라간 별개의 집단이 아닌 것은 분명합니다.

우리가 사림을 떠올릴 때 쉽게 빠지는 오류 가운데 하나가 사림은 청빈한 선비들이라는 인식입니다. 여전히 많은 이들이 청렴하고 가난하게 살았던 꼿꼿한 사림 이미지를 머릿속에 그리는 경향이 있습니다. 청빈이란 고매한 덕과 나라를 경륜할 능력을 두루 갖추어 높은 자리에 오를 수 있음에도 불구하고 스스로 그 직을 감당하기에 부족하다고 겸손하게 사양하거나, 그런 지위에 올라서도 불의와 타협하지 않고 세속적 유혹에 흔들리지 않았기에 경제적으로 넉넉하지 않았던 삶을 뜻합니다. 그런데도 사림 대다수가 대쪽 같은 삶을 살아 가난했으리라고 오해하는 사람들이 적지 않습니다. 사림 사대부의 행적을 통해서 분명히 알 수 있는 것은 이렇습니다. 그들 가운데 고결하고 청빈한 선비와 맥락이 닿는 자들은 극소수에 지나지 않으며, 사림은 단지 세상이 다 아는 조선 지배계급의 일원이었을 뿐입니다.

사림에 대한 착각이 여전히 남아 있는 또 하나의 이유는 과거 일부 학자들의 잘못된 평가에서 비롯되었습니다. '지방에 살면서, 중소 지주라는 경제적 기반을 가진 지식인 계층'을 일컬어 사림이라고 정의했기 때문이죠. 하지만 『조선왕조실록』에 등장하는 사림이라는 용어는 향촌의 중소 지주 양반을 가리키고 있지 않았습니다. 실록에 등장하는 사림 가운데는 서울에 살았던 문벌 가문 출신이 훨씬 많으니까요.

사림 성현들의 놀라운 경제력　한편, 사림의 상징적 인물이자 성현으로 대접받는 김종직, 정여창, 김굉필, 김일손, 이황 같은 이들은 서울과 지방에 거대한 저택과 논밭 그리고 수많은 노비를 거느린 부자였습니다.

영남 사림이 우러러보는 김종직은 선산, 밀양 그리고 금산 등지에 걸쳐서 넓은 논밭을 소유하고 많은 외거노비를 거느렸습니다. 정여창도 서울과 함양, 악양에 드넓은 논밭이 있었고 노비는 수백 명에 달했다고 합니다. 김굉필은 서울에 두 채의 집이 있었고 논밭은 합천, 현풍, 성주를 비롯해 청주와 성남 등에 퍼져 있었습니다. 김일손은 가는 곳마다 경치 좋은 곳에 큰돈을 들여 누각과 정자를 지을 만큼 경제력이 탄탄했다고 합니다.

조선 성리학의 대가인 퇴계 이황은 경제적 능력에서도 선배 사림들보다 월등히 뛰어났습니다. 그는 생전에 무려 367명이나 되는 노비를 소유했고, 30만 평이 넘는 논밭을 소유했습니다.

지금까지 살펴본 바로는 사림이 궁핍과 거리가 먼 경제력을 보유했음을 알 수 있습니다. 그런데도 사림을 청렴하고 가난한 선비의 대명사인 양, 미화하고 과장해서 말한다면 이는 의도적인 거짓말이거나 좋게 해석하더라도 무지의 소산이라고 의심할 수밖에 없습니다. 따라서 사림이 곧 청빈한 선비라는 인식은 바로잡아야 할 오해입니다.

초기 사림의 실체

이제부터는 사림의 구체적이고 생생한 모습에 한 걸음 더 가까이 다가가보겠습니다. 그러기 위해서는 먼저 초기 사림의 상징적인 존재로 인정받고 있는 기묘 사림의 계급적 위치와 역사적 실체를 파헤쳐 볼 필요가 있습니다.

기묘 사림의 출신에 관한 비밀 기묘 사림은 중종 재위 초기에 그야말로 혜성처럼 등장해 도학의 현실 정치 접목을 시도하다가 기묘년의 사화로 등장만큼이나 빠르게 중앙 정계에서 사라졌던 신진 세력입니다. 그들은 당대의 주류였던 훈구 세력과 대비되어 학식과 덕망을 겸비한 초기 사림의 상징적인 존재로 평가받고 있습니다. 그런데 기묘 사림과 관련해서 잘 알려지지 않은 한 가지 비밀이 있습니다. 핵심 인물 대다수가 서울의 명문가 출신이고, 몇몇은 정치적 배경이 막강했던 훈구 가문의 자손이란 사실이 그것입니다.

신용개는 김종직의 제자라는 이유로 무오사화 때 투옥되었고, 이어서 갑자사화에 연루되어 유배된 인물입니다. 그런 신용개의 할아버지는 당대 사림들이 훈구 대신의 대표 격으로 경멸했던 신숙주였습니다. 한편 신숙주의 증손자인 신잠은 중종 대에 조광조의 개혁으로 시행된 현량과로 등용되었지만, 같은 해 기묘사화로 파직당하고 17년 동안 유배된 인물입니다. 신용개와 신잠 모두 신숙주의 직계 후손으로 신용개는 신잠의 5촌 당숙입니다.

역시 현량과 출신 사림인 이연경은 이극돈의 형인 이극감의 증손자입니다. 이극돈은 연산군 때 무오사화의 빌미를 제공했다고 해서 사림으로부터 지탄을 받은 인물입니다. 한편 중종 대에 개혁을 주도한 기묘 사림의 핵심 인물 조광조도 명문가의 후손이기는 마찬가지입니다. 태조 이성계의 생질인 조온(그의 어머니는 이성계의 친누나 정화공주)은 개국 공신이자, 제1, 2차 왕자의 난에서 공을 세운 공신입니다. 바로 그 조온이 조광조의 고조부입니다.

기묘사화에서 화를 입은 사림들의 명부인 『기묘당적』을 토대로 90여 명의 출신 배경을 조사한 연구가 있습니다. 이 연구에 따르면, 소과에 응시할 당시의 기묘 사림 가운데 70퍼센트 정도가 서울에 거주했다고 합니다. 중종 때 사림에 의해 천거된 현량과 출신 가운데는 무려 절반 이상이 서울 명문가의 자제였습니다. 심지어 훈구 가문이나 왕실과 인척 관계에 있거나, 중종 반역 공신이나 김안로처럼 정국을 농단한 권세가와 혼인이나 문인 관계로 연결된 이들도 있습니다. 사림이 향촌의 중소 지주 출신으로, 훈구 세력과 출신 배경이 다른 것처럼 묘사한 과거 역사학계의 주장과 정면으로 배치되는 내용이 아닐 수 없습니다.

이처럼 기묘 사림의 출신 배경이나 경제적 지위는 당대 훈구 대신들과 다르지 않았습니다. 단지 훈구 세력보다 성리학적 가치관에 더 충실하고, 그들과 조금 다른 정치적 지향을 가진 신세대 양반 사대부였을 따름입니다. 결국 기묘 사림 역시 성리학 지상주의를 추구한 조선의 양반 사대부였으며, 몸소 농사짓거나 생산 활동에 종사하는 것을 부끄럽게 여긴 지배계급의 일원이었습니다. 무엇보다 양반 사대부가 족보를 통해 우월적 지위와 기득권을 세습하는 신분 질서의 옹호 세력이었습니다.

굳이 기묘 사림의 차별성을 찾자면, 조선 초기의 사화를 몸소 겪으며 비극적 선비의 이미지로 역사의 한 페이지를 장식했다는 점을 꼽을 수 있습니다. 따라서 기묘 사림을 말할 때, 이전까지 정치권력을 독점해온 훈구 대신들과 근본적으로 다른 가치관을 가진 집단으로 단정하는 것은 큰 잘못입니다.

사림 출현은 정치 현상이자 국가 주도 유교화의 산물 사림의 등장과 활동이 조선 역사에서 차지하는 의미는 무엇일까요? 적어도 '향촌에서 시작한 한미한 지주 세력이 서울로 영향력을 넓히는 과정을 거쳐 서서히 정치·사상적으로 의미 있는 집단으로 성장했다'는 식의 입지전적 유형이 아닌 것만은 틀림없습니다.

그보다는 조선 초기 조정에서 일어난 수많은 정치적 파행에 대항한 하나의 정치 현상으로서 사림이 출현했으며, 창업 이후부터 국가 주도로 꾸준히 추진해온 유교화 정책이 사림의 등장이라는 성과물로 나타났다고 보아야 합니다.

최초의 사림은 성종 대에 삼사를 중심으로 조정에 진출한 젊은 양반 유생들이 훈구 대신들을 향해 자기 목소리를 내면서 정치적으로 차별화한 집단의 모양새를 갖추며 등장했습니다. 이는 소장 사대부들이 세조의 패륜적 왕위 찬탈을 계기로 조정에 만연한 독선적이고 유교 이념에 역행하는 온갖 정치 행태에 반발하는 과정에서 생겨난 정치 현상일 뿐입니다. 그리고 중종 대의 기묘 사림의 출현은 연산군 대에 일어난 두 번의 파국(무오년과 갑자년의 사화)을 경험한 신진 사대부들이 권력과 이익을 독점하며 여전히 정치적 파행을 일삼던 중종 반역 공신들에 대한 반작용으로 나타난 또 하나의 정치적 현상으로 보아야 합니다.

고려가 망한 뒤 지방에 은둔할 것을 고집한 절의파 유자의 전통과 그 후예들이 성종 대에 중앙 조정에 자극을 준 측면을 무시할 수는 없습니다. 하지만 그 또한 조선이 이전부터 추진해온 관변 유교 정책의 성과가 성종 대에 본격적으로 만개했기에 가능한 일이었습니다. 따라서 정치적 결과물로서 등장한 성종 대 이후의 사림 집단이 중앙 정계에서 펼친 활동은, 어디까지나 조선 초기의 유향소 설치와 향약 보급, 그리고 중종 대 이후의 서원 보급과 같은 제도적 뒷받침을 받으며 그 영향력을 지방으로 확산한 결과였습니다. 다시 말해 사림의 활동은 지방에서 서울로 영향을 미친 것이 아니라, 중앙에서 사림의 영향력을 지방으로 확산한 결과물이었습니다.

역사적 진리와 사림 세력의 한계　조금 다른 이야기지만, 조선 창업을 부정한 정몽주를 복권한 임금은 바로 그를 살해한 태종 이방원이었습니다. 새 왕조를 열기 위해 역성혁명이 필요했지만, 조선이 국가 기틀을 확고히 하고 왕권을 안정시킨 다음에는 체제 유지에 필요한 이념이 절실하게 필요했기 때문입니다. 그래서 태종은 보수적·안정적인 가치를 장려하고자 '절의(節義)'의 대명사인 정몽주를 살려내야만 했습니다. 그런데 사림 세력이 (고려 왕조에 의리를 지킨) 정몽주를 높이 받든 것은 엄밀히 말해서 자기 왕조에 대한 부정이나 다름없는 역설이었습니다.

　여기서 근원적인 의문이 생깁니다. 훗날 정치적 입장과 명분에 따라 지난 역사와 인물을 다르게 해석하고 평가한다면, 과연 역사적 진리가 존재하기는 하는 걸까요? 역사적 진리가 인간의 더 나은 삶, 즉 인간을 보다 인간답고 풍요롭게 만들어줄 정치 현실 속에서 발견되고 구현되어야 한다면, 역사적 사실 또한 그런 실용적이고 실천적인 세계관을 통해서만 비로소 진정한 의미를 갖게 되지 않을까요? 이런 관점에서 사림을 평가한다면, 관념론을 무기로 시대 변화와 당대 현실을 외면하고 자기 계급의 기득권 수호에 집착한 사림은 위선적이고 이기적인 집단이 아닐 수 없습니다.

사림의 위선과 역설

사림의 연원은 대체로 김종직으로부터 시작한다고 보는 것 같습니다. 김종직을 특히 유명하게 만든 사건은 그의 사후에 일어났습니다. 생전에 세조를 비판한「조의제문(弔義帝文)」*을 지은 사실이 세상에 알려져 조야를 떠들썩하게 하더니 결국 무오사화(1498)의 실마리를 제공했기 때문입니다. 그런데 세조 대에 과거에 급제하고 성종 대까지 비교적 순탄하게 관직 생활을 한 김종직의 실제 행보는 이 글과 전혀 어울리지 않는 것이었습니다.

「조의제문」, 처신에 어울리지 않는 위선적 절의관 성종이 즉위한 뒤, 세조의 왕위 찬탈에 반감을 가진 김종직 문하생들이 대거 조정에 진출하면서 이른바 사림 집단을 구성하게 됩니다. 내심 세조의 정통성을 부인하던 초기 사림들은 '절의'를 자기 정체성의 뿌리로 인식했습니다. 패륜적인 왕위 찬탈로 임금이 된 세조와 그를 옹위한 타락한 훈구 대신들의 세상에서, 절개와 의리야말로 자신들의 고상한 정체성을 드러내줄 유력한 명분이었기 때문이죠. 다시 말해 비록 세조와 훈신 세력 밑에서 관직을 맡고 있지만, 그들과 다른 깨끗한 존재로 역사에 기록되기를 소망한 겁니다. 이런 사림이 신하는 '두 임금을 섬기지 않는다(不事二君)'는 기개로 조선 창업을 반대한 정몽주를 흠모한 행태는, 조선왕조의 신하로서는 역설이 아닐 수 없습니다. 하지만

---

* 항우에게 살해당한 초나라 왕, 의제의 죽음을 슬퍼하는 글인데, 김종직은 여기서 조카를 죽이고 임금이 된 세조를 항우에 빗대어 은연중에 비난했습니다.

그들에게는 그런 역설이 하등 문제 될 것이 없었습니다. 어째서일까요? 바로 세조 정권의 정통성은 부정하지만, 세조 치하에서 관록은 먹을 수 있다는 위선적인 절의관 때문이었습니다. 초기 사림의 그런 가치관을 상징하는 것이 바로 「조의제문」입니다. 그리고 이런 위선적 인식은 훗날 조선의 신하이기 이전에 주희 성리학을 계승한 유자로서 사림의 정통성을 주장하는 바탕이 되었습니다. 훗날 기대승은 선조와 함께 예악을 강론하는 자리에서 이렇게 말했습니다.

"동방의 학문이 서로 전해진 순서로 말하면, 정몽주가 동방 이학(理學)의 조(祖)로서, 길재는 정몽주에게 배우고, 김숙자는 길재에게 배우고, 김종직은 김숙자에게 배우고, 김굉필은 김종직에게 배우고, 조광조는 김굉필에게 배웠으니 본래 원류가 있습니다."(『선조실록』 2년 윤6월 7일)

즉위한 지 얼마 되지 않은 17세의 젊은 선조에게 고려의 충신 정몽주를 칭송하고 아울러 사림이야말로 조선 유학의 적자요 정통이라는 이른바 '사림 도통론'을 역설한 장면입니다.

권력의 화수분, 언론을 장악하다   초기 사림의 정치적 성취와 정체성을 이야기할 때, 언론 장악과 언로의 확산을 빼놓을 수 없습니다. 사림이 언론을 장악할 수 있었던 것은 학문을 좋아하고 신하들에게 유난히 관대했던 성종 치세에 관직 생활을 시작했기 때문입니다. 그들은 주로 삼사(三司)에 포진해 간쟁과 논박을 주된 임무로 활동했습니다. 성종 치세에 보여준 사림의 언론 행위는 내용과 형식 모든 면에서 강경 일변도였습니다.

하지만 정도가 지나치면 사달이 나기 마련입니다. 성종이 죽고 연산군이 즉위하면서 임금과 사림 사이에는 한 치의 양보 없이 날카롭게 대립하는 양상이 이어졌습니다. 아버지와 달리 왕권 강화에 매우 예민했던 연산군은 좌고우면하지 않고 자신을 길들이려는 사림 세력에게 두 차례(무오사화, 갑자사화)나 철퇴를 가했습니다. 이로써 극단으로 치닫던 군신 간의 갈등은 신하들이 무력으로 군주를 내쫓는 미증유의 반란으로 마무리되고, 왕정 사회의 군신 간 의리는 하루아침에 물구나무를 서고 말았습니다.

한편 역신들에 업혀 임금이 된 중종은 반란 공신들의 전횡을 견제해볼 요량으로 또 하나의 사림 무리를 중용합니다. 그러나 중종의 태도는 오래가지 않았습니다. 이들 사림에 의해 언관의 입김이 다시 강해지면서 오히려 자신의 입지에 걸림돌이 된다고 판단했기 때문이죠. 이른바 기묘사화로 사림 세력은 하룻밤 사이에 버림받는 신세가 되었습니다.

하지만 뒤로 당겨진 활이 그 탄력으로 끝내 화살을 날려버리듯, 이후 조정 내부의 언론은 예전 수준을 훌쩍 뛰어넘어 활성화되기에 이릅니다. 그런데 문제는 이런 긍정적인 상황이 예상치 못한 방향으로 전개되었다는 데 있습니다. 근거 없는 인신공격이 난무하고 온갖 자질구레한 비난이 사대부들의 진퇴를 결정했습니다. 정적을 제거하거나 개인감정이 있는 인물을 욕보이기 위해 간쟁과 탄핵을 동원하는 것이 관행처럼 자리 잡았습니다. 언관들의 행태가 얼마나 절도 없고 맹목적이었는지는 명종 대의 간신 윤원형이 언관들을 배후 조종하는 방식으로 국정을 농단한 것에서도 알 수 있습니다.

이렇게 사림 집단은 서서히 덩치가 커지고 힘을 얻게 되었지만, 전반적인 양반 사대부 사회는 과거와 완전히 다른 모습으로 변해버렸습니다. 이는 언로 확장으로 사림 특유의 '명분론'과 '출처론'이 뒤섞여 화학반응을 일으킨 결과였습니다. 그들은 '사람마다 주어진 신분과 지위에 맞게 도리를 잘 지켜야 사회 기강이 바로 선다'는 명분을 매사에 강조했고, '벼슬길에 나서고 물러날 때는 신중히 처신해야 한다'면서 목청을 높였던 겁니다. 이런 상황에서 실용적이고 실천적인 태도로 나라를 다스리려는 사대부들이 설 자리는 갈수록 좁아졌습니다. 그리고 16세기에 들어서면 바야흐로 훈구 대신과 신진 사림 간의 반목을 넘어서, 모든 양반 사대부들이 각자 속한 당파의 공론에 따라 행동하고, 생각이 다른 상대편을 용납하지 않는 상황, 즉 붕당 시대가 도래합니다.

대신과 언관의 차이는 직책의 차이일 뿐 공론(公論)이라는 이름으로 포장된 삼사의 언론은 자기 당파가 정권을 잡거나 반대파를 쳐내는 무기로 변질했습니다. 훗날 충신 이준경이 "말 한마디만 맞지 않아도 배척하고 용납하지 않는다"고 탄식했을 만큼 사림의 행태는 이전 신하들의 그것과는 근본적으로 달라져 있었습니다.

여기서 훈구와 사림 세력 사이의 차별성을 부각하기에 앞서, 사림의 언론 행위와 관련한 두 가지 사실을 짚고 넘어갈 필요가 있습니다. 하나는 대신들과 삼사는 각기 부여된 역할이 달랐다는 점입니다. 정책을 심의하고 집행하는 의정부와 육조의 대신들은 기본적으로 현실적인 입장을 취할 수밖에 없었고, 때로는 원칙에 벗어난 논리와 방법을 채택할 수 있어야 했습니다. 반면 관직자들에 대한 감찰과 임금에 대한 간쟁이 주된 임무인 삼사의 간관은 상대적으로 더 도덕적이고 원칙적인 자세를 보일 수밖에 없었습니다. 이런 차이는 개인의 자질 문제라기보다는 임무의 특성에서 비롯된 것입니다.

다른 하나는 조선시대에 유능한 관직자는 청요직(淸要職)*인 삼사를 거쳐 대신으로 승진하는 것이 일반적인 벼슬살이 경로였다는 사실입니다. 젊고 유능한 인재가 삼사에서 탄핵과 간쟁 기능을 충실히 수행하다가 세월이 흘러 경력이 쌓이고 품계가 더해지면 어느새 대신 자리에 오르게 되는 것이죠. 그러면 대신의 직책에 부합하는 현실적인 모습으로 태도를 전환하는 겁니다. 결론적으로 말하면 대신들 대부분은 언관 경력을 거쳐 그 자리에 오른 인물들이었습니다.

위에서 지적한 두 가지 사실을 통해 우리가 알 수 있는 것은, 대신과 언관이 보여주는 태도의 차이는 단지 직책 차이에 지나지 않았다는 겁니다. 사람마다의 도덕성이나 인품의 차이가 아니라, 경력을 쌓고 시간이 흐름에 따라 자연스럽게 구사하는 직업적 변신의 결과라는 얘기입니다. 이것이 훈구와 사림 사이의 정직한 거리였습니다.

훈구 할아버지, 사림 손자　대신과 언관이 본질적으로 다른 성향이 아

---

* 말 그대로 '고결하고 청렴한 선비'가 맡을 수 있는 조정의 핵심 보직을 뜻합니다. 구체적으로는 삼사 관원과 육조의 정랑과 좌랑을 지칭합니다. 하지만 16세기 이후로는 권력을 잡은 당파가 조정의 논의에서 자당의 공론을 적극 반영할 수 있는 인물을 청요직에 천거하는 것이 관례가 되었습니다. 이에 따라 청요직의 본래 의미는 완전히 퇴색하고 말았습니다.

님을 보여주는 사례는 많습니다. 그 일례로 김장생·김집 부자와 그들의 선조인 김국광 사이의 관계를 들 수 있습니다. 예학의 대가이자 문묘에 배향된 김장생 부자는 인조 반란을 일으킨 보수 사림 후예들의 정신적 지주 같은 인물들입니다. 그런데 김장생의 5대조인 김국광은 세조가 왕위를 찬탈할 당시 이를 묵인한 공으로 원종공신에 책봉되었고, 이후로도 죽기 전에 두 번 더 공신에 책봉되었습니다. 김국광은 성종 대에 좌의정과 원상의 자리까지 올랐는데, 여러 차례 부패 혐의로 대간의 탄핵을 받아 자리에서 물러나기도 했습니다. 그러니까 내로라하는 당대의 훈구 대신이 보수 사림을 대표하는 인물들의 직계 할아버지였던 겁니다.

물론 조상이 훈구 대신이었다는 사실 자체를 뭐라고 할 수는 없습니다. 그러나 이런 생각을 해볼 수는 있습니다. '과연 사림 후손은 훈구 할아버지를 부끄럽게 여겼을까?' 아마도 김장생 부자는 그런 생각을 하지 않았을 겁니다. 조선의 사대부들은 한편으로는 혼인을 통한 혈연관계로 결속하고, 다른 한편으로는 관직 진출로 각자의 능력을 입증하면서 가문을 키웠습니다. 조선의 양반 사대부들이 소중하게 여긴 혈연 의식과 입신을 통한 가문의 연속성을 생각한다면, 오히려 김장생 부자는 훈구 대신이었던 할아버지 김국광을 자랑스럽게 여겼을 게 분명합니다.

어쨌거나 성종 대부터 삼사를 중심으로 언론을 장악한 사림 세력은 어느새 임금이나 훈구 대신들도 손댈 수 없을 만큼 막강한 권력 집단으로 성장합니다. 사림 세력은 삼사에 포진해 명종 대까지 공론 정치를 주도하면서 절치부심을 거듭했고 마침내 선조 즉위와 함께 펼쳐지는 사림 세상, 이른바 붕당 시대의 개막을 위한 모든 준비를 마칩니다.

다시 말하지만 사림은 절개와 의리를 잃은 세조 대의 훈구 대신들의 자제이자 그 후예들입니다. 단지 성리학적 가치로 더욱 철저히 무장했다는 점이 달랐을 뿐이죠. 사림 사대부가 중앙 정계에 등장한 지 고작 한 세기 만에 그들이 그렇게 혀를 차고 손가락질하던 훈구 대신들의 행태를 따라 하고, 급기야 그들을 능가하게 되는 것은 따지고 보면 이런 태생적 배경과 무관하지 않습니다. 특히 선조 대에 갈라져 나온 보수 사림 세력은 인조 반역을 기점으로 조선의 권력을 독차지해 봉건 질서 강화와 정치 타락을 주도하게 됩니다.

사림 주류의 보수적 정체성

이제부터는 사림 세력을 진보와 보수의 가치를 지향한 두 집단으로 구분해서 살펴보려 합니다. 그러기에 앞서 진보와 보수의 특징에 대해 먼저 생각해보는 것이 필요합니다.

진보와 보수를 가르는 핵심 가치 진보와 보수를 가르는 일반적 가치 기준을 단순 명쾌하게 제시하는 것은 쉽지 않은 일입니다. 왜냐하면 판단 대상이 처한 시대나 사회의 형편이 제각각일 뿐만 아니라, 가치 기준을 판단하는 주체의 정치적 관점이나 성향 역시 다양하기 때문입니다. 따라서 진보와 보수라는 두 지향을 깔끔하게 설명하는 기준 설정 자체가 간단치 않습니다. 그럼에도 불구하고 진보와 보수를 가르는 가치 기준 하나만을 들라고 한다면, 이렇게 말할 수 있습니다.

"어떤 사람이 '지금 내가 누리고 있는 모든 성취는 나(자기 일족과 조상을 포함한)의 의지와 힘으로 일구어낸 것'이라는 신념을 가졌다면, 그 사람은 보수적 가치를 지닌 사람이라고 생각합니다. 반면에 '내가 누리는 것들 안에는 다양한 관계로 얽힌 수많은 사람의 땀과 헌신이 포함되어 있다'는 생각에 동의한다면, 그는 진보적 가치를 긍정하는 사람입니다."

진보적 가치를 지닌 사람은 자신을 둘러싼 상황이 언제나 유동적이며, 세상 만물은 변화한다는 것을 당연한 이치로 받아들입니다. 이들 중에는 적극적으로 변화를 선도하려는 사람도 있을 겁니다. 반면에 보수적인 사람은 자신이 향유하고 있는 경제적 권리와 사회적 신분 및 권위, 심지어 자기 생각이나 생활 방식까지도 온전히 후손들에게 대물림하는 것이 자신의 의무이자 권리라고 주장할 가능성이 높습니다. 그리고 그 계승 과정에서 빚어지는 장애물은 제거되어야 한다고 생각할 수 있습니다. 따라서 현재와 과거의 상황을 옹호하고, 미래의 변화에 소극적으로 대응하거나 부정적인 것은 보수적 지향을 가진 사람들에게는 자연스러운 일입니다.

그렇다면 신분 질서를 바탕으로 한 봉건적 왕조 사회라는 한계를 염두에 두고, 조선의 사림 세력을 진보와 보수로 구분할 수 있는 핵심 가치는 무엇일까요? 그것을 하나의 단어나 개념으로 표현하기란 아무래도 어려운 일입니다. 대신에, 다음의 세 가지 질문에 그가 어떤 대답을 하느냐에 따라서 진보 사림과 보수 사림으로 구분하는 것은 가능하리라 봅니다.

"불평등과 차별에 기반한 신분 질서와 수탈 체제가 영원히 계속되리라고 믿습니까?"

"사림의 한 사람으로서 비록 지배계급의 일원이지만, 이런 체제가 최선이라고 생각하십니까?"

"현 체제의 폐단을 개선하거나 극복하려는 생각이나 실천 의지를 갖고 계십니까?"

주류 사회의 보수화와 진보 사림의 몰락　고려 말부터 추진해온 일련의 개혁 흐름은 얼마 지나지 않아 그 동력과 실천 의지가 급격히 식어버렸습니다. 정도전을 위시한 개혁적 사대부들은 조선 창업 초기에 철퇴를 얻어맞았고, 특히 수양대군이 왕조의 정통성에 치명상을 입히면서 보수화의 흐름이 급물살을 탔습니다. 이후 개혁에 저항하는 훈구 세력의 위세는 누구도 막을 수 없는 지경에 이릅니다. 따라서 성종 대 이후로는 세종 치세까지 만들어놓은 제도나 법령을 충실하게 따르는 것 말고, 다른 혁신적인 정책을 제시하고 실행할 동기가 완전히 실종되었습니다. 중종 대에 조광조를 위시한 기묘 사림이 민중의 삶과 동떨어진 관념적이고 근본주의적인 개혁 확산에 매달린 데는 이런 시대적 배경도 한몫했다고 생각합니다.

한편, 선조 즉위와 함께 조선 역사의 주인공으로 등극한 사림 세력을 앞서 말한 진보와 보수를 구분하는 가치 기준과 세 가지 질문에 따라 판단한다면, 주류는 보수 지향의 사대부들이었습니다. 그러니까 대다수 사림은 이전 시대의 주류였던 훈구 대신들과 정치·사상적으로 같은 지향을 가졌던 겁니다. 따라서 16세기 이후 사림 사회의 주류적 가치를 진보로 분류하고, 그들을 제외한 소수를 보수 성향의 양반 사대부로 파악한다면, 이는 큰 잘못입니다. 결론부터 말하자면 사림 사회 구성원 대부분은 지배계급 중심의 봉건 왕조와 그 체제의 안녕을 위해 지혜를 모았을 뿐, 조선 사회의 억압적 신분 질서와 민중을 착취하는 수탈 체제에 대해서는 깊이 고민하지 않았습니다. 그들은 신분 상하 간의 불합리한 차별 해소에 대해서는 사소한 관심도 두지 않았습니다. 그리고 사회경제적 모순이 쌓일 대로 쌓여 체제에 적신호가 울릴 때까지 먼저 나서서 문제를 해결하는 법도 없었습니다. 하물며 백성들의 부담을 덜어주고 고단한 삶을 개선하는 일이야 더 말할 것도 없습니다.

사림은 정권의 핵심으로 떠오른 지 불과 10년도 되지 않아 분열했고, 조일전쟁 전후로 다수의 보수 사림(서인과 남인 계열)과 진보 성향을 가진 소수의 사림(북인 계열)으로 나뉘게 됩니다. 나중에 살펴보겠지만 현실 정치에 존재한 진보 사림은 명백히 소수였고, 중앙 정계에서 채 반세기도 버티지 못한 채, 1623년의 인조 반역으로 조선의 정치와 사상계에서 완전히 종적을 감추고 맙니다.

백성과 개혁의 건너편에 서서

전 장령 안방준이 보성에서 상소하기를, "… 국가가 근년 이래로 기강이 더욱 문란해지고 보니 대체로 호령 한마디만 하면 비록 무식한 천민과 노비들이라도 반드시 서로 말하기를 '조선의 공사(公事)는 3일이면 흐지부지된다' 하니, 어리석은 신은 대동법도 오래지 않아 그만두어야 할 것이라고 봅니다. 어리석은 백성에게 비웃음을 사느니 차라리 대동법을 시행하지 않는 것이 나을 듯싶습니다."
—『조선왕조실록』효종 3년(1652) 5월 16일

정치적 당파 싸움은 결코 원칙에 대한 다툼이 아니었고 자신의 식솔들에게 공직과 돈을 제공할 수 있는 지위를 획득하기 위한 싸움이었다.
—이사벨라 버드 비숍,『한국과 그 이웃 나라들』

다른 이의 선에 분개하는 자는 악의 길을 걷는다. … 영원히 지속하지 않는 것을 사랑하느라 진정한 사랑을 잃는 사람은 정녕 끝없이 슬퍼하리라. —단테,『신곡』

사림의 집권과 배신

흔히 선조가 즉위하면서 사림 세상이 열렸다고 말합니다. 그러나 사림의 집권은 네 번의 사화를 견뎌내며 힘을 축적한 사림이 끝내 종래의 집권 세력을 극복하고 승리를 쟁취한 드라마 같은 이야기가 아닙니다. 앞서 사림의 등장과 초기 활동을 다루면서, 이는 어디까지나 수많은 정치적 파행에 대한 반작용으로 나타난 정치적 현상이자 개국 이래 국가 주도로 추진해온 이른바 관변 유교화 시책의 산물이라고 말했습니다. 사림 세상이 열리는 과정 역시 비슷한 맥락에서 파악할 수 있습니다. 그것은 100여 년에 걸쳐 일어난 왕실과 조정을 둘러싼 온갖 파행을 통과하면서 사림의 활동이 시나브로 양반 사회에 뿌리내리고, 이런 상황에서 시대적 행운까지 겹치면서 예기치 않게 주어진 선물과도 같은 것이었습니다.

시대의 행운이 사림 세상을 열다 세조 대부터 명종 대까지의 100여 년은 애초에 국시로 정한 유교적 가치와 현실 정치 사이에 좁힐 수 없이 큰 틈이 생겨난 시기입니다. 이 기간에 일어난 정치적 파탄 가운데 굵직한 것만 추려 나열하면 이렇습니다. 세조의 패륜적 '왕위 찬탈', 왕권 강화를 위해 힘에만 의존했던 연산군의 '패도 정치', 그런 군주를 신하들이 쿠데타로 쫓아낸 '중종 반역', 잇따른 탐욕스럽고 부도덕한 '반란 공신들의 전횡', 문정왕후와 윤원형을 비롯한 '외척과 간신들의 국정 농단', 그리고 연산군 대부터 명종 대까지 이어진 '네 차례의 사화'가 그것입니다. 개국 이후 2세기도 되지 않아 지배계급의 균열과 타락 때문에 왕조의 권위와 정통성 자체가 흔들렸으니, 가히 위기로 규정해도 이상하지 않을 상황들의 연속이었습니다. 앞서 언급한 정치적 파행들은 건전한 유교적 가치와 최소한의 도덕성을 가진 사람이라면 어떻게든(은폐나 조작을 통해서라도) 바로잡거나 감추고 싶을 만큼 부끄러운 것이었습니다. 고쳐 말하면 사림 집단이 특출나게 고결했기 때문에 시대 상황에 분노하고 문제의식을 느낀 게 아니며, 사림의 집권이 바른 세상을 열기 위해 싸운 직접적인 성과도 아니라는 겁니다. 그렇다면 사림 세상이 열린 배경에는 도대체 무엇이 있었을까요?

그 배경에는 후사 없이 죽은 명종과 이로 인한 척신 세력의 자연적인 실세 부상, 공신 집단의 부재, 권력의 진공 상태에서 대국적으로 대처한 재상 이준경의 과감하고 지혜로운 경륜, 그리고 정치적 후견 세력이 없는 열다섯 살의 방계 출신이기에 새로운 정국 전개에 순순히 따를 수 있었던 하성군(선조)의 즉위 등이 깔려 있었습니다. 특히 사림이 활동할 공간을 마련해주고 그들의 집권을 간접적으로 도운 이준경의 공명정대한 처신이 가장 눈에 띄는 대목입니다. 사림으로서는 그야말로 행운의 연속이었습니다. 사림 세력이 선조 즉위에 발맞춰 그들의 시대를 열 수 있었던 것은 바로 이런 모든 행운이 절묘하게 어우러져 그들 앞에 선물처럼 펼쳐졌기에 가능한 일이었습니다.

충신 이준경이 의도치 않은 결과　여기서 이준경이란 인물에 대해 잠깐 언급하려고 합니다. 그는 명종과 선조의 충신이자, 사림이 권력을 잡을 수 있는 정치 환경을 (자신의 의도와는 다르게) 조성한 인물이기 때문입니다.

이준경은 명종 말년에 영의정으로 있으면서 외척과 간신이 조정을 농단한 명종 대의 암울한 정치 상황을 종식한 충신이자 뛰어난 경세가입니다. 자식이 없어 후계가 불투명했던 명종의 재위 말년에, 이준경은 후궁 소생이어서 외척 발호의 염려가 없는 하성군을 임금 자리에 올리는 데 주도적인 역할을 했습니다. 이로써 안갯속이었던 후계 구도는 깨끗이 정돈되었고, 혼미했던 정국도 안정을 찾았습니다.

이준경은 15세의 선조를 중심으로 보필하며 기묘 사림의 억울함을 풀어주었고, 을사사화로 화를 당한 자들을 복권함으로써 사림 세력의 오랜 염원도 해결했습니다. 결과적으로 이준경의 공정한 헌신 덕분에 사림 세력의 손쉬운 집권이 가능했던 겁니다. 하지만 이준경은 사림의 편협한 행태와 '붕당' 행위를 경고한 일 때문에 도리어 이이, 기대승, 류성룡 같은 신진 사림으로부터 비난과 공격을 받아야 했습니다. 이준경의 예언처럼, 사림 세력은 끝내 동인과 서인으로 분열해 붕당 정치를 본격화했고, 나중에 서인과 남인으로 이루어진 보수 사림 세력은 왕위를 찬탈하는 패륜까지 저질렀습니다.

사림의 기상천외한 선택과 배신　사림이 중앙 정계를 장악한 시기는 정치·사회적으로 매우 엄중한 시기였습니다. 앞서 100여 년 동안 일어난 정치적 혼돈이 조정 안팎에 심어놓은 폐단과 악습이 매우 심각했기 때문입니다. 그렇다면 정권을 담당한 사림이 이런 상황을 치유하고 해소하기 위해 꺼내 든 방책은 무엇이었을까요?

그들의 선택은 그야말로 기상천외했습니다. 성리학적 세계관을 온 나라에 퍼트려서 과거의 잘못과 당대의 위기를 통째로 덮어버리기로 작정했으니까요. 청산해야 할 대상이 외척이건 훈구 세력이건 간에 어차피 그들 모두는 양반 사대부라는 한 줄기에서 뻗어 나온 일족이거나 선배들이었기 때문일까요? 아니면 시끄럽게 만들어서 자신들에게 득 될 게 없으니, 지난 일은 차라리 묻어버리는 것이 모두를 만족시키는 방법이라고 계산한 걸까요? 오늘의 관점으로 보면 천만뜻밖이지만, 사림의 선택은 어찌 보면 그들다운 선택이 아닐 수 없습니다. 결국 사림 세력은 지극히 관념적인 방식으로 과거를 망각의 심연 속에 가라앉히고 조선 사회의 모순을 감추고 무시하는 방식으로 시대적 소명을 저버렸습니다.

선조 대에 조정을 장악한 사림 사대부들이 실행에 옮긴 사이비 개혁의 실상은 어땠을까요? 성리학적 의리와 명분을 현실 정치에 적극 반영하고, 조선 사회에 도덕성을 강화하자고 소리친 것이 거의 전부였습니다. 뒤에서 자세히 다루게 될, 이른바 향약의 보급과 서원의 확산 따위의 정책이 그것입니다. 이는 시대 변화를 반영하지 못하는 낡은 제도나 관행에 작별을 고하고, 경제를 북돋아서 백성의 삶을 편안케 함으로써 부강한 나라를 만드는 것과 같은 진정한 의미의 개혁이 아닙니다.

이런 거짓 개혁에서 굳이 특별한 의미를 찾아야 한다면, '재지사족의 이해관계를 적극 반영하여, 오늘날 우리가 인식하고 있는 조선시대의 양반, 즉 전국에 산재한 고린내 나는 양반 지주들의 전성시대를 열었다'는 정도로 정리할 수 있을 겁니다.

그런데 한 가지 수상한 점이 있습니다. 지난 잘못에 그토록 관대했던 사림도 과오의 주체가 연산군인 경우에는 사뭇 다른 태도를 보였습니다. 그들은 연산군에 대해서는 어떤 대상보다 가혹한 잣대를 들이대며 단죄했고, 사실관계마저 서슴없이 조작하거나 선택적으로 드러내는 방식으로 역사를 왜곡했습니다. 유교 사회에서 신하 된 자들이 충의 대상인 군주를 힘으로 끌어내렸으니, 아마도 군신의 도리를 짓밟은 역도라는 오명을 뒤집어쓰기가 두려웠을 겁니다. 그리고 다른 한편으로는 백성들의 수군거림과 동요를 원천적으로 차단하겠다는 계산도 작용했을 겁니다.

사림 시대에 더 나빠진 민심　훈신 세력과의 차별성을 내세운 고결한 선비들이 정치를 주도하는 시절이 왔건만, 백성의 고된 삶은 종전과 비교해 조금도 나아지지 않았습니다. 오히려 조정을 향한 민심은 더 나빠졌으니 이를 어떻게 해석해야 할까요?

1592년, 조일전쟁이 발발했습니다. 사림 집권 이래 25년이란 세월이 흐른 시점이었습니다. 이때 서울의 백성들이 보여준 행동을 보면 사림이 장악한 조정과 왕실을 향한 민심이 어땠는지 알 수 있습니다. 궁궐은 백성들 손에 불탔고, 달아나는 임금 행렬은 백성들이 던진 돌과 손가락질에 얼굴을 가려야 했습니다. 백성들 가운데 상당수가 왜군을 적대하기는커녕 도처에서 그들을 반기기까지 했습니다. '왜놈 치하에 사는 게 제 백성의 삶 따윈 안중에도 없는 왕실과 양반 사대부들의 수탈에 시달리는 것과 뭐 그리 다르겠는가?' 하는 서글프고 기막힌 생각이 당시 조선 민중의 가감 없는 민심이었죠.

물론 왜군 점령하에서 그들의 잔악성과 횡포를 온몸으로 겪고 난 뒤로는 수많은 백성이 의병 대열에 합류했고, 이것이 조일전쟁 승리의 결정적인 원동력이 되었습니다. 하지만 이는 수치를 모르는 양반 사대부와 왕실을 지키기 위한 게 아니었음을 똑똑히 기억해야 합니다. 백성들이 목숨 바쳐 싸운 것은 그것이 전쟁의 아수라장에서 살아남는 거의 유일한 방법이었기 때문입니다. 이 책의 제5부에서 확인할 수 있듯이, 사지에 내몰린 조선 민중의 유일한 선택지는 언제나 죽기를 각오하고 싸우는 것 말고는 없었습니다.

반민중성과 거짓 개혁의 전모

사림 사회의 주류*는 이른바 보수 사림 사대부였습니다. 그들은 정치·경제적으로 지배계급의 이익을 옹호하는 보수적인 현상 유지론자들이었고, 사상적으로는 주희 성리학을 맹목적으로 추종하는 근본주의자들이었습니다. 따라서 세상 사람들이 성리학적 가르침을 따라 살기만 하면 만사가 순조로울 거라는 신념을 가지고 있었습니다.

사림 사대부들에게서 일단 소인배라는 낙인이 찍히면, 같은 양반 사대부 신분일지라도 평생 집요한 공격과 조롱에 시달릴 각오를 해야 했습니다. 특히 보수 사림의 정적인 경우에는 상상을 초월하는 수준이었습니다. 그만큼 주희 성리학에 입각한 선악 이분법적이고 다분히 독선적인 가치관을 지녔던 겁니다. 이것이 사림 세상에서 주류를 이룬 사대부들의 실체입니다.

향약 보급, 신분 질서를 확고히 다지다　다시 사림의 집권 시점으로 돌아가, 거짓 개혁의 구체적 전모와 그들의 반민중성을 살펴보려고 합니다. 사림이 시도한 개혁 가운데 단연 눈에 띄는 것은 향약의 보급

---

* 기축사화(1589)를 일으킨 서인과 그들의 잘못에 너그럽게 대처한 남인 사대부를 사림 사회의 주류로 봐도 큰 무리가 없습니다. 북인으로 구성된 소수의 진보 사림은 인조 반역(1623) 이후 완전히 몰락했으니, 큰 틀에서 논외로 취급해도 무방합니다.

과 서원의 확산입니다. 16세기 중반까지 사림은 중앙 조정에서 기존 훈구 세력의 힘에 밀려 권력의 주변에 머물 수밖에 없었지만, 향촌 사회에서는 향약과 서원을 통해 시나브로 세력을 키우고 힘을 비축하는 작업을 게을리하지 않았습니다.

집권 사림의 선배 격인 조광조를 위시한 기묘 사림은 중종 대에 주희의 『소학』에 기초해 송나라의 '여씨향약'을 보급하려고 계획했습니다. 그런데 이들이 기묘사화로 한순간에 중앙 정계에서 제거되자 모든 것이 무산되고 말았습니다. 하지만 선조 즉위 이후 사림이 정권을 잡으면서 향약 보급이 다시 시작됩니다. 향약의 전국적인 확산 배경에는 이황과 이이가 있었습니다. 영남과 기호 지방 사림의 존경과 신망을 한 몸에 받던 두 사람이 각자의 근거지에서 조금씩 특징을 달리하는 향약을 만들었고, 그들을 따르는 제자와 문인들이 이를 향촌에 퍼뜨린 겁니다.

향약은 같은 향촌에 사는 사람들끼리 자발적으로 서로 도우며 살기 위한 약속을 정한 것처럼 포장되어 있지만, 실은 지주인 시골 양반들이 민중을 효과적으로 통제하고 다스리려는 도구였습니다. 상민(常民)이 향약 규약을 위반하거나 유가에서 정한 가족제도와 풍속에 어긋난 행동을 하면 가차 없이 처벌받았습니다. 양반에게 예를 갖추지 않아도 마찬가지였습니다.

교화 이전에 민생 안정이 우선이라며 국가 주도의 향약 시행에 반대했던 이이마저도 반상의 구분과 양반의 상민 통제를 자신이 만든 향약에 거리낌 없이 반영했습니다. 그는 백성들이 양반에게 깍듯이 인사할 것을 요구했으며, 향약 기구가 곤장으로 백성의 볼기를 칠 수 있는 권한을 가져야 한다고 주장했습니다. 16세기 사림 가운데 그래도 민생을 걱정하고 개혁에 호의적인 인물의 생각이 이 정도라면, 여타 대다수 사림이 갖는 인식과 성향은 더 말할 것도 없습니다. 향약에 대한 백성의 거부감이나 반발은 안중에도 없었습니다.

향촌의 양반 지주들이 향약을 바탕으로 교화와 유교 질서를 내세우며 백성 위에 군림하고 착취하는 방식은 간단명료합니다. 가령 천재지변으로 향촌에 재산상의 피해가 발생했다고 가정합시다. 이때 양반 지주들은 '어려움을 당하면 서로 돕는다'는 규약, 즉 환난상휼(患難相恤)을 내세워 피해를 입은 자기 재산(논밭과 저수지 혹은 산림) 복구에 백성들의 노동력을 거저 동원할 수 있었습니다. 이에 반발하는 민초가 있으면 당연히 벌을 받거나 고을에서 추방될 수밖에 없었습니다. 이때 적용되는 규약은 '잘못은 서로 바로잡는다'는 과실상규(過失相規)일 테죠.

더 심각한 문제는 조일전쟁과 조청전쟁 이후로는 향약이 상하 협력보다는 윗전에 대한 아랫것들의 일방적 순종을 뜻하는 '수분(守分)'을 강조했다는 점입니다. 저마다 타고난 신분이 다르므로 자기 분수를 잘 지키는 것이 사람의 도리라고 가르친 겁니다. 사림이 보급한 향약은 이처럼 두 차례 전쟁으로 드러난 자신들의 무능하고 이기적인 정체를 감추려고 반민중적인 도구로 변질했습니다. 다시 말해 신분 질서의 위기를 모면하는 방편으로 향약을 이용한 겁니다.

향약은 한편으로는 재지사족의 계급의식이나 사회적 지위를 드높이는 수단으로 활용되었습니다. 향촌의 양반들은 향약을 통해 자신들이 교화의 주체이자 지배계급의 일원이라고 인식했을 뿐 아니라,

그런 지위에 걸맞은 대접이 당연하다는 특권의식을 갖게 됩니다. 나아가 조정이나 고을 수령으로부터 백성들에게 징벌을 가할 권한을 공공연히 추인받기에 이릅니다. 지금까지 살펴본 것처럼, 조선 후기 들어서 팔도 방방곡곡의 양반들이 지배계급으로서 확고한 지위를 누릴 수 있게 된 것은 사림의 향약 보급 운동 덕분입니다.

아무튼 16세기의 전국적인 향약 보급에 힘입어 양반 사대부들은 자신들을 일반 백성과 근본적으로 다른 족속으로 구별 짓기 하는 데 성공했습니다. 이로써 양인(良人)과 천인(賤人)으로 나누던 종전의 신분 질서, 즉 양천제(良賤制)는 양반과 상인(常人)으로 나누는 반상제(班常制)로 바뀌게 됩니다. 양반의 눈으로 보면 일반 백성이나 천민이나 똑같은 아랫것에 지나지 않는 만큼, 양반을 제외한 모든 인민이 자기들보다 열등하다는 방향으로 신분 질서를 강화한 것입니다.

서원의 확산, 결속과 강제의 불협화음　향촌 사회에서 백성들이 향약을 준수하도록 강제할 수 있었던 것은 재지사족들이 서원을 중심으로 힘을 결집했기 때문입니다. 서원은 성균관이나 향교처럼 조정에서 설립한 기관과 달리 사림 세력이 자신들의 향촌 근거지에 설립한 사설 교육기관입니다. 하지만 그 실상을 살펴보면 서원은 단순한 교육기관에 머물지 않았습니다.

서원은 여러 가지 사정으로 중앙 정계에서 물러나 낙향하거나, 정계에서 은퇴한 양반 사대부들이 성현을 본받는다는 명분을 내걸고 자기 가문이나 당파와 직간접으로 관련 있는 이름난 인물을 배향하고 제사 지내는 공간이기도 했습니다. 그들은 서원을 통해 같은 당색이나 학통에 속한 무리의 '결속'을 다졌고, 중앙 정계 진출을 노리는 유생들의 과거 응시를 뒷받침했습니다. 한편, 지역 양반들의 공론을 주도하면서 조정과 지역의 수령에게 영향력을 행사했다는 측면에서 정치적 기능을 수행한 공간이기도 합니다.

이것 말고도 서원의 또 다른 핵심 역할이 있었으니, 바로 '강제'를 통해 향약 준수와 보급에 영향력을 행사한 것입니다. 향약의 기준에 어긋난 백성을 꾸짖고 징계하는 것은 서원의 임무 중에서도 가장 핵심적인 것에 속합니다. 결국 민중의 눈에 비친 서원이란, 지배계급의 이익을 대변하고 향촌에서 그들의 지위를 강화하는 데 봉사하는 반민중적 장치에 불과했습니다. 거짓 개혁의 일환으로 사림 세력이 보급하고 확산시킨 향약과 서원의 취지는 겉보기에는 그럴싸했지만, 그 본질은 양반 사대부들의 권익 향상과 민중 수탈을 위한 억압과 통제에 있었습니다.

끝으로 사림의 거짓 개혁이 초래한 뼈아픈 결과 두 가지를 지적하고 넘어가겠습니다. 향약과 서원은 크게는 조선 민중과 지배계급이 하나의 민족으로 뭉칠 수 있는 여지 자체를 원천적으로 소멸시킴으로써 겨레의 일체성을 망가뜨렸습니다. 작게는 조선을 양반 사대부만을 위한 나라로 만드는 데 봉사하고 그들끼리 반목하고 증오하는 상황을 확대 재생산함으로써 종국에는 조선왕조가 무기력하게 무너지는 데 힘을 보탰습니다. 진짜 필요한 개혁은 외면하면서 언제나 백성들의 반대편에 섰던 사림 사대부들은 조선 역사에 씻을 수 없는 잘못을 저지른 것입니다.

처음부터 개혁 의지가 없었던 새 시대의 훈구　사림이 권력을 잡기 전에 꿈꾸었던 이상적인 조선의 모습은 조광조를 비롯한 기묘 사림이 만들고자 했던 나라와 대체로 일치합니다. 하지만 막상 정치권력을 손에 넣자 상황은 180도 달라졌습니다. 조광조가 제시한 도학에 바탕을 둔 근본주의적 개혁은 사실상 실천에 옮기기에는 부담스러운 모델이었습니다. 따라서 사림의 마음속에서 그것은 진작 폐기되고 없었습니다. 하지만 어찌 이런 사정을 정직하게 고백할 수 있었겠습니까?

　과거 조광조를 비롯한 기묘 사림은 왕족과 훈구 공신 같은 권세가, 그리고 향촌에 근거를 둔 재지사족들에게 경제력이 집중되는 현상을 막고 재정을 확충하기 위해 토지와 노비제도에 대한 개혁을 구상한 적이 있었습니다. 토지와 노비 문제를 해결하지 못하는 개혁은 아무런 의미가 없을 만큼 당시 조선은 사정이 나빴습니다. 기묘 사림은 개국 당시의 '왕토·왕민 사상'*을 바탕으로 개인의 토지 소유에 상한을 정하는 한전(限田)을 거론했고, 방만한 노비제도를 근본적으로 수술하는 방안도 검토했습니다. 건의와 검토 수준을 넘지 못한 한계는 있지만, 어쨌거나 시늉은 했습니다. 그런데 기묘 사림이 하룻밤 사이 숙청당한 뒤로는 그나마 존재하던 개혁의 기운조차 없던 일이 되고 말았습니다. 설령 조광조가 실각하지 않고 개혁을 실천했다고 가정

---

* 하늘의 명을 받은 존재가 왕이라는 전제 아래, '천하의 땅은 왕의 것이 아닌 것이 없고, 그 땅에 사는 백성치고 왕의 지배를 받지 않는 자가 없다'는 고대 주나라의 사상을 말합니다.

하더라도, 대다수 양반 사대부들의 격렬한 반발에 직면했을 테지만 말입니다.

사림은 긴 세월 동안 수많은 훈구 대신들을 소인이라고 비난하며 개혁의 당위성을 주장했고, 이에 호응하지 않거나 반대하는 자들 역시 군자가 아니라며 단호히 배척해왔습니다. 따라서 백성들은 사림의 시대가 열리자, 조광조 같은 선배 사림이 제시한 개혁 과제를 마땅히 최우선으로 실행에 옮길 거라고 기대했습니다.

하지만 당초의 예상과 다르게 그들은 과거 기득권 세력의 빈자리를 재빨리 메꾸는 데 그쳤으며, 선조 치세 내내 기묘 사림이 이루지 못한 개혁 과제에 대해 논의조차 제대로 하지 않았습니다. 그들은 국가 차원의 민생 개혁에 반대한 것은 물론이고, 사소한 제도 개선도 달가워하지 않았습니다.

선조 대 집권 사림의 핵심 지지 기반은 향촌의 재지사족들이었습니다. 토호나 향원과 다를 바 없는 그런 재지사족들에게, 조광조 수준의 개혁은 그들의 이익에 정면으로 배치되는 것이었습니다. 이런 상황에서 16세기 사림 개혁은 처음부터 가능한 일이 아니었는지도 모릅니다. 그러니 사림 세상이 왔건만, 사림의 개혁은 실천 의지가 전혀 없는 한낱 정치 구호에 머물 수밖에 없었던 겁니다. 더 냉정하게 말하면, 사림의 개혁은 과거 기득권 세력을 상대로 정치적 승리를 거두기 위한 제스처에 불과했는지도 모를 일입니다.

비록 소수 권세가에 집중된 권력 독점은 사라졌지만, 다수의 사림이 이를 나눠 계승한 꼴이어서 나라 사정은 조광조 시절보다 나을 게 전혀 없었습니다. 오히려 사림이 직간접으로 자행하는 백성 수탈은 더욱 광범해졌고, 부의 편중과 재정 축소는 갈수록 심해졌습니다. 따라서 과거의 훈구 세력과 사림을 달리 볼 만한 사정이 없었습니다. 말하자면 사림이 곧 '새 시대의 훈구'였습니다. 그들은 반세기 전에 죽은 조광조를 권력 획득을 위한 도구로만 이용했고, 권력이 그들 발 아래로 굴러 들어온 순간 주머니 속의 모든 것을 용도 폐기하는 자기부정도 서슴지 않았습니다.

조광조를 몰아낸 자리에 주희를 앉히다

기득권 세력으로 변신한 사림이 의지한 것은 당연히 조광조와 그의 개혁 사상이 아닙니다. 사림은 조광조를 몰아낸 자리에 반민중적 관념론자인 주희를 데려다 앉혔습니다. 사림이 주자학이라고 높여 부른 주희 성리학은 중국 강남의 부유한 지주와 상인의 지지를 바탕으로 발전한 학문입니다. 오래전에 멸망한 남송 시대의 주희 성리학은 16세기의 중국 땅에서 이미 인기 없고 낡은 사상으로 푸대접받는 신세였습니다. 오히려 명나라 사상계의 주류는 실천을 강조하는 양명학이었습니다. 그런데도 조선의 사림은 썩은 주희 성리학을 정치에 접목하겠다며 부산을 떨었습니다.

현실 정치보다 관념론, 경세가보다 유자 집권 사림은 주희 성리학이 말하는 하늘의 이치를 끌어다가 왕권을 견제하려고 했습니다. 그리고 다른 한편으로는 하늘이 정한 신분 차별을 옹호하는 주희 사상을 방패막이로 자신들의 사회경제적 지위를 더욱 강화했습니다. 사림의 성전 가장 높은 곳에 주희를 모시기로 마음먹은 것은 그들로서는 너무나 자연스러운 결정이었습니다.

1569년(선조 2)의 어느 경연 석상에서 경연관 신응시는 이런 말을 했습니다.

"예로부터 어진 재상으로 일컬어오는 … 이들은 한 시대를 구제한 재상이었지만, 유자(儒者)의 학문은 몰랐던 사람들입니다. 학문한 사람이면 의리로 나라를 다스렸을 것이니, 그 정치의 덕화가 어찌 한 시대를 구제하는 정도에 그칠 뿐이겠습니까? 그런데 예로부터 유자는 당대의 임금에게 부름을 받지 못했습니다. … 학문한 사람을 재상 자리에 앉힌다면 국가에 도움이 되는 일이 클 것입니다. 이 점에서는 예나 지금이 다르지 아니하니 깊이 생각하셔야 합니다."(『선조실록』 2년 5월 21일)

서인 출신 사림 신응시는 당시 17세이던 선조에게 세상을 현실적으로 잘 다스릴 수 있는 경세가보다는 관념적 성리학 사상에 정통한 유자를 중용하라고 말했습니다. 이는 조광조를 버리고 주희를 대신하겠다는 사림의 속내가 드러난 말입니다. 민생을 돌보고 나라를 부강하게 하기 위해 법을 바꾸고 제도와 관행을 고치는 일은 사림에게 그다지 중요하지 않았습니다. 게다가 조광조같이 깨끗하고 원칙에 충실한 도학자의 길을 따라갈 자신도 없었습니다.

그래도 여태껏 대의명분과 도덕성을 입에 담으며 기성 정치인들을 꾸짖어왔는데, 단박에 개혁에 반하는 뱃심을 들키는 건 아무래도 민망했을 겁니다. 그래서 사림들은 법과 제도를 대신해 주희 성리학이 가르치는 '의리(義理)'로써 나라를 다스리자고 말한 겁니다.

의리와 이기론, 백성의 삶이 하찮게 보인 이유　　그렇다면 사림이 강조한 의리는 무엇을 의미할까요? 그것은 인간과 사회, 그리고 세상 만물에 내재한 진리를 뜻합니다. 사람이라면 마땅히 지키고 행해야 할 근본 도리를 의미하기도 하는데, 현실적인 세상사와는 크게 인연이 없는 관념적이고 추상적인 개념입니다. 이처럼 의리를 강조하다 보면, 당대의 개혁이란 그저 지엽적이고 사소한 영역에 속하는 일로 여겨졌을 겁니다. 이런 형이상학적 지배 이념은 그들이 백성의 일상을 하찮게 여긴 이유이기도 했습니다. 그래서 사림은 나라의 근본은 천하의 의리를 분명히 밝히는 것이고, 정치의 가장 중요한 과제는 바로 백성을 교화하는 일이라고 우길 수 있었던 겁니다.

사림 유학자들이 그토록 관심을 두고 골몰한 인간과 우주의 존재, 그리고 그 근원에 대한 문제가 이른바 '이기론(理氣論)'이라는 이름으로 한 시대를 풍미한 것도 바로 이런 배경 때문이었습니다. 이기론을 둘러싼 논쟁은 현실 정치와 철저히 동떨어진 사림 학자들만의 공허한 다툼이었는데, 이 때문에 당파 간 갈등의 골만 깊어졌습니다.

특히 이언적이 시작하고 이황이 완성한 주리론(主理論)은 사회질서를 바로 세우기 위해 각자가 속한 신분과 지위에 맞는 규칙과 의무에 충실해야 한다는 도덕론 확립에 크게 기여했습니다. 주리론은 눈앞에 펼쳐진 암담한 현실을 저만치 밀어내고, 도덕적인 원리를 설파하면서 신분 질서와 사림의 우월적 지위를 옹호했습니다. 그리고 비참한 현실을 '거부할 수 없는 운명으로 받아들이라'고 백성들에게 가르쳤고, 나아가 사회 변혁을 삼엄하게 부정하는 결과를 낳았습니다. 이것이야말로 오늘날까지도 성현이라 추앙받는 사림 학자 이황의 한계이자 반민중적 실체라고 생각합니다.

다른 사림 사대부들도 긴 세월 쌓여온 사회적 모순과 폐단을 바로잡아 도탄에 빠진 백성의 삶을 건져 올리는 일에 무관심하기는 마찬가지였습니다. 또한 조광조 방식의 엄격한 도학 정치를 실천에 옮길 의지도 없었습니다. 우리가 아는 이황, 기대승, 이이, 성혼 그리고 16세기 이후에 등장한 기라성 같은 보수 사림 사대부들은 정도의 차이가 있을 뿐, 모두 한결같았습니다.

고대 중국의 태평성대를 그리워하다 여기서 당시 사림들의 복고 의식의 일단을 엿보기 위해, 1569년 어느 경연 석상에서 이이가 선조에게 한 말을 인용하려고 합니다.

"홍문관 교리 이이가 나아가 아뢰기를, '… 원컨대 전하께서는 크게 성취하겠다는 뜻을 분발하시어 도학(道學)에 마음을 두시고 선정을 강구하시어 성인 군주가 장차 삼대(三代: 고대 중국의 하·은·주 왕조)의 도를 흥기시키려고 한다는 것을 신민들이 환히 알게 하소서.'"(『선조실록』 2년 8월 16일)

이이는 임금에게, 수천 년 전 까마득한 옛 중국 왕조의 도를 16세기 조선에 떨쳐 일으킨 다음에야 신하와 백성들이 비로소 성군다운 모습을 확인할 수 있다는 소신을 밝혔습니다. 군신이 함께 경전을 읽으며 국정을 토론하는 자리에서 마치 학생을 가르치는 선생의 어투로 아뢰는 말치고는 여간 엉뚱한 게 아닙니다. 그런데 이이의 이런 견해는 주희 성리학을 숭배한 당시 사림의 보편적인 생각을 반영한 것입니다. 사림이 생각하는 이상적인 정치 모델이자 조선의 미래는 전설로 내려오는 요순시대의 태평성대와 4천여 년 전 하·은·주의 문물과 예법이었습니다.

16세기의 조선 땅에서 원시공동체 사회였던 요순시대를 구현하고, 또 중국 고대 왕조의 도를 되살려서 어떻게 산적한 조선 사회 모순을 해결하고 시대적 소임을 다하겠다는 건지 이해가 되지 않습니다. 사림 집권 이후로 조선이 변화를 한사코 거부하면서 퇴행의 길을 걸은 것은 나라의 현재와 미래를 꿈같이 아득한 고대의 거울에 비추어 다루고자 한 착란적 인식에서 비롯한 게 아닐까요?

사림의 배은망덕과 당쟁의 시작 선조는 중종과 그의 후궁 창빈 안씨 사이에서 태어난 덕흥군의 셋째 아들입니다. 따라서 선조는 인종과 명종에게 후사가 있었다면 임금 자리는 꿈도 꿀 수 없는 처지였습니다. 게다가 즉위 당시 그에게는 정치적 뒷받침이 되어줄 만한 유력한 종친이나 외가 친척이 없었습니다. 사림 세력이 그렇게도 염원한 새 세상이 열릴 수 있는 최적의 환경이 조성된 셈입니다.

그런데 놀랍게도 사림 시대의 서막을 알린 사건은, 사림에게 정치적 활로를 열어준 이준경을 탄핵한 일이었습니다. 배은망덕이나 다름없습니다. 이준경은 죽음을 앞두고 사림 무리의 붕당 조짐을 경고하면서 선조에게 '붕당을 경계하라'는 메시지를 유훈으로 남겼습니다. 그러자 사림은 이준경의 충심을 곡해하고 그를 거칠게 공격했습니다. 특히 붕당에 우호적이었던 이이는 경솔하게도 '우리 사림은 군자이므로 사림이 만든 붕당 역시 군자당이다. 따라서 지금의 붕당은 조금도 문제 될 것이 없다'고 인식했습니다.

이이는 이준경을 향해 다음과 같이 험한 말을 뱉었습니다. "사람이 죽음에 이르면 그 말이 선해지는 법인데, 이준경은 그 말이 악하다." 그리고 "이준경이 아무리 거칠고 잡스럽더라도 어찌 깨끗한 선비들을 모함하기까지야 하겠는가"(『선조수정실록』 5년 7월 1일)라는 듣기에도 민망할 정도의 거친 말로 공격했습니다. 하지만 이준경의 경고가 옳았음을 확인하는 데는 그리 긴 시간이 필요하지 않았습니다. 이준경이 죽은 지 불과 3년 만에 동인과 서인이 분열하면서 당쟁이 본격화하고, 붕당 문제로 그를 모욕했던 이이도 이후로는 붕당의 소란 앞에 머리를 감싸 쥐고 두 손 들었으니 말입니다.

개혁에 저항하다

이제부터는 보수 사림과 그 지지 계층이 진짜 개혁에 어떻게 저항했는지 구체적인 사례 위주로 살펴보겠습니다.

국가사업을 반대한 탐욕과 이기심　　조선은 농업을 중심으로 하는 사회였으므로 세금을 부과하기 위해 토지를 측량하고 이를 토지대장인 양안(量案)에 기록하는 작업을 했는데, 이것이 바로 양전(量田) 사업입니다. 양전 사업을 통해 작성된 양안에는 논밭의 구분, 소재, 소유주, 위치, 토질의 등급, 결부*의 수 등이 기재되었습니다. 양전 사업이 재정의 건전성 확보를 위해 꼭 필요하다는 원칙을 부정할 사람은 없었습니다. 그래서 20년마다 한 번씩 양전을 시행하라는 규정이 『경국대전』에 명문화된 것입니다. 하지만 나라 법으로 정한 양전 사업이 실제로는 제대로 시행되지 않았으니, 그 배경에는 보수 사림의 반발이 자리 잡고 있었습니다.

조선 창업 3년 전인 1389년에 토지 개혁을 위한 양전이 평안도와 함경도를 제외한 전국에서 실시되었습니다. 이후로 태종과 세종 대에 전국적인 양전이 실시되었고, 성종 대에는 삼남(경상·전라·충청) 지방에 국한된 부분적인 양전이 시행되었습니다. 따라서 조선 초기에는 토지 소유 관련 분쟁이 비교적 적은 편이었습니다. 소유권 분쟁이 자주 일어나게 된 것은 선조 이후, 특히 조일전쟁을 겪고 난 뒤부터입니다. 전쟁으로 양안이 사라지거나 농토가 황폐해져서 양안에는 등재되었지만 경작하지 않고 놀리는 토지가 도처에서 생겨났기 때문입니다. 이 밖에 양반 지주들이 백성의 땅을 불법적으로 빼앗는 '토지 겸병'이 성행한 것도 소유권 분쟁이 빈번했던 또 다른 이유입니다.

이때는 마침 사림이 정권을 장악한 시점이었기에, 양전 사업에 대한 논의가 본격적으로 일어날 수밖에 없었습니다. 하지만 선조 대 이후로 전국적인 양전은 단 한 차례도 시행되지 않았습니다. 고작 삼남을 대상으로 하는 부분적인 양전만 네 차례 진행되었을 뿐입니다. 1604년(선조 37)과 1622년(광해군 14), 그리고 1634년(인조 12)과 1719년(숙종

---

* 조선의 토지 계산 방식은 면적 단위로 수확량을 계산하지 않고, 거꾸로 수확량을 기준으로 면적을 계산하는 결부법(結負法)이었습니다. 따라서 1결 수확량은 토지 면적과 상관없이 항상 같은 것이 원칙이었습니다. 그리고 1결의 면적은 100부(負)에 해당하는데, 시대와 작황에 따라 조금씩 달라졌습니다. 가령 1634년(인조 12)의 1등전 1결은 10,809㎡(3,275평)이었는데, 1902년(광무 6)이 되면 10,000㎡(약 3,030평)로 바뀌는 식이었습니다.

45)의 양전이 그것입니다.

조일전쟁 이후의 어려운 나라 사정을 생각한다면 전국적인 양전은 반드시 성사되어야만 했습니다. 그런데도 이런 중차대한 국가사업이 제대로 시행되지 못한 까닭은 무엇일까요? 보수 사림이 주축이 된 사대부들과 재지사족들이 표면상 내세운 반대 이유는 양전이 전국 대상의 대규모 사업이어서 비용과 인력의 소모가 막대하다는 것이었습니다. 하지만 진짜 이유는 따로 있었습니다.

양전이 시행되면 누락된 토지에 대한 미납 세금이 드러나 당장 불이익을 받을 것이고, 토지 등급을 속이는 방법 등으로 착복할 수 있었던 중간 이득을 더 이상 기대할 수 없게 됩니다. 양전에 반대한 자들은 대토지를 소유한 지주였고, 세금을 걷는 과정에서 이런 부당 이득을 챙겨온 기득권 세력이었습니다. 17세기 이후로 전국적인 양전 사업을 불발시킨 주범은 바로 사림 지주들의 탐욕과 이기심이었습니다.

이처럼 선조 초반에 시행하려던 양전 사업은 보수 사림이 제기한 (그들의 비협조와 반발이 진짜 이유였음에도 불구하고) 인력 수급에 따른 번거로움이나 비용 문제 같은 실없는 이유로 시작도 못 하고 끝나버렸습니다. 사림이 집권한 지 얼마 되지 않은 1577년(선조 10)의 일입니다. 향촌의 양반 지주들과 그들의 이익을 대변하는 보수 사림은 자신들에게 조금도 득이 되지 않는다는 이유로 양전 사업을 반대했습니다. 나랏일을 책임진 자들이 국가사업의 중요성과 시급함 따위는 내 알 바가 아니라는 태도로 일관한 겁니다.

대동법이 사림의 요청으로 시행되었다?　　한편 공납의 폐단을 없애기 위해 시행된 대동법이 사림의 요청으로 시행되었다는 주장에 대해서도 짚고 넘어갈 필요가 있습니다.

공납 문제 해결을 위한 첫 논의가 사림 정권이 들어선 선조 치세에 시작된 것은 맞습니다. 논의에 앞장선 사람은 이이였습니다. 1569년(선조 2), 그는 전국의 모든 공납을 쌀로 수납하게 하는, 이른바 대공수미법(代貢收米法)을 시행하자고 건의했습니다. 하지만 대신들의 미온적인 태도, 그리고 방납으로 이득을 취하던 업자 및 그들과 연계된 권세가의 방해로 더 논의되지 못하고 유야무야되었습니다.

대동법은 그 시행을 놓고 당파 간의 대립이 워낙 치열했기 때문에 완전한 실시까지 정확히 100년이 걸린 사업입니다. 광해군 즉위년(1608), 진보 사림이 정권을 잡으며 경기도에 국한해 처음 시행된 대동법은 1623년(인조 원년)에는 강원도에서도 시행되었습니다. 그리고 1651년(효종 2)에는 충청도, 1658년(효종 9)에는 전라도로 확대되었습니다. 하지만 충청도와 전라도 양전 사업을 전후하여 효종 대의 보수 사림은 이 일로 분열하게 됩니다. 찬성하는 한당(漢黨)과 이에 반대하는 산당(山黨)으로 나뉘어 대립할 만큼 논란은 격렬했습니다.

김장생은 쿠데타를 성공시킨 서인 보수 사림의 영수였습니다. 바로 그 김장생이 대동법을 결사반대했고, 그의 아들이자 산당의 대표격인 김집과 김집의 제자, 송시열과 송준길 등은 대동법을 불편한 제도로 매도하면서 시행에 소극적이었습니다. 따라서 인조 반역 이후의 보수 사림은 대체로 대동법 확대에 반대하는 입장이었고, 그들의 지지 기반인 재지사족들의 저항은 더 극렬했습니다.

군이 사림 세력이 대동법을 주도했다는 주장을 따라야만 한다면, 그 범위는 대동법을 건의한 한백겸과 이원익 같은 광해군 대의 일부 남인 출신 사림과 최초 시행을 끌어낸 집권 진보 사림, 그리고 효종 대에 사림의 비주류였던 김육을 비롯한 한당 세력에 국한해야 합니다. 그리고 당시 사림의 대다수를 차지한 산당 세력은 대동법 추진 그룹에서 제외되어야 마땅합니다.

새로 거듭날 기회를 걷어차다

앞서 말했듯이, 명종 사후에 펼쳐진 시대 상황은 조선 500년을 통틀어 나라가 새롭게 거듭날 수 있는 흔치 않은 기회였습니다. 사림은 그런 천우신조의 시기에 정권을 잡고도 작정하고 일을 그르쳤습니다. 그들은 주희 성리학을 앞세워 조선의 성장 가능성과 잠재력을 송두리째 무력화시켰습니다. 그 결과 후반기 조선은 양반 사대부만을 위한 나라, 위선과 탐욕에 바탕을 둔 반민중적 왕조가 되었습니다. 창업 당시의 조선과는 근본적으로 다른, 이른바 '백성 없는 나라'로 재탄생한 겁니다.

사림은 과거 훈구 세력과 대립하며 스스로 '군자', 즉 학식과 덕을 두루 갖춘 고결한 선비로 자처했습니다. 그런 사림이 마침내 조선 정치의 주역이 되었지만, 정작 16세기 후반 이후의 정국 운영은 한마디로 낙제 수준이었습니다. 특히 보수 사림이 반역으로 광해군의 왕위를 찬탈한 뒤로 민중의 삶은 참담한 상황에 내몰렸고, 모든 면에서 국력이 위축되는 결과로 이어졌습니다. 물론 이런 결과를 놓고 왜와 여진족의 연이은 침략 탓을 할 수도 없습니다.

조일전쟁과 조청전쟁이 나라 밖의 정세 변화로 어쩔 수 없이 감내해야 했던 불운인 건 맞지만, 사림 정권이 이를 핑계 댈 입장은 아니었습니다. 자신들의 안이한 정세 인식과 관념적이고 허황한 경세관 때문에 전쟁 피해와 백성의 고충이 몇 곱절 증폭되었다는 점, 그리고 광해군 대에 재정립한 중국과의 관계 덕분에 조청전쟁을 회피할 수 있었다는 사실 등을 고려하면, 민생 파탄과 불필요한 국력 소모에 대한 책임을 면할 수 없습니다. 보수 사림이 옹위한 인조 역시 한 광주리 안의 썩은 과일이었습니다. 보수 사림과 역적모의해 왕위를 찬탈했고, 이기지도 못할 전쟁을 자초했으니까요.

사림이 조선 역사에 남긴 여러 행적을 살펴보면서, 그들이 이룬 성취 가운데 어떤 것을 으뜸으로 꼽아야 할지 생각해보았습니다. 아마도 그것은 백성들은 안중에도 없이, 오로지 양반 사대부가 잘사는 세상을 만든 일이 아닐까요? '사족(士族)들이 번성하여 무성한 숲을 이루었다'는 사림 세상은 위선적이고 반민중적인 가짜 선비들의 낙원이었습니다. 그러므로 사림이 '고결한 선비의 본보기'였다는 거짓말은 당장 폐기되어야 합니다.

6장

잊힌 역사, 진보 사림

우리는 그들을 제대로 알고 있는 걸까?

모든 진리의 타당성 여부는 … 특정한 구체적 상황에 알맞은 언어로 표현할 수 있는가 없는가에 달렸다고 생각할 수 있다.
—안토니오 그람시, 『옥중수고』

역사를 읽은 사람은 먼저 편견에 치우치지 않은 역사는 없다는 사실을 이해해야 한다. 기록된 모든 역사는 두 가지 의미에서 편파적이다. 우선 기록된 역사는 실제로 일어난 사건의 극히 일부분일 뿐이라는 점에서 편파적이다. … 또한 기록된 역사는 무엇을 포함하고 무엇을 빠뜨릴 것인가, 무엇을 강조하고 무엇을 경시할 것인가 하는 선택 과정에서 불가피하게 어느 한쪽 편을 들 수밖에 없다는 점에서 편파적이다.
—최성철, 「패자들을 위한 진혼곡」

일부 역사학자들은 학술적 관점에서 지금의 잣대로 옛날 사람을 평가하고 단정하는 평론이 역사 법칙과 어긋난다고 봅니다. … 하지만 동시에 우리는 인간의 지혜가 시간과 공간의 한계를 돌파할 수 없다면 역사는 어떻게 진보하고 발전할 수 있을까 하는 점을 생각해야 합니다. … 누군가가 저를 두고 '선택성 기억'이라고 비판했습니다. 당연합니다. 기억이 바로 선택성이기 때문입니다. 기억치고 선택적이지 않은 경우는 없습니다. … 역사 인물과 역사 사건은 더 말할 필요 없이 주관적 선택입니다. ―백양, 『백양 중국사 3』

역사를 평가할 때 그 당시 상황을 특정 지배 계층의 입장에서만 고려하는 것은 훨씬 더 위험하다. 왜냐하면 역사란 특정 계층을 넘어 한 사회의 모든 구성원이 공유하는 경험이요, 기억이자, 해석이기 때문이다. 또한 역사란 단순히 과거형이 아니라 '현재완료 진행형'이기 때문이다. ―계승범, 『우리가 아는 선비는 없다』

역사적 진실과 실증주의

문헌을 통해 사림의 실체를 파악하면서 가졌던 생각이 있습니다. 바로 정사 위주의 1차 사료를 중시하는 역사적 실증주의에 관한 아쉬움입니다.

정사(正史)에 관한 오해와 편견 　정사는 『삼국사기』, 『고려사』, 『조선왕조실록』과 같이 그 시대의 왕조가 공식적으로 간행하고 정통으로 인정한 역사서를 말합니다. 반면에 개인이 편찬한 역사서는 야사로 불렸습니다. 그런데 정사는 역사적 실체에 근접한 비교적 믿을 만한 역사서이지만, 야사는 개인의 주관적인 생각과 민간에 구전되거나 당대에 회자하던 소문이 실렸다고 여기는 보수적인 경향이 존재합니다. 그 결과 야사 역시 엄연한 1차 사료임에도 불구하고 역사학계에서는 일반적으로 정사의 사료 가치와 신뢰성을 더 높게 치는 것이 현실입니다. 이런 분위기에 힘을 보탠 것이 바로 지배계급의 입장을 더 중요시하는 실증주의 역사관입니다.

하지만 이는 편견에 지나지 않습니다. 왜냐하면 야사와 정사 사이에는 민간에서 펴낸 사찬(私撰) 역사서냐, 아니면 조정에서 간행한 관찬 역사서냐 하는 차이가 있을 뿐, 정사가 야사보다 공정하고 진실한 기록이라고 주장할 만한 근거는 어디에도 없기 때문입니다.

생각해보면 현존하는 어떤 사료도 당대의 지배계급, 그중에서도 주류의 관점과 이해관계를 벗어나기 어렵습니다. 오히려 관찬 역사서일수록 그 시대의 패권 세력을 옹호하고 그들의 눈높이에 맞게 서술되었을 가능성이 높습니다. 그런데 실증주의에 근거해 역사를 탐구하게 되면, 정사에 기록되지 않았다거나 정사가 그 내용을 배척한다는 이유를 들어 민간의 기록이나 역사적 진실에 다가서려는 수많은 해석과 가설들이 무시되고 사장될 가능성이 커집니다. 실증주의 방법론을 맹신하다가 자칫 역사적 진실에서 멀어지고 마는 기이한 상황이 발생하는 것이죠.

역사를 대하는 바른 자세 우리가 역사를 읽을 때 빠지는 잘못 가운데 가장 흔한 것으로는 '그 시대에는 그런 일이 용납될 수 있었다'거나

'옛날에는 그럴 수밖에 없었다'는 식의 수동적이고 무비판적인 인식이 있습니다. 이런 자세는 역사를 통해 의미 있는 교훈을 얻는 데 방해가 될 수 있으므로 바람직하지 않다고 생각합니다.

우리가 역사를 공부하는 목적은 지나간 사실에 대한 지식을 기계적으로 축적하는 데 있지 않습니다. 오늘날의 온갖 세상사를 민주와 정의, 그리고 평등과 같은 현대적 가치와 개념으로 이해하고 규정 또는 비판하듯이, 역사 또한 같은 방식으로 바라볼 수 있어야 합니다. 그래야만 우리가 역사 공부를 매개로 지난날의 잘못이나 실수를 되풀이하지 않고, 더 나은 미래를 위한 혜안을 기를 수 있습니다. 그럴 수 없다면 우리에게 역사가 무슨 의미가 있겠습니까?

역사를 대하는 바른 자세는 기존의 통념이나 해석에 얽매이지 않고, 적극적이고 비판적인 시선으로 역사와 마주하는 것입니다. 나아가 여태껏 성현, 군자, 선비라고 알았던 인물이 실은 지배 질서와 기득권 유지를 옹호하면서 거기에 봉사할 괴변을 다듬고 만든 인물은 아니었는지 분별할 수 있어야 합니다. 또한 그들이 밝고 따뜻한 곳만 지향하며 불의를 공모하거나, 억압적 통치가 수월하도록 권력에 안주하고 기대지는 않았나 의심해보아야 합니다.

물론 이런 자세가 불편하고 내키지 않을 수도 있습니다. 하지만 역사적 사실이 오늘날 어떤 의미를 지니는지, 그리고 참된 역사적 인물이 누구인지 가려내는 작업은 이 땅의 미래와 후손들을 위해 절대 소홀히 할 수 없는 일이라고 생각합니다.

부끄러워할 수 있는 용기 자랑스러운 우리 역사를 공부하고 긍지를 가지는 것도 중요합니다. 그러나 일본의 현대사 왜곡과 독일의 냉철한 전후 역사 인식이라는 극명한 대비 사례에서 느끼는 것처럼, 한 나라와 사회가 과거로부터 배우고 성장하기 위해서는 아프고 부끄러운 과거를 깨끗이 인정하고, 성찰을 통해 더 성숙해지는 일이 더 우선이라고 생각합니다. 그러므로 어두운 역사는 감추고 미화할 것이 아니라, 먼저 부끄럽게 여기는 일이 바른 순서입니다. 그리고 역사적 진실에 다가서려는 노력과 역사를 사실 그대로 배우고 가르치는 용기가 필요합니다.

영국의 역사가 토인비는 이렇게 말했습니다. "지난 역사에서 교훈을 얻지 못하는 민족은 또 다른 실패를 반복할 수밖에 없다." 이 말은 '부끄러운 역사를 감추고 미화한다면, 같은 잘못이 되풀이되어 결국 더 나은 미래를 준비할 수 없다'는 뜻으로 해석됩니다.

진실을 외면하고 덮으려 할 때 나타나는 부정적인 결과는 또 있습니다. 타인의 시선으로 볼 때, 우리의 역사 인식이 비판과 조롱의 대상이 될 수도 있다는 사실입니다. 백 년도 지나지 않은 현대사를 은폐, 왜곡하면서 잘못을 인정하지 않는 이웃 일본처럼 우리도 똑같은 오류를 범하지 않는다고 어찌 장담할 수 있겠습니까?

긍정 일변도의 역사 서술을 강조하거나 지배계급 시점의 선택적 역사관을 미래지향적 역사관으로 혼동하는 우리 주변의 견해를 접할 때마다 떠오르는 장면이 있습니다. 제국주의 전쟁 범죄를 겸허히 반성하고 가르치려는 양심적인 일본 지식인들을 향해 '자학 사관'이라며 조롱하는 그 나라 극우 정치 세력의 행태가 그것입니다. 우리가 일본의 몰염치한 역사 인식을 비판하고 바로잡을 것을 요구하려면,

적어도 그들과 같은 잘못을 범하지 않아야 합니다.

뒷모습만 비추는 거울

시대를 막론하고 지식인의 역할은 마땅히 시대 현실을 직시하면서 무엇을 할 것인지 깊이 고민하는 일이라고 생각합니다. 그리고 자신이 무엇을 위해 글을 읽고 쓰는지 묻고 대답할 수 있어야 합니다. 만약 지금 살아가는 시대의 모순과 불의를 보고도 이를 옹호하거나 모르는 체한다면, 그런 지식인이 쓰일 곳이 어디겠습니까?

예나 지금이나 현실과 동떨어지고 실천이 따르지 않는 학문은 결국 지배 질서를 합리화하거나 지배계급의 이익에 봉사할 수밖에 없습니다. 조선의 학문하는 사대부들, 특히 16세기 이후의 보수 사림이 그랬습니다. 그들의 눈에 비친 민중은 지배계급의 풍요와 안락을 위해 존재하는 도구였고, 그들의 사상은 통치 이념과 맥락을 같이했습니다. 사회 모순과 폐단을 고발하고 이를 해결하기 위해 고민하기보다는 그것을 은폐하고 민중의 불만을 억누르는 데 충실했던 것이 조선 지식인의 실상입니다.

보수 사림의 성리학 교조화와 사상 독재　사림이 처음 등장하는 모습만 떼어놓고 살펴보면, 그것이 과거 기득권 세력에 대한 저항과 비판의 역사라고 평가할 여지가 있었습니다. 하지만 조선 정치의 주인공이 되는 선조 대 이후 사림을 관찰하면, 그들의 행태는 자기부정이 딱 어울릴 정도로 예전 훈구 권세가들을 판에 박은 듯 닮았습니다. 그래도 이전과 확실히 다른 면모가 있었으니, 바로 성리학을 교조화하고 사상계를 독점하려는 강한 욕구였습니다. 이런 특징은 이언적과 이황, 그리고 이이를 비조로 하는 보수 사림 집단에서 유독 두드러졌습니다.

그들은 성리학을 쌀알만큼 더 쪼갤 수 없는 수준으로 세밀하게 파고들었고, 본토인 중국에서도 인정할 만큼 '조선 버전의 주희 성리학'으로 가공해냈습니다. 그리고 자신들의 통치를 정당화하는 데 십분 활용했습니다. 감히 주희와 다른 해석을 하거나, 양반 사대부 사회에서 성리학 아닌 다른 학문을 연구하거나 수용하려는 시도는 절대 내버려두지 않았습니다.

진보 사림을 찾아서 우리가 소홀히 지나쳐서는 안 될 한 가지 역사적 사실이 있습니다. 바로 모든 사림이 앞서 언급한 것과 똑같지는 않았다는 것입니다. 비록 보수 사림의 반란으로 완벽하게 몰락했지만, 선조 대 후반과 광해군 정권의 핵심 세력으로서 한심한 나라 꼴을 바로잡아보려 했고, 백성들의 비참한 처지를 동정했던 세력이 존재했습니다. 그들은 정치적으로 비주류이자 소수파였지만 진보를 지향한 양반 사대부 집단으로서 조선 역사에서는 그 유례를 찾기 어려운 진귀한 집단이었습니다.

그들 역시 성리학을 신봉한 사림의 한 무리였습니다. 하지만 그들의 정치적 신념을 좀 더 세밀하게 들여다보면 대다수 보수 사림과는 결을 달리하는 두 가지 특징을 발견할 수 있습니다. 그들은 정치관에서 유교 정치 본연의 정신에 근접한 '애민 사상'을 공유했습니다. 그리고 다스리는 자들의 관심이 백성을 향해야 한다는 생각에서 한 걸음 더 나아간 특징을 지녔는데, 바로 배워서 아는 것을 '실천하려는 자세'가 그것입니다.

우리가 16~17세기 사림의 역사와 당대 지식인과 위정자의 역할이란 측면을 애민과 실천이라는 두 가지 상징적 개념으로 살펴볼 수만 있다면, 진보와 보수로 구분되는 두 개의 집단과 어렵지 않게 마주할 수 있습니다.

역사의 거울을 바른 자리에 두어야 할 때　이제라도 우리는 역사 지식이라는 내면의 거울이 사림의 한쪽만 비추고 있지 않았는지 의심해 보아야 합니다. 그들의 뒷모습만 비추는 거울을 보면서 사림을 판단한 건 아닌지 확인해보아야 합니다. 보수 사림의 눈으로 보고 그들의 입으로 말한 역사에 우리가 너무 오랫동안 노출되었기 때문입니다.

이를 바로잡기 위해 무엇보다 우선되어야 할 일은 잘못 놓인 역사의 거울을 사림 전부를 비출 수 있는 위치로 옮기는 일입니다. 그렇게 할 때 비로소 나라를 위해 고민하고 애민을 실천하려 했던 진짜 선비들과 위선적인 무리를 분별할 수 있게 됩니다. 지금부터는 이런 문제의식을 바탕으로 오랜 세월 은폐되어 잊힌 조선의 정통 사림, 이른바 진보 사림의 모습을 복원해보려고 합니다.

보수 사림의 원조, 이언적

이언적이 비록 학문으로 자처했으면서, 여러 번 추관(推官)이 된 것은 권세 있고 간사한 자들의 압박 때문이라고 하지만, 권벌*의 직언을 뭉개버림으로써 임금을 깨우치지 않았습니다. … 곽순(을사사화 때 매 맞아 옥사함)은 심문받으면서 이언적을 보고 "어찌 우리가 복고(復古: 이언적의 자)의 손에 죽을 줄 알았으리오"라고 말했습니다. 이 두 가지 일에 시비가 저절로 나타나니, 퇴계는 이언적을 지나치게 높이 올려서 그가 지은 조광조 행장에는 '공(公)'이라 이르고, 이언적 행장에는 '선생'으로 받드니, 퇴계의 뜻을 알 수 없습니다.

—『대동야승』 18권, 「기축록 속(續)」, 남평 생원 홍최일 등의 소

선조가 답하기를, "… 갑진년과 을사년에 두 선왕께서 잇달아 승하하시자 뭇 간신들이 마구 일어나 화란을 크게 일으킴으로써 사림은 어육(魚肉: 정치적 핍박으로 짓밟힌 신세)이 되고 종사는 위기일발의 처지에 놓이게 되었다. 이러한 때에 이언적이 어떻게 처신했어야 그 도리에 맞았겠는가? … 그런데 이언적은 뭇 간신들 속에 발을 딛고서 물결치는 대로 부침했을 뿐, 직언으로 철저하게 논하여 간흉들의 간담을 깨뜨렸다

---

* 을사사화 당시 병조판서였던 권벌은 좌의정 유관과 이조판서 유인숙이 억울하게 유배되는 것을 지켜보고 이에 항의하는 상소를 올렸습니다. 권벌의 직언을 뭉개버렸다는 말은 그때 이언적이 권벌의 상소 일부를 마음대로 고치고 삭제한 뒤 임금에게 올린 일을 가리킵니다.

는 말을 듣지 못했다. 나아가 국가를 바로잡지도 못하였고 물러가 몸을 결백하게 하여 멀리 떠나지도 못한 채 추관이 되어 남문 밖에서 여러 어진 선비들을 국문했으니, 이날 이언적의 이마에서 땀이 나지 않았는지 모를 일이다. … 심지어는 여러 간흉들이 대궐에 나아가 봉성군(중종의 서자)을 죽이기를 청할 때 이언적도 따라갔으니, 이쯤 되면 이언적의 천리(天理)가 없어져버린 것에 가깝지 않겠는가. … 그런데도 이황이 지나치게 높이 받들자, 세상이 온통 그에 휩쓸리어 시비를 제대로 말하는 자가 없게 되었다."

—『조선왕조실록』 선조 37년(1604) 3월 23일

이탁오(명나라 때의 혁신적 사상가)가 주희를 별 볼 일 없이 평가하면서 사용한 표준은 주로 실제적 공적이 있느냐 없느냐 하는 것이었다. … 겉보기에 일리가 있을 것 같은(그러나 실제로는 순종하면 창성하고 거스르면 쇠망하며, 동조하면 받아주고 다르면 내치는 구실이 된) '도덕 표준 지상주의'가 얼마나 많은 인재를 압살했는지 모른다.

—옌리에산·주지엔구오, 『이탁오 평전』

만일 그가 오로지 자기 자신만을 위해 일한다면, 혹 저명한 학자나 위대한 현인이나 훌륭한 시인이 될 수 있을지언정 절대 완벽하고도 진실로 위대한 인간이 될 수는 없을 것이다.

—카를 마르크스, 「직업 선택을 앞둔 한 젊은이의 성찰」

변절 혹은 타락

기묘 사림 바로 다음 세대부터 사림은 제각기 다른 이론을 펼치면서 사상적 분화를 겪게 됩니다. 때는 바로 16세기 전반, 서경덕(徐敬德: 1489~1546)과 조식(曺植: 1501~1572), 그리고 이언적(李彦迪: 1491~1553)과 이황(李滉: 1501~1570)이 살았던 시절입니다. 그들은 같은 사림이면서도 그 출신과 사회경제적 토대, 그리고 사상적 경향에서 뚜렷한 차이를 보였습니다. 특히 서경덕과 조식의 경우, 성리학뿐만 아니라 양명학을 포함한 다양한 사상을 섭렵하고 이를 폭넓게 수용하려는 개방적 학문 자세를 보여주었습니다. 그리고 당시의 양반사대부 사회도 이런 개방적 학문 풍토를 노골적으로 배척하는 분위기가 아니었습니다. 따라서 그 시대는 인조 반란으로 조선 사상계가 주희 성리학 천하가 된 17세기 이후의 모습과는 확연히 다른 시대였습니다.

이언적, 을사사화에 가담한 훈구 대신　이언적은 초기 사림의 큰 인물로 알려졌지만, 그의 정치적 성향과 경제적 배경을 놓고 보면 오히려 사림이 맞섰던 대지주이자 기득권 사대부에 속하는 인물입니다.

　이언적의 외할아버지, 손소(1433~1484)는 왕위를 찬탈한 세조 치세에 이시애의 난 평정에 가담한 공으로 공신이 되었으며, 외삼촌인 손중돈은 중종 반역 직후에 상주 목사로 부임해 이후로 도승지와 여러 도의 관찰사, 대사헌과 정2품 이조판서와 우참찬 등을 두루 지낸 훈구 대신입니다. 한편 1510년 손중돈 형제 7남매가 재산을 분할한 분재기(「손중돈 동생(同生) 화회문기(和會文記)」)를 살펴보면, 상속받은 전체 재산이 노비 134명, 논 13결 98부 3속과 98마지기, 밭 6결 7부 3속과 87마지기에 이르렀다고 합니다. 조선 전기에 1결이 생산되는 1등급 논밭의 면적이 대략 3천 평이었으니, 이언적이 외가로부터 물려받은 재산 규모를 미루어 짐작할 수 있습니다.

우리가 훈구 세력을 말할 때, 세조의 왕위 찬탈에 도움을 주었거나 이시애의 난을 진압함으로써 공신이 된 자, 중종 반역에 가담해 공신이 된 자, 그리고 그들의 음덕을 입어 정계에 진출한 자손 등을 그 범주에 넣는 것이 일반적인 상식입니다. 따라서 이언적도 위에서 열거한 경제적·정치적 배경에 비춰 볼 때 대지주 사대부이자 훈구 대신의 자손임이 분명합니다. 더구나 이언적은 스스로 훈구 대신으로 평가받을 만한 뚜렷한 행적을 남겼습니다. 을사사화 당시 이언적은 무고한 사람들을 심문하는 자리에 있었고, 이런 공로를 인정받아 공신이 되어 '군(君)'에 봉해졌습니다.

을사사화 당시 고위직에 있으면서 화를 당한 선비들을 살리려고 저항하기는커녕 공신이 된 기회주의적 처신 하나만으로도, 이언적은 초기 사림의 반열에 오를 수 없는 인물입니다. 학문적 성취야 어찌 되었든 간에, 이언적은 중종과 명종 치세에 걸쳐서 벼슬이 종1품 좌찬성에까지 이르렀던 전형적인 훈구 사대부입니다.

그런데 이상하지 않습니까? 사림이 화를 당하는 현장에서 이를 추인한 인물이 후대 사림, 특히 보수 사림의 추앙을 받게 되니 말입니다.

이황, 이언적에게 면죄부를 주다 이런 납득하기 어려운 일이 일어난 것은 전적으로 후배 성리학자 이황 덕분입니다. 이황은 이언적을 도학의 정통으로 간주했습니다. 그의 저술을 직접 정리하고 간행하는 일을 주도할 만큼 이언적을 높이 평가했습니다. 이황은 "그를 가까이에서 뵈었지만, 더 많이 묻지 못했다"면서 짙은 아쉬움을 토로한 글을 남기기도 했고, 심지어 이언적을 김굉필, 정여창, 조광조와 함께 '동방 4현'으로 치켜세우기까지 했습니다.

이언적에게 면죄부를 발급한 이는 이황이었습니다. 후대의 보수 사림들도 그의 태도를 그대로 따랐습니다. 훗날 보수 사림 세력이 이언적을 추앙한 것과 관련한 일화 한 가지를 소개합니다. 『광해군일기 중초본』 1610년(광해군 2) 3월 26일 자에 실려 있는 내용입니다.

어느 날 경연 석상에서 광해군이 이른바 '5현(이른바 동방 4현과 이황)'에 대한 문묘 배향 요구와 관련해 이항복에게 질문을 던졌습니다. "5현을 배향하는 일은 선왕 치세 때부터 논한 일이었다. 경의 뜻은 어떠한지 모르겠다." 선조도 5현의 문묘 배향에 적극적이지 않았는데, 이를 어찌 생각하느냐고 넌지시 물은 겁니다. 그러자 이항복은 이렇게 대답합니다.

"오늘에 이르러 임금께서 지체하는 것은 실로 납득할 수 없습니다. 이른바 다섯 신하는 바로 김굉필, 정여창, 조광조, 이언적, 이황입니다. … 이언적은 조정에 있을 때 사람들이 학문을 알지 못하는 사람이라고 했었는데 그가 세상을 뜬 뒤에 이황이 그의 유서(遺書)에 발문(跋文)을 지으면서 탄복하기를 대유(大儒)라고 하니, 이에 세상이 모두 알게 되었습니다. … 선왕께서 지체한 것은 신중히 하려는 뜻이었습니다."

그러자 이정귀가 이언적을 다음과 같이 치켜세웠습니다.

"이언적은 식견이 매우 고명한데, 그가 지은『대학장구보유(大學章句補遺)』는 더욱 훌륭합니다. 주희는『대학장구』서문에서 '후세의 군자를 기다린다'고 하였으니, 주희가 이언적의 책을 보았다면 반드시 옳다고 여길 것입니다."

그야말로 성리학자에게는 최고의 칭찬이 아닐 수 없습니다.

광해군은 그 말을 듣고 을사사화 당시 이언적이 보인 태도에 대해 이렇게 반문합니다.

"이언적의 학문은 그렇다. 그러나 을사년에 여러 소인이 조정에 가득하였는데, 그들과 더불어 일을 함께 하고 물러가지 않은 것은 무엇 때문인가?"

그러나 광해군의 반문에도 불구하고, 이언적은 보수 사림의 맹목적인 지지와 빗발치는 요구에 힘입어, 그해에 문묘에 배향되는 과분한 영광을 누리게 됩니다.

가치 전도의 비밀, 이황의 이언적 흠모

그렇다면 이황은 왜 그렇게 이언적을 높이 평가했을까요? 오늘날 대다수 학자들은 이언적과 이황의 관계를 설명할 때, 이언적은 주희의 성리학 학설을 독자적으로 정리함으로써 훗날 이황이 이른바 조선판 성리학 버전을 확립할 수 있도록 기초를 다진 인물이라고 말합니다.

이언적과 더불어 '조선 성리학'이라는 철학적 논의의 지평을 연 선구적 인물로는 서경덕이 있습니다. 두 사람은 2년 터울(서경덕이 2년 빠른 1489년생)로 같은 시기를 살면서 전혀 다른 사상 체계를 정립했습니다. 서경덕이 '기(氣)'를 중심으로 성리학적 논의를 펼쳐서 이이에게 영향을 주었다면, 이언적은 '이(理)'를 중심으로 하는 이황의 성리학 이론에 영향을 끼쳤습니다. 그래서 훗날 이이가 서경덕의 학문은 긍정적으로 평가했지만, 이언적은 학문적 성취와 상관없이 그의 행적을 두고 가차 없이 비판했던 겁니다. 물론 이황은 이언적의 학문은 높이 평가하면서도 서경덕의 학문적 성취에는 부정적인 태도를 보였습니다.

이황이 이언적을 높이 평가하고 그의 학문을 적극적으로 수용한 이유는 당연히 그의 성리학적 사유에 공감했기 때문이지만, 이언적의 결함 있는 삶까지 문제 삼지 않은 이유로는 어쩐지 설득력이 부족한 것 같습니다. 진짜 이유는 이런 겁니다. 이황은 같은 시대를 산 조선의 지배계급으로서 '위계적 신분 질서의 긍정'과 '현상 유지를 옹호하는 정치관'이란 측면에서 이언적과 결을 같이하는 인물이었습니다. 실제로 생전의 이언적은 성리학을 통해 지배체제를 옹호하는 성향을 숨기지 않았고, 이황 또한 그의 보수적 정치관을 적극적으로 계승했으니까요.

지배계급의 우월함과 신분 차별을 정당화하다 신분 질서를 옹호한 이언적의 사상적 성향은 이른바 '무극태극(無極太極) 논쟁'을 벌였던 외삼촌 손숙돈(손중돈의 아우)과 조한보를 싸잡아 비판하는 장면에서 확인할 수 있습니다.

당시 27세였던 이언적은 손숙돈의 논리가 주희의 이학(理學)과 대립하는 육구연의 심학(心學)에서 비롯되었고, 조한보의 논리는 도교와 불교의 선학(禪學) 사상에서 영향을 받았다고 생각했습니다. 그러니까 이언적은 이(理)를 앞세운 주희의 입장에서 두 사람 모두를 비판한 겁니다. 이후 조한보가 자신을 비판한 이언적에게 편지를 보내 반박하면서 논쟁은 새로운 국면으로 접어듭니다.

조한보는 무극(無極)은 생멸이 모두 사라져서 무위적정(無爲寂靜)하게 되는 적멸 상태이며, 아울러 우주의 근원인 태극(太極)이 곧 무극이라고 생각했습니다. 그런데 이런 무극 적멸의 상태에서 주희 성리학이 천리(天理)라고 주장한 상하 선후의 차별성과 그러한 차별이 하늘의 이치라는 보편 개념은 무의미해집니다. 따라서 조한보의 주장은 개체의 자립성이 허용되고, 모든 계급의 지위가 평등해질 수 있다는 이론으로 발전할 여지가 있다는 점에서 큰 의미가 있습니다.

반면에 이언적은 태극이 우주 만물의 근원이라는 전제하에, 무극은 허무의 상태가 아니라 차별 원리이면서 만물 생성의 근원인 태극이라는 이(理)가 존재하는 상태라고 말했습니다. 그래서 이언적은 만물의 근본 원리가 먼저 존재하기에 만물의 생성과 질서가 있게 된다고 주장한 겁니다. 상하 간 질서를 정당화하고 차별적인 질서를 실천하는 것이 하늘의 이치라고 우기는 주희 성리학의 계급적 보수성을 적나라하게 대변하는 논리입니다.

이 논쟁에서 정말로 중요한 핵심은 조한보와 이언적 사이에 전개된 '태극', '무극', '적멸' 등과 같은 개념의 시비나 무극과 태극 사이의 논리적 타당성에 있지 않습니다. 장차 조선 사상사에 커다란 영향력을 행사할 이언적의 의식 세계 속에 지배계급의 우월성과 신분 차별을 이론적으로 정당화하는 사상적 경향성이 뿌리박고 있었다는 점이 진짜 문제입니다.

배타적·독선적 학문 풍토의 출발점　조한보와 이언적 사이의 논쟁은
또 다른 측면에서 매우 중요한 의미를 갖습니다. 주희 성리학만을 고
집하는 보수 사림 학자들이 다른 사상을 배척하고, 유학자들 사이에
서 있을 수 있는 다른 견해와 해석을 모두 이단시하는 배타적·독단
적 학문 풍토가 이 논쟁에서 시작되었기 때문입니다.

　이언적은 논쟁에서 자신과 다른 견해를 보인 조한보를 서슴없이
이단시하며 배척했습니다. 이언적이 조한보를 이단으로 몰아간 데에
는 이학(理學)으로 '조선 성리학'의 정통성을 선취함과 동시에 자신
의 관념적 사상을 거칠고 완고한 방식으로 지켜내려는 의도가 깔려
있었습니다. 이런 이언적의 독단적 태도는 조선 후기 사상계에 만연
하는 '집권 당파의 성리학적 견해만이 사상적으로 우월하고 독점적
인 지위를 지닌다'는 사상 독재의 원형이라 할 수 있습니다.

지배계급에게 봉사한 이언적의 주리론　조선 사상계를 장악한 주희 성
리학은 우주 현상과 인간의 도덕 실천 문제를 이(理)와 기(氣)로써 설
명하려고 했습니다. 가령 이가 모든 사물과 관련된 법칙이나 원리 혹
은 보편적 도리로서 형이상학적 개념이라면, 기는 직접 느낄 수 있고
경험할 수 있는 사물의 구체적 성질로서 다분히 형이하학적 개념이
라고 말할 수 있습니다.

　이언적의 사상은 이를 기보다 우위에 두고 개인 수양을 바탕으로
도덕적 완성을 추구해야 한다는 관념론적 경향에 크게 치우쳐 있었
습니다. 그런데 이런 관념적이고 보수적인 이념으로는 16세기에 이
미 곪을 대로 곪은 조선 사회의 다양한 모순과 폐단을 근본적으로

해소할 수 없었습니다. 왜냐하면 주리론은 세상만사를 정신적인 것으로 파악하려는 유심론적 관념론(단적으로 표현하자면 허위적인 의식 체계)이기 때문이죠. 또한 현실 사회를 더 나은 곳으로 만들려는 실천 의지를 찾을 수 없기 때문이기도 합니다.

이언적의 주리론은 조선 민중의 참담한 현실에 눈감고, 지배계급의 이익을 옹호하면서 자신을 비롯한 양반 사대부 계층의 위선과 무능한 실체를 은폐하는 역할을 톡톡히 해냈습니다. 장차 두 차례에 걸친 전쟁으로 지배 질서가 위기에 처할 때, 이를 지탱하는 데 주리론이 큰 힘을 보탰으니까요. 이는 이황을 비롯한 이언적의 사상을 추종한 후학들, 즉 보수 사림의 행적에서 더 자세히 확인할 수 있습니다.

반역과 사상 독재의 길을 닦다

앞서 언급했듯이 이언적이 활동한 16세기의 조선 사상계는 독창성과 자유로운 학문 탐구가 가능한 개방적인 풍토를 지녔습니다. 바로 이런 시대적 행운을 타고났기에, 이언적은 주희 성리학을 독자적으로 해석해 자신만의 고유 영역을 구축할 수 있었습니다. 그리고 조선 사상계의 큰 물줄기를 이황이나 이이를 중심으로 하는 인성론적 가치 철학, 이른바 조선 버전의 성리학으로 돌려놓은 선구적 인물이 될 수 있었죠.

하지만 이언적이 첫 삽을 뜨고 보수 사림 후학들이 지반을 닦은, 이른바 조선 성리학은 불과 한 세기도 지나지 않아서 학문이라면 반드시 지녀야 할 최소한의 비판적 기능마저 부정하는 상황에 이릅니다. 다른 사상의 수용은 고사하고 사소하게 다른 해석조차 용납하지 않을 정도로 교조화하고 독선적으로 변질했기 때문입니다. 그 결정적 계기가 된 사건이 다름 아닌 보수 사림이 주도한 인조 반역이었습니다.

인조 반역이 성공한 17세기가 되면, 조선 성리학은 사상계에서 완전히 독점적인 우위를 점하게 됩니다. 그리고 집권 보수 사림은 학문적으로 타락의 수렁으로 급전직하했고, 백성들은 안중에 없이 권력 유지에 골몰하는 반민중적 집단으로 그 정체성을 분명히 했습니다. 이언적 생전에 미처 상상하지 못한 상황이 현실이 된 겁니다. 사림이 정치의 주역으로 등장한 지 불과 반세기 만에 어떻게 이런 급변이 가능했을까요? 우리는 이에 대한 해답을 찾아야 합니다.

그런데 그것은 의외로 수월한 문제일 수도 있습니다. 만약 우리가 이(理)가 내포한 불멸의 보편성이 체제 유지와 양반 사대부들의 이익에 봉사할 목적으로 채택되었다는 사실을 깨달을 수만 있다면 말입니다. 그리고 이언적에서 시작된 지배 이념과 조선 후반기를 통째로 탈취한 보수 사림의 인조 반란을 한 묶음으로 인식할 수 있다면, 문제는 더욱 쉽게 풀릴 수 있습니다.

사림의 두 얼굴, 조식과 이황

우리가 동양철학에 관심을 갖는 까닭은 옛날로 돌아가기 위해서가 아닙니다. 그러므로 중요한 기준은 현실적 요구입니다. … 대다수의 민중이 인정하는 사회성과 그것을 실현하기 위한 실천성이 기준이 되어야 합니다. ―김교빈·이현구, 『동양철학 에세이 1』

요즘 학자들을 보건대, 손으로 마당에 물 뿌리며 빗자루질하는 절도도 모르면서, 입으로는 천리(天理)를 말합니다. 이는 헛된 이름이나 훔치려는 생각인데, 이로써 세상을 속이려 하지만 오히려 남에게 중상당하고 다른 사람도 피해를 보게 되니, 이것은 어쩌면 선생(이황을 지칭) 같은 장로께서 꾸짖어 그만두게 하지 않아서 그런 것이 아니겠습니까. 저 같은 사람은 마음을 보존한 것이 황폐하여 찾아보는 이가 드물지만, 선생 같은 분은 높은 경지에 도달하여 우러르는 사람이 많으니, 십분 억제하고 타이르심이 어떻겠습니까? 삼가 헤아려주시기 바랍니다. ―조식, 『남명집』권4, 「여퇴계서(與退溪書)」

상호군 이황이 의논드리기를, "… 전에도 혹 중국 법례에 따라서 서얼에게 허통하여주자는 의논이 있었습니다. 그러나 이 법(서얼금고법)을 개정하는 데는 두 가지 어려운 점이 있으니, 첫째는 국속(國俗)을 갑자기 변경할 수 없음이요, 둘째는 대방(大防: 예법)을 갑자기 허물 수 없다는 것입니다. … 이른바 대방이란 적서(嫡庶)의 명분과 귀천의 질서를 말하는 것입니다. 나라와 가정이 공고히 유지되고 비천(卑賤)이 감히 존귀(尊貴)를 능멸하지 못하는 것은 바로 이 대방이 있기 때문인데, 만일 이 대방이 한번 허물어지면 서얼이 적자를 핍박하고 비천이 존귀를 능멸할 것이니 어찌 이를 경솔히 개정할 수 있겠습니까. … 서얼 허통법을 지금 새로 만들어서는 안 됩니다."

―『조선왕조실록』 명종 8년(1553) 10월 7일

정통과 사이비, 진보와 보수

성종 대에 등장한 사림 세력의 출발점은 하나였습니다. 도학을 추구하면서 절개와 의리를 강조하고 옳고 그름을 분명히 가리는 자세를 귀하게 여겼다는 점에서 그렇습니다. 하지만 시간이 흐르면서 성리학을 받아들이는 태도에서 차츰 의견이 달라지더니, 각기 실천론과 관념론을 중시하는 세력으로 나뉘어 마침내 건널 수 없는 간격으로 벌어졌습니다. 16세기 중반, 애민을 중시하고 실천을 강조한 조식의 '남명학파'와 주희 성리학의 사변적 인성론 연구에 치중한 이황의 '퇴계학파'가 그것입니다.

건널 수 없는 간격 남명학파가 백성의 실제 삶을 개선하기 위해 배워서 알고 있는 올바른 가치를 현실에 접목하는 자세를 중시했다면, 퇴계학파는 시종일관 머리로 생각하고 이치를 탐구하는 관념적 태도가 특징이었습니다. 그리고 네 차례의 사화를 거치는 동안, 출처관을 달리하는 모습을 보이면서 서로의 입장 차이를 확인하게 됩니다. 관직에 나아가고 물러나는 판단 기준이 시대 상황에 따라 많이 달랐던 겁니다. 이 역시 조식과 이황의 이질적인 행적을 통해 확인할 수 있습니다.

중종과 명종은 조식의 명망을 전해 듣고 관직에 나올 것을 여러 차례 권유했습니다. 그런데 조식은 당시 조정 내부의 혼란상과 자신에게 주어진 여건이 뜻을 펼치기에 적합하지 않다고 판단했기 때문에 번번이 출사를 사양했습니다. 대신에 초야에 머무르며 후학 양성과 학문 탐구에 전념했습니다. 그렇다고 해서 나라 돌아가는 사정과 완전히 담을 쌓았던 것은 아닙니다.

조식은 당대 사회의 모순과 관료들의 부패를 고발하는 상소*를 통해 임금에게 올바른 현실 인식을 가질 것을 주문했습니다. 심지어 질책에 가까운 엄중한 상소문을 올리면서까지 잘못된 현실을 바로잡으려고 노력했습니다.

반면 이황은 중종 대에 문과에 급제한 이후 명종 대에 이르기까지 중앙과 지방의 관직을 두루 역임했습니다. 그는 을사사화 때 관직을 삭탈당했지만, 곧 복직되었으며 이후로도 출사와 낙향을 수없이 반복했습니다. 말년에는 자신에게 내려진 직책을 모두 사양하고 나아가지 않았지만, 이황에 대한 관직 임명과 사퇴는 그가 70세로 삶을 마감하는 해까지 반복되었습니다. 그가 직을 수락 혹은 사양했건 간에, 아무런 직책을 가지지 않았던 것은 51세 때가 유일합니다.

---

* 조식이 올린 상소의 형식은 임금의 부름이나 하사한 관직에 응할 수 없음을 알리는 사직 상소가 주를 이룹니다. 그는 사직 상소를 통해 당대 현실과 모순에 대한 자신의 생각과 난국 타개 해법을 임금에게 제시했습니다. 그중에서 1555년(명종 10)의 「을묘사직소(乙卯辭職疏)」가 가장 유명합니다.

서인 출신 보수 사림의 거친 행보　앞서 살펴보았듯이, 선조 이후 정권을 잡은 사림 사대부 대부분은 출신과 경제적 배경이 조선 초기의 기득권 세력과 크게 다르지 않습니다. 특히 광해군의 왕위를 찬탈하고, 북인 출신 진보 사림을 숙청한 서인 보수 사림은 그 유사성이 더 두드러집니다.

그들은 정치적으로 같은 보수 계열인 (대체로 신권 강화보다는 왕권 강화에 동의하는) 남인 사림보다 훨씬 더 권력 지향적이었습니다. 조선 정치가 후기에 접어들면서 '군약신강'으로 기울어 왕권이 추락한 배경에 서인과 그 후예들인 노론 세력의 국정 농단이 자리하는 것도 같은 맥락에서 볼 수 있습니다. 인조 반역 이후로 서인 세력은 정치적 힘과 수완이라는 모든 측면에서 왕권을 능가했으며, 대지주라는 경제적 신분을 이용해 누구보다도 백성 수탈에 앞장섰습니다. 사상적으로는 주희 성리학을 입맛에 맞게 가공해서 조선 유학을 관념적으로 교조화했습니다. 그리고 조금이라도 열린 사고와 개혁 성향을 보이는 선비는 '사문난적' 꼬리표를 달아 매장해버렸습니다.

시대 정신을 거스르며 300년 가까이 이어진 서인과 그 후예들의 거친 행보 때문에 나라 꼴은 지리멸렬했고, 백성들은 굴종과 가난을 숙명처럼 여기며 살아야 했습니다. 그들은 나라 밖의 사정과 근대화 흐름에 무지하고 관심조차 없어서, 변화를 요구하는 시대 과제에 대처할 초보적인 능력도 갖추지 못했습니다. 그리고 왕권을 능멸하는 외척 세도정치를 펼치며 자기들만의 풍요와 안일에 젖어 19세기라는 귀중한 시기를 허비했습니다.

북인 출신 정통 사림 집단　사림을 고결한 선비의 전형으로 오해하는 사람들이 있는 한편으로, 조선 후기의 암울하고 불편한 역사를 단순히 사림 집단이 정권을 장악한 탓으로 돌리는 사람들도 있습니다. 그들 가운데는 애민 사상을 실천하고자 했던 소수의 정통 사림을 분별하지 못하거나, 심지어 그 존재를 부정하는 이들도 있습니다.

그러나 북인 출신의 진보적 사림 집단이 한 시대의 정권을 책임졌다는 엄연한 사실을 잊지 말아야 합니다. 집권 당시에도 사림 사회에서 소수파였고, 서인들의 쿠데타로 명맥이 완전히 끊어졌지만, 아무튼 조선 역사에서 진보적 가치를 지닌 사림 집단이 존재한 것은 분명한 사실입니다.

그들보다 몇 세대 앞선 조광조와 기묘 사림을 정통 사림이라고 말할 수 있지만, 그들에게는 치명적인 한계가 있었습니다. 사상적 경향과 경제적 식견이라는 측면에서 경직되고 관념적이었으며, 도학 사상에 치우친 나머지 실천적 측면에서 현실과 동떨어진 모호한 지향을 보였기 때문입니다. 하지만 기묘 사림이 기득권 세력에 저항하며 새로운 변화를 도모했고, 청렴한 선비의 본을 보이려 노력했다는 사실에 초점을 맞춘다면, 광해군 대의 집권 사림이야말로 기묘 사림의 맥을 잇는 선비 집단이었습니다. 따라서 정통이라는 수식어는 이들에게 붙여져야 마땅합니다.

그들은 기묘 사림과는 다르게 개방적인 학풍을 지녔으며, 실천을 중시하고 애민에 역점을 둔 진보적 성향을 지녔습니다. 또한 당대의 모순을 타개하려는 실천 정신, 그리고 자주적 기풍에 기반한(비록 광해군의 파격적인 주체성에는 못 미쳤지만) 비교적 유연한 국제 정세관을 가졌습니다. 이렇듯 그들은 반민중적 관념론을 고수한 동시대의 여타 사림과는 확연히 구분되는 특징을 지녔습니다.

진보와 보수의 16세기적 의미　사림이 중앙 정계를 장악한 16세기 후반은 그들이 반드시 해결해주기를 바란 시대적 과제가 존재했던 시기입니다. 단순히 기득권 세력인 훈구의 반대편에 섰다는 이력만으로는 사림의 등장을 놓고 역사적 정당성을 부여할 만큼 한가한 시절이 아니었다는 얘기입니다.

무엇보다 이언적·이황 부류의 사변적 성리학을 극복해 유학의 근본이라 할 수 있는 애민 사상으로 무장하고, 민생을 중시하는 치자들의 실천 정신을 되찾는 일이 시급했습니다. 그만큼 조선 사회는 총체적으로 혼란한 시국이었으며, 백성들의 인내 또한 한계에 달한 상황이었습니다. 하지만 그토록 소망했던 정권 장악을 이루었음에도 불구하고 사림은 정치적으로 분열(1575년의 동·서인 분당)했고, 사상적으로도 제각각의 흐름을 따라서 갈라서고 말았습니다.

지금부터는 유학의 정통성을 유지하려는 소수의 개혁적 그룹과 사림 사회를 보수 일색으로 물들인 다수의 현상 유지 그룹으로 나누어 살펴보겠습니다. 이 두 그룹을 구분하는 기준으로는 진보와 보수라는 명칭을 사용해서 '처음의 정신과 기풍을 유지하되, 시대의 흐름과 변화를 받아들여 다음 단계를 준비할 수 있는가?'라는 물음에 대응하는 척도로 삼는 게 효과적이라고 생각합니다.

따라서 민본 정신과 실천성을 바탕에 둔 개혁적 사림을 진보 사림이라 부르고, 신분 질서 유지와 지배계급의 이익을 위해 현상 유지를 선호한 사림을 보수 사림으로 부르기로 합니다.

절대 왕정 사회라는 시대적 한계에 비춰 볼 때, 16세기의 조선에서 진보와 보수 개념을 적용하는 것 자체가 무리일는지 모릅니다. 하지만 500년에 이르는 장구한 조선 역사를, 창업 정신을 잃지 않고 번영을 누린 전반부와 정치·사회·사상적으로 퇴락과 교조화를 거듭한 후반부로 나누는 16세기의 역사적 상징성을 고려할 필요가 있습니다. 따라서 진보와 보수 개념을 사림 집단에 적용하는 것은 역사적으로도 가치 있는 일이라고 생각합니다.

진보 사림과 보수 사림의 면면 진보 사림의 사상적 비조는 '진리는 고정된 것이 아니라 변하는 것이다'라는 생각을 가지고 세상의 변화에 적극적으로 대응하려 했던 조식과 서경덕입니다. 1575년(선조 8) 사림이 동인과 서인으로 분열할 때, 조식과 서경덕의 학문을 따르는 남명학파와 화담학파에 속한 진보 성향의 일부 동인 측 사림을 진보 사림으로 분류할 수 있습니다. 대표적인 인물로는 이지함, 허엽, 최영경, 정인홍, 김우옹, 곽재우, 이산해 등을 거론할 수 있습니다.

이들은 대체로 시류에 편승하지 않고 세간의 이목을 의식하지 않은 실천적 유학자들입니다. 그리고 당대의 모순과 폐단에 대해 비판적이고 개혁적인 자세를 가졌으며, 백성들의 아픔에 적극적으로 공감한 선비들입니다.

반면 보수 사림은 변화를 불편하게 여기고, 현실의 모순을 해결하는 일에 진심을 담지 않은 자들입니다. 그들은 조선 사회의 모순을 한사코 윤리와 도덕의 문제로 치환해 설명했습니다. 그리고 변화무쌍한 현실 세계를 언제나 천리(天理)와 인성(人性)이라는 선험적이고 사변적인 언어로 해석했습니다.

이같이 공허한 태도는 이언적과 그를 계승한 이황으로부터 시작되었습니다. 보수 사림은 이 두 사람의 성리학 이론을 추종한 퇴계학파 계열의 동인 사림과 그들과 사상적으로 대립 혹은 묵인하는 관계였던 이이 계열의 율곡학파 서인 사림으로 구성되었습니다. 전자인 조목, 김성일, 류성룡 등과 후자인 기대승, 송익필, 성혼, 김장생 등이 대표적인 인물입니다. 특히 서인 사림은 장차 힘으로 왕위를 찬탈하고 진보 사림을 숙청함으로써 17세기 이후의 조선 정치를 좌지우지할 운명이었습니다.

유학은 원래 실용적이면서 실천을 중시하는 학문입니다. 공맹 시대의 고대 유학에서 전인적인 수양이란, 심신을 닦는 일과 나라를 다스리는 일이 한데 합쳐진 것이었습니다. 수기(修己)와 치인(治人)이 별개가 아니라는 것은 『대학』에 나오는 '수신-제가-치국-평천하'라는 단계적 실천 사상으로도 알 수 있습니다. 따라서 진정한 유자는 몸과 마음을 닦은 뒤 세상에 나아가 제도 개혁과 애민에 바탕을 둔 정치를 실천하는 사람이라고 말할 수 있습니다.

그런데 보수 사림은 오직 '격물치지(格物致知)-성의정심(誠意正心)'이라는 수신 단계에 머물면서 현실과 동떨어진 관념적 정신세계에 안주했습니다. 그 결과 사림 정신은 일찌감치 빛이 바랬고, 보수 사림이 정권을 장악한 인조 대 이후로는 암울한 역사가 본격화합니다.

실천과 애민의 선비, 조식

역사의 승자가 된 이들의 반대편에 섰다는 이유로 정당한 대접은커녕 오늘날까지도 과소평가되고 있는 인물이 의외로 많습니다. 지금부터 언급하려고 하는 남명(南冥) 조식과 그를 따랐던 사림 인사들이 가장 대표적인 사례입니다.

조식, 실천 유학의 뿌리이자 실학의 원류　일찍이 조식의 학문을 흠모한 경상우도의 수많은 유생들이 남명학파를 형성했습니다. 경상우도란 낙동강 서쪽 지방을 말하는데, 한양 궁궐에서 임금이 남면(南面)*하고 바라보았을 때, 경상도의 오른쪽 지역(지도상으로는 왼쪽)인 상주·성주·진주·합천·함양·의령·산청·김해 등이 여기에 해당합니다. 예로부터 '경상우도는 남명, 경상좌도는 퇴계'라는 말이 있을 정도로 16세기 영남지방의 사림과 학문은 조식과 이황의 문하로 크게 양분되었습니다.

　조식을 진보적이고 개혁적인 선비의 상징으로 보는 데는 그럴 만한 이유가 있습니다. 조선 후기 실학사상의 원류로 일컬어질 만큼 한평생 유학의 실천 정신을 굳게 지켜냈기 때문이죠. 그런데도 실학의 뿌리를 이황이나 이이에게서 찾으려는 경향이 역사학계에 여전히 남아 있는 것이 현실입니다. 이는 조선 후기를 관통한 보수 사림의 사상 독재가 역사 인식을 왜곡했기 때문입니다.

---

*고대부터 제왕은 남쪽을 향해 앉아 신하를 맞이했습니다. 여기서 유래하여 군주는 남쪽을 향해 앉고, 신하는 북쪽을 바라보는 것이 예법으로 굳어졌습니다.

조식은 엄격한 출처관을 고집해 과거에 응시하지 않고 재야의 처사로 평생을 살았습니다. 하지만 을사사화로 무고한 선비들이 죽어나가던 시절에 조식이 보여준 언행은 죽음도 불사하는 매우 강경한 현실 참여 방식 그 자체였습니다. 조식은 평소 '정치의 목적은 백성이 잘살 수 있도록 보살피는 데 있다'고 제자들에게 가르쳤습니다. 그리고 조정에 나아가 이를 적극적으로 실천할 것을 주문했습니다. 조식의 이런 가르침은 정재양민(政在養民)의 정신, 이른바 실천을 중시하는 고대 유학의 본질과 맥이 닿아 있습니다.

'애민'을 '충군'보다 우선시한 기개　실천적 유학자로서 조식의 삶이 빛을 발한 것은 무엇보다 민본사상을 통해서였습니다. 그는 언제나 애민을 가슴에 품고, 위선적이고 탐욕스러운 지배계급을 과감하게 비판했습니다. 백성을 괴롭히는 고을 양반들과 향리들뿐만 아니라 외척과 조정의 권세가, 심지어는 명종과 모후인 문정왕후도 조식의 비판을 피할 수 없었습니다.

조식이 그렇게 강경한 자세를 보일 수 있었던 것은 '백성이 나라의 근본(民惟邦本)'이며 '백성은 존귀하다(民爲貴)'라는 경전의 글귀를 옳게 여겼기 때문입니다. 군주에 대한 맹목적 충성보다는 착취당하는 백성의 처지를 먼저 걱정하고 잘못된 현실에 분노하며 이를 바로잡으려는 선비의 의무를 더 무겁게 받아들인 것입니다.

맹목적인 군신 관계에 얽매이지 않는 그의 놀라운 기개는, 잠시 뒤에 언급할 「무진봉사」의 첫머리에서 '경상도 진주의 거민(居民) 조식'이라고 신분을 밝히는 대목에서 확인할 수 있습니다. 여느 양반 사대부들처럼 '신(臣) 조식'이라고 칭신하면 임금을 위해 목숨도 내놓아야 하는 절대적 주종 관계를 시인하는 것입니다. 그러나 '거민 조식'은 땅을 파먹고 사는 백성들처럼 군신 간의 의리로부터 자유로운 한 사람의 자연인임을 선언한 것이나 다름없습니다. 이는 「을묘사직소」에서 문정왕후와 명종을 '과부'와 '고아'로 묘사해 혼탁한 조정을 비판한 것보다, 어쩌면 훨씬 더 강력한 대목일 수 있습니다.

'백성은 나라를 뒤엎기도 한다', 「민암부」 　조식의 민본사상을 제대로 알려면 그가 지은 「민암부(民巖賦)」라는 글을 읽어보아야 합니다.

"… 배는 이로 인해 가기도 하고, 또한 이 때문에 엎어지기도 한다. 백성이 물과 같다는 말은 예로부터 있어왔으니, 백성은 임금을 추대하기도 하지만, 나라를 뒤엎기도 한다."

조식의 민본사상이 절정을 이룬 것은 '백성은 임금을 추대하기도 하지만, 나라를 뒤엎기도 한다'는 대목입니다. 지배계급의 눈에는 언제나 온순하고 만만한 존재로 보이지만, 조식은 백성을 진정 두려워하며 조심스럽게 대해야 한다는 것을 제대로 인식했습니다. 그래서 「민암부」를 통해 '항상 백성의 마음을 읽고 그들의 생각에 따라 바른 정치를 하라'고 에둘러 경고한 겁니다.

이처럼 그의 사상에는 언제나 백성의 구제, 더 나아가 백성이 주인이라는 파격이 내포되어 있었습니다. 이는 조식이 여러 차례 임금에게 올린 상소문의 주제가 '성군의 조건은 백성을 귀하게 여기는 것'이었다는 사실에서도 잘 알 수 있습니다.

지배계급을 향한 사자후, '서리망국론' 1568년(선조 1), 조식은 「무진봉사(戊辰封事)」*에서 그 유명한 서리망국론(胥吏亡國論)을 펼쳤습니다.

"경상도 진주의 거민(居民) 조식은 황공한 마음으로 머리를 조아리며 주상 전하께 상소합니다. … 지금 시대처럼 서리가 나라를 마음대로 했던 것은 들어보지 못했습니다. 정권이 대부에게 있어도 안 될 것인데 더구나 서리에게 있단 말입니까? … 군민(軍民)의 서정과 나라의 기무가 다 도필리**의 손에서 나와 아무리 작은 일이라도 대가 없이는 행해지지 않으니, 안으로는 재물을 모으고 밖으로는 백성을 흩어지게 하여 열에 하나도 남지 않았습니다. 심지어는 각기 주와 현을 나누어 제 것으로 삼고 문권(文券: 토지나 집과 같은 재산에 대한 권리를 나타낸 문서)을 만들어 자손에게 전하기까지 합니다. 토산물의 헌납을 일절 물리쳐 한 물건도 상납하지 못하게 되어 결국 공물을 바치는 사람이 구족의 것을 모으고 가업을 팔아넘겨 관사에는 내지 않고 사삿집에다 내는데 본래 값의 백 배가 아니면 받지도 않습니다.(방납의 폐단을 거론) 나중에는 계속할 수가 없어서 빚을 지고 도망하는 자가 줄을 이으니, 어찌 조종의 주현(州縣) 백성의 공납이 간

---

* 봉사(封事)는 내용이 중간에 새어나가지 않도록 밀봉해서 임금에게 올린 글을 말합니다. 당시 선조는 조식에게 교지를 내려 조정으로 올라올 것을 청했습니다. 그러나 노령의 조식은 이를 사양하는 상소문을 올렸는데, 여기서 당대의 암담한 시국을 논하고 강력한 개혁을 펼치라고 촉구한 것입니다.
** 도필리(刀筆吏)는 고대 중국에서 죽간(竹簡, 종이를 발명하기 전에 대신 사용했던 대나무)에 글을 쓰다가 오탈자가 났을 경우에 그 부분을 칼로 긁어내 삭제하는 일을 맡았던 아전을 말합니다. 여기서는 중앙과 지방 관아에 속한 중인 계층의 하급 관리, 즉 서리·이속·아전·향리 등을 통칭합니다.

리(奸吏)들이 나누어 갖는 것이 되리라고 생각이나 했겠습니까? 그리고 어찌 전하가 온 나라의 부를 누리면서도 종놈이 방납한 물자에 의지하리라고 생각이나 했겠습니까. 왕망과 동탁의 간계라도 이런 적은 없었으며, 망할 나라의 세상이라도 이런 적은 없었습니다."(『선조실록』 1년 5월 26일)

우리는 이 글을 통해 16세기에 이미 망국을 거론할 만큼 서리들의 횡포가 극에 이르렀음을 알 수 있습니다. 그들의 불법을 부추기고 묵인하면서, 백성들에게서 수탈한 재부를 상납받은 수령과 중앙 사대부들의 위선과 탐욕은 더 말할 것도 없습니다. 조식은 단지 서리뿐만 아니라, 당대의 부패한 지배계급 전체를 향해 사자후를 토해낸 겁니다.

이황의 한가롭고 허전한 현실 인식, 「무진육조소」　한편 이황은 조식이 서리망국론으로 경고한 바로 그해 8월에 이른바 「무진육조소(戊辰六條疏)」*를 지어 선조에게 올렸습니다. 하지만 글에 담긴 사상과 방향성은 조식의 글과는 천양지차입니다. 그 내용을 발췌해 인용하면 대강 이렇습니다.

"첫째, 계통을 중히 하시어 인과 효를 온전히 하는 것입니다. … 둘째, 참간(讒間: 이간질)을 막아 양궁(兩宮: 명종비 인순왕후와 선조비 의인왕후)의 사이가 가까워지도록 하는 것입니다. … 셋째, 성학(聖學: 유학)을 두텁게 하시어 다스리는 근본으로 삼는 것입니다. … 넷째, 도

---

* 조식과 이황의 상소 모두 「무진봉사」라는 이름으로 불리고 있습니다. 구분을 위하여 이황의 상소문은 (『퇴계전서』에 실려 있는 대로) 「무진육조소」로 표기했습니다.

술(성리학)을 밝히시어 인심을 바르게 하는 것입니다. … 다섯째, 대신들을 신임하고 대간의 뜻이 통할 수 있도록 하는 것입니다. … 여섯째, 정성껏 수양하고 성찰하시어 하늘의 사랑을 받는 것입니다."

(『선조수정실록』 1년 8월 1일)

특히 넷째 사항에는 우리가 특히 주의해서 볼 만한 내용이 포함되어 있는데, 고대 중국에서 개혁을 지향한 정치가들을 비판하고 그들이 세상을 다스린 방식을 경계하는 글입니다. "관중과 상앙의 학술과 사업은 다행스럽게도 전해 내려오지 않았지만, 공(功)을 따지고 이(利)를 추구하는 폐단이 오히려 고질이 되었으며"라고 말하는 대목이 그것입니다.

관중은 춘추시대 제나라의 재상으로 군사력을 강화하고 상업과 수공업을 육성해 부국강병을 도모한 인물입니다. 그는 백성을 먼저 잘살게 만든 이후라야 나라가 부강해질 수 있다는 생각을 가진 중상주의자였습니다. 그리고 전국시대 법가를 대표하는 진나라 재상 상앙은 엄격한 법치주의 정치를 펼치는 한편, 부국강병을 목표로 다방면으로 개혁을 추진해 장차 진나라가 중국을 통일할 수 있는 기반을 닦은 인물입니다. 그러니까 이황이 당시 16세의 젊은 선조에게 관중과 상앙의 예를 들면서 하고 싶던 말이란 고작 '부국강병을 지향하는 개혁 정치를 본받지 마시라'는 것이었습니다.

게다가 이황의 「무진육조소」에서 당시 사회의 폐단에 대한 현실적 비판이나 구체적 개혁 방안 같은 것은 눈을 씻고 봐도 찾을 수 없습니다. 당시는 명종 대 외척들의 정치 농단으로 야기된 사회 전반의 폐습을 바로잡고 민생을 우선시하는 개혁 정책이 가장 필요했던 시절입니다. 그런데 이황은 상소문이랍시고 올려서 내전(內殿)의 안녕이나 참견하고, 형이상학적 수양론과 지엽적 통치술이나 언급한 겁니다.

시대적 통찰력과 내용의 적시성이란 관점에서 보면, 굉장히 한가하고 공허한 현실 인식이 아닐 수 없습니다. 백성을 걱정하는 마음과 그 내용의 치열함이란 측면에서 조식의 「무진봉사」나 「민암부」를 이황의 「무진육조소」와 비교해보면, 두 사람 사이에 존재하는 극명한 대비를 체감하지 않을 수 없습니다.

조식의 단심, 「을묘사직소」 명종 재위 당시에, 조정에서는 초야에 묻혀 있는 학덕 높은 선비를 조정으로 부른다는 명목으로 조식에게 여러 차례 벼슬을 내렸습니다. 그러나 조식은 임금의 모후인 문정왕후와 그녀의 친정 오라비 윤원형이 국정을 농단하던 당시 정국에서 뜻을 펼치는 것은 사실상 불가능하다고 판단했습니다. 더구나 명종이 조식에게 내린 자리는 종6품의 말직에 지나지 않았습니다. 그래서 번번이 벼슬을 사양하는 상소를 올릴 수밖에 없었습니다. 마침 국정에 참여해 성균관 대사성 자리에 있던 이황도 조식에게 출사를 종용하는 편지를 보낸 적이 있지만, 조식은 병을 핑계로 끝내 출사하지 않았습니다.

1555년, 명종은 조식을 배려해서 그가 살던 산청에서 가까운 단성 현감 자리를 내렸습니다. 명종 대에만 벌써 세 번째 관직 제수였습니다. 그때 조식이 현감직을 사양하며 올린 상소문이 바로 「을묘사직소(乙卯辭職疏)」입니다. 조식은 이 상소문에서, 수렴청정이 끝나고도 정사에 관여하며 월권을 일삼는 문정왕후를 궁중의 일개 '과부'로 표현했습니다. 그뿐만 아니라 어머니와 외삼촌 윤원형에게 휘둘리는, 그러나 21세로 다 큰 어른인 명종을 '선왕의 한낱 외로운 후사(孤嗣)'로 지칭했습니다. 그러면서 '두 사람이 대체 무슨 수로 온갖 천재지변과 흩어진 민심을 수습할 것이냐?'고 물었습니다. 이 정도면 목숨을 건 거나 진배없습니다. 옳다고 믿는 바를 실행에 옮길 때는 죽음도 두렵지 않았던 겁니다. 조식은 이 정도로 불의와 타협하지 않고 적당히 시류에 편승하지 않았던 강직한 선비입니다.

상소문을 접한 명종이 크게 노한 것은 당연합니다. 조정 사대부와 민간의 양반들 모두가 화들짝 놀랐습니다. 그러나 조식은 이황에 버금가는 신망을 얻고 있었을 뿐 아니라, 명종도 조식의 '단심(丹心: 충심에서 우러나온 진정)'을 모르지 않았기에 끝내 그를 처벌하지 못했습니다. 그러면 당시 지배계급의 간담을 서늘하게 만들었던 조식의 명문장 가운데 일부를 보면서 그의 애민 정신과 충정을 음미해보기로 합니다.

"전하의 국사(國事)는 이미 그릇되었고 나라의 근본이 이미 망하여 하늘의 뜻이 이미 떠나고 인심도 이미 떠났습니다. … 조정에 충의로운 선비와 근면하고 좋은 신하가 없는 것은 아니지만, 그 형세가 극에 달해 지탱할 수 없어 사방을 돌아보아도 손을 쓸 곳이 없음을 이미 알고 있습니다. 그렇기에 하급 관리들은 시시덕거리면서 주색이나 즐기고 위의 대관은 어물거리며 뇌물로 재물만 불리면서 근본 병통을 바로잡으려 하지 않습니다. 더구나 내신(內臣: 중앙의 관리)은 자기 세력을 심어서 못 속의 용처럼 세력을 독점하고 외신(外臣: 지방관)은 백성의 재물을 긁어 들여 들판의 이리처럼 날뛰니, 이는 가죽이다 해지면 털도 붙어 있을 곳이 없다는 것을 모르는 처사입니다. …

자전(慈殿: 문정왕후)께서 생각이 많으시다고 하지만 깊숙한 궁중의 한 과부에 지나지 않으시고 전하께서는 어리셔서 단지 선왕의 한낱 외로운 후사에 불과합니다. 그러니 백천 가지 천재(天災)와 억만 갈래로 흩어진 인심을 어찌 감당할 것이며 또 어떻게 수습하시겠습니까. …

저만 모르고 있는 것이겠습니다만, 전하께서 좋아하시는 것은 무엇입니까? 학문을 좋아하십니까, 풍류와 여색을 좋아하십니까, 활쏘기와 말타기를 좋아하십니까? 군자를 좋아하십니까, 소인을 좋아하십니까? 전하께서 좋아하시는 바에 따라 나라의 존망이 달려 있습니다."(『선조실록』 5년 2월 8일)*

조식의 올곧은 가르침과 비범한 생각

조식이 당대 보수 사림의 태도를 보면서 가졌던 문제의식은 무엇이고, 또 후학들에게 몸소 실천하고 본을 보이려 한 것은 무엇일까요? 한편으로는 그의 이런 가르침이 16세기의 주인공으로 등장한 사림 세력에 대해 조식이 품고 있던 비판적 시선과 일맥상통한다고 생각합니다. 조식의 가르침은 그의 영향을 받은 진보 사림의 모습을 통해

---

* 조식은 「을묘사직소」를 명종 10년에 올렸습니다. 그런데 그 내용은 『명종실록』이 아닌 『선조실록』 5년 2월 8일 자에 실려 있습니다. 이유는 그날이 조식이 세상을 떠난 날이었기 때문으로 짐작됩니다. 그러니까 사관은 조식의 죽음을 추모하는 마음에서 「을묘사직소」 전문을 사초로 남겼고, 이것이 광해군 대에 『선조실록』을 간행할 때 실록 기사로 채택된 것입니다.

어느 정도 확인할 수 있는데, 여기서는 사상과 학문을 대하는 조식의 자세라는 관점에서 몇 가지로 나누어 살펴보겠습니다.

조식은 당시 사림들이 주희 성리학의 관념론에 지나치게 경도된 것을 매우 못마땅하게 여겼습니다. 그는 이런 경직된 풍토를 타파함으로써 조선 사상계가 이전의 자유롭고 개방적인 분위기로 되돌아가기를 원했습니다. 성리학 제일주의로 흐르던 보수 사림들과 다르게 다양한 사상을 포용하는 개방적인 자세야말로 그가 후학들을 깨우치고자 했던 핵심 가르침이 아닐까 생각합니다. 성리학자인 조식이 도교와 불교 사상까지 편견 없이 공부하고 자신의 사상에 접목할 수 있었던 것은 바로 이런 균형 잡히고 열린 자세가 아니고서는 불가능한 일입니다.

앞서 무극태극 논쟁에서 선례를 남긴 이언적처럼, 당시 사림 유자들은 주희 성리학에 매몰되어 다른 사상이나 학문을 배척하는 교조적 분위기를 연출하고 있었습니다. 조식이 자유로운 학풍을 지향한 것도 주희 성리학을 맹종하는 자들만 대접받는, 이른바 사상 독재를 걱정했기 때문입니다. 그러나 안타깝게도 조식의 이런 우려는 인조반역 이후 끝내 현실이 되고 맙니다.

실용 학문 '하학'의 가치를 인정한 애민 정신 조식은 일찌감치 '하학(下學: 실제 생활에 적용할 수 있는 학문)'의 가치를 인정했습니다. 선비라면 모름지기 현실을 바로 볼 줄 알아야 하고, 일상에서 실천할 수 있는 실용적 학문을 배우고 가르쳐야 한다고 믿었습니다. 그리고 현실을 외면하는 당시 사림들의 형이상학 취향의 학문 경향을 개탄하면서,

하학을 존중하는 학문 풍토를 조성하고자 했습니다. 배운 것을 실천에 옮기는 태도를 제자들에게 늘 강조했던 조식은 자신도 당시 사대부들이 잡학이라며 천시한 천문·지리뿐만 아니라 의학·수학까지도 두루 섭렵하는 본을 보였습니다.

조식이 실용적인 학문을 중요시한 데는 전문 지식을 가진 서리들이 사대부 관료와 수령을 속이고 몰래 백성을 수탈하는 현실을 타개하려는 문제의식에서 출발한 측면도 있습니다. 이런 현실은 성리학 경전에만 정통한 당시 사대부들이 정작 민생과 관련된 지식이나 실무 처리에 깜깜하기 때문에 빚어진 결과였습니다. 결국 조식이 하학의 가치를 역설한 배경에는 기본적으로 백성을 아끼고 사랑하는 마음이 녹아 있었던 겁니다.

문무겸전과 배움의 이타성   조식은 문을 숭상하고 무를 천시하는 당시 사림의 편협한 사고방식을 바로잡아야 한다고 생각했습니다. 선비라면 문무를 겸비해야 한다고 믿었기 때문이죠. 조식은 나라를 이끌어가려면 유가 경전뿐만 아니라 병법에도 정통해야 한다는 소신을 자신의 제자들에게 줄곧 강조했습니다. 이런 혜안은 조일전쟁 때 활약한 걸출한 의병장들이 조식 문하에서 배출된 것에서 분명히 입증됩니다.

한편, 조식은 과거를 통해 출세하기를 꿈꾸는 당시의 세태에도 강한 거부감을 가졌습니다. 과거에 붙기 위한 공부는 남을 돕기 위한 것이 아니라 자신을 드러내고 남에게 인정받기 위해 하는 공부라고 말했습니다. 조식은 모름지기 바른 선비라면 이익을 먼저 돌아보지 않아야 하고, 남이 알아주지 않아도 자신의 인격을 함양하고 덕을 쌓는 자세로 공부해야 한다고 믿었습니다. 자신의 입신양명만을 바라는 공부는 쓸모가 없다는 말입니다.

조식의 이런 이타적 학문관은 사림을 자처하는 이들 사이에 폭넓게 퍼져 있던 풍조를 뜯어고치지 않으면, 배움이 결코 세상을 이롭게 하지 못할 거라는 신념에서 비롯한 것입니다. 배운 것을 실천하기는커녕 곡학아세로 일신의 부귀와 가문의 번영만을 꾀하는 당시 사림들의 태도를 비판한 것입니다. 조식은 주변은 돌아보지 않고 제 앞만 깨끗이 쓸고 다니는 심보를 심각한 허물로 간주했는데, 이는 글을 배우는 으뜸 이유를 '이타성'에 두었기 때문입니다.

일신의 공명과 안락을 위한 공부를 조금도 부끄럽게 여기지 않는 오늘날의 현실에 비춰 볼 때, 배움의 실천과 남을 이롭게 하는 공부를 강조한 조식의 가르침은 시사하는 바가 매우 큽니다.

실천을 중시한 조식의 성리학 사상　조식은 기본적으로 성리학자입니다. 그의 성리학 사상의 핵심은 한마디로 '거경행의(居敬行義: 혹은 主敬行義)'에 있습니다. 이는 '마음은 경에 두고, 밖으로는 의를 실천한다'는 뜻인데, 줄이면 '경의 사상'이 될 것입니다. 거경이 몸과 마음을 삼가고 바르게 가지는 내적 수양이라면, 행의는 바른 일을 행하는 실천적 자세를 의미합니다.

조식은 생전에 항상 허리에 칼을 차고 다녔습니다. 그 칼에는 경의 사상을 달리 표현한 '내명자경(內明者敬) 외단자의(外斷者義)'라는 여덟 자가 새겨져 있었습니다. 이는 '안에서 마음을 밝히는 것은 경이요, 밖으로 과감하게 결단하는 것은 의'라고 해석할 수 있습니다.

조식이 경의를 강조한 것은 평생 실천을 위주로 학문을 추구한 삶과 긴밀히 연관되어 있습니다. 그는 배워서 아는 것을 과감하게 실천하는 자세를 중요하게 여긴 진짜 선비였습니다. 따라서 조식과 진보 사림이 보여준 실천성은 보수 사림과 가장 뚜렷이 대비되는 상징적인 지표라고 생각합니다.

경과 의를 보수 사림이 어떻게 해석했는지를 가늠할 수 있는 대표적인 사례가 있습니다. 이황은 선조가 즉위한 이듬해에 새 임금이 성왕으로서의 자질을 갖추기를 바라는 마음에서, 성리학 사상을 10장의 그림에 담아 상소 형식으로 바쳤습니다. 이른바 「성학십도(聖學十圖)」가 그것인데, 이는 당시 경을 중시한 보수 사림의 생각을 정확히 반영하고 있습니다.

이황은 여기서 '경은 성학의 처음이자 마지막이다'라고 말했습니다. 경을 의에 우선하는 지고의 가치라고 해석한 겁니다. 다시 말해 이황은 선조에게 '실천(행의)보다는 내적 함양(거경)에 더욱 치중하시라'고 당부한 셈입니다. 그의 사상이 공허한 이유가 바로 여기에 있습니다. 이황 역시 내적으로 경을 중시했지만, 외적으로는 배운 대로 의를 실천하여 불의에 맞서고 현실을 개혁할 것을 주문했던 조식과는 전혀 생각이 달랐던 겁니다.

'물 뿌리고 비질하는 절도도 모르면서 하늘의 이치를 말하느냐?' 조식은 대다수 사림이 차츰 현실과 동떨어진 관념적인 무리로 변해가는 모습에 일찌감치 우려를 표명한 바 있습니다. 사림의 표리부동함과 그들이 깊이 빠져든 주희 성리학 이론의 본질을 진작에 간파한 것입니다. 이런 정확한 현실 인식에 비춰 볼 때, 그가 이황과 그를 따르는 무리의 처신과 학문 태도를 비판한 것은 아주 자연스러운 일입니다.

조식은 백성의 삶을 돌보지 않고 개혁을 외면하는 형이상학적 학문 풍토가 더는 두고 볼 수 없는 수준에 이르렀다고 판단하자, 이황에게 편지를 보냈습니다. 조식이 이황에게 편지를 보낸 까닭은 이황이 이런 세태를 선도한다고 생각했기 때문입니다. 따라서 이황이 후학들에게 미친 사상적 영향력을 고려하면, 마땅히 그만큼의 책임 의식을 가져야 한다고 믿었습니다. 편지에는 이황을 비롯한 당대 양반 사대부들의 한심한 실태를 꾸짖는 생생한 목소리가 담겨 있어 우리의 눈길을 끕니다.

"요즘 글 읽는 자들은 손으로 마당에 물 뿌리고 비질하는 절도도 모르면서 입으로는 하늘의 이치를 말합니다. 이것은 헛된 이름이나 훔쳐서 세상을 속이려는 짓입니다. … 아마도 선생 같은 어른이 그만두게 꾸짖지 않았기 때문일 것입니다."(『남명집』 권4, 「여퇴계서」)

당시 사대부와 유생들의 학문적 관심은 사변적인 이기론·심성론·수양론*에 온통 쏠려 있었습니다. 조선 사상계의 이런 형이상학적 경향은 결국 현실의 온갖 모순들은 못 본 체하면서 제 주변만 챙기고

---

* 이기론(理氣論)이 세상 만물의 구성 원리를 탐구하는 학문이라면, 심성론(心性論)은 인간의 마음을 규명하는 학문이라고 말할 수 있습니다. 전자가 우주를 대상으로 논한다면, 후자는 인간의 삶을 다루고 있습니다. 한편 수양론(修養論)은 현실적인 인간의 모습을 뛰어넘어 바람직한 인간상을 만드는 방법과 그 과정을 다루는 학문이라고 말할 수 있습니다.

다니는 이기적이고 위선적인 무리를 대거 양산했습니다. 조식은 이황에게 보낸 편지를 통해 이런 세태를 질책하고 반성을 촉구하는 데 그치지 않고, 후학들이 실용적인 경세론을 중시하고 애민을 몸소 실천하게끔 이황부터 솔선수범하기를 진심으로 바랐는지 모릅니다.

이황과 조선 학풍의 퇴행

조선 후기 글 읽는 이들의 대부분은 주희 성리학을 유가의 정통이라고 생각했고, 이언적과 이황의 영향을 받아 '거경궁리(居敬窮理)'를 소중히 여겼습니다. 거경궁리란 우주 만물의 이치를 터득하기 위한 마음 자세를 의미하는데, 달리 말하면 하늘의 이치를 탐구하는 학문적 방법론이라고 말할 수 있습니다. 이황은 역행(力行: 힘써 행함) 이전에 제대로 된 궁리(窮理: 이치를 따져 생각함)가 선행되어야 한다고 믿었습니다. 그가 '이기(理氣)'와 '사단칠정(四端七情)' 같은 형이상학적 견해에 깊이 빠져든 까닭도 여기에 있습니다.

지배 질서에 봉사한 관념의 불쏘시개 중요한 것은 이황이 실천을 논한 적이 없다는 사실입니다. 이황의 이념 세계 안에서 양반 사대부의 실천, 혹은 최소한의 의무 이행을 권하거나 암시하는 대목은 어디서도 찾아볼 수 없습니다. 그가 강조한 거경궁리 역시 마찬가지입니다. 앞서 살펴본 조식의 거경행의 사상에서처럼 내적으로는 거경 수양법을 받아들이고 있지만, 외적으로는 배움의 실천이 아니라 사물의 이치 탐구를 강조한 것입니다. 궁리는 어디까지나 학문 수양에 국한된 방법론이므로, 그것을 두고 실천을 논했다고 말할 수 없습니다.

결국 거경궁리는 마음공부라는 출발점은 같을지 몰라도 배운 것을 실천에 옮기는 자세가 생략되었기에, 조식의 거경행의와는 본질적으로 다른 개념입니다.

조일전쟁이 터지자, 대다수 보수 사림 사대부들은 제 살길 찾기에만 혈안이 되어 이기적이고 무능한 정체를 낱낱이 드러내게 됩니다. 전란의 와중에도 수탈은 멈추지 않았고, 이런 비정한 지배계급 덕분에 민중의 고통은 최고조에 달했습니다.

위기와 고난이 닥쳤을 때 세상 만물이 비로소 그 실체를 숨김없이 드러내는 것은 만고의 진리입니다. 조일전쟁 당시 기댈 곳 하나 없이 짐승 같은 삶을 견뎌야 했던 민중의 눈앞에, 이황을 비롯한 보수 사림이 그토록 애정을 쏟은 성리학 관념론의 실체가 모습을 드러낸 것입니다. 이처럼 이황의 형이상학은 백성들의 삶에 쌀 한 톨의 도움조차 주지 못한, 오직 지배계급의 신분 질서에 봉사한 관념의 불쏘시개였을 뿐입니다.

독선과 아집, 그리고 파사현정 이황은 주희 성리학을 절대적으로 신봉한 보수적인 관념론자입니다. 그의 사상과 행적에서 현실 비판 정신과 개방적 학문 자세를 발견하기란 어려운 일입니다. 그런 이황이 현실 문제에 다양한 목소리를 내고 사상의 다양성을 추구한 조식을 못마땅히 여긴 것은 당연합니다.

이황은 은근하면서 동시에 노골적인 말로 조식을 비난합니다. "노자와 장자를 숭상하고 따르는 기풍이 있다(老莊爲崇)." 그리고 "기이함을 좋아해서, 그에게 중도를 요구하기란 어려운 일이다(尙奇好異 難

要以中道)"라며 조식을 이단시했습니다. 앞서 언급한 「무진육조소」에도 조식의 노장풍을 비난하는 대목이 등장합니다. 네 번째 건의 사항인 성리학의 중요성을 언급하면서 조식을 겨냥해 이런 말을 했습니다. "노자와 장자의 허망하고 무의미한 학설을 즐기고 좋아하여 성인을 업신여기고 예를 멸시하는 풍조가 간혹 일어나고 ….".(『선조수정실록』1년 8월 1일)

이황에게는 주희 성리학이 아닌 다른 사상에 관심을 두거나 호감을 표시하는 것만으로도 주희를 모독한 증거로 삼기에 충분했습니다. 학문하는 사람으로서 그가 이런 독선과 아집을 가졌다는 사실이 그저 놀라울 따름입니다.

2017년 초, 전국의 대학교수 1천 명을 대상으로 '올해의 사자성어'를 물어본 결과, '파사현정(破邪顯正)'이라는 어구가 선정되었다는 보도를 접한 적이 있습니다. 이 말은 '사악한 가르침을 깨뜨려 바른 도리를 드러낸다'는 뜻의 불교 용어입니다. 그런데 다섯 세기 전의 이황도 같은 어구를 사용한 적이 있습니다.

이황은 당시 명나라의 주류 사상이던 양명학을 비판하며, '내가 학문하는 목적은 파사현정에 있다'고 말했습니다. 16세기의 명나라에서는 이미 한물간 주희 성리학의 수호자를 자처하며 보란 듯이 뱉은 말입니다. '파사'는 그릇되고 해로운 가르침, 즉 모든 이단을 척결한다는 의미입니다. 그렇다면 이황이 학문적으로 깨뜨리고자 한 나쁜 가르침은 무엇이었을까요?

생각건대, 진정한 이단은 생각의 다양성과 인간의 자발성을 가로막는 독선적 학문 자세, 그리고 유학의 본령인 민본 정신을 훼손하는 모든 사상이라야 맞습니다. 하지만 이황의 생각은 달랐습니다. 이황에게 이단은 자신이 추종하는 주희 성리학과 그것에 기초한 자신의 주리론을 제외한 다른 모든 사상을 의미했습니다.

인간 세상의 변화를 부정하다　그러면 우선 이황의 주리론이 어떤 내용의 성리학설인지 간략히 살펴본 다음에 그가 양명학을 배척한 이야기로 넘어가겠습니다.

이황은 이(理)를 자연법칙이자 도덕규범의 근원으로 파악했습니다. 이는 사물에 내재해 있는 제각각의 법칙이 아니라, 사물을 존재하게 하는 하늘의 이치(天理)로서 영원히 변하지 않는 진리라고 말했습니다. 아울러 인간의 본질도 하늘의 이치에 따라 밝혀진다고 말했습니다. 즉, 각자 다르게 타고난 신분을 하늘의 이치에서 비롯된 선천적인 차이로 설명한 것이죠. 결국 그의 주리론에 따르면 인간의 신분은 타고나는 것이므로 인위적으로 바꿀 수 없으며, 바뀌어서도 안 되는 것입니다.

따라서 이황의 주리론은 인간 세상의 변화를 근원적으로 부정하는 학설인 동시에 사회의 기득권을 옹호하고 지배계급의 통치 질서를 합리화하는 이론이었습니다. 그가 의도했든 아니든 간에 이런 생각이 조선 후기 내내 양반 사대부 중심의 신분 질서에 봉사하고 민중 수탈에 이용당한 것은 부정할 수 없는 사실입니다.

양명학과 노장사상을 배척한 진짜 이유　이황이 이단으로 지목한 가장 대표적인 사상은 양명학입니다. 명나라 철학자 왕수인(1472~1528)이

창시한 양명학은 주희 성리학과 다르게 인간의 주관, 이른바 마음의 주체성과 지행합일이라는 도덕적 실천을 중요시했습니다. 주희 성리학이 송나라(남송) 멸망 이후 중국 본토에서 쇠락의 길을 걸은 것과 달리 조일전쟁 이후 명나라 사신들이 양명학을 수용하라고 노골적으로 압력을 넣었을 만큼, 명나라에서는 주류 사상으로 대접받았습니다. 그러나 신분 질서를 적극 옹호하는 조선에서, 인간의 주체적 사유와 도덕적 실천을 강조하는 양명학은 발붙일 곳이 없었습니다.

이황은 「전습록변(傳習錄辨)」이란 글을 써서 양명학을 비판했습니다. 그는 양명학을 불교의 선사상과 같은 종류라고 규정하고, 특히 왕수인의 지행합일 사상과 친민설을 강하게 비판했는데, 여기서는 친민설에 대해서만 언급하겠습니다.

왕수인은 '백성은 세상의 근본이므로 교화의 대상이 될 수 없다. 그러므로 백성을 새롭게 하는 신민(新民)이 아니라, 백성과 가까워지는 친민(親民)에 학문하는 목적이 있다'고 주장했습니다. 사실『대학』에도 친민으로 표기되어 있었는데, 송나라 성리학자 정이가 신민으로 고쳐 말했고, 주희가 이 견해가 옳다며 맞장구를 쳤습니다. 결국 조선의 성리학자들은 이렇게 뒤집힌 내용을 그대로 수용한 셈입니다. 물론 이런 사정을 이황이 몰랐을 리 없습니다. 하지만 보수 사림의 비조답게 백성은 교화의 대상이라는 생각이 이황의 구미에 더 잘 맞았을 겁니다. 아무튼 이황은 송나라 성리학자들의 아전인수격 해석을 토대로 왕수인을 비판한 것입니다.

이황이 「전습록변」에서 '사문(斯文: 주희 성리학)의 화'라는 격한 표현까지 동원해서 양명학을 거칠게 비난한 데는 그럴 만한 이유가 있었습니다. 바로 조선 사회의 성리학적 지배 질서가 붕괴할 수도 있다는 두려움 때문이었습니다. 만일 주체적 사유와 지행합일을 강조하는 양명학이 조선 사회를 풍미하게 된다면, 지배 질서를 떠받치는 성리학 사상에 균열이 일어나 마침내 기존의 지배체제가 흔들리는 상황이 올 수도 있다고 우려한 겁니다. 이것이 이황이 양명학을 배척한 진짜 이유입니다.

한편, 조식을 비롯한 진보 사림은 보수 사림이 맹렬히 배척하는 노장사상을 주체적으로 수용하려는 움직임을 보였습니다. 앞서 말했듯이 이황은 노장을 숭상하고 따르는 기풍이 있다며 조식을 비난한 적이 있습니다.

본디 노장사상은 현실에 대한 회의, 그리고 현실의 혼란을 초래한 근본 원인의 탐구에서 출발했습니다. 조식과 진보 사림이 주목한 부분이 바로 노장사상의 현실 비판 정신입니다. 조식은 사림이 집권하기 이전부터 주희 성리학이 절대 이념으로 변질해 백성 위에 군림하는 상황을 걱정했고, 어떻게든 이런 상황을 사전에 막아야 한다고 생각했습니다. 따라서 노장의 비판적 현실 인식을 빌려서라도 조선 사회의 모순과 뒤틀린 현실을 못 본 체하는 사대부들의 허구적 관념성과 이기적 경세관을 폭로하려고 한 것입니다.

그렇다면 이황과 보수 사림 학자들이 노장사상을 적대시한 진짜 이유는 무엇일까요? 현존 질서가 건네는 기득권의 달콤한 혜택에 영원히 안주하려는 헛된 욕망과 환상에서 벗어나지 못했기 때문입니다. 현존 질서를 회의하고 현실에 안주하지 말라는 노장의 가르침은 당연히 그들에게 눈앞의 위협으로 인식되었던 것이죠.

이황에 대한 오해 혹은 모르쇠

이황은 벼슬보다 은둔을 추구한다고 말했지만, 실제로는 관직 생활을 오래 하면서 다양한 벼슬을 경험했습니다. 정리해보면 대강 이렇습니다.

모호한 거취와 관직 편력 이황은 기묘사화(1519)로 충격받아 과거를 단념했던 조식과 다르게, 1534년(중종 29) 문과에 급제해 벼슬길에 나섰습니다. 중종 대에는 승문원, 세자시강원을 거쳐서 암행어사와 성균관 사성 등을 역임했습니다. 더군다나 문정왕후 윤씨 일가를 중심으로 하는 척신 정치 때문에 뜻있는 사림이라면 은둔하며 암울한 시절을 보내던 명종 대에도 관직을 놓지 않았습니다. 1545년(명종 즉위년) 을사사화 때 잠깐 삭탈관직되긴 했지만, 곧바로 복귀해서 사복시, 교서관 등에서 관록을 먹었습니다. 특히 정미사화가 일어난 1547년에는 홍문관원으로 있으면서 불미스러운 연명 상소에 가담했고, 이후 단양과 풍기에서 군수 노릇을 했습니다.

이황은 1549년 이후로는 관직에서 물러나 고향에서 학문 연구에 전념했습니다. 그렇지만 조정에서 부르면 상경했다가 병을 핑계로 곧장 사직하고 낙향하는 행태를 반복하더니, 선조 대에는 어느덧 종1품 우찬성까지 벼슬이 오릅니다.

말년에 이황이 보여준 행동은 다분히 의도된 것인지도 모릅니다. 관직에 대한 진퇴를 반복함으로써 사림 종장으로서의 권위를 극대화할 수 있었으니까요. 조정이 부를 때마다 핑계를 대고 번번이 물러나는 행동에는 그런 정치적 판단이 깔려 있었습니다. 그의 이런 모습은 이후 '산림(山林)'이라고 불린 수많은 후배들이 이황을 모방하는 나쁜 선례로 자리 잡게 됩니다. 일각에서는 광해군 치세에 합천에 은거하면서 중앙 정계에 영향력을 행사한 정인홍을 가리켜 산림의 원형이라고 주장합니다. 그러나 출사와 사직을 반복하며 자신의 권위를 높이는 행동 패턴은 이황으로부터 시작되었습니다.

붕당 시대를 분만한 소(小)기묘 선조 즉위 당시, 이황은 오랜 관직 생활을 통해 '소기묘(小己卯: 조광조 혹은 기묘 사림의 아류)'로 지목되었을 만큼 휘하 문인들을 정계 곳곳에 포진시켰으며, 이들의 실질적인 영수로 대접받았습니다.

당시 영의정이던 이준경은 과거의 기묘 사림을 거울삼아 사림이 무리를 이루어 과격한 행동을 취하는 풍토를 방지하고자 고심하고 있었습니다. 그리고 한편으로는 기득권 세력이 힘을 합쳐 사림의 기를 꺾지 못하도록 기꺼이 방패막이가 되어주었습니다. 이런 이준경과 이황에 얽힌 의미심장한 일화가 있습니다.

선조 즉위 이듬해인 1568년, 이황은 이준경의 추천으로 우찬성에 임명되었습니다. 이때 그는 병을 핑계로 관직을 사양하다가 임금의 권유가 잇따르자, 마지못한 듯 상경했습니다. 그러자 수많은 축하객이 이황의 서울 거처로 밀려들었습니다. 이황은 이들을 접대하느라 바쁜 나머지, 서울에 올라온 지 3일이 지나서야 이준경을 찾았습니다. 이준경은 이황에게 "도성에 들어오신 지 오래인데, 어찌 이제야 찾아오십니까?" 하고 물었습니다. 이황은 이렇게 변명합니다. "찾아오는 사대부들이 많아 그들을 응대하느라 걸음이 늦었습니다." 그러자 이준경은 다음과 같은 말로 이황을 에둘러 비난합니다. "지난 기묘년 때도 사습(士習: 선비의 풍조)이 이와 같았습니다. 그중에서 염소 몸에 호랑이 가죽을 쓴 자(조광조를 포함한 기묘 사림)가 있었는데, 사화가 이 때문에 일어났습니다."

이준경은 이황이 어차피 관직을 사양할 요량으로 서울에 왔음을 알고 있었습니다. 그런 이황이 자신을 만나러 몰려든 사대부들을 사양하지 않고 분주히 맞이한 행위가 붕당을 도모하는 것과 무엇이 다르냐며 매섭게 꾸짖은 겁니다. 이처럼 붕당 시대를 분만한 이황이 죽은 지 4년 만에 사림 사대부들이 동서로 분열했으니, 이황을 향한 이준경의 선견과 질타는 매우 의미심장합니다. 이준경은 이것 말고도 이황의 모호하고 원칙 없는 태도를 두고 일침을 가한 적이 있습니다. 출사했다가 벼슬을 사양하고 낙향하기를 반복한 이황을 두고 "산새(山禽)와 같아 붙들어 길들이기 어렵다"며 그냥 내버려두라고 말한 겁니다. 이준경은 입으로는 개인 수양을 그렇게 강조하더니, 실제 처신은 벼슬과 학문을 오가며 평생을 모호한 출처로 일관한 이황이 못마땅할 수밖에 없었습니다.

이언적과 닮은 초라한 행적 조식이 「을묘사직소」를 올리기 8년 전인 1547년(명종 2)에 정미사화가 일어났습니다. 이는 2년 전에 외척들이 일으켰던 을사사화의 연장선에서 일어났는데, 둘 다 윤원형 일파가 정적 제거를 위해 조작한 사건입니다.

이황은 당시 홍문관 정4품 응교로 재직 중이었는데, 죄 없는 봉성군(명종의 이복형)을 죽일 것을 청하는 연명 상소(『명종실록』 2년 윤9월 5

일)에 자기 이름을 떡하니 올렸습니다. 그뿐만 아니라 억울하게 자살한 봉성군의 관작 복구와 예장(禮葬)을 반대하는 상소(『명종실록』 2년 10월 11일)에도 가담했습니다.

이황은 두 번의 연명 상소에서 간신 윤원형의 측근이자 정미사화의 주역인 정언각과 이름을 나란히 하고 있습니다. 이때는 바야흐로 문정왕후와 윤원형 일파가 권력을 잡기 위해 사화를 일으켜 무고한 선비를 마구 죽이던 시절입니다. 그런데도 이황은 사림의 한 사람으로서 힘써 저항하거나 벼슬을 내놓기는커녕 사건에 깊이 개입했습니다. 정미사화 때 보여준 이황의 초라한 행적은 그를 '선비의 전형'으로 알고 있는 사람들에게는 상당히 낯설게 느껴질 겁니다. 그가 조선 사상계에 미친 영향력과 후세인들에게 받은 극진한 대접을 고려한다면 더더욱 그렇습니다.

여하튼, 삼사의 일원으로서 당시 조정 공론에 따른 불가피한 선택이었다는 옹색한 변명으로는 수긍할 수 없는 태도인 게 분명합니다. 이황의 이런 처신은 을사사화 때 이언적이 보여준 행적과 닮았고, 명종 치세 내내 지금은 벼슬할 때가 아니라며 엄정한 출처관을 보여준 조식의 처신과 대비된다는 점에서 주목할 만합니다.

이황에게 관대한 주류 편향성　오늘날 우리 사회는 이황에 대해 지나치게 관대할 뿐만 아니라, 그의 과오에 대해 모르쇠로 일관하고 있습니다. 대체로 그의 사상적 성취 말고는 크게 관심을 두지 않으며 애써 외면하는 것이 현실입니다.

누구나 저지를 수 있는 인간적인 실수이거나 사적인 결례에 속한다면 모를까, 정미사화 때 간신들과 함께한 그의 처신은 학자이기 이전에 바른 생각을 하는 사람이라면 누구나 부끄러워할 만한 인간의 기본적 품성의 문제입니다. 그런데도 유독 이황에 대해서는 '조선 성리학의 거목' 혹은 '동방의 성현' 같은 칭송 일색이어서 의아하고 난감합니다. 이와 같이 이황에 대한 평가는 유독 관대하지만, 바로 뒤에서 다룰 진보 사림의 영수, 정인홍에 대해서는 극단적인 온도차를 보인다는 점에서 우리 사회의 고질적인 주류 편향성을 확인하는 것 같아 안타까운 마음입니다.

물론 이황 사후에 일어난 보수 사림과 인조의 왕위 찬탈, 그리고 노론의 사상 독재가 이런 상황을 키웠다는 것은 인정합니다. 하지만 이제라도 보수 사림이 생산해낸 위선적 통념과 역사 서술 앞에 냉철해지려면, 이황의 삶과 사상에 대해 객관적이고 비판적인 자세를 보여야 할 것입니다.

정인홍과 함께 뿌리째 뽑힌 진보의 싹

역사란 기록을 남긴 이들의 것입니다. 기록을 남긴 이들이란 역사에서
승리한 쪽이었습니다. —최경석, 『청소년을 위한 역사란 무엇인가』

1623년에 있었던 인조반정으로 인하여 남명학파는 몰락한 반면, 이이
와 성혼의 계통을 이은 사계학파가 급부상하여 이후 조선 말기까지 조
선의 정계와 학계를 주도하였다.
서인은 자신들의 정치적 정당성을 확보하기 위하여 대북의 영수인 정
인홍을 처형하지 않을 수 없었고, 정인홍의 정신적 기반인 남명학파를
공격·폄하하지 않을 수 없었다. —허권수, 「인조반정으로 인한 남명학
파의 침몰과 사계학파의 부상」, 『남명학연구』 제16집

반정 주체세력은, 정인홍이 가진 정치적 위상과 그를 추종하는 경상우
도 세력이 합쳐지는 것을 막기 위해서는 내암을 죽이는 수밖에는 없다
고 판단한 것이다. 즉, 내암은 처형당할 만한 구체적인 죄목이 있어서
가 아니라, 정치적 판단에 의해 처형당한 것이다.
—김익재, 「내암 정인홍의 복주(伏誅)에 대한 정치적 측면의 일고찰」,
『한문학보』 제15집

너무 강직해서 오래 아팠던 이름

역사의 발전은 참으로 느닷없고도 어이없는 사건 때문에 그 진행이

멈추기도 합니다. 광해군 재위 시까지만 해도 진보와 보수의 사상적 갈등은 그런대로 팽팽한 균형을 유지했습니다. 인적 구성으로는 여전히 소수였지만 오히려 진보적 학풍이 사상계를 주도하는 흐름이 형성되기도 했습니다. 그러나 인조 반란이라는 돌발 사태로 양자 사이의 균형이 폭력적으로 깨지고 맙니다. 보수 사림 세력이 쿠데타로 패권을 거머쥠으로써, 진보 사림의 명맥은 완전히 끊깁니다. 조선의 지배계급 안에서 현실 비판과 개혁 정신, 그리고 실천적 학풍을 키워낼 정신적 토양이 이 땅에서 자취를 감춘 겁니다.

우리 민족은 500년 조선 역사의 반환점을 막 통과하려는 시점에 실로 뼈아픈 역사적 손실을 강요당했습니다. 진보 사림의 몰락과 실천적·개혁적 사상의 실종은 왕조의 앞날뿐만 아니라 조선 민중의 처지에서도 똑같이 불행이었습니다. 이후 조선 역사의 나머지 절반이 (어쩌면 현대사까지를 포함해서) 어떻게 펼쳐지는지를 상기하는 것만으로 알 수 있는 일입니다.

강직한 인물의 비극성과 미완의 복권　내암 정인홍(1535~1623)은 지배계급의 기득권에 집착하는 보수 사림 세력과 가장 세게 부딪힌 강골 선비입니다. 그가 보수적인 양반 사대부 사회에 맞서기 위해 사용한 도구는 도덕적 잣대였습니다. 정인홍은 바른말을 할 때는 언제나 두려움이 없었으며, 부패하고 무능한 사대부를 탄핵할 때는 단호하고 매서웠습니다. 이런 강직하고 실천적인 자세는 그의 삶을 관통하는 핵심 덕목이었습니다. 불의와는 어떤 타협이나 정치적 고려도 용납하지 않은 그에게 주변의 미움이 따른 것은 당연합니다. 결국 정인홍은 반역으로 정권을 탈취한 보수 사림 세력에 의해 한순간에 역사의 바닥으로 가라앉았습니다. 그리고 300년 가까이 터무니없는 모함과 부당한 대접을 받아야 했습니다. 명목상으로나마 그가 복권된 것은 조선이 망하기 2년 전인 1908년입니다. 이 정도면 왕조에 반역했다가 조선이 문 닫는 날까지 복권되지 못한 정여립, 허균, 이인좌 등과 다를 바 없는 푸대접이었습니다.

역사적 관점에서 보자면, 정인홍의 복권은 여전히 미완입니다. 정인홍을 둘러싼 온갖 오해와 편견은 변함없고, 그를 향한 욕설 또한 사라지지 않은 채 낭자합니다. 진보 사림 영수로서의 그의 사상과 행적은 역사의 조명을 받지 못한 채, 거짓과 위선의 장막 뒤편에서 세상에 알려지기만을 기다리고 있습니다. 올곧고 강직한 인물의 비극성은 정의가 거꾸로 선 험한 세상에서는 숙명과 같은 것일까요?

진보 사림의 정신적 지주이자 남명학파의 좌장 1535년 경남 합천에서 태어난 정인홍은 조식의 수제자로서 오건, 최영경, 김우옹, 곽재우 등과 함께 경상우도 남명학파의 대표적인 인물입니다.

정인홍이 조식을 처음 만난 것은 15세 무렵입니다. 조식은 여러 제자 중에서 특별히 정인홍의 비범함을 인정했는데, 그에 대한 애정과 신뢰를 이렇게 표현했습니다. "덕원(정인홍의 자)이 있으니, 나는 죽지 않을 것이다." 정인홍을 자신의 분신처럼 생각했음을 암시하는 말입니다. 조식은 늘 방울*을 몸에 지녀 주의를 환기했고, 차고 다니는 칼을 턱 밑에 괴어 정신을 일깨움으로써 스스로를 경계한 것으로 유명합니다. 그는 훗날 죽음을 앞두고 자신의 칼을 정인홍에게 유품으로 남겼을 만큼 정인홍을 신뢰했습니다. 정인홍은 이때 받은 칼을 틈나는 대로 턱에 괴고 반듯하게 꿇어앉은 자세로 조식의 가르침을 되새겼고, 평생 스승에 대한 의리를 지키며 살았습니다.

한편 오건과 최영경은 정인홍보다 연장자였지만, 광해군 즉위 이전에 죽었기 때문에 진보 사림의 집권을 보지 못했습니다. 특히 정인홍과 동문수학한 최영경은 기축사화에서 화를 당했는데, 그에게 사감을 갖고 있던 서인 정철에게 국문을 받다가 옥사하고 말았습니다. 따라서 남명학파의 적통은 자연스럽게 정인홍에게 넘어갔습니다.

기축사화는 어떤 사건일까요? 기축년인 1589년(선조 22), 서인이 조작한 정여립 사건을 계기로 선조가 판을 깔고 서인 송익필과 그의 지휘를 받는 정철이 주도한 대규모 옥사가 일어납니다. 이때 1천 여 명이나 되는 사림 사대부들이 억울하게 죽거나 유배되었는데, 목숨을 잃은 자들 대부분이 동인 계열의 사림이었습니다.

2년 뒤인 1591년, 왕위 계승과 관련해 선조의 역린을 건드린 정철 때문에 집권 서인이 졸지에 권력의 핵심에서 멀어지는 사건이 터집니다. 이른바 '건저의 사건'**입니다. 이때 동인이 득세하면서 조정에서는 기축사화에 대한 책임론이 비등했는데, 그 대상은 선조를 등에 업고 개인감정으로 무고한 선비를 학살한 정철과 사건을 조작하고

---

* 조식이 평생 몸에 지니고 다닌 쇠방울, 성성자(惺惺子)는 제자이자 외손녀 사위인 김우옹에게 물려주었습니다. 한편, 정인홍에게 물려준 칼은 경의검(敬義劍)이라고 불렸습니다.

** 1591년(선조 24) 어느 경연 석상에서 정철은 광해군을 세자로 책봉할 것을 건의했다가 선조의 노여움을 사 삭탈관직되어 유배길에 올랐고, 서인 세력은 이 일로 조정 요직에서 물러나야 했습니다. 건저(建儲)란 왕세자를 결정하는 일을 말합니다.

배후에서 조종한 송익필을 위시한 서인 세력이었습니다. 당시 동인의 여론은 정철을 사형에 처해야 한다는 강경 책임론과 유배 보내는 선에서 덮고 넘어가자는 온건 수습론으로 갈라졌는데, 끝내 이를 계기로 북인과 남인으로 분열하고 맙니다.

한편 광해군은 이듬해 시작된 7년간의 조일전쟁과 수많은 우여곡절을 겪은 뒤에 마침내 왕위를 계승할 수 있었습니다. 그리고 세자 시절부터 한결같이 광해군을 지지하고 따른 북인이 정권을 장악하게 됩니다. 진보 사림이 마침내 현실 정치의 주인공으로 등장한 겁니다. 이때 그들의 실질적 영수이자 정신적 지주로 자타가 공인한 인물이 다름 아닌 정인홍입니다.

의병장 정인홍의 눈부신 활약 정인홍이 본격적으로 역사의 전면에 나선 것은 조일전쟁을 통해서입니다. 왜군이 침략하자 57세라는 적지 않은 나이에 의병을 일으킨 겁니다. 정인홍의 의병 활동과 관련해 다음과 같은 기록이 남아 있습니다.

"경상우도 초유사 김성일이 치계(馳啓: 급히 임금에게 알림)하였다. … '경상도가 함락되어 사방으로 흩어지고 산속으로 들어간 것은, 도망한 군사나 패잔병만이 아닙니다. 수많은 백성들이 모두 산으로 들어가 새나 짐승처럼 숨어 살았는데, 아무리 되풀이해서 알아듣게 설득해도 (군사에) 응모하는 이들이 없었습니다. 그런데 근일에는 고령에 사는 전 좌랑 김면, 합천에 사는 전 장령 정인홍이 그의 동지인 현풍에 사는 전 군수 곽율, 전 좌랑 박성, 유학 권양 등과 더불어 향병을 모집하였는데, 따르는 사람이 많았습니다. 정인홍은 정예병이 거의 수백 명이고, 창군(槍軍)은 수천 명이나 되는데….'"(『선조실록』25
년 6월 28일)

조일전쟁 초기는 조정에 대한 불신과 왜군에 대한 두려움으로 관
의 모병에 응하는 백성이 없어서 어려움을 겪던 시기입니다. 그런 때
에 정인홍 의병의 규모가 정예병 수백에 창군이 수천이었다고 하니,
경상우도에서 그에 대한 신망이 얼마나 두터웠는지 알 수 있습니다.

정인홍은 김면과 함께 왜군을 공격해 성주성을 탈환하는 공을 세
웠습니다. 그리고 낙동강을 끼고 있어 왜군의 군사 보급로가 된 고령
과 합천 등지에서 눈부신 활약을 펼쳤습니다. 이처럼 정인홍은 곽재
우, 김면과 함께 영남의 3대 의병장으로서 경상우도를 왜군으로부터
지켜낸 핵심 인물입니다. 정인홍은 의병 활동이 잠잠하던 1597년의
제2차 조일전쟁(정유재란) 때도 환갑을 넘긴 나이로 명나라 군대와
협조해 왜군에 맞섰습니다.

정인홍 의병을 비롯해 경상우도 의병이 조일전쟁에서 눈부신 활
약을 보일 수 있었던 것은 우선 다른 지역에 비해 병력 규모가 컸고,
여러 의병장들이 조식의 제자여서 결속력이 강했기 때문입니다. 또
다른 요인으로는 실천을 중시하고, 평소 병법의 중요성과 문무겸전
의 자세를 강조했던 조식의 가르침을 빼놓을 수 없습니다.

정인홍의 애민과 지행합일

정인홍은 '개혁의 뿌리는 민본(民本)에서 뻗어나가야 한다'고 주장했
습니다. 이런 생각은 '정치개혁은 민심을 얻는 것으로부터 출발해야
한다'고 말한 스승 조식의 가르침과 일맥상통합니다.

보민 사상, 개혁의 출발점은 백성　정인홍이 지위고하를 묻지 않고 도덕적 잣대로 사대부들의 부패를 꾸짖고 다스릴 수 있었던 것은 그의 정치적 입장과 지향이 애민에 뿌리박고 있기에 가능한 일이었습니다. 그의 삶이 권력에 영합하거나 시류에 휩쓸리지 않은 이유도 마찬가지입니다.

백성을 향한 그의 진심을 확인할 수 있는 사례는 많습니다. 특히 1615년(광해군 7), 광해군에게 올린 차자에는 그의 애민 정신을 또렷이 확인할 수 있는 대목이 있습니다. 정인홍은 여기서 이른바 '보민(保民)'이라는 표현을 사용해 소신을 밝히고 있습니다.

"백성을 보호하는 정사(保民之政)를 베풀어 민심을 기쁘게 하소서. 백성은 전하의 적자(赤子)*입니다. … 만약 전하께서 세금을 적게 거두어들이고 낭비를 줄이며, 한 해 농사를 완전히 망친 지역에 대해 부역을 감면해주고, 수령의 탐오한 습관을 다스려 민심을 기쁘게 하며, 이를 중외에 포고하여 백성들로 하여금 성명(聖明: 뜻이 높고 밝은 임금)께서 백성을 근심하는 성대한 뜻을 알게 하신다면, 죽어가던 백성들이 모두 감격해 굶주림조차 잊을 것입니다."(『광해군일기 중초본』 7년 12월 1일)

정인홍은 지방 수령의 비리와 백성에 대한 수탈 문제를 자주 언급했습니다. 특히 의병장으로 이름을 날리던 1593년의 상소, 이른바 「사의장봉사(辭義將封事)」가 유명합니다. 정인홍은 이 상소에서 백

---

* 갓난아기. 갓 태어난 아이처럼 백성을 돌보고 어여삐 여겨야 한다는 뜻입니다.

성과 군졸들이 수령과 상관의 부정을 고발할 수 있도록 조치할 것을 요청합니다. 당시는 경위야 어찌 되었든 간에 아랫사람이 윗사람을 고발하는 행위를 부민고소금지법에 따라 엄히 다스리던 때였습니다. 상소의 일부를 인용하면 이렇습니다.

"수군(水軍)에 소속된 관속들이 백성을 병들게 한 지가 오래되었습니다. 한 명이 도망가면 그 피해가 친족과 이웃에 미치는데, 평상시에는 그래도 괜찮습니다. 그러나 전쟁으로 폐허가 된 뒤에 겨우 살아남은 백성들이 군량을 수송하는 것은 정역(丁役)의 백 배나 되니, 다 죽어가는 빈한한 백성들은 이미 모두 떠나갔습니다. 그런데 잔악하고 탐욕스럽게 착취하는 수령과 진영(鎭營)의 우두머리 장수, 그리고 약탈을 일삼는 아전들은 욕심을 채우려고 그 대단한 위세를 부려 친족과 이웃이 지탱하지 못하고 있습니다. 전란 중에도 이러한데 평상시는 말할 나위가 있겠습니까? … 지금은 부민고소(部民告訴)의 법이 준엄하여 수령의 위엄은 용이 물건을 낚아채듯 더욱 심해져서 냇물을 막는 것처럼 백성의 입을 틀어막고 있습니다. … 엎드려 바라건대, 전하께서는 부민고소의 법을 느슨하게 하시고…."(『내암집』권2, 「사의장봉사」)

두드러지게 달랐던 백성관　백성을 향한 정인홍의 자세가 당대 보수 사림과 얼마나 달랐는지는 이황의 행적과 비교해보면 쉽게 알 수 있습니다.

1556년(명종 11), 이황은 예안현(안동 지역)에서 시행할 목적으로 송나라의 여씨향약을 본떠 '예안향약'을 만들었습니다. 예안향약의 규약 가운데는 다음과 같은 조목이 포함되어 있습니다. '관청의 일에 간섭해 고을 풍속을 어지럽힌 자, 향론에 복종하지 않고 도리어 원망을 품은 자, 구관(舊官)을 전별하는데 이유 없이 불참하는 자 등은 중벌로 다스린다. 사족을 능멸하는 양인 역시 벌해야 한다.'

그가 예안향약을 만든 1556년은 윤원형과 같은 척신과 부패한 사대부들이 대토지를 소유하면서 민중 수탈이 절정으로 치닫던 시기입니다. 가혹한 현실을 견디지 못한 백성들은 삶의 터전에서 밀려나 유민 신세가 되어 떠돌거나, 굶주림을 면하려고 임꺽정 같은 도적이 되어 연명했습니다. 그런데 이황은 수령과 세력 있는 사족들의 편의와 이익을 위해 이런 웃지 못할 규약이나 만들고 있었습니다. 예안향약에 드러난 이황의 반민중적 백성관은 조일전쟁 당시 장수와 수령의 횡포로부터 백성들이 달아나는 현실을 목도하고 부민고소금지법의 폐지나 유연한 적용을 호소한 정인홍의 태도와는 너무나 대조적입니다.

백성에게 도움이 된다면　한편 정인홍은 「사의장봉사」 말미에서 광산 채굴, 운송 수단의 개발, 상업의 장려, 시장의 확대 등을 건의했습니다. 상공업을 터부시하던 당대 성리학자들과 달리, 백성에게 도움이 되는 일이라면 방법과 범위에 제한을 두지 않고 과감히 시행할 것을 주장한 겁니다.

"은(銀)을 캐는 이익을 널리 열어 백성이 채취하도록 허락하십시오. 의주에서 바닷가 구석에 이르기까지 길을 따라 시장을 열어 모든 도로에 이르게 하여 물품과 재화를 유통시킨다면, 남은 백성의 다 끊어져가는 목숨을 살릴 수 있고, 먼 지방까지 짊어지고 가는 비용을 덜 수 있습니다. 그리고 명나라 군대가 혹 오래 주둔하여도 군수물자가 모자라는 근심이 없게 될 것이며, 빈민은 또한 힘써 옮겨 갈 수 있어 농사짓는 생업에 바탕이 될 것입니다.

눈앞에 보이는 만분의 일이라도 구제하여 훗날 믿을 만한 정치를 하고자 하신다면, 여기에서 뒤를 밀어 앞으로 나아가게 할 수 있을 것입니다."

상업과 유통경제가 전쟁으로 황폐해진 나라를 재건하고 민심을 되돌릴 방법이라는 정인홍의 인식은, 진보 사림이 갖고 있던 박학풍의 개방적 학문 자세와 백성에게 현실적으로 도움이 되는 실리 정책을 중시한 자신의 보민 사상에 뿌리를 두고 있습니다.

여기서 정인홍이 남긴 중요한 교훈을 다시 한번 되짚어보고 넘어가겠습니다. 그것은 바로 백성에게 이롭다면 당대의 지배 이념과 보편적 인식도 뛰어넘고자 했던 진정성과 애민 정신입니다. 고통받는 백성의 아픔에 공감하고, 배운 것을 바르게 실천하려 한 그의 지행합일 정신은 조선 정치사에서 한 획을 그을 만한 의미심장한 가치이자 동시에 우리 역사의 도약 가능성을 암시한 한 줄기 빛과 같습니다. 비록 현실 정치에서 아주 잠깐 빛을 발하고 말았지만, 정인홍의 정신이 언젠가는 정당한 평가를 받고 우리 역사책에 굵은 활자로 쓰이는 날이 오리라 믿습니다.

역도들은 무엇이 두려웠을까?

쿠데타를 성공시킨 인조와 보수 사림은 정인홍이 대북 정권의 실질적인 영수로서 폐모살제론(廢母殺弟論)을 뒤에서 조종했다고 모함했습니다. 그리고 조일전쟁의 영웅이자 영의정까지 제수되었던 고령(88세)의 정인홍을 참수형에 처했습니다. 그의 비참한 죽음이 상례를 벗어난 것과 마찬가지로 그의 죄목 역시 날조되었습니다. 정인홍은 의를 숭상하고 실천을 중시한 청렴하고 강직한 선비에서, 그렇게 한날한시에 포악하고 음흉한 인물로 추락해 역사의 망각, 그 깊은 심연으로 가라앉았습니다.

희생양이 된 강직한 원칙주의자 　반란을 주도한 역신들의 입장에서는 왕위 찬탈을 합리화하려면 광해군 정권의 실정을 대대적으로 선전하는 것만으로는 부족하다는 것을 잘 알았습니다. 그래서 반란 명분에 부응하는 희생양을 내세워야 했는데, 거기에 정인홍만 한 적임자는 없었습니다. 왜냐하면 폐역 군주로 낙인찍은 광해군이 가장 공경한 어른이었고, 진보 사림 정권의 정신적 지주나 다름없었으니까요. 그렇게 반란 세력의 희생양이 된 정인홍은 불명예스럽고 원통한 최후를 맞이한 겁니다.

　제4부에서 자세히 다루겠지만, 오늘날까지도 사실인 양 전해지는 정인홍의 죄와 그를 향한 갖은 비방은 사실에 근거하지 않고, 반란 세력과 그 후예인 노론 세력에 의해 악의적으로 날조된 것에 지나지 않습니다. 정인홍은 자신에게 아부하는 사람과는 상종하지 않으려 했고, 친분이 있더라도 불의한 자는 직의 고하를 막론하고 비루하게 여겼습니다. 이처럼 강직한 성품과 원칙에 충실한 태도 때문에 정인홍의 주변은 언제나 정적으로 넘쳐났습니다.

정인홍은 경전을 입으로만 암송하는 유자는 아무짝에 쓸모없다고
여겼습니다. 배우고 깨달은 바를 실천에 옮길 수 있어야 진정한 선비
라고 믿었죠. 그는 자신이 옳다고 믿는 것은 어떤 상황에서도 말하고
또 실천하려 했습니다. 그의 대쪽과 같이 곧은 모습을 확인할 수 있
는 기록이 있어 소개합니다. 조일전쟁이 끝나고 온 나라가 어수선했
던 1602년, 대사헌에 제수된 정인홍이 올린 장문의 상소 가운데 일
부를 발췌한 내용입니다.

"대사헌 정인홍이 상소하기를, '… 아, 세상의 임금들 가운데는 자
기 몸을 사랑할 줄 알면서 자기 나라를 사랑할 줄은 모르고, 자기 몸
을 배양할 줄 알면서 자기 마음은 배양할 줄 몰라 끝내 나라를 망치
는 자들이 많습니다. … 내외의 신민들이 학수고대하며 새로운 정치
를 보고자 기대하고 있는데 오늘에 이르도록 한결같이 잘못된 길로
만 들어서고 있으니, 신이 생각건대 전하께서 과연 몸을 사랑하는 마
음으로 나라를 사랑하고 몸을 배양하는 정성으로 마음을 배양하지
못하시는 것은 아닌지 염려됩니다. 신이 삼가 보건대 전하께서 즉위
하신 이래 거의 40년 동안 밤낮으로 치세를 이루고자 생각하시어 정
사를 근심하고 부지런히 하셨습니다. 그러나 전의 일을 되짚어 헤아
려보면 볼 만한 공적이 없고, 뒷날을 점쳐보아도 기대할 만한 공효
(功效: 공들인 보람)가 없습니다. 전하께서 몸을 사랑하는 것처럼 나라
를 사랑하고 몸을 기르는 것처럼 마음을 배양하셨다면, 어째서 이처
럼 다스린 효과가 나타나지 않았겠습니까? … 신이 삼가 오늘날 일
이 돌아가는 형세를 보건대, 마치 병이 배와 가슴속까지 침투하여 어
느 한구석도 아프지 않은 데가 없는 것과 같습니다. … 그러므로 신

이 낱낱이 열거할 겨를 없이 그저 서둘러 해결해야 할 큰 조목만 골라 하나하나 아뢰겠사오니, 전하께서는 유념하여 들어주소서.'"(『선조실록』 35년 3월 25일)

듣기에 따라서는 임금을 업신여긴다는 느낌이 들 정도로, 내용과 표현이 직설적이고 파격적입니다. 이처럼 정인홍은 군주의 치세를 비판하는 데도 추호의 망설임이 없었으니, 하물며 한낱 개혁 대상에 불과한 부패하고 무능한 양반 사대부들이야 더 말할 것도 없습니다.

그의 성정을 익히 알고 있던 인조를 비롯한 역도들에게 정인홍이라는 이름 석 자는 단지 성가시고 거북한 정도에 그치지 않고, 죽여 없애지 않고는 달리 후환을 떨쳐낼 수 없는 그런 존재였을 게 틀림없습니다.

반란 진압에 대한 역도들의 공포 광해군 재위 기간 내내 정인홍은 향리인 합천에 머물면서 가끔 정치 현실에 대해 상소 형식으로 임금과 대북 정권에게 조언했을 뿐, 조정에 나아가 직접 정사에 참여하지 않았습니다. 더구나 조선시대에는 '정승을 지냈거나 80세를 넘긴 노인은 역도가 아닐 경우, 목을 베지 않는다'는 것이 불문율이었습니다. 그런데도 인조와 보수 사림은 이를 무시하고 서울로 압송한 지 며칠 만에 참형으로 정인홍을 죽였습니다. 반란 세력이 거론한 죄목 가운데 그를 참형으로 죽여야 할 만큼 뚜렷이 드러난 정상(情狀)은 하나도 없었습니다. 그런데도 정인홍을 서둘러 처형한 이유는 무엇일까요?

이에 대한 해답을 찾으려면 먼저 정인홍이란 인물이 당시 차지하고 있던 정치적 위상을 알아야만 합니다. 정인홍이 구심점이 된 진보 사림(북인 가운데 대북과 일부 소북 세력) 사대부들은 정치적으로 소수파였지만 왕위 계승이 불투명했던 세자 시절부터 변함없는 충성과 군건한 의지로 광해군을 지켜냈습니다. 이런 사실만으로도 광해군 정권에서 정인홍이 차지하는 정치적 위상이 어떠했을지는 짐작이 가고도 남습니다. 정인홍이 세자 시절부터 광해군과 돈독한 관계를 맺어왔기에, 두 사람은 마치 스승과 제자 같은 관계였습니다. 인조 반역이 일어나기 전의 시점에서 생각하면, 정인홍은 한마디로 광해군 정권의 보루와도 같은 인물이었습니다.

여기서 처음의 질문, '반란 세력이 왜 정인홍을 서둘러 참형에 처했는가?'에 답할 중요한 실마리를 찾을 수 있습니다. 해답을 찾기에 앞서 질문을 이렇게 변형해보면 어떨까 합니다. '반란에 성공한 보수 사림 역도들이 정말로 두려웠던 건 무엇일까?' 그것은 두말할 것도 없이 광해군 지지 세력에게 반란이 진압되어 자신들이 역적으로서 응징당하는 상황입니다. 이는 죽음과 가문의 멸족에서 끝나지 않고, 그들이 속한 당파와 학파까지 함께 파국을 맞는다는 것을 의미합니다.

인조와 보수 사림의 반란은 명분부터가 부실하고 다분히 자의적인 쿠데타였습니다. 게다가 연산군 때와 다르게 중심으로 광해군을 지지하는 친위 세력, 즉 경상우도의 양반들을 비롯해 진보 사림으로 분류되는 양반 사대부들이 엄연히 실재하는 상황이었습니다. 반란 초기에 역도들이 얼마나 전전긍긍했을지는 이런 사실만으로도 충분히 예측할 수 있습니다. 그래서 그들은 가장 효과적이고 빠르게 자신들을 구원할 해법을 찾아야 했습니다. 그것은 반란을 좌절시킬 만한 역량이 있는 인물을 신속히 제거하는 일입니다. 정인홍을 죽이지 않으면 반란이 진압당할 수 있다는 현실적인 두려움을 떨쳐내야 했던 겁니다.

조일전쟁에서 입증된 경상우도의 저력　그렇다면 역도들은 구체적으로 정인홍의 어떤 점을 두려워한 걸까요? 그 답은 조일전쟁 당시 의병 전투로 입증한 경상우도 지방의 응집력과 굳센 기상, 광해군 정권을 향한 진보 사림의 확고한 지지, 그리고 이런 요소들을 확실하게 통제하고 지도해낼 수 있는 정인홍의 권위와 명망 등으로 요약할 수 있습니다.

조일전쟁 때 의병의 규모가 가장 컸던 지역은 단연 경상우도입니다. 1593년(선조 26)의 『조선왕조실록』 1월 11일 자 기사에는 '의병장 정인홍의 군사 3천 명, 의병장 곽재우의 군사 2천 명, 의병장 김면의 군사 5천 명'이라는 기록이 나옵니다. 경상우도의 의병만 1만 명이었는데, 이는 다음으로 규모가 컸던 경기도 의병 5,900명(김천일 의병 3천 명, 우성전 의병 2천 명, 이일 의병 600명, 홍계남 의병 300명 등)의 두 배에 달하는 규모입니다. 반면에 경상좌도의 의병 규모는 2천 명(성안 의병 1천 명, 신갑 의병 1천 명)에 불과했습니다.

민중의 신뢰와 지지 없이 의병을 조직해 싸우는 것은 불가능합니다. 남명학파가 배출한 정인홍과 여타 경상우도 지방의 의병장들이 대규모 의병을 조직하고, 나아가 전공을 세울 수 있었던 것은 어디까지나 백성들의 마음을 얻었기에 가능한 일이었습니다. 보수 사림이 반란을 획책할 당시는 곽재우를 비롯한 조일전쟁 때의 의병장들이 세상을 등진 뒤인 만큼, 정인홍이 진보 사림과 특히 경상우도에서 차지하는 영향력은 독보적일 수밖에 없었습니다. 이런 상황에서 정인홍의 결단이 그를 따르는 경상우도의 민심과 합쳐질 경우, 반란 세력을 무력화하거나 적어도 내전의 양상이 펼쳐질 수도 있었던 겁니다. 인조와 보수 사림 역도들이 가장 두려워한 것은 바로 이런 상황이었습니다.

반란 성공의 가장 확실한 해법 옳다고 믿는 일은 굴하지 않고 밀고 나가는 의지, 진보 사림을 결집해 반란 세력에 대항할 수 있는 잠재력, 조일전쟁 당시 경상우도에서 입증된 정인홍을 향한 백성들의 신뢰와 지지, 이 모든 것들은 반란을 진압하기에 넉넉한 정인홍의 현실 역량이었습니다. 따라서 쿠데타 진압의 성패를 가를 변수는 오직 정인홍의 정확한 상황 파악과 재빠른 결단뿐이었습니다.

불행히도 반란 초기의 사정은 역도들에게 훨씬 유리했습니다. 싸움에서 중요한 것은 기선 제압입니다. 따라서 먼저 준비하고 시작한 쪽이 유리하기 마련입니다. 하지만 정인홍은 신속한 상황 판단을 하기에는 서울에서 너무 멀리 떨어져 있었습니다. 결국 역도들에게 맞설 수 있는 적절한 타이밍, 그것이 진보 사림의 발목을 잡았습니다. 더구나 정인홍은 90세를 바라보는 노인이었습니다.

보수 사림이 선전한 것처럼 정인홍이 향촌 사회에서 이미 덕을 잃어 그 명망이 실추된 것이 사실이라면, 굳이 서둘러 그를 제거할 필요가 없었습니다. 그리고 단순히 광해군 재위 시에 쌓인 정인홍에 대한 미움과 원한의 응어리를 풀 생각이라면, 고령인 그를 살려둔 채로 치욕을 맛보게 하는 편이 더 나은 선택이었을 겁니다. 하지만 그들은 반란 명분이 부실했던 만큼, 그럴 만한 시간적 여유가 없었습니다. 역도들의 입장에서는 쿠데타 직후의 불안정한 상황을 신속히 정리해 왕위 찬탈을 기정사실로 만드는 것만이 살길이었습니다. 이를 위해서는 정인홍을 서둘러 죽이는 것 말고는 달리 확실한 방법이 없었습니다.

함께 매장된 진보 정신

『조선왕조실록』에 등장하는 정인홍에 대한 역사적 평가는 반역에 성공한 보수 사림과 그 후예들의 붓으로 쓰였습니다. 그 대부분은 신뢰할 수 없을 만큼 악의적으로 묘사한 욕설이나 다름없습니다. 정인홍을 비난하는 글은 그 근거나 출처가 불분명합니다. 어쩌다 그를 긍정적으로 서술한 문장은 바로 그 내용 자체를 반박할 목적으로 인용한 것이 대부분입니다.

보수 사림의 욕설과 반목　정인홍에 대한 평가에서 주를 이루는 건 너무 강직하고 포용력이 부족해서, 쉽게 어울릴 수 없는 인물이라는 표현입니다. 하지만 정인홍의 이런 이미지는 인조 반역 이후 보수 사림이 수백 년 동안 끊임없이 날조하고 거짓으로 확대 재생산해낸 허상입니다.

정인홍이 강직한 인물인 건 맞습니다. 그래서 이기적이고 위선적인 유형의 양반 사대부들과 화목하지 않았던 것도 사실입니다. 하지만 그로부터 배척당한 자들은 비현실적인 이념으로 세상을 속이고,

백성은 안중에도 없이 자기 일족과 당파의 이익만 좇은 무리였습니다. 또한 조정 안에서 정인홍이 주위 사대부들과 썩 원만한 관계를 형성하지 못한 것은 그의 품성에 문제가 있거나 사사로운 감정에 빠져서 생긴 일이 아닙니다. 그가 보수 사림과 반목한 데는 다 이유가 있었습니다.

정인홍은 동서분당 이후로 문제 있는 서인 측 핵심 인사들을 줄기차게 비판하고 탄핵했지만, 그들을 두둔하는 이이와 서인 세력의 비호로 뜻을 이루지 못했습니다. 그때 정인홍의 탄핵에도 불구하고 건재할 수 있었던 서인 강경파는 기축사화를 일으켜 무고한 동인 선비들을 학살하는 데 앞장섰으며, 서인 온건파와 훗날 남인으로 갈라지는 동인 온건파는 불행에 처한 선비들에게 등을 돌리고 일신의 이해득실만 측량했습니다. 이처럼 정인홍이 보수 사림 사대부들과 반목한 것은, 그래서 그들로부터 지나치게 강직하고 포용력이 부족해서 상종하기 힘든 인물로 낙인찍힌 것은 기축사화 전후의 일입니다. 만약 기축사화로 무고한 사림을 욕보인 자들을 향해 몸을 사리고 침묵했다면 서인과 등지는 일은 없었을 겁니다. 아울러 정미사화 때 문제 있는 처신을 보였고, 생전에 스승 조식을 부당하게 헐뜯었던 이황이 문묘에 배향되는 상황을 조용히 방관했다면 남인과 갈등하는 일도 생기지 않았을 겁니다.

정인홍은 도덕규범이나 사람의 도리에 벗어난 관직자와 유자들의 언행을 보고 그냥 지나치지 않았으며, 선비라면 당연히 좇아야 할 원칙에 따라 행동했을 뿐입니다.

정인홍 지우기에 나선 보수 사림의 진심　반란을 일으킨 인조와 보수 사림 역도들은 정인홍의 목에 만족하지 않았습니다. 그들은 승자의 역사라는 선택적 기억의 마당에서 '정인홍 지우기'라는 또 다른 국면을 펼쳤습니다.

이 작업은 인조 반역 당시뿐만 아니라, 조선왕조가 끝나는 날까지 계속되었습니다. 후대의 보수 사림은 정인홍의 강직한 삶과 참다운 정신세계를 철저히 왜곡하고 은폐했습니다. 인조 반역 이래, 공식적인 역사 기록물에 등장하는 정인홍의 모습은 예외 없이 진실과 동떨어지게 그려졌습니다. 거짓은 끊임없이 확대 재생산되었으며, 정인홍과 함께 진보 사림의 흔적도 말끔히 지워졌습니다. 그리고 진보 사림이 추진한 여러 가지 시도를 싸잡아서 광해군 치세의 '난정(亂政)'으로 매도되었습니다.

보수 사림의 눈에 광해군과 진보 사림의 정치가 난정으로 비친 것은 어쩌면 당연한지도 모릅니다. 양반 사대부들의 출세와 풍요를 안정적으로 보장했던 명나라에 대한 사대를 폐기하고 실리 외교로 전환했을 뿐만 아니라, 대동법 실시처럼 백성들을 착취하고 지배계급의 이익과 기득권 유지에 봉사하는 수취 체제를 개혁하려는 시도가 그들의 관점에서 어지러운 일이 아니면 무엇이겠습니까? 그런데 보수 사림을 근본적으로 위협한 상황은 따로 있었습니다. 그것은 바로 주희 성리학이 아닌 다른 학문에 관대했고 애민에 바탕을 둔 실천적 자세를 강조한 조식의 사상이 집권 세력에게 영향력을 미치는 당대의 현실이었습니다. 보수 사림은 광해군과 진보 사림의 존재만으로도 장차 자신들의 입지가 위협받으리라고 판단했던 겁니다.

결국 보수 사림이 정인홍과 진보 사림을 불편하게 여긴 진짜 이유는 민본주의에 입각한 정신과 그로 말미암은 집권 세력의 정신적 우위에 있었습니다. 그들은 이것도 정인홍의 목과 함께 관 속에 묻기로 결심했습니다. 정인홍 지우기에 나선 보수 사림의 진심은 이런 것이었습니다.

보수 사림과 반민중적 사상이 대접받는 까닭 정인홍과 진보 사림이 사라진 지 400년의 세월이 흘렀습니다. 유교의 민본사상을 관념의 세상 밖으로 불러내 현실에 접목하려 했던 진보 사림은 21세기에도 정당한 대접을 받지 못합니다. 이는 우리 역사의 불행이자 민족적 손실이나 다를 바 없습니다.

반면에 애민의 실천과 거리가 먼 반민중적 주희 성리학자들이 성현 대접을 받고, 보수 사림의 형이상학적 이념이 과분한 평가를 받는 것이 오늘날 우리 사회의 현실입니다. 이런 상황을 어떻게 풀이하면 좋을까요? 이처럼 가치가 전도된 현상을, 인조 반역으로 진보의 싹이 잘린 상태에서 수백 년의 세월이 흐른 탓으로만 돌려도 괜찮은 걸까요? 그러나 여기에는 우리가 살고 있는 세상의 불편한 사정이 진하게 반영되었음을 간과할 수 없습니다.

정직하고 올곧은 사람은 융통성이 부족하다는 충고를 받고, 강자에게 비굴할지언정 약한 이들을 힘으로 눌러 거머쥔 삶이 성공 사례로 꼽힙니다. 민중을 유혹하고 속여서 이득을 챙기는 교묘함과 비열함은 옛날과 크게 다르지 않고, 민중을 위해 함께 싸우거나 그들에게 힘을 보태려는 사람들은 레드콤플렉스에 갇혀 쉽사리 오해받고 조롱당합니다. 수백 년 전의 뜻있는 선비들이 사문난적의 꼬리표를 달고 이단시된 것처럼 말입니다.

많이 배운 사람은 주류 세상의 '좋은 게 좋은 거다'라는 덕담과 악수하며 선택적으로 말하고 침묵하는 것을 지성 혹은 미덕으로 여기고 또 그렇게 가르칩니다. 그들은 많이 배우지 못하고 고단한 삶을 감내하는 사회적 약자 앞에서 점잖게 말하고 행동하지만, 진심이 담기지 않은 손길은 언제나 차갑습니다. 바로 이런 불편한 사정들이 모여서 보수 사림과 그들의 반민중적 사상이 여전히 대접받는 분위기에 일조했다고 생각합니다.

이쯤에서 이런 질문을 스스로에게 던져봅니다. "어쩌면 선량하고 정직한 삶을 지향하는 올바른 가치관을 수용하고 민중의 눈높이에서 역사를 보려는 결심이 우리 모두에게 부족한 것은 아닐까?"

제3부

사대,

事 大

"대국을 섬겨 나라를 지켰다"는

거짓말

7장

자발적 예속, 그 진짜 속마음

지배 질서와 굴종을 강요한 자양분

찬성 권진이 아뢰기를, "해청(海靑: 송골매)을 잡는다는 것은 반드시 기대하기 어렵고, 비록 잡는다 하더라도 또한 죽기가 쉬운데, 이제 만약 이를 바친다면 계속하여 바치기가 어려울 뿐 아니라, 뒷날에 가서 요구하는 폐단은 이루 말할 수 없을 것이오니, 이제 마땅히 우리나라에서 나는 것이 아니라고 말을 만들어 황제께 아뢰시어 뒷날의 폐해를 막으소서."

임금이 말하기를, "아니, 이게 무슨 말인가. 사대함에 있어서는 마땅히 성심껏 하여야 할 것이며, 황제께서 우리나라에서 난다는 사실을 이미 알고 있으니, 속일 수 없다. 민간의 폐해를 나 역시 알고 있다. 그러나 대의로 말할 것 같으면, 민간의 폐해가 있는 것은 그 일이 가벼운 것이나, 사대를 성실히 하지 않는 것은 그 일이 중한 것이다. 하기 어려운 일을 권면하고, 착한 말을 진달하는 것은 나의 직책이 아닌 것이니, 본래 외국의 번왕(藩王)은 황제를 간하는 의리가 없는 것이다." 하였다.

—『조선왕조실록』 세종 8년(1426) 9월 29일

삼가 생각건대 기자께서 우리 조선에 들어와서, 그 백성을 후하게 양육하고 힘써 가르쳐주어 머리를 틀어 없는 오랑캐의 풍습을 변화시켜 문화가 융성하였던 제나라와 노나라 같은 나라로 만들어주셨다. 그리하여 백성이 지금에 이르도록 그 은혜를 받아 예악의 습속이 왕성하게 계속되고 쇠퇴함이 없었으니, 우리 동방은 기자의 발자취에 대하여 집집마다 읽고 사람마다 익혀야 할 것이다. ─ 이이, 『기자실기』

사대 외교의 진실

'사대(事大)'란 작은 나라가 큰 나라를 섬긴다는 뜻입니다. 사대라는 말은 어디에서 나왔을까요? 맹자는 이런 말을 했습니다.

"오직 어진 사람만이 큰 나라로서 작은 나라를 섬길 수 있습니다. … 또 오직 슬기로운 사람만이 작은 나라로서 큰 나라를 섬길 수 있습니다. … 큰 나라의 통치자인데도 작은 나라를 섬기는 이는 하늘의 이치를 즐겁게 받아들이는 사람이고, 작은 나라의 통치자로서 큰 나라를 섬기는 이는 하늘의 이치를 공경하고 두려워하는 사람입니다. 하늘의 이치를 즐겁게 받아들이는 사람은 천하를 보전할 수 있고, 하늘의 이치를 공경하고 두려워하는 사람은 나라를 보전할 수 있습니다."(『맹자』 「양혜왕 하편」)

맹자는 작은 나라가 큰 나라를 섬기는 것(事大)을 지혜에 기반한 현실 정치로 이해했고, 큰 나라가 작은 나라를 섬기는 것(事小)은 하늘의 이치를 따르는 어진 도리라고 인식했습니다. 이상에서 알 수 있듯이, 맹자의 이른바 사대사소론(事大事小論)은 현실을 인정하는 현명함으로써 사대하고, 조화로운 공존을 모색하는 대범함으로써 사소하라는 옛날 전국시대의 외교 원칙이었습니다. 맹자 이래로 사대사소론은 유교 문명권에서 대국과 소국 사이의 외교 본보기로 기능하면서, 작은 나라는 큰 나라를 섬기고, 큰 나라는 작은 나라를 아끼고 보살핀다는 사대자소(事大字小) 개념으로 자리 잡았습니다.

중국 연호 사용과 자기 비하　조선의 외교정책은 이른바 사대교린이었습니다. 이것은 중국에 사대하고 여진이나 왜, 유구(琉球: 오키나와) 같은 동아시아 이웃과는 대등한 입장으로 사귐으로써 대외적 안정을 추구한다는 정책입니다. 그러니까 맹자의 사소나 자소 개념을 교린으로 바꿔 사용한 겁니다. 지금까지 살펴본 바로는 사대라는 표현이 굴욕적인 의미를 담고 있는 것 같지는 않습니다. 그런데 문제는 조선 사대 외교의 실상이 본래의 의미와 전혀 달랐다는 데 있습니다.

사대자소 원칙은 아랫사람이 윗사람을 공경하고, 윗사람은 아랫사람을 아낀다는 유가 사상이 국가 간의 관계로 확대 적용된 것입니다. 따라서 사대와 자소는 본래 큰 나라와 작은 나라가 동등한 입장에서 함께 행할 때 비로소 진정한 의미를 가집니다. 하지만 조선의 외교는 사대자소 원칙과 한참 동떨어져 있었습니다. 조선의 지배계급은 중국을 대국으로 한결같이 우러러보았습니다. 그리고 스스로를 중국 변방의 제후국 혹은 심지어 이적(夷狄: 오랑캐 나라) 가운데 하나로 비하하기 일쑤였습니다. 중국이 조선을 업신여기고 함부로 대한 것은 자업자득이었습니다. 그런데도 조선의 양반 사대부들은 누구 하나 이런 사정을 문제 삼지 않았습니다.

자기 비하의 대표적인 예로는 중국 연호를 국가 차원에서 사용한 사실을 들 수 있습니다. 가령 1407년을 예로 들면, 조선의 모든 문헌은 태종 7년이 아니라 영락 5년으로 표기하고 있습니다. 이는 중국이 시켜서가 아니라, 조선의 지배계급이 자발적으로 관행화한 일입니다. 중국과의 외교 문서에만 그렇게 표기했다면, 그나마 봐줄 만했을는지 모릅니다. 그러나 유감스럽게도 조선의 모든 공식 문서를 포함해 사대부들의 개인 문집 같은 사찬 문헌에도 중국 연호가 사용되었습니다.

이런 관행은 '건양'이라는 자체 연호를 사용한 1896년(고종 33)까지 계속되었습니다. 물론 오늘날 우리가 음력이 아닌 양력을 사용한다고 해서 서양의 식민지가 아닌 것과 마찬가지로 중국 연호를 사용한 것을 두고 조선이 중국의 속국이었다고 말할 수는 없습니다. 그러나 중국 연호 사용 관행이 조선 지배계급 사회에 널리 퍼져 있었다는 점으로 보아, 그들이 자주국의 일원으로서 갖추어야 할 최소한의 자존심을 챙기지 않은 것은 분명해 보입니다.

'기자 신화'를 우리 역사로 받아들이다　더욱 놀라운 것은 조선의 양반 사대부들이 기자조선이나 기자동래설(箕子東來說)과 같은 중국 설화를 정사로 굳게 믿었다는 사실입니다. 그들은 500년 내내 의심조차 하지 않았습니다. 이와 관련한 이야기는 기원전 1세기 한나라의 사마천이 저술한 『사기』에 실려 전하는데, 그 내용은 대략 이렇습니다. '기자는 기원전 1,100년경 주나라에 멸망한 은나라 왕족인데, 유민을 이끌고 동이(東夷)로 건너가 단군조선을 계승하였다. 그러자 주의 무왕이 기자를 조선후(朝鮮侯)로 책봉하였다.'

하지만 기자조선과 기원전 7세기 이후의 고조선이 동일한 나라임을 입증할 문헌 자료나 고고학적 증거는 존재하지 않습니다. 다만, 은나라가 망하고 주나라가 세워진 이후에 한족이 고조선으로 많이 넘어온 것은 사실인 듯합니다. 그러므로 기자동래설은 이때의 주민 이동에 따른 고조선 사회의 변화와 관계가 있을 뿐이고, 한족이 한반도 북부를 지배했다는 억지 가설을 정당화할 목적으로 중국인들이 꾸며낸 이야기라는 것이 오늘날 역사학계의 정설입니다. 기자동래설 논란의 본질은 그런 의도로 가공된 신화를 정작 조선의 지배계급이 마치 역사적 사실인 양 맹신했다는 데 있습니다.

기자조선은 『동국사략』이나 『동국통감』과 같은 조선 전기의 역사서부터 이이가 지은 『기자실기』나 안정복의 『동사강목』에 이르기까지, 조선시대에 쓰인 역사서 대부분에 수록되어 정사로 인정받았습니다. 그렇다면 조선이 기자 설화를 수용한 배경에는 어떤 생각이 작용했을까요?

조선의 양반 사대부들은 창업 당시부터 주희 성리학에 심취해 있었습니다. 그 때문에 '조선이 중국 변방의 다른 오랑캐와 근본적으로 다른 문화 민족이 될 수 있었던 것은 이미 수천 년 전에 기자가 우리에게 인과 예의 정신을 전해주었기 때문이다'라는 황당한 신념을 비판 없이 수용할 수 있었습니다.

조선의 국호도 기자조선에서 유래했습니다. 이성계는 왕조 창업 직후 나라 이름을 짓기 위해 공신들과 논의한 끝에 조선과 화령이라는 이름을 추려서 명나라 황제에게 승인을 구했습니다. 전자는 새 왕조가 고조선과 기자조선을 잇는다는 취지에서 따온 것이고, 후자는 이성계의 출생지인 함경도 영흥의 옛 지명에서 유래한 것입니다. 그러자 명나라 황제는 기자조선을 계승하라는 의미에서 조선을 신생 왕조의 국호로 낙점했습니다. 결국 시작 단계에서 이미 주체성을 잃고 중국을 섬기는 모양새를 갖추었으니, 자주 국가로서의 조선의 자부심은 진작에 흠집이 났습니다.

예속적 사대 외교의 기원　　그렇다면 조선의 임금과 양반 사대부들이 중국을 지극정성으로 사대한 것은 어디까지나 약소국의 군신으로서 왕조와 백성의 안위를 걱정했기 때문이라는 말은 과연 사실일까요? 결론적으로 말하면 그 주장의 진실은 조선 창업 초기, 즉 태종 즉위 당시에만 국한되는 것입니다.

명 태조 주원장(홍무제)은 1396년(태조 5)과 이듬해, 조선이 명나라에 보낸 표전문*의 일부 문구에 불손한 표현이 들어 있다며 트집을 잡았습니다. 그리고 계속해서 이 글을 지은 자들을 중국으로 보내라고 요구했습니다. 첫 번째 표전의 작성에는 정도전이 참여했는데, 명이 정도전 소환을 요구하면서부터 양국 관계는 극도로 악화되었습

---

*제후국 군주가 중국 황제에게 올리는 글을 표문(表文), 황태후나 황후 또는 황태자에게 올리는 글을 전문(箋文)이라고 합니다.

니다. 이성계는 당연히 일등 창업 공신을 중국에 넘길 마음이 없었습니다. 결국 주원장의 지나친 요구가 이어지자 이에 격분한 이성계는 정도전이 기획한 요동 정벌을 수용하게 됩니다.

그렇다면 주원장이 외교적으로 이런 극한 상황을 조성한 의도는 무엇일까요? 그는 정도전을 비롯한 신생 조선의 주요 개국 공신들이 자주적이고 주체적인 기상을 지녔다고 판단했고, 장차 자신의 제국에 잠재적 위협이 될 수 있다고 생각했습니다. 그래서 이들을 제거하고 이참에 이성계도 길들일 필요가 있다고 마음먹은 겁니다. 당시 조선의 처지에서는 명나라에 맞서는 게 굉장히 부담스러웠지만, 이성계와 정도전 일파는 명 황제의 강압적 태도에 더 이상 끌려가지 않기 위해 정면 돌파를 결심했습니다. 사실 주원장의 강압적인 태도는 조선이 굴욕적으로 숙이고 들어가는 것 말고는 달리 방법이 없을 만큼 너무 노골적이었습니다.

그런데 조선이 한창 요동 정벌을 준비하던 와중인 1398년, 홍무제가 사망합니다. 그리고 석 달 뒤에는 이방원이 제1차 왕자의 난을 일으켜 정도전 일파를 제거하는 상황이 벌어집니다. 이를 계기로 조선과 명나라의 긴장 관계는 180도 달라졌습니다.

쿠데타로 실권을 잡은 이방원에게는 정국 안정이 가장 시급한 현안이었습니다. 따라서 현실적으로 수용하기 힘든 중국과의 긴장 국면을 전면 수정할 필요가 있었습니다. 더구나 1402년에 명 황제로 등극한 영락제는 이방원과 사이가 아주 좋았습니다. 결국 두 나라 사이의 갈등은 무난하게 해소되는 방향으로 마무리됩니다.

하지만 이때부터 명나라에 대한 조선의 사대가 차츰 모양새를 갖추기 시작했고, 특히 세종 대에 접어들면 대중국 관계가 완전한 주종 관계로 귀착됩니다. 여기서 우리가 기억할 것은 조선시대를 관통한 예속적 사대 외교의 원형이 세종 치세에 만들어졌다는 사실입니다.

대명 사대는 결국 내부용이었다　조선이 선택한 예속적 사대 외교에 그나마 변명이라도 할 여지가 있는 것은 명나라 멸망 이전까지입니다. 조선 후기, 특히 인조 반역으로 보수 사림이 집권한 뒤로는 사대의 당초 명분이 완전히 사라졌습니다. 왜냐하면 인조와 양반 사대부들이 한목소리로 오랑캐 취급했던 청나라에 항복하고 더 나아가 그들과 군신 관계를 맺는 치욕을 겪었기 때문입니다. 더구나 조일전쟁에서 망해가던 나라를 구해주었다는 명나라도 얼마 안 가서 청나라에 의해 멸망했습니다. 그후로 조선의 지배계급은 잠깐 내적 혼돈에 휩싸였지만, 끝내 오랜 악습을 떨치지 못하고 지금까지 걸어온 길을 내처 가기로 마음먹었습니다. 겉으로는 오랑캐 황제에게 고개를 숙이고, 속으로는 사라진 명나라 황제를 그리워하면서 말입니다.

그렇다면 명나라도 사라진 마당에 조선의 지배계급이 명에 대한 사대 의식을 버리지 않음으로써 얻고자 한 것은 무엇일까요? 그것은 바로 (조일전쟁과 조청전쟁으로 위기에 처한) 지배 질서를 다잡기 위한 본보기로 활용하는 것이었습니다. 지금까지는 명나라에 의존해 신분 질서를 확고히 함으로써 자신들의 이익을 지켜내고, 덤으로 그들의 힘과 권위에 편승해 대외적인 안전까지 도모할 수 있었습니다. 하지만 이제부터는 명나라에 대한 사대 의식이 여전히 건재하다는 것을 백성들에게 보여줌으로써 군신 간 의리를 다하는 모습을 과시할 생각이었습니다. 결국 대명 사대 외교의 목적은 궁극적으로 자기 백성을 겨냥한 국내용이었던 겁니다.

그러면 지금부터는 시대에 따라 조선 지배계급의 사대 의식이 어떻게 변화했는지 살펴봄으로써 그들의 속마음에 한 발 더 다가가보려 합니다.

사대 의식의 변질

우리 역사에서 사대는 멀리 삼국 시대부터 조선시대에 이르기까지 변함없이 유지되어온 관행이며, 그것이 나라 안에 미치는 영향 또한 만만치 않게 컸습니다. 하지만 사대가 외교 관행을 넘어 군주의 정통성을 결정하고, 왕권을 좌우할 만큼 막강한 영향력을 행사했던 것은 조선왕조가 유일합니다. 다시 말해 조선에서 대중국 사대는 임금을 포함한 당대 정치 세력의 입지를 흔들어놓을 수 있는 국가 이념에 속하는 문제였습니다. 이를 여실히 보여주는 대표적인 사건이 인조 반역과 광해군의 몰락입니다.

조선 땅에서 사대에 반기를 든다는 것은 임금 자리도 위협받을 수 있는 정치적 모험이었고, 정적들에게 반역을 시도할 수 있는 빌미를 제공할 수도 있었습니다. 중국과의 관계가 외교의 전부나 다름없는 조선의 현실에서 대중국 외교정책은 곧 주종 관계를 의미했고, 독자적·자주적 외교는 감히 상상할 수도 없는 일이었습니다. 조선의 지배계급은 국제 정세에 현명하고 냉철하게 대처할 수 있는 능력을 거세한 상태에서 나라를 다스린 셈입니다. 훗날 근대의 거센 파도 한복판을 표류하던 조선이 서구 열강과 일본 제국주의 앞에 속수무책으로 휘둘리다가 주권을 상실했던 것도 이런 사대 관행이 빚은 결과입니다.

정도전의 기상과 명쾌한 사대 인식　조선의 대중국 사대가 처음부터 예속적이지는 않았습니다. 특히 조선 최고의 창업 공신인 정도전의 태도는 다른 양반 사대부들과 비교하면 단연 두드러지게 출중했습니다.

정도전의 사대 인식에서 우리가 주목해야 할 것은 중국에 대한 그의 냉철하고 분별력 있는 태도입니다. 그는 명나라의 권위는 인정하되, 어디까지나 균형적인 외교 질서라는 범위 안에서 사대를 파악했습니다. 이는 사대를 조선의 이익이라는 차원에서 바라보았기에 가능한 일입니다.

당시는 왕권을 안정시켜 왕조의 기틀을 바로 세워야 할 시기였고, 대외적 불안 요인을 최소화하는 것이 가장 시급한 때였습니다. 비록 건국 4년 만에 표전문 시비로 명나라와 극한의 대결 구도로 치닫게 되지만, 정도전의 사대관은 어디까지나 왕조의 이익을 위해 부득이하게 대중국 사대를 수용한다는 실용 노선이자 주체적 선택의 문제였습니다. 따라서 대국이 예를 잃으면 사대 관계는 언제라도 그만둘 수 있다고 생각했습니다. 주원장이 신생 조선의 기를 누르기 위해 표전문 문구를 꼬투리 삼아 강하게 핍박했을 때, 과감하게 요동 정벌을 주장하고 실제로 그 준비에 착수한 정도전의 해법은 이후 조선 사대부들에게서 두 번 다시 볼 수 없는 씩씩한 기상이었습니다.

아무튼 쌍방이 예로써 지켜나가야 할 사대 질서를 대국이 먼저 어지럽힌다면 조선도 사대의 예를 다할 이유가 없다는 것이 정도전의 신념이었습니다. 상호주의에 바탕을 둔 사대 관계는 작은 나라가 큰 나라에 반드시 지켜야 할 불변의 도리가 아니기 때문입니다.

실용적 외교의 경계에 선 태종 홍무제의 표전문 시비로 촉발된 요동 정벌을 위한 내부적인 설득 작업과 진법 훈련이 한창 진행 중이던 1398년 8월, 이방원은 제1차 왕자의 난을 일으켜 정도전을 제거하고 실권을 장악했습니다. 이는 명나라에 대한 강경 대응도 불사하는 종전의 외교 노선이 수정되는 것을 의미합니다. 그런데 태종 이방원의 사대관을 들여다보면, 큰 틀에서 정도전의 그것과 어느 정도 유사한 측면이 있음을 눈치챌 수 있습니다.

1411년 명나라 사신이 왔을 때, 태종은 지신사(도승지의 옛 명칭) 김여지에게 이렇게 말합니다. "큰 나라를 섬기는 것은 두려워하는 것이 아니라, 예가 그러한 것이다."(『태종실록』 11년 8월 18일) 비록 명나라의 외교적 압박과 결례에 정면으로 맞설 생각은 접었지만, 최소한의 현실 감각은 유지하고 있었던 겁니다.

당시는 명나라 3대 황제 주체(영락제)가 무력에 의한 영토 확장에 몰두하던 시기여서 조선도 잔뜩 긴장하던 때였습니다. 따라서 명나라에 지성으로 사대의 예를 다하는 것만이 목전의 긴장을 해소하고 신생 왕조를 효과적으로 보전할 수 있는 방책이라는 인식이 팽배했습니다. 하지만 태종은 사대가 국가의 이익과 안위를 희생하면서까지 고집해야 하는 것은 아니라고 생각했습니다. 대중국 관계가 훗날 조선에 커다란 부담이 될 수도 있다는 점을 예상하고, 장차 크게 근심이 되지 않을 범위 안에서 사대 관계를 이어가려고 노력했습니다. 그래서 내부적으로는 성을 견고히 쌓고 군사훈련을 병행하는 등 국방을 소홀히 하지 않았습니다.

결국 태종의 사대관은 정도전의 실용적 인식에서 크게 벗어나지는 않았습니다. 태종 치세까지는 '작은 나라가 큰 나라를 상대로 걸맞은 예로써 국제 관계에 현명하게 대처한다'는 유교의 전통적 외교 논리가 그럭저럭 유지되고 있었던 겁니다. 그런데도 정도전의 사대 자세와 다르게 보이는 것은 즉위 당시 처한 상황에 따라 태종이 표면상의 대명 관계를 급선회했기 때문입니다.

세종, 사대를 군신 관계로 이해하다 그러나 명에 대한 사대 관계는 세종 치세 이후로는 근본적으로 다른 양상을 띠기 시작합니다. 세종은 유교사상을 국가의 통치 질서뿐만 아니라 외교 차원에까지 철저히 적용함으로써 이전과 사뭇 다른 사대 관계를 정립했습니다.

세종은 사대의 예를 군신 사이의 절대적 상하 관계로 파악했습니다. 이는 사대의 예를 크고 작은 세력 사이에 존재하는 현실적 힘에 대응하는 실용적 관점으로 이해한 것이 아니라, 유교 문화적인 질서 체계로 파악했음을 의미합니다. 정도전의 실용 외교 노선은 말할 것도 없고, 맹자의 전통적 사대 개념마저 완전히 폐기한 것입니다.

그런데 문제의 핵심은 이런 변화가 명나라의 압력이나 피할 수 없는 상황 때문에 빚어진 것이 아니라, 세종의 자발적 선택이었다는 데 있습니다. 태종 대까지의 사대 인식과 세종의 그것을 뚜렷이 구별 짓는 지점은 바로 이것입니다. 오늘날 우리가 조선의 사대를 생각할 때마다 떠올리는 예속적 관계라는 부정적 이미지가 이로부터 시작되었습니다. 아무튼 국내의 통치 질서 차원에서 모색하던 군신 논리를 외교 차원으로 확대 적용한 최초의 임금은 세종이었습니다.

1428년(세종 10), 명나라가 매와 여우를 바치라고 요구하면서 조정 내부에서 논란이 일어나 이런저런 말이 나돌았습니다. 그러자 세종은 주위의 대언(승지의 옛 명칭)들에게 이렇게 말합니다. "듣자 하니, 내가 사대의 예를 지나치게 한다고 말한다는데, 지금 명나라가 사신을 보내오고 상을 주고 하는 일이 전례가 없을 만큼, 그 예우가 융숭함이 일찍이 없었다. … 그런데 정성을 다해 섬기지 않는다면 이것은 크게 불경한 일이고, 특히 신하 된 도리를 다하지 못하게 되는 것이니, 그럴 수가 있겠느냐?"(『세종실록』 10년 윤4월 18일)

여기서 세종은 명나라에 대한 사대를 신하의 도리라고 말합니다. 이전까지 실용적인 외교 차원으로 이해되었던 사대의 예가 군신 사이의 예로 바뀐 겁니다. 1449년의 기록에는 이런 말도 나옵니다.

"(임금이) 일찍이 말하기를, '신하는 마땅히 성실하고 정직한 것으로 임금을 섬길 것이요, 권도(權道: 형편에 따라 임기응변으로 함)나 변칙을 써서는 안 된다'라고 하였다. 그러므로 중국을 섬김에 있어 털끝만큼의 잘못도 없이 모두 법도를 따르니, 중국에서도 그 지성스러움을 칭찬하였다. 요동 별교 왕무가 칙서를 받들고 왔는데, 임금은 그를 매우 후하게 대우하기를 신하와 다름없이 행동하였다."(『세종실록』 31년 9월 12일)

신하들 앞에서 자신을 기꺼이 황제의 신하로 낮추는 세종의 모습에서 이런 메시지가 엿보입니다. '임금인 내가 예로써 명나라 황제에

게 충성을 다하듯이, 너희들도 나에게 똑같이 해야 한다.' 세종은 국
내 정치에서 군신 사이의 관계를 예로써 정립할 것을 요구했는데, 그
러기 위해 자신이 몸소 중국을 향해 신하가 되는 모범을 보이고자
한 겁니다. 세종의 이런 사대관은 이후의 조선 국왕들에게 고스란히
계승되었습니다.

힘의 열세 때문만은 아니었다

조선의 지배계급은 중화와 이적(夷狄)이라는 관념을 수용해 중국을
사대해왔습니다. 그러나 고려 시대까지는 독립국가로서 지녀야 할
주체성과 자주정신을 잃어버리지 않았습니다. 대륙의 동북 지역을
호령하며 중국과 어깨를 나란히 했던 고구려는 우리가 천하의 중심
이라는 우람한 기상을 지녔습니다. 이때의 천하는 하나의 나라가 주
도하는 천하가 아니라, 여러 나라가 병존하는 다원적인 천하를 의
미합니다. 고구려의 주체성이야 더 말할 것이 없고, 백제 또한 망하
는 순간까지 대등한 위치에서 중국에 맞서는 자주적 기상을 과시했
습니다. 비록 외세에 업혀 당당하지 못한 통일을 쟁취했지만, 신라도
머지않아 한반도에서 당나라를 힘으로 몰아내는 패기를 보여주었습
니다.

한편 고려는 외관상으로 대륙의 제후국이라는 위상을 받아들였지
만, 그 옛날 대륙을 호령한 고구려를 계승한다고 자부했을 뿐만 아니
라, 그들의 다원적 천하관에 어울리는 모습을 보여주었습니다. 고려
는 중국과 상대적 우열 이상의 관계를 용납하지 않았습니다. 고려가
독립국의 상징인 하늘에 대한 제사를 고집한 것도 그런 이유에서입

니다. 고려는 후반기에 원나라에 복속되어 통치권 상실이나 다름없는 내정 간섭의 수모를 겪었지만, 당대의 세계 제국에 맞서 끈질기게 물고 늘어지는 강단과 저력을 발휘했습니다. 그뿐만 아니라 원 제국의 힘이 쇠약해지기를 기다려 자그마치 80년의 세월을 견디고 끝내 이 땅의 주권을 되찾았습니다. 당시 공민왕은 여러 선대에 걸쳐 혈연적으로 원나라 왕실과 얽혀 있었음에도 불구하고, 추호의 망설임 없이 원 제국의 그늘에서 벗어났을 만큼 배포가 두둑했습니다.

자기 의지로 걸은 예속의 길　그런데 조선은 달랐습니다. 중국과의 국력 차이가 엄연하니 두 나라 관계가 현실적으로 대등할 수 없다는 것은 인정합니다. 하지만 문제는 조선의 예속적 사대가 필요 이상으로 극단적이고, 전적으로 스스로 원한 결과라는 데 있습니다. 맹자가 말한 사대 개념은 한낱 정치적 수사에 머물렀고, 양국 관계는 중국 쪽으로 일방적으로 기울었습니다. 이는 종래 한반도에 존재한 어떤 왕조에서도 찾을 수 없을뿐더러, 세계사적으로도 유사한 사례를 발견하기 어려운 현상입니다.

　조선시대의 사대 기록을 살펴보면서 가장 놀라웠던 것은, 단지 힘의 열세 때문에 중국을 사대한 것이 아니라는 사실입니다. 중국이 내부적으로 취약해져서 자기 힘으로 지탱하는 것마저 버거울 지경에 이르렀을 때조차, 중국의 영향에서 벗어나 대등한 관계로 돌아가려는 노력 자체를 불의로 규정했습니다. 이런 얼빠진 양상은 조선 후기에 접어들면 더욱 심해집니다. 특히 집권 세력일수록 이런 상황을 당연하게 여겼습니다. 물론 광해군 치세는 예외였지만 말이죠.

조선 사회에서 국익 우선 외교나 냉정하고도 변화무쌍한 국제 관계를 긍정하는 소신은 단지 배은망덕하고 불충한 자들의 헛소리에 지나지 않았습니다.

왕위 계승의 정통성과 왕권 안정의 보증 수표　앞서 살펴보았듯이, 세종 이후로 사대와 관련된 논의는 군신 관계에 기초한 예법의 관점에서 진행되었습니다. 국가 간 외교라는 원칙론적 입장과 현실적·실용적 관점은 완전히 실종되었습니다. 그 결과 세종 이후의 조선 임금들에게 사대는 왕권을 안정시키는 가장 확실한 도구가 되었습니다. 황제가 제후국의 군주로 책봉한 임금을 제후국의 어떤 정치 세력이 함부로 거역할 수 있겠습니까? 조선에서 신하들이 일으킨 반란이 두 번 성공했을 때, '왕위 찬탈을 명나라 황제에게 어떻게 변명하고, 어떻게 하면 바뀐 임금의 책봉을 쉽게 받아낼 수 있을까?' 하는 것이 역도들이 가장 노심초사한 숙제였던 것만 봐도 알 수 있습니다. 반대로 광해군의 사례에서 보듯이, 사대를 소홀히 하는 행위는 왕위를 넘보는 역도들에게 반란의 좋은 빌미를 제공했습니다.

문화적 역량이나 군사력 측면에서 중국이 조선을 압도한 것은 조선시대에 국한된 사정이 아닙니다. 그러므로 사대의 진실에 바짝 다가가려면 그보다는 왕권 혹은 왕위 계승의 정통성이란 관점에서 접근해야 합니다. 조선의 군주는 중국 황제의 승인, 즉 책봉을 왕권 강화를 위한 강력한 도구로 인식했고, 그것을 통해 왕위 계승의 정통성을 확인받고자 했습니다. 사대의 이면에는 다른 배경도 있었겠지만, 조선이 세계적으로 유례가 드물게 종속적인 사대 관계를, 그것도 자기 의지로 이어간 것은 바로 이런 이유 때문입니다.

왕권 강화에 명나라 황제와의 신뢰 관계보다 더 확실한 것은 없었습니다. 그래서 사대 관계에서만큼은 언제나 임금이 양반 사대부들보다 열심이었습니다. 특히 중종이나 인조처럼 강한 신권에 눌리고 정통성이 희박한 임금일수록 명나라 황실과의 돈독한 관계를 통해 모자란 권위를 보완하려고 애썼습니다.

역신들에게 떠밀려 임금 자리에 오른 중종의 사대관은 유난스러웠습니다. 정치적 기반이 취약한 그가 신하들과의 논쟁에서 우위에 설 수 있는 거의 유일한 주제가 중국 황제에 대한 사대였을 정도니까요. 중종은 온갖 명목을 붙여서 명나라 조정에 축하 사절을 파견했고, 그러면서 황제의 인정을 받았습니다. 그리고 사대 논의에서 헤게모니를 선점함으로써 공신들과 주고받은 숱한 정치적 갈등까지 극복할 수 있었습니다.

왕조를 삼킨 지성 사대

1871년 9월 13일, 청나라와 일본이 수호조약을 체결했습니다. 당시 일본은 조선과 달리 청나라와 대등한 입장에서 조약을 맺었습니다. 이를 전해 들은 조선의 지배계급은 깜짝 놀랐습니다. 여전히 일본을 미개한 남방 오랑캐 정도로 생각하던 상황에서 당연한 일이었습니다.

4년 뒤인 1875년 9월 20일, 이른바 운요호 사건으로 일본에 문호를 개방해야 하는 원치 않는 상황에 내몰렸습니다. 이때 종주국 청은 일본을 의식해 사태를 관망하며 중립적인 자세로 일관했습니다. 조선은 이런 청나라의 태도에 다시 한번 놀랐습니다. 청나라가 두 차례

(1840, 1856)의 아편전쟁에서 영국에 무참히 무릎 꿇었을 때의 놀라움도 이 정도까지는 아니었을 겁니다. 몇 수 아래로 깔보던 일본이 속국을 강압하는데도 종주국으로서 별다른 조처를 하지 않았다는 것은, 조선으로서는 이만저만 뼈아픈 일이 아니었으니까요.

결국 일본과의 병자수호조약을 시작으로 조선은 서양 열강들과 차례차례 조약을 맺어야 했고, 그제야 조선의 지배계급은 당시의 냉엄한 국제 정세와 자신들이 처한 외롭고 난감한 신세를 깨달았습니다. 그리고 지성으로 사대한 중국이 제국주의 열강 대열에 끼기도 힘들 만큼 약체라는 사실도 뒤늦게 깨달았습니다.

그런데도 환상에서 벗어나지 못한 조선의 지배계급은 이런 참담한 현실이 부국강병을 외면한 채 사대에만 매달린 결과라는 사실을 제대로 인식하지 못했습니다. 오죽하면 병자수호조약이 내포한 역사적 의미, 즉 청나라의 속국 지위에서 조선이 해방되었다는 사실조차 제때(청일전쟁의 결말을 보기 전까지) 간파하지 못했겠습니까.

허투루 날려버린 골든 타임　무엇보다 심각한 문제는 조선과 열강 사이의 역량 차이가 너무 컸으며, 이렇게 기울어진 상황을 바로잡을 수 있는 적절한 시기를 한참 지나쳐왔다는 사실입니다.

19세기가 시작되는 1800년, 개혁 군주 정조가 급서했습니다. 그리고 노론 벽파가 정권을 잡은 지 불과 몇 년 사이에 정조가 이룩한 회생 가능성도 모조리 연기처럼 사라졌습니다. 조선은 짧은 반동의 시간을 거쳐, 곧장 세도정치라는 암흑 속으로 곤두박질쳤습니다. 불행이 돌이킬 수 없는 것이 되고 있음에도 조선의 지배계급은 마지막으로 허락된 기회의 시간을 껍데기만 남은 중국에 기댄 채, 백성 수탈이나 일삼고 마냥 놀고먹으며 세월을 탕진했습니다. 기울어가는 왕조를 바로 세우고, 머지않은 장래에 닥쳐올 근대의 격랑에 대처할 마지막 골든 타임은 그렇게 허투루 날아갔습니다.

이렇게 생각 없이 살았으니, 당시의 조선 지배계급은 서구 열강과 근대 국가의 면모를 갖추기 시작한 일본의 침탈에 맞설 어떠한 입장도 정리된 것이 없었습니다. 국제 사회의 일원으로서 가져야 할 대외적인 안목 같은 것은 고사하고, 주권국가의 책임 있는 구성원으로서 지녀야 할 기개와 소양마저 부족했습니다. 이것이 개항 당시 조선 지배계급의 실상입니다.

밖으로는 구실도 못 한 지성 사대　조선의 지배계급은 지성 사대와 중화 질서를 강조하면서 자기 백성에게는 완고한 위세를 부릴 수 있었지만, 대외적으로는 강토를 보존할 만한 뾰족한 대안이나 변변한 군사정책 하나 없이 나라를 다스렸습니다. 그러다가 19세기 후반 들어 서구 열강과 일본의 존재감을 제대로 체험하면서, 나라 밖 질서가 자기들 생각과는 전혀 다른 이치로 움직이고 있음을 뒤늦게 깨달았습니다.

조선왕조는 개항 이후 불과 30년 남짓 만에 무너졌습니다. 지배계급은 그 와중에 이렇다 할 저항도 하지 않았습니다. 중국이 자신들의 세계관을 지배하지 못하게 되는 순간, 그들은 깨끗이 손을 털고 딴 주인을 찾아 나섰습니다. 물론 조선의 민중은 그들처럼 호락호락 투항하지 않았지만 말입니다. 500년을 이어온 나라의 끝이 어찌 이렇게 허망할 수 있을까요?

 가장 큰 이유는 조선의 임금과 양반 사대부들이 중국 중심의 천하관 말고 다른 어떤 국제 질서에도 무지했고, 또 관심조차 두지 않았기 때문입니다. 그들은 중국 아닌 다른 나라 이야기라면 꿈결에서도 귀담아듣지 않았습니다.

 조선은 나라 안의 정치권력이 허약해서 무너진 것이 아닙니다. 적어도 내부적 장악력과 신분 질서만큼은 19세기의 다른 어떤 나라도 흉내 낼 수 없게 굳건히 정돈되어 있었습니다. 다만, 그것이 외부를 향했을 때 전혀 힘을 쓰지 못하는 구조라는 게 문제였습니다.

일본 도약의 비결은 사대 관념의 부재 일본이 정식으로 근대 문물을 받아들인 개항 시점은 1858년입니다. 조선보다 불과 18년 앞섰습니다. 그들 역시 자기 의지로 개항한 게 아닙니다. 미국의 모욕적인 함포 사격에 굴복해 문호를 개방했으니, 시작은 조선보다 조금도 나을 게 없었습니다. 그런 일본이 어떻게 단기간에 제국주의 열강 대열에 명함을 돌리고, 조선을 힘으로 압박할 수 있었을까요? 그 해답을 찾으려면 조선에는 없고 일본에는 있었던, 혹은 조선에만 있고 일본에는 없었던 그 무엇을 찾아야 할 것 같습니다.

 일본의 운명을 바꾼 사건은 개항 10년 뒤에 시작된, 이른바 메이지유신입니다. 일본의 통치 구조와 질서는 이때부터 완전히 환골탈태하기 시작합니다. 메이지유신을 주도한 일본의 하급 무사 계층은 중화나 화이관과 같은 중국 중심의 사대 질서에 전혀 노출되어 있지 않았습니다. 섬나라 일본의 지리적 이점과 봉건제라는 사회체제 덕분에, 그들은 조선과 달리 사대 관행으로부터 안전할 수 있었던 겁니다. 따라서 일본이 그토록 신속하게 제국주의 열강으로 도약한 핵심 비결은, 사대 관념의 부재와 그에 따른 메이지유신의 성공적 완수입니다.

반면, 개항 이후의 조선 정국은 일본과 완전히 다른 양상으로 전개되었습니다. 우선 일본과 같은 주체적인 근대 혁명이 없었습니다. 그나마 부국강병을 도모하고자 했던 대원군은 개항 3년 전에 이미 실각한 상태였고, 민비를 축으로 하는 반민중적이고 무능한 민씨 세도 정권이 국정을 농단하고 있었습니다. 개혁은커녕 시대 변화에 역행하는 봉건적 퇴행이 진행되고 있었던 겁니다. 그뿐만 아니라 중국 중심의 천하관과 사대 관념은 폐기되지 않았습니다. 일본이 청나라를 무력으로 제압하는 순간까지, 그러니까 개항하고도 무려 20년 가까이 상황 파악이 미뤄지고 있었던 겁니다.

일본에는 메이지유신이라는 성공한 근대화 운동이 있었고, 조선에는 없었습니다. 그리고 조선에는 사대 관념이 500년을 관통했지만 일본에는 존재하지 않았습니다.

한 몸이 된 사대와 성리학 이념

하늘에는 두 해가 없고, 백성에게 두 임금이 없으니 『춘추』에서 '천하를 하나로 통일한다(大一統)'는 말은 천지의 마땅한 도리요 예나 지금이나 널리 통하는 정의이다. 천하의 종주로서 명나라의 해우일출(海隅日出: 바다에서 해가 솟는 모습)에 신하로서 복종하지 않음이 없다.

—이황, 『퇴계전서』

(우리나라가) 비록 이름은 외국이지만 실은 동방의 한 제나라, 노나라일 따름이니 중국과 우리 조선은 합하여 일가를 이루었다.

—이이, 『율곡전서』

나라를 팔고, 어미 아비를 팔고 나 자신을 팔아 중화에 수종(隨從: 시중)을 들어야 하는 줄 알았으니, 유교를 배운 것이 아니라 유교의 종이 되었고, 유교의 종이 된 것이 아니라 중국의 종이 되었다.

—함석헌, 『뜻으로 본 한국역사』

옛말에 '떠날 때 털끝만 한 차이로 천 리 길이 어긋난다' 하였듯이, 처음에 생각 한번 잘못하면 만사를 그르치게 되는 법입니다.

—오승은, 『서유기』

외세 의존형 안보관의 출현

16세기 후반부터 조선 정국을 주도한 보수 사림은 지배 질서를 유지하기 위한 방편으로 주희 성리학을 교조화했습니다. 그리고 이를 뒷받침하고 보완하기 위해 명에 대한 사대 외교를 주어진 본분에 맞는 당연한 도리로 만들었습니다. 현실적인 외교정책을 유교적 명분 차원으로 변질시킨 겁니다. 이런 현상은 인조 반란이 성공하면서 한층 가속화하는데, 이는 명나라 사대가 단순히 하나의 외교정책이나 국방을 보조하는 수단에 그치지 않고, 명분론이 조선 외교를 좌지우지하게 되었음을 의미합니다. 이렇듯 명나라 황제를 지성으로 섬기는 일이 천하 대의에 적합하다는 논리로 발전함에 따라 사대는 그 자체로 목적이 되었습니다.

이와 더불어 보수 사림 정권은 주희 성리학 이외의 학문이나 사상에 관심을 두는 것조차 금기시했습니다. 이런 그들에게 군사 문제에 정통하거나 만주나 왜의 내부 사정에 밝아 외교 수행 능력이 출중하다는 따위는 그리 내세울 만한 장점이 아니었습니다. 조선은 그렇게 무를 천시하는 '문약 왕조'로 전락했고, 그나마 변변치 않은 무력은 오로지 정치권력을 유지하고 수탈을 견디다 못해 저항하는 제 백성들을 때려잡는 용도, 그도 아니면 왕위 찬탈을 위한 도구 정도로 쓰이게 됩니다.

사림이 집권한 시기의 중국은 명나라가 200년 가까이 패권을 유지하던 때였습니다. 이런 상황은 조선의 지배계급에게 '명에 지성으로 사대하면, 왕조의 안녕은 물론이고 내부적인 통치 질서까지 저절로 보장받을 수 있다'는 환상을 심어주기에 충분했습니다. 그리고 당시 동아시아에서 명나라 다음가는 위상을 누릴 수 있다는 착각까지 불러왔습니다. 이런 한가한 망상이 쌓여서 마침내 안보 의존이라는 조선 지배계급의 몸에 밴 고질병이 생겨났습니다.

그들은 강병과 자위 같은 문제에 관심을 두는 것보다 사대에 전념하는 것이 훨씬 낫다고 생각했습니다. 특히 조일전쟁에 명군이 참전한 이후로 자주성·주체성 같은 덕목은 조선 사회에서 거의 쓸모없게 되었습니다. 만약 천하 질서를 자주정신으로 논하려 한다면, 그 사람은 대의와 천륜을 모르는 배은망덕한 인물로 낙인찍혀 사대부 사회에서 철저히 고립될 각오를 해야 했습니다. 이처럼 17세기 이후부터 명에 대한 지성 사대는 상황 논리가 아니라 바뀔 수 없는 절대 가치로 완전히 탈바꿈했습니다. 그리고 교조화된 주희 성리학과 짝을 이루어 어떤 타협이나 조정으로도 변주할 수 없는 불문율이 되었습니다. 조선은 이렇게 해서 오늘날 우리가 알고 있는, 안보(심지어 나라 안의 정치적 위기조차)를 외세에 의존하는 나라로 다시 태어났습니다.

기득권 수호가 시대 변화를 외면하다

한편 광해군은 중국의 혼란을 틈타 명나라에 대한 사대 관행에서 과감하게 벗어나고자 했는데, 이런 중립 외교 노선이 양반 사대부 사회를 혼돈에 빠뜨리고 말았습니다. 그들이 혼란에 빠진 것은 군신 관계 이상의 의리로 맺어진 명나라에 대한 사대를 소홀히 했기 때문입니다. 하지만 그것은 어디까지나 표면상의 문제일 뿐, 진짜 이유는 따로 있었습니다.

광해군의 중립 외교 노선은 중원의 판도 변화에 따라서, 명나라 의

존은 말할 것도 없고 군신 관계라는 사대 명분도 폐기할 수 있음을 말해주는 것이었습니다. 그것은 나라 안의 신분 질서를 떠받쳐온 명분 가운데 중요한 축 하나가 흔들릴 수 있다는 것을 의미합니다. 이런 질서가 광해군 한 사람 때문에 동요하게 생겼으니, 당연히 불안하고 혼란스러웠겠죠. 따라서 조선의 기득권 세력, 특히 양반 사대부 사회의 주류인 보수 사림이 광해군의 현실 외교에 격렬히 반발한 것도 무리는 아닙니다. 당대 집권 세력인 상당수의 진보 사림 사대부들조차 광해군의 파격적인 외교 노선에 의문을 품었을 정도니까요.

당시 상황은 일본 제국주의에 부역한 친일 반민족 행위자들이 태평양전쟁 막바지에 일본의 패색이 짙어짐에 따라 겪었을 불안 심리와 흡사했을지도 모릅니다. 고려 말에 원나라가 명나라와 전쟁을 벌이자 원 제국에 부역한 기득권층이 마지막 순간까지 제국에 대한 충성과 의리를 외쳤듯이, 일제 강점기의 친일 세력 역시 일본이 태평양전쟁에서 승리하기를 소망했을 겁니다. 조선 지배계급이 보여준 명나라에 대한 의리는 어쩌면 이런 것이었는지도 모릅니다.

외세를 불러들여 왕조를 끝장내다   결국 보수 사림은 쿠데타로 사대 명분이 폐기되는 상황을 막아냈고, 자신들의 이익도 함께 지켜냈습니다. 하지만 19세기 후반이 되면서 상황은 급변합니다.

오랜 세월 동안 숱한 모순이 쌓여 조선의 신분 질서는 서서히 금이 가기 시작했습니다. 더구나 조선 사회는 국제 정세에 대한 식견이나 전망도 없는 상태에서 밀려드는 근대의 파도 위에 얹힌 채 어지럽게 출렁거렸습니다. 그리고 조선 강토는 하루가 다르게 이권을 다투는 열강들의 각축장으로 변해갔습니다. 이로써 지배 질서와 안보를 중국에 의존하던 전략도 빠르게 힘을 잃었습니다.

엎친 데 덮친 격으로 때마침 들불처럼 일어난 민중의 저항과 맞닥뜨리면서 조선 지배계급의 권위와 영향력은 바닥까지 추락했습니다. 결국 여태껏 누려온 기득권을 지켜내기 위해 그들은 또 하나의 결심을 하는데, 바로 외세를 끌어들여 성난 민중을 억누른다는 발상이 그것입니다. 하지만 임오년과 갑오년에 내린 그들의 결정은 절대 하지 말았어야 했습니다. 임오년 군민항쟁 때는 청나라 덕분에 재미를 보았지만, 갑오년 농민전쟁 때는 되돌릴 수 없는 화를 부르고 말았으니까요. 갑오년 이후로 고작 15~16년을 더 연명하려고 그런 바보짓을 한 겁니다.

조선의 지배계급은 이처럼 반민족적 추태로 왕조의 마지막을 장식하고는 역사의 무대에서 굴러떨어졌습니다. 사대 근성이 끝내 조선왕조의 마지막 숨통을 끊어놓은 것입니다.

21세기의 이상한 대외 인식과 미완의 과제　오늘날 우리 사회에는 동맹국의 안보관과 대외 인식을 우리 국익과 동일시하는 사람들이 존재합니다. 그런 자세는 치명적인 오류를 내포하고 있기도 하거니와, 자주 국가의 미래라는 관점에서 굉장히 위험한 것입니다. 그들은 조국의 국방력을 신뢰하지 못하고, 미국의 패권주의에 기대거나 일본과의 결속을 지나치게 강조하는 경향이 있습니다. 우리 군이 전쟁 중에 작전권을 독자적으로 행사할 수 없는 상황에서도 해괴한 논리로 전시 작전권 환수에 동의하지 않습니다. 심지어 미국의 전통적인 동아시아 정책을 국익과 정세 변화 차원에서 검토하려는 노력은 하지 않고, 덮어놓고 지지하기를 좋아합니다. 대체로 이런 성향은 친일·친미를 외치는 자칭 '보수' 인사들에게서 더욱 뚜렷이 나타납니다.

미국과 일본의 보수 세력은 제 나라 이익을 최우선으로 생각하는데, 한국의 자칭 보수는 동맹국의 시선을 좇으며 그들의 생각에 보조를 맞출 궁리에만 분주합니다. 정치학적 프리즘에 비춰 볼 때, 이런 태도는 국가 이익을 최우선으로 여기는 보수의 스펙트럼과 전혀 무관한 것입니다. 경제적 기반과 사회적 위치, 그에 따른 정치적 영향력 수호에 초점을 맞추며 늘 사회의 주류를 지향하는(정치적·종교적·문화적 지향 따위는 단지 기득권 유지에 필요한 도구에 불과한) 세력, 그리고 그들을 비판 없이 추종하는 집단의 특성이라면 모를까, 보수 본연의 자세는 아니라는 말입니다. 그렇다면 이 기이한 현상을 어떻게 해석해야 할까요? 그 해답은 바로 굴곡진 우리 현대사의 비극에서 찾아야만 합니다.

조선 왕실의 후예와 양반 사대부 계층의 후손들은 일제 강점기에는 자신과 일족의 보신을 위해 일본 제국주의에 굴신했고, 해방 이후에는 친일 부역한 전력을 세탁하기 위해 대대로 물려받은 기회주의적 처신을 밑천 삼아 친미 세력으로 변신했습니다. 더구나 대한민국 초대 정부의 수장인 이승만은 친일 반민족 세력의 청산을 방해함으로써, 이들이 마음껏 활개 치며 이 땅에서 보수를 자처할 공간을 만들어주었습니다. 그리고 이어진 한국전쟁은 그들이 반공 애국자로 변신하는 데 결정적인 도움을 주었죠.

한편, 옳고 그름을 판단할 잣대가 왜곡된 현대사를 통과하면서, 우리 민중은 가치가 뒤집힌 현실을 아프게 겪어야 했습니다. 그러면서 비극적인 역사 체험과 그로 인한 트라우마가 시나브로 '힘센 놈 곁에서 살아남는 게 미덕'이라는 생각을 각인시켰습니다. 주류 사회를 무비판적으로 동경하고 그들의 가치관을 맹신하는 사람들이 생겨난 것은 어쩌면 이런 이유에서인지도 모릅니다.

자주정신과 주체성이 결여된 사대 의식은 완전히 청산되지 않았습니다. 적어도 한반도의 남쪽에서는 여전히 현재 진행형의 과제입니다. 사대 의식 청산은 언젠가 이룩할 통일 한민족의 새로운 좌표와 전망을 제시하기 위해서라도 하루빨리 완수해야 할 과제입니다.

오늘날 한반도 주변의 군사적 긴장이 나날이 고조되고 있습니다. 중국은 패권적 행태를 본격화하며 동아시아 맹주 자리를 놓고 미국과 날카롭게 대립하고 있습니다. 일본은 제2차 세계대전 전범 국가로서 한 세기가 지나도록 제대로 된 참회나 진심 어린 반성 없이, '전쟁할 수 있는 나라'로 돌아갈 꿈을 꾸며 군사력 증강에 열을 올리고 있습니다.

이처럼 예측할 수 없이 급변하는 나라 밖 사정을 생각한다면, 이제라도 국익 우선의 자주적 사고에 기초한 혁신적 전망을 제시하고, 담대하게 실천할 때입니다. 자주국방의 기틀이 어느 정도 다져진 현 상황에서, 한쪽으로 편향되거나 자주 국가에 걸맞지 않은 의존적 안보관을 고집하는 행태는 나라의 장래에 전혀 도움이 되지 않습니다. 청산되지 않은 채 우리 고유의 기상을 좀먹어온 사대 의식의 폐기는 더 이상 미룰 수 없는 시대적 과제입니다.

8장

조청전쟁, 사대가 부른 재앙

자존감과 명분을 모두 잃다

역사가 지나간 일의 결과라고 누가 그러나? 아니다. 역사는 장차 올 것 때문에 있는 것이다. —함석헌, 『뜻으로 본 한국역사』

요즈음, 이 오랑캐가 더욱 창궐하여 감히 참람한 칭호*를 가지고 의논한다고 핑계를 대면서 갑자기 글을 가지고 나왔다. 이것이 어찌 우리나라 군신이 차마 들을 수 있는 것이겠는가. 이에 강약과 존망의 형세를 헤아리지 않고 한결같이 정의로 결단을 내려 그 글을 물리치고 받아들이지 않았다. —『조선왕조실록』 인조 14년(1636) 3월 1일

---

* 양국 관계를 형제에서 군신 사이로 바꾸려는 청의 요구가 분에 넘친다는 뜻입니다.

호조에서 아뢰기를, "(제2차 조청전쟁 당시) 서울에 사는 백성이 가장 혹독하게 화를 당해 남아 있는 자라고는 단지 10세 미만의 어린이와 나이 70이 넘은 사람들뿐인데, 대부분 굶주리고 얼어서 거의 죽게 되었습니다. 어린이의 경우는 계사년과 갑오년(조일전쟁 중이던 1593년과 1594년)의 예에 따라 남들이 길러 노비로 삼도록 허락하고, 늙은이는 본조에서 진휼하여 구제하게 하는 것이 마땅할 듯합니다."라고 하니, 임금이 따랐다. ─『조선왕조실록』 인조 15년(1637) 2월 3일

보수 사림, 역사에서 배움을 얻지 못하다

조선의 지배계급은 조일전쟁으로 나라가 망할 뻔한 재앙을 겪고도 지난 잘못을 반성하지 않았습니다. 백성들을 절망의 구렁텅이로 밀어 넣고도 누구 하나 통렬히 반성하고 제대로 책임지는 사람이 없었습니다. 아픈 역사에서 배움을 얻어 잘못을 되풀이하지 않겠다는 의지도 보여주지 않았습니다. 조선의 불행이 조일전쟁으로 끝나지 않은 것은, 오롯이 지배계급의 이런 부족함 때문이었습니다. 그들은 그렇게 또 한 번의 전쟁을 자초한 겁니다.

조선의 지배계급, 특히 인조 반역 이후 보수 사림의 역사관은 유가의 '도덕주의적 역사 인식'이었습니다. 그들은 중국 고대의 요순과 주나라 치세를 빈틈없이 외우고 칭송했지만, 우리 역사를 통해 미래를 대비한다는 마음가짐으로 공부에 임하지 않았습니다. 그들은 입버릇처럼 말했습니다. "군주가 나라를 다스릴 때 마음에 아로새겨야 할 것은, 요순과 하나라 우왕, 은나라 탕왕, 그리고 주나라 문·무·주공의 치세에 모두 들어 있다."

유감스럽지만 이런 인식이야말로 어리석은 자들이 선호하는 전형적인 역사관입니다. 그런 절반의 역사 인식으로는 변화무쌍한 인간사와 시대의 흐름에 맞는 정치를 펼칠 수가 없습니다.

현명한 자는 아픈 역사에서 교훈을 얻기 마련입니다. 만약 역사를 통해 보고 싶은 것만 보고 좋았던 시절만 회상하려 한다면, 언제 어떻게 닥칠지 모르는 재앙을 장차 어떻게 헤쳐나갈 것이며 또 불행한 과거가 반복되지 않는다고 어찌 장담할 수 있겠습니까?

인조 반역으로 왕위를 찬탈한 보수 사림 정권은 그랬습니다. 그 대가는 감당하지 못할 전쟁과 굴욕적인 투항이었습니다. 그렇게 어렵사리 한 번 빠져나온 시궁창에 또 발을 빠뜨린 겁니다. 그런 지배계급 때문에 조선 민중은 채 반세기도 안 되는 시간에 세 차례(조일전쟁과 두 차례의 조청전쟁)나 전쟁을 겪으며 죽을 고생을 했습니다.

구호만 요란했던 인조 치세

인조는 임금 자리에 있으면서 오랑캐를 배척한다는 구호만 요란했지, 전쟁에 대비한 실효적 대책은 전혀 마련하지 못했습니다.

1626년(인조 4), 후금이 침략하기 불과 반년 전의 일입니다. 사간원·사헌부·홍문관이 국방 재정을 확충하기 위해 왕실이 보유한 어장과 염장에 대한 면세 혜택을 폐지하자고 연명으로 글을 올렸습니다. 그러자 인조는 신하들의 청을 물리치며 이렇게 말합니다.

"그대들은 늘 존망과 안위가 달린 일이라고 하면서 계속 간쟁하고 있는데, 나라를 다스리는 방법 중에 우려할 만한 점이 진정 많겠지만 이것 때문에 망할 만큼 위태로울 지경에 이르지 않은 것은 분명하다.

… 앞으로는 다시 번거롭게 하지 말라."

그러면서 속내를 은근히 내비치며 덧붙인 말이 가관입니다.

"지금 왕실 면세 혜택을 혁파한들 그 이익이 조정으로 모두 들어 온다는 보장도 없고, 결국은 권세가의 손에 떨어질 게 뻔하니, 국가에 이익이 될 리 없다."(『인조실록』 4년 윤6월 20일)

왕실의 특권 폐지로 권세가들의 배만 불릴 것이라는 인조의 말도 일리는 있습니다. 그렇지만 이것이 정상적인 군주의 해법일 수는 없습니다. 그의 말 속에는 국방에 대한 작은 고민조차 엿보이지 않습니다. 인조에게는 지금 당장은 일어나지 않을 전쟁 걱정보다 왕실의 특권 수호가 더 큰 관심사였습니다.

군정 개혁에 반대하다　1626년 당시, 군역으로 정한 숫자는 대략 15만 명입니다. 여기에 군역을 면제받는 양반 사대부와 그 자식들, 그리고 국방 의무가 없는 노비의 숫자는 제외됩니다. 그런데 조일전쟁 이후 완전히 안정을 회복하지 못한 나라 사정과 인조 반역으로 흉흉해진 민심 등을 감안하면, 유사시에 실제로 동원할 수 있는 장정은 군역으로 정한 인원에 훨씬 못 미칠 게 뻔합니다. 게다가 전쟁이 눈앞의 위협으로 닥친 사정까지 고려하면, 특단의 대책 없이 국방 재원을 마련하는 것은 사실상 불가능했습니다.

따라서 인조는 양반을 비롯한 모든 신분에 군역을 부과하고 대동법을 일제히 실시하자는 이식의 주장이나 호패법·대동법과 함께 양반에게서 포를 거두자는 이귀의 주장을 과감히 수용하는 개혁을 시작했어야 맞습니다. 그러나 군사적 식견이 얕은 대다수의 보수 사림은 군정 개혁에 반대했습니다. 게다가 이식이나 이귀의 개혁론에 동조하면 권력이 그들의 수중으로 옮겨 갈 것을 걱정한 반란 공신 김류 일파의 반대로 끝내 개혁 건의는 받아들여지지 않았습니다. 인조의 생각도 김류 일당과 같았습니다. 반역으로 권력을 찬탈한 인조와 공신 세력은 각자의 이익과 정치적 유불리만 생각했지, 코앞에 닥친 전쟁의 위협은 관심 밖이었습니다. 그중에서도 최악은 다름 아닌 인조였습니다.

깜냥이 안 되는 임금과 사대부들　능양군 이종은 원래 욕심은 많지만 받쳐줄 그릇은 간장 종지만 했습니다. 더구나 타고난 성정이 의심 많고 잔인했습니다. 국량도 볼품없기는 마찬가지였습니다. 군정 개혁을 무산시키고 왕실의 면세 혜택 혁파에 반대한 행적에서 알 수 있듯이, 결단이 필요한 시기에는 늘 주저하며 그때그때 임시변통으로 나라를 다스렸습니다. 쉽게 말해서 군주 깜냥이 안 되는 소인배였습니다.

인조와 그의 신하들은 제1차 조청전쟁을 직접 체험했습니다. 그럼에도 불구하고 9년 뒤인 1636년 3월 1일, 다음과 같은 허세를 부리다가 또 한 번 일을 그르치고 맙니다. "강약과 존망의 형세를 헤아리지 않고 정의로 결단해 후금과의 화친을 끊는다." 이는 준비도 하지 않은 상태에서 선전포고한 것이나 다름없는 굉장히 허전한 오기였습니다.

당시 조정의 공론은 척화론을 내세운 극단적 성향의 보수 사림이 주도하고 있었습니다. 조정의 상황이 하도 어이없게 돌아가자, 가도에 주둔하고 있던 명나라 감군 황손무까지 찾아와 '최소한의 방어력이 구축될 때까지는 시간을 끌라'며 조선 조정의 무모함을 나무랄 지경이었습니다. 황손무가 조선 사대부들을 상대하며 받은 인상은 실록에 자세히 실려 있습니다.

"명나라 감군 황손무가 가도로 돌아가 회첩하였다. '… 대체로 경학을 연구하는 것은 장차 이롭게 쓰기 위한 것인데 정사를 맡겨도 통달하지 못하면, 시 300편을 외워도 소용이 없는 것이오.

나는 귀국의 학사·대부가 읽고 암송하는 것이 무슨 책이며 경제하는 것이 무슨 일인지 이해할 수가 없소. 뜻도 모르면서 웅얼거리고 의관이나 갖추고 영화를 누리고 있으니, 국도(國都)를 건설하고 군현(郡縣)을 구획하며 군대를 강하게 만들고 세금을 경리하는 것을 왕의 신하 중 누가 처리할 수 있겠소?'"(『인조실록』 14년 10월 24일)

명나라 장수의 눈에 비친 당시 조선 신료들은 경전에 통달해 중국 성현의 글을 암송하며 그저 고대 중국 역사에 나오는 전례를 들먹이거나 명나라에 대한 의리를 부르짖는 하나같이 쓸모없는 인사들이었습니다. 인조는 할 수 없이 11월 6일, "부득이하여 다시 기미(구슬려서 유연하게 대처함)한다는 뜻을 중외에 포고하라"고 말하고, 후금에 강화 사절을 파견했습니다. 그러나 이미 엎질러진 물이었습니다. 강화 사절이 국경에 이르기도 전에 국호를 청으로 바꾼 후금군의 선발대가 국경을 넘었기 때문입니다.

조청전쟁 당시 의병이 없었던 사연 광해군 정권은 조일전쟁에서 왜군과 직접 전투를 벌인 경험이 있는 진보 사림을 배경으로 성립되었습니다. 반면 쿠데타로 정권을 잡은 보수 사림은 조일전쟁 당시 임금을 호종하면서 명나라와의 외교 활동을 벌이거나, 전장에서 고생하는 장수들을 견제하며 입방아나 찧던 인물들로 구성되었습니다.

한편, 인조 정권이 명나라의 은혜와 그들에 대한 의리를 강조한 배경에는, 전장에서 직접 싸우지 않은 자신들의 콤플렉스를 보완하고 나아가 정치적 입지를 다지는 데 도움이 될 거라는 계산도 깔려 있었습니다. 그래서일까요? 반란 세력은 조일전쟁을 승리로 이끈 결정적 요인을 재조지은(再造之恩), 즉 명나라의 은혜로 인식한 반면, 실제로 전쟁에서 싸운 자국 장수와 의병들의 전공은 대체로 깎아내리는 경향이 있었습니다.

어쨌거나 조청전쟁 중에는 청나라에 맞선 의병이 없다시피 했습니다. 조일전쟁 당시와는 판이한 양상이었습니다. 의병 전력이 두드러졌던 진보 사림 인사들이 인조 반역으로 죽거나 숙청당한 이유도 있겠으나, 조일전쟁에서 활약한 의병들의 공적을 깎아내리고 그들의 명예를 짓밟은 보수 사림의 용렬함이 크게 한몫한 결과입니다.

더 심각한 것은 조일전쟁을 경험하고도 자주국방의 의지가 없었던 인조 정권의 무능입니다. 다음은 제1차 조청전쟁이 터지기 3년 전인 1624년, 인조와 안주 목사 정충신이 나눈 대화 내용입니다.

"임금이 이르기를, '안주의 군사는 그 수가 얼마나 되는가?' 하니, 정충신이 아뢰기를, '고작 2천여 명입니다.' 하였다. 임금이 이르기를, '전에 듣건대 6~7천 명은 된다고 하였는데, 지금 어째서 그렇게 적은가? 그 성은 얼마의 군사가 있으면 지킬 수 있겠는가?'"(『인조실록』 2년 3월 14일)

광해군 때는 안주의 병사가 6~7천 명이었지만, 인조 반역 1년 뒤에는 2천 명에 불과했음을 알 수 있는 기사입니다. 평양과 이웃하고 평안도 서부 지역의 군사 요충지인 안주의 사정이 그 정도였으니 다른 곳은 물을 것도 없습니다. 어쨌든 북방의 사정은 이후로도 개선되지 않은 채, 제2차 조청전쟁을 맞이하게 됩니다.

'강약과 존망의 형세'를 무시하더니   제1차 조청전쟁이 끝난 뒤, 인조와 보수 사림은 공허한 외침만 떠들썩했지 제 나라 사정과 적의 허실을 파악하지 못했습니다. 그러면서 '강약과 존망의 형세를 헤아리지 않고 한결같이 정의로 결단한다'는 흰소리로 후금과의 화친을 끊는 만용을 부렸습니다. 임금이 이 모양으로 엉터리였으니, 제2차 조청전쟁의 결과는 불을 보듯 뻔했습니다.

정온과 윤황 같은 인물은 정예 병력을 국경으로 보내고, 임금이 몸소 개성으로 행차해 군의 사기를 독려하라고 여러 차례 건의했습니다.(『인조실록』 14년 3월 2일, 3월 15일, 8월 20일) 전장을 청천강 이북으로 국한해 전쟁을 치러야 하며, 제1차 조청전쟁 때처럼 강화도로 숨어들지 말고 죽을 각오로 강토를 지켜야 한다는 취지였습니다. 하지만 인조는 신하들의 바른말을 지나친 염려라고 묵살합니다. 그리고 개성으로 진주하라는 충신들의 요청이 거듭되자, 아예 대답하지 않고 돌아앉아버립니다. 병력을 증강해 북방으로 보내라는 윤황 등의 건의가 계속되자, 인조는 대답을 비변사에 미룹니다. 이때 비변사의 답변 역시 걸작입니다.

"민력이 감당하지 못하여 혹시 내란에 이르지 않을까 두려워 준비

하기 어렵다."(『인조실록』14년 8월 20일)

이는 정적 제거와 정권 유지에만 골몰한 왕위 찬탈 세력의 비겁함과 한심한 역량을 상징적으로 입증하는 말이 아닐 수 없습니다. 과연 그 임금에 그 신하들입니다.

광해군의 중립 외교를 배신이자 수치라며 씩씩하게 성토했던 인조와 보수 사림 역도들의 모습을 생각할 때, 그들이 하찮게 깔본 '오랑캐'의 침략에 분연히 맞서 싸우는 장면이 당연히 연출되었어야 합니다. 하지만 반란 이후의 실상은 전혀 딴판이었습니다. 이렇듯 명청교체기라는 중원의 격변기에 보여준 인조와 보수 사림 역도들의 실체는 끔찍하리만치 한심했습니다. 강토와 백성을 지켜낼 지혜도 없었거니와 적에 맞서 한판 싸워볼 용기조차 없었습니다.

반역의 명분을 잃다

1627년, 왕위 찬탈 4년 만에 후금의 침입을 받은 반란 정권은 후금과 형제의 나라가 되는 조건으로 강화를 맺었습니다. 자기 손으로 '반정'의 명분을 찢어버린 겁니다. 따라서 제1차 조청전쟁 이후로는 광해군 치세의 외교정책으로 회귀한 것이나 다름없습니다.

광해군 정책으로 회귀하다　인조도 상황이 옹색하게 돌아가는 것을 모를 리 없었습니다. 그래서 강화도에서 맺은 후금과의 강화가 화친이 아니라고 다음과 같이 극구 해명했습니다. "지금 이런 기미책은 바로 적을 느슨하게 만들기 위한 계책이니, 그 뜻을 알고 지나치게 염려하지 말라."(『인조실록』5년 2월 4일) 그리고 같은 날, 교서를 내려 이렇게 변명했습니다. "임기응변하여 일시적으로 전쟁을 완화하는 것을 계책으로 삼지 않을 수 없는데, 오랑캐의 마음은 헤아릴 수가 없어 심지어는 천조를 거절하라는 말을 하였다. 군신은 하늘과 땅같이 대의가 절연(截然: 맺고 끊음이 분명함)하니, 국가가 멸망하더라도 감히 따를 수 없는 것이다."

후금과의 강화가 명나라와 적대하지 않는다는 조건으로 이뤄진 만큼, 명에 대한 조선의 사대 관계가 끊어진 것은 아니었습니다. 덕분에 인조의 변명은 어느 정도 먹혀들었습니다. 하지만 조정 안팎에서는 '인조가 의리와 명분 모두를 잃었다'는 볼멘소리가 터져 나왔습니다. 당시 대간을 비롯한 대다수 신료와 유생들은 조선이 오랑캐에게 항복한 것과 다를 바 없다고 생각했습니다. 화친을 입에 올린 신하들의 목을 베라는 요청이 올라오기까지 했습니다.

그해 10월에는 이인거가 강원도 횡성에서 후금과의 화친을 주장한 자들을 처벌하고 광해군을 복위시킨다는 명분을 내세워 반란을 꾀하다가 붙잡혀 죽는 일까지 일어났습니다. 이듬해 1월에는 북인 계열 인사들과 접촉해 광해군을 상왕에 앉히고, 선조의 일곱 번째 아들인 인성군을 임금으로 추대하려던 유효립과 동조자 50명이 붙잡혀 처형되었습니다. 유효립은 광해군의 처남인 유희분의 장조카이면서 인조와도 사돈(인조 친동생인 능원군의 장인) 사이였습니다.

앞에 열거한 사례들에서 보듯이, 제1차 조청전쟁이 강화로 마무리된 파장은 당시 조선 사회를 뒤흔들 만큼 대단한 것이었습니다.

자취를 감춘 중립 외교 비판   한편 제1차 조청전쟁 이후로 조정에는 전에 없던 분위기가 조성되었습니다. 지금까지는 광해군의 명나라 배신과 폐모살제에 대한 징계를 반정의 명분으로 거론해왔는데, 강화 체결 이후로는 광해군의 자주·중립 외교에 대한 비판이 슬그머니 자취를 감추었습니다. 후금과의 강화로 마침내 인조의 반란 명분이 의심받기 시작했고, 자칫하다가는 반란 정권의 존립마저 흔들릴 위험이 있었기 때문입니다.

『조선왕조실록』에 실린 인조의 행장(行狀)을 살펴보면, 반란 명분 중에서 광해군이 명나라를 배신하고 자주 외교를 펼친 내용은 빠져 있습니다. 반란 직후의 광해군 폐위 교서에 그 내용이 다음과 같이 장황하게 실린 것과 대조적입니다.

"광해는 배은망덕하여 천명을 두려워하지 않고 속으로 다른 뜻을 품고 오랑캐에게 성의를 베풀었으며, … 황제가 자주 칙서를 내려도 구원병을 파견할 생각을 하지 않아 예의의 나라인 삼한(三韓)이 오랑캐와 함께 금수가 됨을 면치 못하게 하였으니, 그 통분함을 어찌 이루 다 말할 수 있겠는가?"(『인조실록』1년 3월 14일)

이런 인조 정권의 돌변은 제1차 조청전쟁 이후 간행된 거의 모든 문헌에서 반정의 명분으로 광해군의 배신은 언급되지 않고, 오로지 폐모살제에 집중된다는 점에서 분명히 확인할 수 있습니다. 특히 제2차 조청전쟁의 삼전도 투항 이후부터 광해군의 명나라 배신 죄목은 완전히 자취를 감추었습니다. 아무튼 두 차례에 걸친 조청전쟁으로 인조 정권은 왕위 찬탈의 명분 가운데 절반을 잃었으며, 이는 그들 스스로 자초한 일입니다.

힘든 시절의 얼빠진 소리

시독관 권상유, 승지 조태채 등이 임진왜란 때 명나라가 재조해준 은혜와 『춘추』의 '복수설치(復讐雪恥)'하는 의리를 자세히 아뢰니, 임금이 말하기를 "우리나라는 군사가 적고 힘이 약하여 부득이하게 병자년의 난을 맞았다. 그러나 신종 황제가 번방(藩邦: 제후국)을 재조해준 것은 죽은 것을 살려준 은혜이니, 자나 깨나 어찌 잊을 수 있겠는가? …" 하였다. ─『조선왕조실록』 숙종 28년(1702) 1월 19일

송시열이 일찍이 숭정제(명나라 마지막 황제 의종)의 어필을 거처하고 있던 화양동 석벽에 새기고 환장암을 지었다. 그리고 말년에는 … 신주를 모신 사당을 짓고, 지방(紙榜)으로 만력제와 숭정제를 제사 지내려 하였으나, 그 뜻을 이루지 못하고 죽었다.
─『조선왕조실록』 숙종 30년(1704) 1월 10일

사신(史臣)은 말한다. 올해에 또 임진년을 맞으니, 명나라의 재조지은을 차마 잊을 수가 없다. 주상께서 병으로 아픈 몸도 돌아보지 않고 반드시 몸소 황단에 제사코자 하시니, 지사와 충신이 임금이 내린 글 밑에서 눈물을 흘리기에 족함이 있다.
─『조선왕조실록』 숙종 38년(1712) 1월 17일

"바로 그거다. 그래서 내가 하려는 일이 숭고한 것이지. 기사(騎士)가

어떤 이유가 있어서 미친다면 뭐 그리 감동적이겠느냐?"

—세르반테스, 『돈키호테』

임금도 갈아치운 명분, '재조지은'

재조지은(再造之恩)은 조선의 지배계급이 가공해낸 선전 구호입니다. 그 말인즉슨, 명나라 황제가 보내준 원병 덕분에 망할 뻔한 나라를 다시 일으키는 은혜를 입었으니 조선의 신민들은 반드시 그 은혜에 보답해야 한다는, 이른바 명분론입니다. 한마디로 선조 치세 후반은 재조지은 명분이 조선 사회를 규정짓다시피 했습니다.

이런 상황에서 즉위한 광해군은 냉철한 정세 인식을 바탕으로 명나라와의 불합리한 관계를 바로잡으려 했습니다. 하지만 인조와 보수 사림의 쿠데타 때문에 자주적 실리 외교를 향한 광해군의 시도는 좌절되었습니다. 명에 대한 사대관과 외교 노선의 수정 때문에 임금이 쫓겨날 만큼, 17세기 조선에서 재조지은의 위상은 가히 절대적이었습니다. 하지만 그런 허황한 의리관 때문에 장차 중국 땅에서 일어날 판도 변화에 유연하게 대처하지 못했고 피할 수 있는 전쟁을 끝내 겪어야 했습니다. 그리고 이어진 굴욕적 투항과 민족적 자존감의 상실이라는 업보는 너무 가혹한 것이었습니다.

재조지은이라는 명분은 실은 그리 순수하게만 볼 일이 아닙니다. 조일전쟁으로 권위가 실추된 조선 지배계급은 명나라의 역할을 과장함으로써 백성들의 냉정한 판단과 따가운 시선을 무디게 하려는 속셈이 있었으니까요. 따라서 재조지은은 지배계급의 무능과 잘못을 덜어보려는 정치적 선전 구호이기도 했습니다.

전쟁 승리와 무관한 명나라 참전　초반의 열세와 민심 이반을 극복하고 조선이 조일전쟁에서 승리할 수 있었던 것은 수군과 의병의 활약, 그리고 이에 따른 백성들의 민족적 각성 덕분입니다. 명나라의 참전으로 전황이 유리하게 흐른 것은 맞지만, 그 또한 명군 참전이라는 상징적·심리적 요인 때문이지, 그들이 뛰어난 활약을 펼쳤기 때문은 절대 아닙니다.

명나라의 관심은 왜군과의 강화 성사에 쏠려 있었는데, 실제로 참전 초기부터 조선을 배제한 채 왜와 일방적인 강화 회담을 시작했습니다. 게다가 믿었던 명나라 때문에 하마터면 한반도 절반을 왜의 수중에 넘길 뻔했습니다. 명군은 고니시 유키나가가 제시한 "조선의 4도(경상·전라·충청·경기)는 왜의 영토로 하고, 대동강을 경계로 삼는다"는 터무니없는 강화 조건에 잠정 합의까지 했습니다.

그러자 도요토미 히데요시는 일본 규슈에서 열린 세 번째 강화 회담 자리에서 "조선 8도를 분할해 조선 국왕에게 수도 한양과 함경·평안·황해·강원도를 돌려준다"는 구체적인 제안까지 내놓게 됩니다. 천만다행으로 명의 심유경과 고니시가 명 황제에게 보여줄 요량으로 '히데요시를 일본 왕에 책봉한다'는 가짜 조서를 작성한 사실이 뒤늦게 알려져, 분노한 히데요시가 강화를 백지화함으로써 조선 분할 논의가 무산되긴 했지만 말입니다.

한편 명나라 군대가 이 땅에서 저지른 민폐는 왜군을 능가했습니다. 이긍익의 『연려실기술』에는 "명의 군대가 들어간 마을에는 소나 돼지, 닭 같은 가축이 모조리 사라진다"고 기록되어 있습니다. 명나라 군사가 온다는 소문이 돌면 사방 30~40리 안의 민가가 텅 빌 정도였다고 합니다. 식량 약탈은 물론이고, 부녀자를 강간하거나 무고한 이를 죽이는 만행을 예사로 저질렀기 때문이죠. 민폐가 오죽했으면 당시 백성들 사이에 '왜놈이 얼레빗이면, 되놈은 참빗'이라는 말까지 유행했을까요?

우리가 명나라 참전과 관련해 기억해야 할 것이 또 있습니다. 명나라가 원병을 보낸 진짜 이유가 조선을 위기에서 구하는 게 아니었다는 겁니다. 그들은 자기 영토에서 전쟁을 치르고 싶지 않았습니다. '정명가도(征明假道)'라는 왜의 침략 명분에서도 알 수 있듯이, 애당초 중원을 넘보고 조선을 침략한 왜군을 어떻든 조선 땅에서 저지하려고 원병을 보냈던 겁니다.

조선의 지배계급이 명나라의 진짜 참전 의도와 전쟁 중에 저지른 불의를 어찌 몰랐겠습니까? 그런데도 '명의 도움 없이는 전쟁에서 이길 수 없었다'고 떠들어댄 것은, 앞서도 언급했듯이 조일전쟁에 얽힌 자신들의 온갖 잘못을 덮으려는 의도가 작용했기 때문입니다.

조선이 망한 나라를 섬긴 이유　한편 재조지은이라는 명분의 이면에는 조선 지배계급의 은밀한 이해관계가 감춰져 있었다는 것도 기억해야 합니다.

조청전쟁을 전후해서 조선 사회는 대중국 사대를 부자 관계로 간주하고 있었습니다. 군신 관계라는 종전의 인식 수준을 뛰어넘었던 것이죠. 부자 관계라는 개념은 절대성과 지속성이라는 측면에서 군신 관계와 그 차원을 달리합니다. 임금과 신하는 정치적 상황에 따라 관계가 바뀌거나 폐기될 수도 있지만, 부모와 자식 사이는 그럴 수 없기 때문입니다.

명나라 황제는 조선의 임금과 신민들에게 충의의 대상인 천자인 동시에 효의 대상인 어버이였습니다. 그런 군부(君父)를 공격한 오랑캐 우두머리의 발치에 임금이 무릎 꿇고 항복했으니, 부모를 해친 원수 앞에 자식이 머리를 조아린 꼴입니다. 삼전도에서 투항한 인조는 결과적으로 충효라는 절대 가치를 범한 패륜아가 된 겁니다. 조선 양반 사대부들이 '청나라의 군사력에 밀려 어쩔 수 없었다'고 변명할 수 없었던 것은 바로 이런 사정 때문입니다.

만약 그런 상황 논리로 위기를 모면하려 하는 순간, 충효에 바탕을 둔 조선의 신분 질서 역시 절대적 가치와 지위를 상실할 수밖에 없었습니다. 달리 말하면 시대나 환경의 변화에 따라 지배계급의 지위도 바뀔 수 있다는 똑같은 상황 논리가 성립하게 되고, 나아가 양반 사대부 중심의 지배 질서가 무너질 수 있다는 것을 스스로 인정하게 되는 겁니다. 이처럼 '비록 망했지만, 죽은 어버이를 기리듯 명나라에 의리를 다하자'는 재조지은의 배경에는 그렇게 함으로써 신분 질서의 동요를 막고자 한 조선 지배계급의 은밀한 의도가 깔려 있었습니다.

위선과 허위로 나부낀 깃발, '북벌'

그들은 여기서 한 걸음 더 나아가 부모의 원수를 갚자며, 청나라 몰래 북벌을 외치기 시작했습니다. 북벌 퍼포먼스는 백성들에 대한 통치력 강화와 병행되어야 했기에 결과적으로 지배계급의 권위 회복에 큰 도움이 되었습니다. 북벌을 살펴보기에 앞서 두 가지 의문점을 짚고 넘어가야 합니다.

조선의 지배계급은 진심으로 북벌에 대한 '의지'가 있었던 걸까요? 그리고 당시 조선은 북벌을 실행에 옮길 만한 '역량'을 갖추고 있었을까요? 이 둘은 별개의 사안이 아니라 기본적으로 서로 깊이 연관된 문제라는 점에 유의하면서 해답을 찾아야 합니다. 일반적으로 큰일을 도모하려면 그것에 필요한 역량 못지않게, 반드시 성공하고야 말겠다는 실천 의지 또한 중요하다고 생각합니다. 둘 중 하나라도 부족하면 일에 착수하기도 힘들뿐더러, 어찌어찌해서 실행에 옮겼다고 해도 원만한 진행과 애초에 기대한 결과를 얻기 힘드니까요.

형과 함께 볼모 생활을 했던 봉림대군이 천만뜻밖에도 왕위를 계승하면서, 북벌이 그의 치세에서 가장 큰 화두가 됩니다. 이는 효종의 왕위 계승만큼이나 느닷없는 상황이었습니다. 청나라에 대한 임금의 복수심과 북벌 의지는 꽤 신뢰할 만했습니다. 하지만 정작 그를 둘러싼 대다수 보수 사림 사대부들은 북벌에 진심이 아니었습니다. 게다가 당시 조선은 북벌을 단행할 만한 인적·물적 역량을 전혀 갖추지 못했습니다. 따라서 북벌 구호는 태생적으로 정치 선동으로 끝날 수밖에 없는 운명이었습니다.

정치적 맥락과 실현 불가능한 임무　소현세자가 아비에게 살해당하자, 세자 자리는 뜻밖에도 동생의 몫이 되었습니다. 그런데 봉림대군의 왕위 승계는 당시 보수 사림의 공론에 반하는 일이었습니다. 효종은 선왕의 망상과 이상 성격 때문에 보위에 오를 수 있었지만, 다음과 같은 이유로 정통성에 치명적인 결함을 안고 치세를 시작해야만 했습니다.

우선 소현세자는 죄인으로 죽은 것이 아닙니다. 그렇다고 왕위를 물려받을 수 없는 개인적 결격사유가 있었던 것도 아닙니다. 더군다나 그의 사망 당시에는 정실 소생인 아들이 셋이나 있었습니다. 이들은 당연히 종법상 봉림대군보다 왕위 계승 서열이 앞섭니다.

효종에게 절실히 필요한 것은 그럴듯한 즉위 명분과 왕권 강화에 도움이 될 수 있는 정치 수단이었습니다. 따라서 자신의 왕위 계승에 회의적인 서인 보수 사림과의 정치적 연대를 도모하고자 북벌의 기치를 들었습니다. 이를 통해 재조지은을 외치는 보수 사림의 지지를 끌어내고, 덤으로 군비 강화와 무관 우대 같은 북벌 준비를 통해 왕권도 강화할 수 있다고 판단한 겁니다.

효종의 의도는 그런대로 주효했습니다. 옹색한 처지에 몰린 보수 사림의 정치적 계산과 맞물리는 접점을 북벌 구호 아래서 찾을 수 있었기 때문이죠. 조청전쟁 이후 권위가 실추된 보수 사림은 북벌을 통해 신분 질서를 다시 바로 세우고 자신들을 향한 민중의 조롱 섞인 반감을 떨쳐낼 수 있다고 기대한 겁니다.

한편, 조청전쟁을 앞두고 벌어진 주화파와 척화파의 충돌도 북벌 논의처럼 정치적 이해관계에서 비롯된 측면이 강합니다. 인조 반역을 주도한 공신 세력은 대체로 주화론을 지지했고, 비공신 사대부들은 척화론을 펼쳤습니다. 공신들은 당연히 반역 정권을 안정적으로 보존하고 싶었기 때문에 주화론에 적극적이었습니다. 반면 비공신 출신의 척화론자들은 공신 위주의 정치판을 재편할 정치적 명분이 필요했습니다. 그들이 상대적으로 북벌 논의에 적극적이었던 것은 이 같은 맥락에서 파악해야 합니다.

결국 북벌은 효종의 정치적 계산이라는 씨줄과 신분 체제의 위기와 기득권 상실에 대한 보수 사림의 두려움이라는 날줄이 한데 엮이면서 생명력을 부여받은 도구에 불과했습니다. 그러므로 북벌은 애당초 실현 불가능한 임무였습니다.

딱한 효종　그런데 효종은 보수 사림 신하들과 다르게 북벌 준비에 진심이었습니다. 정치적 판단 말고, 그가 북벌에 집착한 데는 필시 어떤 곡절이 있었을 겁니다.

인조와 보수 사림 역도들은 조청전쟁을 불러온 장본인이면서 전쟁 내내 힘 한번 못 쓰고 무너졌습니다. 따라서 전쟁 결과에 대해 직접적으로 책임지는 것이 마땅합니다. 조일전쟁 당시의 지배계급은 대비가 철저하지 못했고 정세 판단을 그르친 잘못은 있지만, 전쟁 발발에 직접적인 책임이 없다는 점에서 사정이 다릅니다. 인조를 비롯한 역신들은 조청전쟁을 직접 불러들였다는 사실 하나만으로도 져야 할 책임의 성격이나 무게가 같을 수 없었습니다. 그런데 인조는 어떤 책임 있는 조치도 취하지 않은 상태에서 죽었습니다.

인간적인 측면으로 보면, 효종의 처지가 딱하긴 합니다. 선조 대에 아무도 조일전쟁 패배에 책임지지 않았던 것처럼, 그 역시 그러고 싶었겠죠. 하지만 그에게 주어진 상황은 그때와는 달랐습니다. 조일전쟁 때 선조에게는 광해군이라는 구세주 같은 아들이 있었습니다. 반면 효종의 아버지는 반역으로 왕위를 강탈한 원죄에 더해서 전쟁을 초래하고 급기야 오랑캐에게 항복하는 정치적 패륜까지 저질렀습니다. 물론 인조에게도 광해군 못지않은 처신으로 자신을 구원해줄 장남이 있었습니다. 그런데 제 손으로 덜컥 죽여버리고 종법마저 무시한 채 둘째 아들에게 왕위를 넘겼습니다. 봉림대군은 이처럼 인조의 온갖 과오를 고스란히 물려받은 상태로 임금이 되었습니다.

즉위 당시의 효종은 선왕의 과오는 자신과 무관하다며 가볍게 넘길 처지가 아니었습니다. 따라서 자신의 콤플렉스를 날릴 수 있는 유일한 방법은 청나라와 정말로 한판 붙는 일이라고 믿었음 직합니다.

효종의 진심을 뒷받침하지 못한 현실 실록에 드러난 언행을 보더라도, 효종은 직접 군사를 이끌고 국경을 넘을 생각이었던 것 같습니다. 그런데 다음의 사례들을 살펴보면, 효종의 진심이 얼마나 허무맹랑하고 무모했는지 쉽게 확인할 수 있습니다.

북벌을 실천하려면 우선 나라 재정이 전쟁을 감당할 수 있을 만큼 단단해야 합니다. 전쟁을 치르는 데 핵심 관건은 군량 확보입니다. 그러려면 조세를 부담할 백성의 삶이 안정되어야 합니다. 하지만 당시 현실은 그럴 상황이 아니었습니다. 효종 즉위 3년 전인 1646년(인조 24), 호조판서 원두표는 이렇게 보고합니다.

"경기도의 전결은 (조청전쟁이 일어난) 병자년과 비교하면 겨우 3분의 1만 남았습니다."(『인조실록』 24년 8월 16일)

조일전쟁 이전의 경기도 전결 수와 비교하면, 고작 6분의 1밖에 되지 않는 수치입니다. 상황이 이렇게 나빠진 데는 전쟁을 겪으면서 농사짓지 않는 땅이 늘어나고 토지대장이 대거 사라진 것도 있지만, 거기에 양반 사대부 지주들이 조세를 회피할 목적으로 자기 농토를 과

세 대상에서 누락시키거나 측량에서 제외한 탓도 큽니다. 이런 한심한 현실은 효종이 즉위한 뒤로도 전혀 개선되지 않았습니다. 결국 당시 나라 재정은 전쟁을 감당할 수 있는 상황이 아니었습니다. 특히 1652년(효종 3) 10월 21일 자 기사를 읽어보면, '나라의 형세가 통곡할' 만한 수준이었음을 알 수 있습니다.

한편 효종 대의 내수사는 공문 한 장이면 지방 수령들도 꼼짝하지 못할 만큼 위세가 대단했습니다. 백성들의 땅을 강탈하고 저수지를 독점하는 일 따위는 어려운 일도 아니었습니다. 해마다 흉년*이 들어 백성들이 굶어 죽어가는데도 왕실의 폐단이 그치지 않아 오죽하면 사간원 관리들이 '내수사를 폐지하는 것이 백성의 공론'이라고까지 말했을까요.

그런데도 효종은 즉답을 회피하며 동문서답식의 원칙론만 떠들다가 슬그머니 넘어가기 일쑤였습니다. 북벌하겠다는 효종의 진심이 백성의 마음을 움직이려면, 왕실이 백성을 착취하는 이 더러운 상황을 앞장서서 척결했어야 합니다. 그럼에도 신하들 앞에서 엉뚱한 소리나 늘어놓으며 왕실을 감쌌으니, 효종의 북벌 계획은 한낱 망상으로 끝날 수밖에 없었던 겁니다.

---

* 1653년(효종 4)부터 이듬해까지 극심한 흉년, 이른바 2차 계갑대기근이 이어졌고, 1657년(효종 8)부터 1662년(현종 3)까지는 무려 6년 연속으로 가뭄이 발생했습니다. 이후로도 흉년이 이어졌는데, 특히 현종 11년과 이듬해의 경신대기근(1670~1671) 때는 자그마치 100만 명 이상이 굶어 죽거나 돌림병으로 죽었습니다. 숙종 21년과 이듬해의 을병대기근(1695~1696) 때는 조선 인구가 140만 명 넘게 줄 정도로 참혹했습니다.

북벌은커녕 방비도 벅찬 군사력   17세기 중반 무렵, 급료를 받는 훈련 도감 군사는 4천~7천 명 수준이었습니다. 이들은 조선 병력의 핵심으로, 군영에서 늘 훈련받으며 복무하는 장번병(長番兵: 교대 없이 장기 복무하는 병농 분리 기간병)이었습니다. 그 밖에 어영청, 총융청, 수어청이 각각 700~1천 명의 병사를 보유하고 있었습니다. 이들의 주축은 번상병(番上兵: 지방에서 차례로 올려 보내는 병사)이었습니다. 따라서 정규 중앙군 병력은 넉넉잡아도 1만 명을 넘지 못했습니다. 그나마 훈련도감의 주력 전투병인 포수들은 재정 부족으로 훈련조차 제대로 받지 못한 상태였습니다. 한편 지방군으로 속오군이 있었는데, 이들은 면포를 납부하고 군역을 대신했기 때문에 정규 병력으로 볼 수 없습니다.

따라서 당시 조선의 군사력은 북벌을 감당할 수준이 아니었습니다. 더구나 효종이 본격적으로 군비를 확장하던 1652년 이후로는 거의 매년이다시피 기근과 자연재해가 발생했습니다. 결론적으로 효종대의 제반 사정은 북벌은커녕 영토 수호도 버거운 형편이었습니다.

그런데도 효종은 북벌을 고집했고, 보수 사림 사대부들은 의지도 없으면서 북벌 구호에 동조하는 시늉을 했습니다. 결국 그들에게 북벌이란 체제 강화를 위한 도구에 지나지 않았던 겁니다.

시대착오적 긍지 혹은 망상, '소중화'

소중화(小中華) 개념 역시 지배계급의 이익을 수호하는 데 여러모로 중요한 역할을 수행했습니다. 억압적인 신분 질서를 단속하고 변화하는 시대 흐름에 맞서 조선 사회에 빗장을 거는, 그리고 주희 성리학에 반하는 다른 사상을 억누르는 명분으로 매우 유용했습니다. 그렇다면 소중화는 과연 어떤 개념일까요?

중국이 세상의 중심이라는 세계관이 중화사상이라면, 중화사상을 자발적으로 수용해 중국 문명의 계승자를 자처하겠다는 의지를 표현한 것이 소중화 개념입니다. 결국 소중화의 실체는 자기 민족의 우월함과 문화적 자존감을 중화에 편승해 드높일 수 있다는 사대적 발상에서 출발한 것이라고 말할 수 있습니다.

조선의 양반 사대부들은 기존 체제가 흔들리는 상황을 절대 용납할 수 없었습니다. 그래서 명나라가 망하고 자신들도 오랑캐 앞에 무릎 꿇었지만, 현실을 인정하려 하지 않았습니다. 명나라에 대한 의리를 거듭 강조하면서, 허세나 망상의 영역일지언정 당시의 곤혹스러운 상황을 위로할 신념이 필요했습니다. '공맹에서 주희로 이어지는 유학의 도통이 작은 중화, 즉 조선으로 넘어왔다. 그러니 그 도통의 순결을 보여주기 위해 밖으로는 명나라의 원수를 갚아 오랑캐에게 당한 치욕을 씻고, 안으로는 주희의 가르침에 따라 제각기 타고난 신분에 맞게 도리를 다하면서 다른 한편으로는 이단 사상을 철저히 배격해야 한다.'

이렇듯 17세기 조선의 지배계급은 명나라가 망하고 없는 세상에서 유교 문명의 적통을 이어받을 유일한 나라는 조선밖에 없다는 시대착오적 긍지 혹은 망상에 잠겨 스스로 우쭐했나 봅니다.

위기로부터 안전하게 달아나다

조선은 청나라에 두 차례나 일방적으로 두들겨 맞았습니다. 임금은 황제 앞에 무릎 꿇고 머리를 조아렸으며, 왕자와 신하들이 인질로 끌려가야 했습니다. 그런 험한 꼴을 당하면서 간신히 멸망은 면했지만, 인조와 보수 사림 정권의 입장에서 조청전쟁의 결말은 조일전쟁 때의 권위 실추와는 비교조차 안 될 만큼 아프고 수치스러웠습니다.

조청전쟁 직후의 조선 지배계급은 당장 무너져 내려도 이상하지 않은 상황이었습니다. 하지만 천만다행으로 그들의 운은 다하지 않았습니다. 그들에게는 자신들을 나락에서 건져 올릴 수 있는 재조지은, 북벌, 소중화 구호 같은 비장의 방책이 있었으니까요. 지배계급이 선택한 방식은 굴욕적 항복과 정통성 훼손에도 불구하고 그들이 모든 책임으로부터 안전하게 달아나는 데 크게 기여했습니다. 덤으로 종래의 기득권과 계급 이익까지 완벽하게 지킬 수 있었습니다.

1644년 청나라가 중원의 새 주인이 되자, 조선은 실질적인 쇄국에 돌입한 것이나 마찬가지였습니다. 조청전쟁 이후 보수 사림은 청나라의 융성에 좌절한 나머지 나라 밖 사정에는 눈과 귀를 닫아버렸습니다. 그리고 눈앞의 권력에 집착하면서 양반 사대부들의 특권 수호와 백성 착취에만 혈안이 되었습니다.

그들은 대외 문호뿐만 아니라 생각의 문도 단단히 걸어 잠갔습니다. 청나라의 학문과 기술을 받아들이는 일에는 관심이 없었고, 오히려 극도의 반감을 품었습니다. 소수의 비주류 실학자를 제외하고는 나라를 다스리는 데 필요한 합리적이고 실용적인 학문은 거들떠보지도 않았습니다. 대다수 학자들은 형이상학적이고 반민중적인 주희 성리학만 파고들었고, 그와 다른 생각이나 학문은 철저히 배척했습니다.

이런 자발적 고립과 사상 독재가 어디까지 치닫게 될지 가늠케 할 첫 번째 희생자는 뜻밖에도 왕실 안에서 나왔습니다. 바로 인조의 장남 소현세자입니다.

소현세자는 인질로 붙잡혀 있는 동안 청나라의 개방적 학풍과 그들이 수용한 서양의 선진 문물을 접하고 깊이 감화되었습니다. 그리고 장차 나라를 다스려갈 방향성과 비전을 새롭게 정립했습니다. 장한 생각과 희망에 부풀어 귀국한 소현세자는 불행히도 아비의 질시와 여타 보수 사림의 무관심에 고립되었고, 결국 33세의 한창나이에 비극적인 죽음을 맞이합니다.

자기 계급의 안위를 위해 자발적 대외 고립과 사상 독재라는 잘못된 선택을 내린 조선의 지배계급은 결국 놀고먹으며 세월을 탕진한 끝에 근대라는 거센 파도에 휩쓸리고 맙니다. 그들이 맞닥뜨린 19세기 후반의 정국은 스스로 감당할 수 있는 수준이 아니었습니다. 이후 펼쳐진 조선의 운명은 모두가 알다시피 속수무책, 그 자체였습니다. 이렇듯 사대 관행이 불러온 결과는 참담했습니다.

그때 망했어야 했다

임금이 이르기를, "… 내가 나라를 떠나 지성으로써 사대하면, 명나라 조정이 반드시 포용하여 우리를 받아들일 것이요 거절까지는 하지 않을 것이다. …" 하니, 군신이 모두 눈물을 흘리며 울었다.
―『조선왕조실록』선조 25년(1592) 6월 13일

황제의 칙서가 관문에 이르자 임금이 막사에서 나와 공경하여 맞이하고 네 번 절하는 예를 갖춘 다음 올라가 칙서를 받았다. 임금이 통곡하였고 백관들도 모두 목이 쉬도록 울었고 칙사도 슬퍼하였다.
―『조선왕조실록』선조 25년 9월 2일

적군은 약탈하고, 이른바 구원하러 왔다는 명군은 백성의 것을 마구 빼앗고 전국의 소·돼지·개·닭은 명나라 군사가 다 잡아먹고 농사에 쓸 것조차도 없었다. 술에 취한 명군이 길에 토악질하니 사람들이 서로 달려들어 다투어 주워 먹고, 약한 놈은 그것도 못 먹어 울부짖으니, 이것이 사람의 세상인가? 아귀의 지옥인가? 읽는 사람들은 기억해야 한다. 우리는 이 지옥에서 죽지 않고, 죽으려 해도 못 죽고 살아남은 사람의 자손임을. ―함석헌, 『뜻으로 본 한국역사』

백성의 손에 재로 변한 경복궁

조선은 조일전쟁이 터진 지 불과 20일 만에 왜군의 손에 한양을 내주었습니다. 동래에서 한양까지 아무런 제지 없이 쉬지 않고 걸어도 꼬박 일주일이 걸리던 시절에 수만 침략군이 20일 만에 도성을 접수한 겁니다.

압제와 굴종의 역사를 깨닫다 1592년(선조 25) 4월 29일, 조정의 논의가 선조의 도망으로 결정 나자, 종친 이기 등을 포함한 수십 명이 편전으로 찾아와 문을 두드리며 통곡합니다. 그때 선조는 "가지 않고 마땅히 그대들과 더불어 목숨을 바칠 것이다"라는 말로 이들을 안심시킵니다. 그리고 바로 다음 날 새벽, 비를 맞으며 북쪽을 향해 달아납니다.

그날 아침 한양의 백성들은 임금이 자기들을 버리고 도망갔음을 알았습니다. 그들은 경복궁으로 달려가 주저 없이 불을 질렀습니다. 왕조의 법궁이 왜군이 아니라 성난 백성들의 손에 잿더미로 변한 겁니다. 선조의 외손자 신경이 지은 『재조번방지(再造藩邦志)』를 보면 당시 백성들의 분노가 어느 정도였는지 짐작할 수 있습니다.

"난민들은 먼저 공사 노비의 문서와 장부가 있는 장예원과 형조를 불태우고 내탕고 안까지 뛰어 들어가서는 비단을 약탈하고 경복궁, 창덕궁, 창경궁을 하나도 빠짐없이 불태워버렸다. 역대의 보물과 골동품, 문무루와 홍문관에서 소장하고 있던 서적, 춘추관에 있던 선왕조의 실록, 그 밖의 창고에 쌓여 있던 선대의 사초와 승정원일기 등이 모두 잿더미가 되어버렸다."

백성들의 행동을 탓하기 전에, 그들이 조선왕조에 불을 지른 심정부터 차분히 따져볼 일입니다. 임금과 양반 사대부들은 국난을 당하자마자 백성을 버리고 달아남으로써 여태까지의 백성을 아끼고 염려한다는 허다한 말들이 새빨간 거짓말임을 입증했습니다. 백성들이 방화한 것은 단순한 배신감 때문만이 아니었습니다. 지배계급이 자행한 압제의 역사, 지금껏 그런 자들을 섬겨온 굴종의 역사를 뒤늦게 깨달은 자신들의 순진함에 불을 놓는 심정으로 경복궁을 태운 겁니다.

나라까지 통째 들어 바치겠다는 임금　백성을 버리고 달아난 선조는 피난처에 앉아서도 오로지 더 멀리 달아날 궁리뿐이었습니다. 평양까지 달아나서는 이 모든 책임을 신하들에게 떠넘기기까지 합니다. "나라가 이 모양이 된 것은 너희가 동서로 갈라져 싸웠기 때문이다." 그리고 이렇게 폭탄선언을 합니다. "명나라로 내부(內附: 달아나 복종함)하겠다." 심지어 "이는 처음부터 내 뜻이었다"는 사뭇 비장한 어조의 고백까지 곁들입니다.

명색이 임금인데 '내부'하겠다는 말이 입에서 나온 것은 단순 망명이 아니라 자기 나라를 명나라에 통째 들어 바치겠다는 뜻입니다. 이럴 경우, 종래의 영토와 백성에 대한 선조의 통치 권한은 그대로 유지할 수 있지만, 나라는 형식상의 조공국에서 중국의 실질적인 제후국이 되고 맙니다. 조선 백성들은 하마터면 중국 신민이 되는 천만뜻밖의 일을 겪을 뻔한 겁니다.

이런 선조의 제안을 두고 '장차 전쟁 수행의 책임을 명나라에 떠넘겨 왜군을 막아보려는 의도였다'고 해석하는 식자도 있지만, 백번 양보하더라도 이건 아닙니다. 선조는 일찍이 사서삼경에 통달했다는 평가를 받았고, 즉위한 뒤로는 이황과 이이를 스승 삼아 제왕의 치도를 배웠습니다. 그런 자가 국난 한가운데에서 고작 이런 언행을 남겼다는 사실이 도무지 믿기지 않습니다.

그러나 천만다행으로 선조에게 실망스러운 소식이 전해집니다. 조선이 내부하겠다는 자문(咨文: 외교 문서)을 받은 명나라가 장차 조선 조정을 관전보(寬奠堡)의 텅 빈 관청에 둘 생각이라는 첩보가 입수된 겁니다.(『선조실록』 25년 6월 26일) 관전보는 압록강 바로 위쪽에 있는 외진 곳으로, 명나라와 여진족의 국경에 위치한 군사 지역입니다. 이로 미루어 볼 때, 명나라는 전선을 자기 영토 안으로 끌어들일 생각이 전혀 없었음이 분명합니다. 그래서 선조가 내부하더라도 조선의 망명 정부를 명나라 최전방에 머물게 할 생각이었던 겁니다.

선조는 명나라가 자신을 푸대접하리라는 첩보를 접하고 나서야 비로소 망명 고집을 꺾었습니다. 부끄럽고 통탄할 일입니다.

임금을 조롱한 사관의 분노　한편 이순신 장군이 이끄는 수군과 의병의 활약에 힘입어 급격히 기울었던 전세가 조금씩 회복될 조짐이 나타나고 있었습니다. 조선이 역전할 수 있는 발판이 마련된 겁니다.

하지만 선조는 곧장 한양으로 돌아오지 않았습니다. 명나라로 망명하겠다는 뜻을 여러 차례를 밝힌 과오가 무겁다는 것을 자신도 알았기 때문입니다. 도성으로 돌아가려면 우선 스스로 내던진 임금의 권위를 되찾을 필요가 있었습니다. 선조는 그런 이유에서 권좌를 광해군에게 넘긴다는 빈말로 소란을 떨며 세자와 신하들을 피곤하게 했습니다.

조선의 임금 가운데 선위 파동을 가장 많이 일으킨 인물이 선조입니다. 그것도 전쟁 중에 이런 퍼포먼스를 잇달아 벌였으니, 참 나쁘고 못난 위인입니다. 그 꼴이 한심하고 분한 나머지 곁에서 지켜보던 어떤 사관은 선조를 이렇게 조롱했습니다.

"사신은 논한다. 임금이 200년 조종의 기업을 오늘에 이르러 남김없이 다 멸망시켜놓고, 겸손하게 물러나면서 다시는 백성의 윗자리에 군림하지 않고자 하였다. 하루아침에 병을 이유로 총명하고 어질고 효성스러운 후사에게 대위를 물려주려고 하였으니, 그 심정은 진실로 서글프나 그 뜻은 매우 아름다운 것이다. 진실로 현명한 판단이 아니었으면 어떻게 이런 결론을 내릴 수 있었겠는가.

대신들은 눈물을 흘리며 뜻을 받들어 행하면 그만인 것을 어찌해서 백관을 인솔해 끈질기게 설득하고 극력 간쟁하여 반드시 선위 철회를 받아내려고 하는가? 왜적이 물러가기 전에 선위하려 하면 우선 왜적이 물러가기를 기다려야 한다고 간쟁하고, 왜적이 물러간 다음에는 우선 환도하기를 기다려야 한다고 간쟁하고, 환도한 다음에는 중국의 사신이 공관에 있으므로 할 수 없다 하고, 사신이 돌아간 다음에 그 일을 하려 하면 세자가 어려서 할 수 없다고 한다. 긴 시간에 걸쳐 말을 바꿔가면서 임금과 신하 사이에 마치 어린아이들 장난처럼 말을 주고받으니, 이렇게 하는 이치가 대체 어디에 있는가?

세자의 나이가 이미 약관(20세)이고 학문도 고명하며 덕망도 성숙했으니, 대위를 이어받더라도 충분히 난을 평정하고 화를 종식할 수 있을 것이다. 그런데 대신들은 계속해서 세자가 어려 선위할 수 없다고 간한다. 예로부터 약관의 어린 세자가 언제 있었던가. 대신들이 거듭 간쟁하여 임금의 훌륭한 생각을 중지시켰으니, 이는 참으로 애

석한 일이다."(『선조실록』 26년 9월 7일)

상식을 벗어난 논공행상　명나라가 원병을 보낸 것은 어차피 피할 수 없는 전쟁이라면 차라리 조선 땅에서 치르는 것이 낫다는 판단 때문이었습니다. 그런데도 조선의 지배계급은 전쟁 승리의 으뜸 공로가 명나라 황제에게 있다고 떠들었습니다. 그러면서 재조지은 운운하며 황제의 은혜에 감격해 어찌할 바를 몰랐습니다. 왕조를 구한 것은 조선 민중이었다는 진실을 말한 자가 그들 가운데 몇이나 될까요?

특히 선조의 전쟁 인식은 상식 밖이었습니다. 1601년, 비변사는 조일전쟁에 공이 많은 자들에게 녹훈할 것을 청했습니다. 이때 선조의 대답을 보면, 그가 얼마나 파렴치한 인간인지 알 수 있습니다.

"이번 왜란의 적을 평정한 것은 오로지 중국 군대의 힘이었다. 우리나라 장사(將士)는 중국 군대의 뒤를 따르거나 요행히 잔적(殘賊)의 머리를 얻었을 뿐으로 일찍이 제힘으로는 적병 하나를 목 베거나 적진 하나를 함락하지도 못하였다. 그중에서 이순신과 원균 두 장수는 바다에서 적군을 섬멸하였고, 권율은 행주에서 승첩을 거두어 그나마 조금 나은 편이다. 그리고 중국 군대가 나오게 된 연유를 말하자면, 전적으로 호종한 여러 신하들이 어려운 길에 위험을 무릅쓰고 나를 따라 의주까지 가서 중국에 호소했기 때문이며, 그리하여 왜적을 토벌하고 강토를 회복할 수 있었다."(『선조실록』 34년 3월 14일)

전쟁 승리가 의주까지 달아나 원병을 요청한 자신과 명나라 원병 덕분이라고 주장한 것을 보면, 잽싸게 국경으로 달아나 '내부'를 구걸한 일이 부끄럽기는 했나 봅니다.

선조는 왕조를 위해 목숨 바쳐 싸운 장수와 의병장, 그리고 백성들보다 자신을 따라다닌 자들을 더 우대했습니다. 이런 인식은 조일전쟁 후의 논공행상에서 가감 없이 드러났습니다. 의주까지 달아나는 동안 자신을 수행한 86명을 호성공신으로 봉했습니다. 내시 24명과 말을 관리한 관원 6명까지 빠짐없이 공신 명단에 이름을 올렸습니다. 반면, 전장에서 싸운 공으로 선무공신에 책봉된 이들은 고작 18명에 불과합니다. 김면, 정인홍, 곽재우, 김덕령을 비롯한 수많은 의병장들의 이름은 공신 명단에 없었습니다.

모함과 고문으로 충신에게 보답하다　조일전쟁에서 의병의 활약이 두드러졌다는 것은 (수군을 제외한) 정규군이 그만큼 제 역할을 해내지 못했다는 뜻입니다. 이런 사실은 선조와 당시 집권 보수 사림에게 굉장한 부담으로 다가왔습니다.

그들은 의병장 가운데 행여나 전시의 혼란 상황과 등 돌린 민심을 이용해 '반역을 도모하는 인물이 나오지는 않을까?' 하는 생각에 심사가 편치 않았습니다. 그중에서도 선조의 의심이 가장 심했습니다. 실제로 적지 않은 의병장들이 백성의 신망과 그의 전공을 시기한 선조의 의심과 보수 사림의 모함 때문에 억울한 누명을 쓰고 희생당했습니다.

의병장 곽재우는 정철 패거리인 경상감사 김수의 모함으로 죽을 고비를 넘겨야 했습니다. 전쟁이 끝난 뒤에 경상좌병사로 있다가 국정을 비판하는 장계를 올리고 자리에서 물러났는데, 선조의 미움을 사 임금의 허락도 떨어지지 않은 상태로 낙향했다며 유배형에 처해지기도 했습니다. 이후 곽재우는 관직에 대한 미련을 버리고 산으로 들어가 은거해버립니다.

곽재우뿐만 아니라 이순신과 의병장 김덕령 같은 전쟁 영웅들도 서인이 주축이 된 보수 사림의 모함을 피할 수 없었습니다. 이순신은 죽음의 문턱을 넘나드는 고문을 받은 뒤에 백의종군 처분을 받고 간신히 목숨을 건졌습니다. 하지만 이몽학의 민중 봉기에 억울하게 연루된 김덕령은 정강이뼈가 부러지는 혹독한 고문 끝에 죽음을 맞이합니다.

여기서 문득 이승만과 박정희 정권 시절에 승승장구한 친일 반민족 부역자들과 마땅한 대접을 못 받고 우울하게 생을 마감한 독립투사와 그 후손들의 고단한 모습이 떠오릅니다. 해방 이후 친미 반공으로 친일 반민족 범죄 행위를 세탁한 민족 반역자들과 그 자손들이 조일전쟁 당시 제 한 목숨 보전하려고 나라를 들어 중국에 바치려 한 선조나 충신을 모함한 보수 사림 사대부와 다른 게 있을까요?

전쟁 중에도 멈추지 않은 수탈　전쟁이 끝난 뒤, 조선 인구는 전쟁 발발 당시의 3분의 2 수준으로 줄었습니다. 이런저런 이유로 죽고 왜군에게 끌려가고 피난을 떠났다가 끝내 돌아오지 못하는 등의 이유로 불과 7년 만에 세 사람 중 한 명꼴로 사라진 셈입니다. 전쟁 당시 조선 민중은 왜군의 총칼에 죽는 건 예사였고, 터전을 잃고 떠돌다가 길 위에서 굶어 죽고 얼어 죽었습니다. 그리고 원병으로 온 명나라 군대를 수발드느라 죽도록 고생했습니다. 조선 팔도는 굶어 죽은 시체와 유랑하는 백성으로 넘쳐났고, 구걸하는 거지들과 당장 살기 위해 도적이 된 자들이 들끓었습니다.

농사지을 수 있는 논밭은 전쟁 전의 3분의 1 수준으로 줄었습니다. 특히 경상도, 전라도, 충청도의 손실이 커서 그 지역들의 생산 가능한 농경지가 전쟁 이전의 4분의 1밖에 되지 않았습니다. 그런데도 백성에 대한 수탈은 변함이 없었습니다. 지배계급의 탐욕과 이기심 앞에서는 전쟁이라는 특별한 사정도 힘을 쓰지 못했습니다. 당시의 참상을 기록한 실록 기사를 인용합니다.

"경기 각 고을은 전쟁이 끝나지 않은 데다 기근이 계속되어 굶어죽은 노약자들의 시체가 구렁에 뒹굴고 있으며, 젊은이들은 모여서 도적이 되었다고 합니다. 그런데도 국가에서는 다시 수습할 대책이 없으니 매우 걱정스럽습니다. 수령들은 근래 명나라 군에게 음식이나 물품을 대접하는 일로 자질구레한 물건까지 거두어들이는데 그 종류가 매우 많고 또 독촉이 몹시 심합니다. 난리를 겪은 백성들이 다시 옛집에 돌아와 숨겨두었던 물건을 파내려 하면 관리들이 쫓아와서 모두 빼앗아가니, 백성들은 이리저리 빌어먹으며 돌아다니다가 끝내는 반민(叛民)이 됩니다."(『선조실록』 26년 4월 15일)

"하삼도(충청·전라·경상도)에서 피란 떠난 사람들이 강원·함경·평안·황해도 등에 흩어져 떠돌며 걸인 행세를 면치 못하고 있어 고향으로 돌아가는 것은 기약할 수 없을 듯하니, 매우 불쌍합니다. … 그중에서 더욱 가난해 살 수가 없는 자에게는 각 관아가 소금이나 간장 등을 주어 길에서 쓰러져 죽는 자가 없게 한다면, 살 수 있게 해준 은혜에 반드시 감격할 것입니다."(『선조실록』 30년 10월 14일)

아무것도 책임지지 않은 지배계급　사정이 이러한데도 지배계급 가운데 누구 하나 책임지는 사람이 없었습니다. 임금은 변함없이 용상에 앉아 있었고, 백성 수탈을 멈추지 않았던 양반 사대부들 가운데 지난 잘못을 부끄러워하고 처절히 반성한 자는 극소수였습니다.

그렇다면 전쟁이 끝나고 10년을 더 임금 자리에 있었던 선조는 한 나라의 군주로서 과연 어떤 일을 했을까요? 명나라의 은혜에 보답한 것, 서른두 살 연하의 새 왕비를 간택하고 쉰네 살의 나이에 정실 아들을 생산한 것, 그리고 '광해군을 여전히 세자로 인정할 것이냐?' 하는 더러운 논쟁 등으로 남은 세월을 보낸 것이 전부입니다. 결국 파괴된 궁궐 복구, 성벽 수리와 무기 정비, 군사훈련 강화, 토지조사와 호적조사 그리고 대동법 실시 같은 본격적인 전쟁 복구와 민생 챙기기는 광해군의 몫이 되었습니다. 전쟁 책임은 그만두고라도 한 나라의 지존으로서 해야 할 최소한의 일은 챙겨야 했는데, 선조는 그마저도 게을리했습니다. 그렇다면 양반 사대부들은 어땠을까요?

조선은 양반 사대부들만 나라 정책을 논의할 수 있고, 이를 시행할 권리를 가진 나라였습니다. 백성들에게는 권리 없이 오직 의무만 주어졌습니다. 그러므로 전쟁에 따르는 모든 책임은 전적으로 지배계급에게 있었습니다. 그들의 책임은 의무 이전에 도리, 즉 그들이 늘 입버릇처럼 말한 '의리'에 속하는 문제였습니다. 하지만 양반 사대부들의 행동은 그들의 말과는 한참 거리가 멀었습니다. 조정 대신들은 전쟁이 끝난 뒤에도 민생 챙기기는 뒷전으로 물린 채, 책임 떠넘기기에만 분주했습니다.

조일전쟁 7년 동안 지배계급의 권위는 완전히 바닥으로 추락했습니다. 입버릇처럼 애민을 입에 담고 민본을 논했지만, 그들은 단 한 번도 백성을 주인으로 대접한 적이 없습니다. 앞서도 언급했듯이 왜군이 한양에 입성하기도 전에 경복궁이 백성들 손에 불탄 것은 조선왕조가 내부적으로 붕괴했음을 단적으로 상징하는 장면입니다.

망하기도 전에 민중의 마음에서 지워진 나라

조일전쟁은 백성이 나서서 적을 몰아냈으니 이긴 전쟁이라고 말할 수 있지만, 조청전쟁은 사정이 달랐습니다. 조청전쟁 때 백성들이 보여준 태도는 조일전쟁 때와는 사뭇 달랐습니다. 두 번 다시 무책임하고 비열한 지배계급을 위해 목숨 바치고 싶지 않았기 때문입니다. 임금이 적장 앞에 투항까지 했으니, 조선은 사실상 이때 망한 거나 다름없습니다. 군주가 적장에게 항복하면 망하는 것이 상식적인 결과이지만, 하늘이 도와 왕조를 보전할 수 있었습니다. 당시 청은 대륙을 장악하는 일로 마음이 급했기에, 조선 임금의 항복을 받아내고도 직접 지배하는 방식을 택하지는 않았습니다.

쿠데타로 광해군의 보위를 훔친 인조와 보수 사림은 대륙의 정세 변화에 무지하고 이에 대처할 능력도 없었기에 쓸데없는 허세나 부리다가 전쟁을 자초했습니다. 추운 겨울 산성으로 달아났지만, 변변히 싸우지도 못하고 굶어 죽기 일보 직전에 청 태종에게 목숨을 구걸하며 투항했습니다. 인조는 적장 앞에 엎드려 세 번 절하고 아홉 번 머리를 땅에 찧었습니다. 그리고 인질로 끌려가는 두 아들과 신하들을 멀거니 바라볼 수밖에 없었죠. 이때 청나라에 포로로 끌려간 백성이 자그마치 60만 명에 이릅니다.

그러나 조청전쟁이 끝난 뒤의 상황 역시 조일전쟁 때와 마찬가지였습니다. 지배계급은 백성들에게 미안해하지도 않았고, 과오에 대해 책임지지도 않았습니다.

생각해보면, 이 땅에서 썩은 왕조를 끝낼 수 있는 조건이 충분히 무르익은 것은 조청전쟁 직후였습니다. 조선왕조는 그때 이미 민중의 마음속에서 지워진 나라였습니다. 차라리 그때 철저히 망하고 다시 시작하는 편이 더 나았습니다. 200년 넘게 고여 썩고 악취 나는 웅덩이 물꼬를 트기에는 그때가 가장 적당한 시기였습니다. 그 위에서 새로운 질서를 세우고 다르게 거듭날 수 있는 계기가 찾아온 것인데, 그런 절호의 기회를 놓치고 만 겁니다.

제4부

반정,

反正

"바른 상태로 돌려놓았다"는

거짓말

9장

왕위 찬탈을 포장하다

반정이 아니라 역신들의 반란

"실로 이런 지경에 이르러 조정을 바꾸는 자가 나온다고 할지라도, 그 것은 사람만이 바뀔 뿐 새로운 임금을 옹립한 자들은 공신 훈척이 되어 더욱 못된 권세를 휘두르는 것이오. 반정(反正)도 그렇거니와 입국(立 國: 이성계의 역성혁명)이란 도대체 무엇이오. 군사를 가진 강자가 나타나 면 실세하여 낙백(세력을 잃어 실의에 빠짐)의 시절을 보내던 양반 음모가 들이 그에 붙어서 헌 정권을 몰아내고, 나라를 송두리째 중국에 들어 바치고는 천자의 윤허가 내리면 그제야 국본을 다진 듯이 안심을 하오. … 도대체가 백성들의 삶의 이로움과 해로움에는 애초 관심도 없어서 드디어는 저희끼리의 다툼에 그치는 게요."

— 황석영, 『장길산』

주나라는 자신들의 혁명을 정당화하기 위해 '천명(天命)' 사상을 내놓았다. … 처음에 덕이 있어 임금이 되더라도 그 덕을 계속 유지하지 못한다면 '천'이 다시 덕 있는 다른 사람에게 임금이 되도록 '명'을 내린다고 했다. 이것을 천명이 바뀌었다는 뜻에서 혁명이라고 한다. … 이로부터 '민심이 천심'이라는 명제가 동양 최고의 정치 이념이 되었고, 정권의 도덕성을 바탕으로 민심이 따르는지 안 따르는지를 기준 삼아 혁명과 쿠데타를 구분하기 시작했다.

— 김교빈·이현구, 『동양철학 에세이 2』

게다가 명분이라는 건 언제나 힘 있는 자의 차지였다. … 명분은 믿을 것이 못 되었다. … 문제는 명분이 아니라 그것을 갖게 되는 과정이었다. 명분이 과정을 속이지 말아야 한다. 명분이 제물을 요구하지 않아야 한다. — 이청준, 『당신들의 천국』

조선의 반정이 반란일 수밖에 없는 이유

조선 역사에서 두 차례 있었던, 이른바 반정은 과연 말 그대로 잘못된 상황을 바른 상태로 되돌린 의로운 행위였을까요? 지금부터 살펴보게 될 유교 사회의 혁명 혹은 역위(易位) 개념을 기준으로 생각해보면, 두 번의 반정 모두가 역신들의 반란이었음이 명백합니다.

유교 사회에서 혁명이란 천명, 즉 하늘의 뜻에 따르는 것입니다. 그런데 문제는 하늘의 뜻이 정확히 무엇인지 알 수 없다는 데 있습니다. 그래서 민심이 곧 천명이라 하여, 민심을 하늘의 뜻으로 간주하게 되었습니다. 그리고 혁명은 명분이 바르지 못한 상황을 깨뜨려서 바른 명분을 회복하는 것이라고 말했습니다.

명분은 또 무엇입니까? 그것은 각자의 신분에 상응하는, 반드시 지켜야 할 도리를 의미합니다. 따라서 유교 문명권에서 말하는 혁명은 군주의 명분을 저버린 자를 폐하고 명분을 성실히 수행할 수 있는 자를 군주 자리에 앉히는 것이라고 말할 수 있습니다. 그렇다면 군주의 입장에서 가장 중요한 명분은 무엇일까요?

바로 민심을 받들어 백성의 삶을 도탄에서 건져내는 일, 이른바 '민생 구제'가 군주가 지켜야 할 첫 번째 명분입니다. 민생 구제를 구현할 때 비로소 백성으로부터 군주로서의 정통성을 인정받게 되고, 동시에 군주의 권위가 바로 서는 것입니다. 따라서 유교를 신봉하는 왕조 사회에서 민생 구제의 성패 여부야말로 혁명과 반역을 가르는 지점이라고 말할 수 있습니다.

맹자 왈, 신하는 혁명의 주체가 될 수 없다 맹자는 혁명 이전의 군주에게 큰 잘못이 있을 때 '같은 성을 가진 왕족'이 역위, 즉 군주 자리를 바꿀 수 있다고 말했습니다. 『맹자』 「만장 하편」에서 "친척인 경(卿)은 군주에게 큰 허물이 있으면 간언하되, 거듭 간언해도 듣지 않으면 군주의 자리를 바꾸어버립니다"라고 했습니다. 맹자는 왕조를 교체하지 않는다는 전제하에 왕위를 바꾸는 것을 허용했습니다. 다만, 역위의 주체는 반드시 '군주의 친척'이어야 했습니다. 따라서 왕족이 아닌 신하는 혁명의 주체가 될 수 없다는 것이 맹자의 생각이었습니다.

한편 맹자의 또 다른 말 가운데 훗날 송나라 성리학자들이 역성혁명론의 근거로 채택한 것이 있습니다. 바로 폭군의 대명사인 걸주(桀

紂: 고대 하나라와 은나라의 마지막 군주인 걸왕과 주왕)의 사례를 논하면서 '인을 행하지 않는 군주는 이미 군주가 아니며 한갓 필부에 지나지 않는다'라고 말한 부분입니다. 그런데 맹자의 이 말은 군주의 덕목을 저버린 자는 이미 군주 자격이 없음을 강조하려는 것일 뿐, 신하가 군신 사이의 의리를 저버리고 군주를 내쫓아도 괜찮다는 의미로 한 말이 아닙니다.

결국 맹자의 말에 따르면, 신하는 군신 간 의리를 저버리고 군주를 교체할 수 없으며, 신하가 허물 있는 군주에게 할 수 있는 유일한 방법은 목숨 걸고 끊임없이 간언하는 일입니다.

주희 왈, 새 군주는 어진 인물이어야 한다 맹자를 추종했던 주희는 앞서 맹자가 말한 역위의 조건에 두 가지를 추가했습니다. 첫째, 『맹자집주』 「만장 하편」에서 새롭게 즉위하는 군주는 친척 가운데 '어진 사람'이어야 한다고 말했습니다. 둘째, 『주자문집』 「독여은지존맹변(讀余隱之尊孟辨)」에서 삼인(三仁)의 마음을 가진 '현자'만이 군주 자리를 바꿀 수 있다고 말했습니다. 삼인은 은나라 마지막 왕인 주왕의 숙부인 비간과 기자, 그리고 이복형 미자를 가리킵니다. 공자는 『논어』 「미자」에서 "미자는 떠나가고, 기자는 종이 되고, 비간은 간하다가 죽었다. 은나라에 세 사람의 어진 사람이 있었다"라고 말했습니다. 만약 이들로 군주를 바꿨다면 은나라 명맥은 이어졌겠지만, 군주 자리에 욕심을 내지 않은 그들이야말로 어진 덕을 실천한 인물이라며 삼인이라는 존칭을 붙인 겁니다. 주희는 그러므로 새로운 군주는 같은 성의 왕족이면서 진정 어질고 현명한 자여야 한다고 구체적으로 못을 박았습니다.

연산군에게 반역한 무리가 아무리 그럴듯한 말로 포장하더라도, 맹자와 주희 말에 따르면 그들의 행동은 정당화될 수 없는 반역에 지나지 않습니다. 반역의 주역들이 성종의 둘째 아들인 진성대군 이역을 억지로 데려다 왕좌에 앉힌 것은 바로 이런 명분상의 약점을 덮기 위해서였습니다.

광해군에게 반역한 무리 역시 마찬가지입니다. 반란 주체인 능양군 이종이 왕족인 건 맞지만, 삼인과 어깨를 나란히 할 만한 어질고 현명한 자는 결코 아니었습니다. 그들은 반역 이전에 광해군에게 충심으로 간언하지도 않았으며, 무엇보다 광해군은 민생 구제를 외면한 폭군이 아닙니다. 역도들이 반란 명분으로 내건 광해군의 패륜이라는 것도 실은 날조되거나 과장된 것이고, 더구나 인조의 패륜에는 비할 바도 아닙니다.

반정의 어원과 본래 의미를 왜곡한 주희와 조선 사대부　조선 역사에 기록된 반정은 『춘추』에 등장하는 '발난세 반제정(撥亂世反諸正)'이란 구절에서 비롯한 것입니다. 이 말인즉슨, 어지러운 세상을 다스려 바른 상태로 돌려놓는다는 뜻입니다. 한편 사마천도 『사기』에서 공자가 『춘추』를 저술한 이유를 설명한 바 있는데, 그 뒤로 반정이라는 표현이 널리 알려지게 되었습니다.

반정의 어원에서 짐작할 수 있듯이, 반정의 진정한 의미는 군주를 교체해서 세상을 바꾸는 것이 아니라, 왕위를 넘보는 세력으로부터 군주를 지키는 데 있습니다. 그런데 연산군과 광해군의 신하들은 제멋대로 당시 상황을 난세로 규정해 쿠데타를 일으켜놓고, 이를 정당화하기 위해 반정으로 날조했습니다. 따라서 그들의 행위는 반정이 아니라 역도들의 반란인 동시에 왕위 찬탈이었습니다.

중국의 역사에서 반정의 본래 의미와 가장 부합하는 사건으로는 당나라 중종의 사례를 들 수 있습니다. 중종은 어머니인 측천무후에 의해 두 달 만에 폐위되었다가 14년 만에 권좌에 복귀한 인물입니다. 그럼에도 불구하고 『구당서』 이래로 중국 역사가들이 측천무후를 당나라의 정식 군주로 인정하는 입장을 취했기 때문에, 중종의 복위를 반정으로 표현하지 못했습니다.

당나라 중종의 복위를 반정으로 처음 평가한 인물은 송나라 학자 호인입니다. 그런 호인의 평가를 후배 주희가 채택함으로써 중종의 복위를 반정으로 해석하는 것이 통설로 자리 잡게 된 겁니다. 여기서 우리는 의리와 정통성에 매우 민감한 송나라 성리학자들에 의해 당나라 중종의 복위가 비로소 반정으로 인정받은 점에 주목해야 합니다.

또 한 가지 유념해야 할 것이 있습니다. 반정 개념은 사마천 이래로 중국에서 널리 알려져 있었지만, 오늘날 우리가 알고 있는 의미로 재해석한 것은 주희가 처음입니다. 심지어 주희는 측천무후의 재위 자체를 아예 인정하지 않았습니다.

앞서 언급했듯이 맹자가 주장한 역위의 주체는 신하가 아니라 경(卿), 즉 군주의 친척이었습니다. 그런데 주희는 신하도 군주를 쫓아낼 수 있다는 견해를 제시했습니다. 이런 해석을 바탕으로 조선 사대부들은 (왕위를 위협하는 혼란으로부터 군주를 지키는 것이기보다는) 난세를 핑계로 군주의 지위를 빼앗는 쪽으로 반정을 이해하기 시작했습니다. 이것은 반정에 대한 고대 성현들의 해석을 심각하게 왜곡한 것입니다.

이런 해석의 배경에 깔린 생각이 바로 창업 당시부터 조선 사대부들이 신권 강화를 위해 적극 도입한 군신공치(君臣共治) 개념입니다. 본래 왕도주의를 실현할 구체적 방법으로 제시된 것이 군신공치입니다. 나라를 다스리는 일은 임금 혼자서 절대 권력을 행사하는 것이 아니라, 재상을 중심으로 하는 신하들과 함께 논의하는 방식이어야 한다는 군신공치의 이상은 송나라 성리학자들과 조선 사대부들의 정치적 신념이었습니다. 역위의 주체에 신하를 포함시킨 주희의 성리학적 해석이 조선에서 힘을 얻은 까닭이 여기에 있습니다.

성공한 반란에 주어진 면죄부　그렇다면 성리학적으로 재해석한 반정이 반란에 성공한 역신들에게 어떤 효용을 가졌을까요? 반란 당시는 물론이고 오늘날까지도 반정이라는 표현을 쓰는 것만으로도 면죄부 효과가 있었습니다. 이는 주희 성리학을 통치 이념으로 수용하고, 조선의 모든 지배계급이 주희 사상을 신봉했기에 가능한 일입니다. 신하도 군주를 바꿀 수 있다고 해석한 주인공이 주희였으니까요.

아무튼 중종 반역 이후로 보수 사림 사대부들은 성리학적 반정 논리가 신권의 우위를 위해 필요한 이념적 무기임을 눈치챘습니다. 그런데 성리학적으로 반정을 해석했을 때 발생하는 치명적인 결함이 문제였습니다. 입맛에 맞지 않는 군주를 일단 폭군으로 규정하고 역모가 성공하기만 하면, 사실상 되돌릴 장치나 방법이 전혀 없었기 때문이죠.

실제로 이런 우려가 현실로 드러났습니다. 성리학적 반정 논리 덕분에 왕위를 찬탈하고 민생 구제에도 실패한 조선의 역도들이 도덕적·정치적 면죄부를 발부받았으니까요. 성공한 두 번의 반란을 흉내낸 숱한 역모 사건이 조선 역사를 도배한 것은 우리 모두가 익히 아는 사실입니다.

자격이 안 되는 반란 세력

두 번의 반란에 가담한 역도들은 임금의 친척이 아닌 신하의 신분으로 반란을 일으켰습니다. 물론 능양군이 종친 신분이기는 했지만, 그를 포함한 역도들 모두가 삼인의 마음을 가진 어질고 현명한 사람의 발치에도 닿지 못하는 자들이었습니다. 그들은 민생 구제에도 관심이 없었고, 중종과 인조는 백성에게 사랑받는 군주도 아니었습니다. 두 차례의 반란 모두가 맹자와 주희의 요구 조건을 충족하지 못했습니다. 특히 능양군 이종의 수준 미달은 심각할 정도였습니다.

맹자와 주희의 요건에 미달하다   능양군 이종에 비하면 조금 나을지 모르나, 진성대군 이역은 삼인의 어진 마음을 가진 임금의 친척과는 한참 거리가 먼 별 볼 일 없는 인물이었습니다. 그는 대군 시절과 관련된 유의미한 기록이 없는 상태에서 18세에 역신들에게 떠밀려 임금 자리에 올랐습니다. 따라서 맹자와 주희가 강조한 역위의 조건을 그가 얼마나 충족했는지를 구체적으로 확인하기란 쉽지 않습니다. 그러므로 여기서는 능양군 위주로 살펴보려고 합니다.

능양군 시절의 인조는 역위를 시도하기에 앞서 군주에게 잘못을 거듭 간해야 한다는 조건을 전혀 만족시키지 못한 인물입니다. 그는 광해군의 인목대비 폐모를 반역의 명분으로 내걸었지만, 능양군 시절의 그 역시 폐모 논의에 가담했음이 기록으로 남아 있습니다. 『연려실기술』「인조조 고사본말」의 '계해정사' 편에 효종의 사위 정재륜이 쓴 『공사견문록』을 인용한 글이 실려 있습니다.

"반정 후 추죄(追罪: 나중에 잘못을 따져 물음)하자는 논의가 일어나자, 임금이 이르기를 '정청(庭請)*한 죄는 나도 면하기 어렵다' 하니, 의논하는 사람들이 감히 다시 말을 못 했다."

인조가 광해군에게 잘못을 간하기는커녕, 반정 명분으로 삼은 폐모 논의에 직접 동참했기 때문입니다. 또한 인조는 임금의 친척 가운데 어질고 현명한 자의 축에도 낄 수 없는 인물입니다. 이는 왕위 찬탈 이후 보여준 그의 행적만 봐도 대번에 알 수 있는 일입니다. 또한, 광해군 재위 당시에 왕위를 계승할 수 있는 왕자는 광해군의 아들을 제외하고도 무려 7명이나 생존해 있었습니다. 광해군의 조카인 능양군은 종법상 서열로 보아도 당연히 그들보다 한참 나중이었습니다. 더구나 반란 세력이 임금의 친척 가운데 '어진 인물'을 추대했다는 정황은 기록 어디에도 없습니다. 그런데 반란 세력이 능양군을 추대한 이유를 짐작케 하는 단서가 하나 있습니다. 반역으로 공신이 된 53명 중에서 31명이 친인척 관계로 얽혀 있었는데, 거기에 능양군도 포함

---

* 정청이란 일반적으로 국가 중대사가 일어나면 세자나 정승들이 백관을 거느리고 임금 앞에 나아가 하교를 기다리는 행위를 뜻합니다. 여기서는 광해군 대에 삼정승과 백관들이 폐모의 글을 올리고 임금의 결단을 요구한 사건을 가리킵니다.

되어 있습니다. 따라서 반역에 가담한 자들은 처음부터 능양군이 아닌 다른 종친을 추대할 생각이 없었다고 보아야 합니다.

민중의 눈에는 한낱 도적들의 난동일 뿐　조선에서 반란에 성공한 두 개의 세력은 근본적으로 반정의 주체가 될 자격이 없는 자들이었습니다. 그들은 그저 반란에 성공한 역도에 지나지 않습니다.

그들의 행위는 조선 민중의 눈으로 보면, 그저 도적 떼의 난동에 불과했을 겁니다. 역도들이 반란에 성공한 뒤에 백성들에게 보여준 것이라고는 반란 명분을 무색하게 만드는 행적뿐이니까요. 중종은 권력을 장악한 공신들에 휘둘리며 왕권 수호에 전 생애를 바치느라 백성들의 삶은 돌아보지도 않았습니다. 민생을 외면하기는 인조 역시 마찬가지였습니다. 게다가 전란을 자초해 나라를 아주 결딴내다시피 했습니다.

반란 이후 새로 급조된 공신들과 사대부들은 예전보다 더 노골적으로 백성을 수탈하고 억압했습니다. 반란 이후 조선 민중이 겪은 것이라고는 권력과 풍요를 독점하고 세습하려는 탐욕과 위선으로 가득한 자들의 도적질뿐이었습니다.

비정상이 상례였던 왕위 계승 열전

본인들보다는 오히려 후세인들이 그들이 왕을 폐위시킨 행위를 정당화해주고 있는 것을 알 수 있다. 성리학의 핵심 이론은 왕에게 충성하는 것으로, 성리학자들은 두 왕을 섬기지 않는 것을 가장 중요하게 생각했다. 그런데 연산조의 모든 관리들이 중종 치하에 관리로 그대로 머물러, 모두 두 왕을 섬겼으니, 이들이 이와 같이 서술한 것은 스스로 절조 없음을 부끄러워하여 이를 미화하려는 행위인 것이다.
—변원림, 『연산군 그 허상과 실상』

"특별히 그대(반역한 능양군)를 봉해 조선 국왕으로 삼나니 … 육지와 바다로 조공을 바쳐 사대의 공손함을 잊지 말고 앞과 뒤에서 함께 군대를 이루어 원수를 갚는 용맹을 더욱 펼칠지어다."
—「명나라 천계제 희종의 조칙」

현재를 지배하는 자가 과거를 지배하며, 그들은 과거를 통해 결국 미래까지 지배한다. —조지 오웰, 『1984』

사대부들에게 잘못된 신호를 보내다

조선왕조에서 왕위 계승이 비정상적으로 이루어진 사례는 아주 많습니다. 그중에서도 수양대군, 즉 세조의 즉위는 이후 조선 정치사에 몹시 나쁜 선례를 남겼다는 점에서 시사하는 바가 큽니다.

한편, 계유정난* 이전에도 자기 의사에 반해 임금 자리에서 물러난 이들이 있었으니, 바로 왕조를 창업한 태조와 그의 아들 정종이 비운의 주인공입니다. 정치적 상황에 따른 불가피성을 떠나서 이들의 양위는 정상적인 왕위 계승의 범주에서 벗어난 것입니다. 그리고 이 모든 상황을 주도한 이방원이 임금이 된 것도, 엄연히 신하 된 자로서 힘에 의지해 왕위를 계승했으니 정상이 아닌 게 분명합니다. 다만, 태조와 정종의 거취가 심각하게 비극적이지 않았고, 즉위 후 신하들을 제압해 왕권을 확고히 함으로써 아들 세종이 제대로 된 임금 노릇을 하게 만들었다는 점에서 태종의 사례가 후대의 비정상적 왕위 계승과 조금 다르게 평가받을 뿐입니다. 아무튼 조선왕조의 비정상적 왕위 계승 전통은 창업 초기부터 시작되었습니다.

세조의 비정상적 왕위 계승은 할아버지 태종의 그것과 여러모로 달랐습니다. 무엇보다 세종 치세를 거치며 통치 체계와 유교 가치의 기반이 다져진 상태에서 일어났다는 측면에서 후대의 양반 사대부 대부분이 세조를 왕위 찬탈자로 보는 데 주저하지 않았습니다. 한편, 그의 행위는 훗날 사림 세력이 정권을 잡는 계기를 마련했다는 점에서, 왕위 찬탈과 다른 관점에서 또 하나의 역사적인 평가를 획득했습니다. 장차 사림이 세조의 행위를 맹렬히 비판하며 자신들의 도덕적 우월성을 강조할 여지를 제공함으로써, 그들이 조선 정치사의 주역으로 성장할 수 있었기 때문이죠.

---

* 1453년(단종 1) 계유년에 수양대군과 한명회, 정인지 등의 역도들이 어린 단종을 보필하던 김종서, 황보인, 안평대군 등을 제거하고 정권을 장악한 사건을 말합니다.

이방원과 수양대군의 즉위는 둘 다 반역에 바탕을 두었지만, 조선의 지배계급은 유독 수양대군의 사례만 왕위 찬탈로 규정했습니다. 이는 훗날 조선 역사의 승자가 되는 사림의 시각이 강하게 반영된 결과입니다.

다른 한편으로 수양대군의 사례는 사대부들에게 잘못된 신호를 보냄으로써 장차 이기적이고 반민중적인 행태를 고질적으로 답습하게 만들었습니다. 무엇보다 앞으로 일어날 숱한 정치적 논란 앞에서 선악에 대한 지배계급의 가치 판단을 자의적이고 모호하게 하는 데 크게 기여했습니다. 이는 수양대군의 왕위 계승을 향한 신구 세력(훈구과 사림) 사이의 입장 차이와 왕실 혈통이 수양대군의 후손들로 채워짐에 따른 숙명적인 결과였습니다.

아무튼 수양대군의 행적은 당대와 후대의 양반 사대부로부터 갖은 비난과 멸시를 받았지만, 한편으로는 그들에게 헛된 망상을 자극하는 역설적인 상황을 연출했습니다. 폭력적인 정변으로 일거에 판세를 움켜쥐려는 수많은 반역 행위가 그 옛날 수양대군의 성공 사례로 고무된 것입니다.

또한 자격 미달의 공신들을 무더기 양산함으로써, 이후 그들이 왕실과 인척 관계로 얽히며 훈구 척신 세력으로 성장하는 데 크게 기여했습니다. '권력의 정통성은 도덕성과 합법성이 아니라 그것을 쟁취할 힘과 그 힘의 유지, 계승에서 나온다'는 위험한 인식과 고약한 풍조가 그들로부터 싹을 틔웠습니다. 이로써 '불법적으로 탈취한 권력일지라도 자자손손 누리고 세습되기만 하면, 정당성을 쟁취할 수 있다'는 위험한 생각이 지배계급의 뇌리에 각인되었습니다.

반역의 경계를 넘나들다

종법에 어긋난 비정상적 왕위 계승은 조선 역사에서 비정상적 상황이 아닙니다. 그만큼 흔한 일이었습니다. 정종, 태종, 세종, 세조, 성종, 중종, 선조, 광해군, 인조, 효종, 영조, 철종 그리고 고종의 즉위 과정이 그랬습니다. 따라서 세종과 광해군처럼 장자 계승 원칙을 무시하고 즉위한 사례는 논외로 치더라도, 27명 가운데 절반에 해당하는 13명의 왕위 계승 과정에 크고 작은 문제가 있었다는 얘기가 됩니다.

그런데 이런 비정상적인 왕위 계승을 두고 오늘날의 학자들은 어떤 것은 선위나 추대에 의한 정상적인 등극으로, 다른 어떤 것은 찬탈 아니면 반정으로, 또 어떤 것은 권력을 쥔 신하들의 택군으로 제각기 다른 평가를 내립니다. 그런 평가 중에는 물론 진실에 부합하는 것도 있습니다. 하지만 유교 문화적 가치관을 엄격히 적용하면, 비정상적 왕위 계승에 대한 대부분의 평가가 당대 권력 지형이나 즉위 이후의 정치적 대세에 따라 권력자들 입맛에 맞도록 판단한 것을 후대 학자들이 비판 없이 수용한 결과라고 생각합니다.

지금부터는 비정상적 사례를 중심으로 왕위 계승 과정을 간략히 살펴보도록 하겠습니다. 쿠데타로 선왕을 폐위하고 왕위에 오른 중종과 인조의 사례는 따로 떼어서 살펴보기로 하고, 몸소 자식을 살해하는 패륜을 저지른 부왕 덕택에 임금이 된 효종은 인조와 함께 다루기로 합니다. 세종과 광해군은 차자 승계의 정당성이 인정되므로 여기서 제외했습니다.

태종의 등극, 선위로 미화된 찬탈   정종의 비정상적 승계와 태종의 즉위는, 둘 다 정안군 이방원이 무력으로 권력을 쟁취하는 과정의 마지막 단계로 보아야 합니다. 물론 정종의 즉위 과정 배후에 부왕인 이성계의 선위와 아우 이방원의 계산된 묵인이 있었으니, 추대의 성격을 띤다고 볼 여지도 있습니다. 그리고 이방원이 정종을 계승하는 과정 역시 선위 형식으로 포장되어 있습니다.

하지만 이방원의 등극이 사실상의 왕위 찬탈이라는 평가는 달라질 수 없습니다. 왕조 국가에서 임금을 제외하고는 모두가 신하일 뿐입니다. 임금의 자식, 아우라고 해서 예외가 될 수 없습니다. 이방원은 신하 된 자로서 두 차례나 선을 넘으며 이복동생들과 친형을 제거했고, 마지막에는 스스로 임금 자리에 올랐습니다. 그러므로 이방원은 힘으로 임금 자리를 빼앗은 조선의 첫 번째 신하임이 분명합니다.

세조가 패륜 군주로 불리게 된 역사적 배경　수양대군은 패륜적 거사에 성공해 임금이 된 인물입니다. 부왕인 세종보다 격상된 조(祖)를 묘호로 받았으니, 그는 죽어서도 염치없는 인물이 아닐 수 없습니다. 자신의 직계 후손들이 줄곧 왕위를 이었지만, 후세의 신하들이 왕위 찬탈자로 낙인찍은 최초의 임금이기도 합니다.

조선 역사에서 세조가 반란으로 임금이 된 중종이나 인조와 거의 한 묶음으로 취급된 것은 사림의 등장과 집권, 그리고 그들이 내린 정치적 판단이 결정적이었습니다. 성종 대에 등장하기 시작한 사림 세력은 정치권력 장악을 위한 기나긴 여정을 통해 자신들의 도덕적 우월성을 꾸준히 강조했습니다. 사림 세력이 (수양대군의 만행에 동참해

출셋길을 열고 권세를 누렸던) 선배 사대부들, 이른바 훈구 척신 세력과 권력을 놓고 충돌하는 과정에서 세조의 만행을 맹렬히 비난한 것은 자연스럽고 당연한 흐름이었습니다.

그런데 명종이 후사 없이 죽으면서 종친 가운데 하성군을 양자로 삼아 임금 자리에 올리니, 그가 바로 조선 최초로 방계승통(傍系承統)*한 선조입니다. 아무튼 사림 세력은 이때 발생한 초유의 정치적 진공 상태 덕분에 집권할 수 있었고, 세조는 사후 100년 만에 패륜 군주라는 역사적 오명을 남기게 됩니다.

장인 덕에 즉위한 성종, 최초의 택군 사례 성종은 정상적인 상황에서는 절대 임금이 될 수 없었던 인물입니다. 그 이유는 선왕인 예종(성종의 작은아버지)의 아들인 제안대군이 있었고, 세조의 장손이자 성종의 친형인 월산대군도 있었기 때문이죠. 제안대군이 세 살 난 어린아이이긴 했지만, 자을산대군 성종도 12세에 불과했습니다. 오히려 임금이 되기에 적당한 인물은 15세의 월산대군이었습니다. 그런데도 성종이 왕위를 계승했으니, 이는 종법에 한참 어긋난 사건입니다.

성종은 도대체 어떻게 이런 불합리한 상황을 연출하면서까지 보위에 오를 수 있었을까요? 그것은 순전히 장인이자 당대 최고의 실권자인 공신 한명회 덕분입니다. 알다시피 한명회는 수양대군이 조카 단종을 죽이고 왕위를 확고히 할 수 있도록 보필한 일등 공신입니다.

---

* 직계 자식이나 손자가 아닌 조카나 4촌 이상의 방계 후손이 왕위를 잇는 것을 말합니다.

한평생 정치적 야욕에 충실했던 한명회는 두 대비(세조비와 예종비)를 회유하고 압박함으로써 왕위 계승 서열이 앞선 두 명의 대군을 제치고 자기 사위를 옥좌에 앉혔던 겁니다. 외양은 대왕대비의 교서에 의해서 어진 종친을 가려 추대하는 형식, 즉 택현(擇賢)의 모양새를 갖추었지만, 성종 즉위의 본질은 명백한 택군(擇君)*이었습니다. 이렇듯 신하가 제 뜻대로 군주를 선택한 행위는 유교 문화권에서는 명백한 반역입니다.

선조, 무난하게 택현된 행운아　앞서 언급했듯이 선조는 조선왕조사에서 방계 출신으로 임금 자리에 오른 첫 번째 인물입니다. 그의 아버지 덕흥군은 중종의 일곱 번째 아들인데, 그것도 서자 신분이었습니다. 하성군은 그런 아버지의 셋째 아들이었습니다. 그가 즉위한 경위는 대략 이렇습니다.

1567년(명종 22) 6월 28일, 명종의 병이 위중해 말이나 글로 후사를 지명하지 못할 지경이 되자, 영의정 이준경 등은 중전인 인순왕후에게 후계를 정해달라고 요청했습니다. 그러자 인순왕후는 "을축년 (1565) 임금이 서하(書下)한 이균으로 후계를 굳게 정해야 한다"고 전교했습니다. 명종은 2년 전에도 몸져누운 적이 있었는데, 그때 후계와 관련해 내린 글이 존재했습니다. 중전이 전교 근거로 삼은 것은

---

*택현은 왕위 계승 후보자 가운데 어진 인물을 골라 임금으로 추대하는 것을 말합니다. 태종이 양녕대군을 폐세자하고, 충녕대군(세종)을 세자로 선택한 사례도 여기에 해당합니다. 택군은 신하들의 정치적 판단에 따라 선택된 인물을 임금 자리에 앉히는 것을 말합니다. 뒤에서 다루게 될 연잉군(영조)의 즉위가 대표적인 사례입니다.

다름 아닌 을축년에 후계 의사를 암시한 그 글이었습니다.

명종이 죽기 1년 전, 종친 중에서 하성군을 포함한 덕흥군의 세 아들에게 특별히 사부를 뽑아 가르침을 받을 수 있도록 하라는 내용이 실록(『명종실록』 21년 8월 26일)에 기록되어 있습니다. 이들 세 사람이 왕위 계승 후보로 특별히 관리되고 있었음을 알 수 있습니다. 그리고 『연려실기술』에는 여러 자료를 인용해 하성군이 똑똑했음을 보여주는 일화가 수록되어 있습니다. 어쨌거나 선조는 하성군 시절에 품성은 몰라도 적어도 학식 면에서는 또래 종친 중에서 가장 출중하다는 평을 받은 게 분명합니다. 지금까지 살펴본 바로는, 선조의 즉위 과정을 유일무이하게 성공적인(적어도 즉위 초반까지는) 택현 사례로 봐도 무방할 것 같습니다.

한편 직접적인 기록으로 남아 있지는 않지만, 학계에서는 선조의 즉위가 실질적으로는 신하들의 추대에 의한 왕위 계승이라고 평가하는 의견이 많습니다. 선조가 임금이 될 수 있었던 것은 문정왕후 생전의 이른바 훈척 정치를 경험한 신하들이 외척 발호의 위험이 없는 하성군을 지지한 덕분이라는 게 그 이유입니다. 하지만 조금 시선을 달리하면, 좋은 의미의 택군으로 볼 여지가 있습니다.

당론으로 영조를 선택하고 임금을 겁박한 노론 성공한 반란의 수혜자, 중종과 인조의 등극도 큰 틀에서 보면 택군의 한 형태로 볼 수 있습니다. 하지만 신하가 무력으로 자기 군주를 폐위하고 두 임금을 섬겼다는 점에서 다른 비정상적 왕위 계승과 견줄 수 없을 만큼 불법이나 불의의 정도가 극단적입니다. 따라서 반란에 의한 추대를 택군 사례와 섞을 수 없기에, 뒤에서 별도로 다루기로 합니다.

당대 실권을 장악한 신하들에 의한 택군은 비정상적 왕위 계승으로는 반란에 의한 추대 다음으로 고약한 행태입니다. 택군 사례로는 앞서 언급한 성종과 영조, 그리고 철종과 고종의 즉위 과정을 꼽을 수 있습니다. 특히 연잉군이 즉위하여 영조가 되는 과정은 그중에서도 가장 대표적인 경우에 해당합니다. 그 내용이 조금 복잡하지만, 역사적으로 시사하는 바가 커서 자세히 살펴보려 합니다.

경종은 어린 시절에 어머니가 서인 세력의 농간으로 후궁으로 전락해 사약을 마시고 죽음에 이르는 광경을 목격했습니다. 그런 경험이 원인이 되어 매사에 심약하고 우유부단한 모습을 보이게 됩니다. 경종은 장성한 뒤로도 부왕과 집권 서인들에게 폐세자의 빌미를 잡히지 않으려고 노심초사했습니다. 갑술환국 이후부터 임금이 될 때까지 무려 26년이라는 긴 세월을, 세자 신분이 무색하게 눈칫밥 먹으며 지냈습니다. 그에게는 외가의 배경이 완전히 사라진 상태였고, 남인 세력이 조정에서 거세당한 상황에서 자신을 동정하고 지지하는 소론 세력은 노론과 비교하면 정치적으로 소수였습니다. 당시 서인 세력은 실세한 남인의 처리를 놓고 강온 대립이 일어난 데다, 송시열의 아집에 대한 젊은 신하들의 반발이 겹쳐 노론과 소론으로 분열한 상황이었습니다.

한편, 집권 세력인 노론 사대부들은 숙빈 최씨의 소생인 연잉군을 지지하기로 당론을 모으고, 연잉군을 왕세제로 책봉할 음모를 꾸미고 있었습니다. 노론 신하들의 택군 계획이 수면 위로 부상한 것은 경종 즉위 후 불과 1년 만의 일입니다. 수와 힘에서 소론을 압도한 노론은 나이 서른이 넘도록 자식이 없던 경종에게 연잉군을 왕세제로 삼아 후사를 도모하라고 끈질기게 주청합니다. 노론의 등쌀에 견디다 못한 경종은 즉위 이듬해인 1721년 8월, 이른바 노론사대신*의 요구에 따라 6세 연하의 연잉군을 왕세제로 삼는 데 동의합니다.

하지만 그들은 여기서 멈추지 않았습니다. 석 달 뒤에는 세제의 대리청정을 허락해달라고 건의했는데, 경종은 이마저 받아들였습니다. 이는 신하로서 차마 임금에게 요청할 수 있는 사안이 아니었습니다. 오히려 왕조 국가의 신하로서 '임금께서 아직 한창나이이시니, 왕자가 태어나기만을 학수고대한다'고 아뢰어야 정상이 아닐까요?

일이 이 지경에 이르자, 소론 신하들은 노론의 횡포를 더는 내버려둘 수 없다고 판단하고, 노론 대신들의 역심과 불충을 탄핵하고 나섰습니다. 그 결과 신임옥사가 일어나 조정에서 노론 세력이 축출당하고 노론사대신은 차례로 사사되었습니다. 그런 상황에서도 경종이 감싸준 덕분에 연잉군은 목숨을 보전했고, 심지어 왕세제 자리도 유지할 수 있었습니다. 이 정도면 경종의 천성이 선량한 건지, 아니면 그의 정치적 감각이 무딘 건지 갈피를 잡기 힘듭니다.

32년 전(1689년의 기사환국 직전), 송시열을 비롯한 노론 신하들은 엄연히 왕자(당시 두 살이던 경종)가 있음에도 적자가 태어나기를 기다려 원자 정호를 해야 한다고 숙종 앞에서 고집을 피웠더랬습니다. 그런데 경종 앞에서는 전혀 다른 말을 했습니다. 그들은 (임금의 아들보

---

* 영의정 김창집, 좌의정 이건명, 영중추부사 이이명, 판중추부사 조태채를 말합니다.

다 동생, 그것도 서자 신분인 이복동생이 계승 서열에서 앞서는 것도 아닌데) 그때처럼 왕자를 기다릴 마음이 없었습니다.

노론의 입장에서 남인 여식인 희빈 장씨의 아들에게 신하 노릇을 하는 것이 견디기 힘들었던 걸까요? 어쩌면 내심으로는 경종을 임금으로 인정하지 않았는지도 모를 일입니다. 어쨌거나 연잉군 택군과 관련한 이들의 언행을 역적의 말과 행동이 아니라고 한다면, 대체 무엇을 반역이라고 규정할 수 있겠습니까?

철종과 고종, 세도정치 양극단의 풍경　철종은 안동 김씨 세도 정권이 손쉽게 국정을 농단하기 위해 택군한 인물입니다. 헌종이 22세의 젊은 나이에 죽자, 안동 김씨 세도가들이 강화도에 살고 있던 까마득한 종친을 데려와 임금 자리에 앉히고 대왕대비 순원왕후가 수렴청정하니, 그가 바로 철종입니다.

철종은 사도세자의 서자 은언군의 손자입니다. 죽은 헌종에게는 항렬상으로 작은 아버지뻘입니다. 따라서 종법에 맞는 즉위를 위해 철종은 순조와 순원왕후의 양자로 입적되었습니다. 철종은 당시 나이가 18세였음에도 관례(冠禮: 성인이 되는 예식)조차 치르지 않았고, 군호도 없이 이원범이라는 이름으로 불리고 있었습니다. 게다가 교육도 제대로 받지 않아서 임금이 될 수 있는 기본 소양을 갖추지 못했습니다. 순원왕후가 "거의 시골 아이(村童)나 다름없다"고 말한 것처럼 강화도에서 일반 백성과 다름없이 자란 촌놈이었던 겁니다.

헌종 사후에 후계 물망에 오른 인물로는 철종 말고도 익평군 이희와 영평군 이경응(철종의 이복형)이 있었습니다. 그런데 굳이 철종을 선택한 것은 그가 세도 정권의 후견인인 순원왕후가 유일하게 수렴청정할 수 있는 나이였기 때문입니다. 당시 익평군은 25세, 영평군은 21세로 수렴청정을 받을 나이가 아니었습니다. 그렇게 해서 철종은 3년 동안 대왕대비의 수렴청정을 거쳐야 했고, 세도 정권의 핵심 인물인 김문근의 딸을 왕비로 맞이할 수밖에 없었습니다. 정리하자면, 철종은 안동 김씨 세도가들의 입맛에 맞는 인물이었고, 또 그렇게 길들여질 수밖에 없는 운명이었습니다.

한편 고종은 철종과 전혀 다른 이유에서 임금이 된 인물입니다. 철종 사망 당시 대왕대비였던 신정왕후 조씨와 종친 이하응(흥선대원군)은 안동 김씨의 전횡을 견제하고 실추된 왕권을 회복해야 한다는 점에서 생각이 일치했습니다. 이에 두 사람이 힘을 합쳐 이하응의 열두 살 된 둘째 아들, 이명복을 택군하여 임금 자리에 올린 겁니다. 그렇게 흥선대원군의 10년 섭정이 시작되면서 60년 안동 김씨 세도도 간판을 내렸습니다.

안동 김씨 세도가의 입맛대로 선택된 철종은 왕위 계승 과정이 투명하지 않았고, 추대 명분도 공명정대하지 않았습니다. 철종의 즉위 과정은 분명히 반역의 경계를 넘나든 택군이었습니다. 문제는 고종의 사례입니다. 이 경우는 평가가 엇갈릴 수 있습니다. 그렇지만 적어도 세도정치 종식과 왕권 재정립이라는 시대적 과제를 해결한 것만으로도, 즉위 과정에서 대원군이 행한 막후 역할에 정상 참작의 여지는 있다고 생각합니다.

10장

중종 반역

실패한 왕권주의자 연산군

한명회가 다시 청하기를, "… 만약 (대왕대비께서) 지금 정사를 사양하고 거절하신다면, 이는 동방의 창생(조선 만백성)을 버리는 것입니다. 또 신 등이 상시로 대궐에 나와 안심하고 술 마시게 되는데, 만약 수렴청정을 거두시면 앞으로는 안심할 수가 없을 것입니다."

—『조선왕조실록』 성종 7년(1476) 1월 13~14일

대간의 지나친 언론 활동이란 측면은 언론기관의 영향력이 많이 보장 되고 행사된다고 해서 정국 운영이나 정치세력의 권력관계가 안정적 인 상태로 유지되는 것만은 아니라는 숙고할 만한 사실을 알려준다. … (성종) 치세 후반 정치세력 사이의 갈등을 충분히 해소하지 못한 결과, 연산군 대에 일어난 사화의 잠재적 원인 또한 배태했다는 이중적 성격

을 가진 시기였다. ─김범, 『사화와 반정의 시대』

세종 조에는 절을 많이 지어 국고를 낭비하였으므로, 유생이 '임금이
부처를 좋아함은 옳지 못하고, 낭비함이 옳지 못하다'고 생각하여 그런
것이나, 지금은 선왕을 위해 수륙재를 베푸는 것이니 그와는 다른데,
그만두라고 청할 뿐만 아니라, 거기에다 말을 만들어, 중들이 길에서
축하하여 우리 불도가 부흥한다느니, 양전(兩殿)*이 뜻을 이룬다느니,
우롱한다느니 말하는 것은 곧 윗사람을 능멸하는 것이다.
─『조선왕조실록』 연산군 1년(1495) 1월 24일

연산군이 물려받은 달갑지 않은 유산

성종은 26년 동안 임금 노릇을 하며 아들 연산군에게 전례 없는 유
산을 남겼는데, 그것은 양사(兩司)**로 상징되는 다루기 힘든 신하들
과 임금을 통제할 만큼 강력해진 신권이었습니다. 종전까지는 정치
가 임금과 의정부를 구심점으로 하는 대신(중앙 조정의 2품 이상 신하)
들에 의해 주도되었다면, 성종 대에는 그 맞은편에 양사가 포진하여
서로를 견제하면서 대체로 힘의 균형을 이루는 형태로 발전했고, 그

---

* 할머니 인수대비와 작은할머니 예종비 안순왕후 혹은 계모인 성종비 정현왕후를 지칭
  합니다.
** 성종과 연산군 재위 시에 언관 활동을 통해 신권 강화를 주도한 것은 삼사(三司)가 아
  니라, 양사(兩司: 홍문관을 제외한 사헌부와 사간원. 일명 대간)의 관원이었습니다. 세
  조 때 폐지된 집현전이 홍문관으로 부활한 것은 성종 9년의 일입니다. 따라서 당시의
  홍문관은 왕실 문서 관리와 국정 자문에 충실한 기구였습니다.

러면서 신권의 총량이 시나브로 커져갔습니다.

지금부터는 성종과 연산군 대에 걸친 정치 지형의 변화, 즉 신권 확장과 왕권의 상대적 축소에 따른 갈등을 짚어보려고 합니다. 하지만 그전에 당대 신하들에 대한 두 가지 기본 전제를 염두에 두어야 합니다. 하나는 대신이건 양사 관원이건 상관없이, 개인의 정치적 견해나 사상적 성향이 그 사람의 활동을 규정하지 않는다는 사실입니다. 그들은 어디까지나 자신이 속한 관청의 기본 임무를 충실히 수행했을 뿐입니다. 두 번째로 기억해야 할 것은 대신과 양사 관원들의 관직은 따로 구분되어 고정된 것이 아니라, 양쪽 모두에게 개방되어 순환되었다는 점입니다. 즉 대신과 양사는 그 임무가 엄연히 다르지만, 이를 구성하는 인물들은 유동적이어서 언제든 양쪽을 번갈아 역임할 수 있었습니다. 아니, 그보다는 대신이 되려면 양사 관원을 거치는 것이 필수였다는 표현이 더 정확할 겁니다.

군신공치와 부자간의 견해차　성종 대의 양사는 대신뿐만 아니라 임금까지도 효과적으로 제어할 수 있을 만큼 힘이 세졌습니다. 이는 임금의 권한 행사가 과거보다 더 많은 제약에 부딪혔다는 것을 의미합니다. 따라서 연산군은 전례 없이 강한 신하들과 함께 나라를 다스려야 하는 정치 환경을 물려받았습니다.

창업 당시의 조선은 전제성이 강한 왕조가 아니라는 점에서 중국과 달랐습니다. 이방원이 왕자의 난으로 권력을 잡으면서 비로소 강력한 왕권을 구축할 수 있었지만 수양대군이 계유정난을 일으켜 공신을 양산하면서 왕권은 다시 위축되기 시작합니다. 그리고 성종 대에 이르면 왕권 행사는 예전보다 한결 나긋나긋해졌고, 신하들의 목소리는 두드러지게 커져 있었습니다.

성종은 국정에 임할 때 신하들과 머리를 마주하고 허심탄회하게 논의했으며, 될 수 있는 대로 그들의 의견을 수용하려고 노력했습니다. 한편 신하들은 임금에게 옳고 그름을 지적하고 자신들의 뜻을 관철하는 데 집요해서, 임금이 용납할 때까지 간쟁을 이어갔습니다. 이른바 군신공치라는 유자 사대부들의 이상이 몇 발짝만 내디디면 손에 잡힐 듯 성큼 다가선 느낌이었을 겁니다. 이런 정국 변화를 앞장서 이끌어낸 자들은 양사를 중심으로 활동한 젊은 관료들이었습니다. 그리고 변화의 한가운데에 자리한 인물은 다름 아닌 성종 자신이었습니다. 당시 소장 관료들에게 성종이 지닌 최고의 덕목이 무엇이냐고 묻는다면, '신하의 간언을 잘 받아들이는 너그러움'이라고 입을 모아 말했을 겁니다. 그만큼 젊은 신하들에게 성종이란 존재는 유교적 성군에 가까이 다가간 존재였던 게 분명합니다.

그러나 이런 변화를 왕조 체제의 관점에서 보면, 왕권의 위기로 진단할 수도 있는 상황이었습니다. 그리고 성종 대의 이런 상황을 민중의 시선으로 보자면, 양반 사대부들의 탐욕과 횡포로부터 백성들을 지켜줄 최소한의 보루, 즉 나라님의 권위가 공식적으로 힘을 잃어가는 시발점이었다고 평가할 수 있습니다. 이런 생각에 격하게 공감할 만한 조선 군주가 있었으니, 그가 바로 군신공치의 실마리를 제공한 성종의 아들, 연산군입니다.

연산군이 생각하는 임금 노릇은 아버지의 그것과 확연히 달랐습니다. 연산군이 왕위를 계승하면서 결심한 것이 있다면, 아마도 이런 다짐이었을 겁니다. '부왕이 나에게 물려준 애매하고 한가한 정치 상황을 말끔히 해소하고, 강력한 왕권을 바탕으로 가장 전형적인 형태의 절대왕정을 구현하겠다.' 아무튼 연산군 재위 때에 일어날 불행과 비극의 불씨는 군신공치를 둘러싼 성종과 연산군 부자의 견해차에서 자라났습니다.

공신과 언관의 다른 결, 그리고 성종의 유별남   성종이 왕위에 오를 당시 조정의 고위 관직은 대부분 훈구 공신들이 장악한 상태였습니다. 그들은 단종, 세조, 예종 치하에서 네 번(성종 즉위와 관련된 공신까지 합하면 다섯 번) 있었던 공신 명단에 이름을 올려 부귀영화를 누리게 된 자들입니다. 그들은 국정을 논의하는 과정에서 언제나 주도적 위치에 있었고, 오로지 임금만이 자신들이 제의한 안건을 시비할 수 있는 정치 환경에 익숙했습니다. 이처럼 공신의 힘이 강력했던 건 맞지만, 성종 대에 확장되는 소장 신권과는 그 결이 사뭇 달랐습니다. 공신들의 정치 행태는 군신공치라는 유교적 이상으로 설명할 수 있는 것도 아닐뿐더러, 왕권을 제어할 도덕적 권위를 갖지 않은 신권 확장이라는 일종의 착시였으니까요. 공신들이 행사한 힘의 실체는 한마디로 세조와 공신들이 왕위 찬탈이라는 범죄를 함께한 공범 의식 혹은 동지애에서 출발한 권력의 치우친 분배에 지나지 않았습니다.

그런데 성종이 친정을 시작하면서 이런 정치 환경에 균열이 발생합니다. 양사 안에서 다수를 차지한 젊은 관료들이 조정에서 오랫동안 기반을 다져온 공신과 대신 세력, 이른바 훈구 공신 세력에 도전장을 내밀었기 때문입니다. 이런 변화는 임금의 중립적 처신과 대간을 향한 은근한 지원 없이는 불가능한 일이었습니다. 성종은 대간의 역할을 폭넓게 인정해주었고, 그들의 간쟁 또한 관대하게 수용했습니다. 특히 친정을 시작한 1476년(성종 7) 이후로는 사헌부와 사간원을 적극적으로 활용해 훈구 공신 세력을 견제하기에 이릅니다.

한편, 개인적 자질이나 성향의 측면에서 성종에게는 선왕들과 유별나게 다른 특징이 있었습니다. 우선 신하들의 언행에 대체로 너그러웠다는 점입니다. 성종은 군주 고유의 권한 행사뿐만 아니라 심지어 임금의 취향*까지도 번번이 양사 관원의 제지를 받았지만, 큰 충돌 없이 수용하려는 모습을 보여주었습니다. 두 번째로는 유교적 정치 문화에 철두철미한 자세를 취했다는 점입니다. 이전의 임금들도 유학을 존숭했지만, 성종만큼 유가적 인식에 뿌리박은 정치 운영을 선호하지는 않았습니다. 성종이 줄곧 불교를 배척한 것과 달리, 세종과 세조가 불교를 후원하거나 불교사상에 심취한 모습을 보여준 사례에서도 알 수 있습니다.

지배계급의 관점으로 그려낸 성군과 폭군　성종은 즉위 7년 만에 수렴청정에서 벗어나 친정을 시작했는데, 친정 이후로도 대왕대비(할머니

---

* 성종은 여성 편력이 특히 심했습니다. 자식을 28명이나 두었으며 자식을 낳은 후궁만 12명입니다. 그가 37세라는 이른 나이에 죽은 것이나 연산군의 생모 윤씨를 폐비 후 사사한 것도 이런 사정과 무관하지 않을 겁니다. 술을 좋아했으며, 신하들 몰래 즐길 만큼 매사냥 같은 유흥에도 관심이 많았습니다. 또한 동물을 유난히 좋아해서 신하들의 비판과 만류에도 개와 고양이는 물론이고 사슴, 원숭이, 앵무새, 공작 같은 동물을 궁궐 안에서 길렀습니다. 심지어 낙타를 사들이려다가 신하들의 반대로 단념한 일화가 두 번이나 실록(성종 17년 9월 19일과 10월 7일)에 등장합니다.

세조비 정희왕후)의 뜻을 이어받아 훈구 공신들의 이익을 배려한 정책을 이어갔습니다. 그리고 성리학을 장려한다는 명목으로 군현 단위로 향교를 세웠는데, 향교에 다니는 양반들에게는 세금과 군역을 면제하는 특혜를 베풀었습니다. 이를 계기로 양반 사대부들이 세금을 내지 않고 군역을 이행하지 않는 관행이 공식화되었고, 결국 나라 재정과 국방력은 위축될 수밖에 없었습니다. 그리고 이에 따른 부담은 백성들 몫으로 돌아갔습니다.

세종부터 연산군까지의 약 백 년간은 조선왕조 500년에서 가장 태평한 시절에 속합니다. 이런 시절에는 성종처럼 적당히 우유부단하고 신하에게 관대한 임금이 지배계급 사이에서 환영받기 마련입니다. 적지 않은 개인적 결함이나 실수에도 불구하고 성종이 후대 양반 사대부들에게서 성군으로 대접받게 된 비결은 바로 이런 것입니다.

반면, 태평성대에 강력한 왕권을 추구하며 신하들에게 매섭고 단호한 임금은 배척당할 수밖에 없습니다. 연산군이 폭군으로 매도당해 쫓겨난 가장 큰 이유가 여기에 있습니다. 결국 성군과 폭군으로 그려낸 성종과 연산군의 이미지는 당대 지배계급의 관점일 뿐, 조선 민중의 시선과 생각에 부합하는 것이 아닙니다.

능상과 문약, 힘센 신하의 민낯

성종이 왕권 행사에 다소 미온적이며 유보적인 태도를 보이고, 훈구 공신과 대간 사이에서 은근히 대간에 치우친 자세를 취함으로써 정치권에는 전에 없던 여백이 생겨났습니다. 그런 상황에서 양사 관원들이 고유의 간쟁권을 적극 행사함으로써 그 빈 곳을 선점했습니다.

대간은 이렇게 확대된 위상을 바탕으로 마침내 국정 전반에 걸쳐 자신들의 힘을 과시하게 됩니다.

성종 역시 소장 신권의 확장을 독려하고 언관들의 기세를 적절히 통제하지 않음으로써 왕권 안정의 측면에서 신중하지 못했습니다. 이는 훗날 혈기 왕성한 연산군이 강력한 왕권에 집착하는 데 결정적인 계기로 작용합니다. 성종은 아들의 생모를 죽이고 외가마저 멸족시킴으로써 훗날 자신의 아들이 왕권을 행사하는 데 필요한 최소한의 기반마저 붕괴시켰습니다. 물론 연산군 즉위 당시 내명부의 어른인 세 명의 대비가 생존해 있었습니다. 하지만 이들 모두가 생전의 폐비와 갈등 관계에 있었고, 굳이 죽일 것까지 없었던 폐비를 두둔조차 하지 않았습니다. 따라서 연산군의 입장에서는 그들을 생모나 외가처럼 편안한 조력자로서 받아들이기 어려웠을 겁니다.

연산군은 세자 시절부터 대간 중심의 기세등등한 신권과 약화된 왕권이 부왕의 실책에서 비롯되었다고 진단했음이 분명합니다. 그리고 부왕을 직접 비판하는 대신, 잘못된 세태의 책임 소재를 양사 관원에게 돌리며 강력한 왕권 구축을 다짐했을 겁니다. 결국 연산군 대의 조정이 혼란에 봉착한 것은 성종의 정국 운영이 실마리를 제공했기 때문입니다.

젊은 임금을 길들이려 하다　성종이 죽고 연산군이 즉위하자, 양사를 기반으로 하는 간관들은 선왕의 치세가 그대로 이어지기를 바라는 마음에서 젊은 임금을 길들이기로 작정합니다. 그들은 4년이 넘도록 집요하게 힘을 과시함으로써 연산군 초반의 국정 운영을 마비 상태로 몰고 갔습니다. 훈구 대신들에 대해서는 끔찍한 수준의 인신공격도 마다하지 않았습니다. 연산군이 언관을 꾸짖으며 했던 말을 보면, 그들의 폭주가 어느 정도였는지 짐작할 수 있습니다.

"네가 노사신의 살을 씹어 먹고 싶다고 말한 것은, 필시 '내가 대간이 되었으니 이같이 말해도 나를 어쩌지 못할 것이다'라고 생각했기 때문이다. … 노사신의 말은 비록 글월을 알지 못하더라도 자질만 좋으면 수령을 시킬 수 있다는 것이니, 이는 평이한 말인데 그 살을 씹어 먹고 싶다고까지 말했으니, 이로 미루어 생각하면, 곤룡포를 입고 면류관을 쓴 임금이라도 (너희들이) 공경할 마음이 있겠느냐. 조정은 화목한 것을 귀하게 여기는데, 지금은 조금만 불협한 일이 있으면 반드시 이 같은 말을 하니, 되겠느냐."(『연산군일기』 3년 7월 21일)

정6품 사간원 정언이던 조순이 정1품 영의정 노사신에게 '그의 고기를 씹고 싶다'고 말한 이유는 뜻밖에도 사소한 것이었습니다. 대간의 간언을 물리친 연산군을 노사신이 '탁월한 군주의 위엄 있는 결단'이라고 평가하자, 조순이 (38년이나 나이가 많은) 할아버지뻘 재상에게 이런 극단적인 언사를 뱉은 겁니다. 즉위한 지 채 한 달도 되지 않은 19세의 연산군이 오죽하면 양사 관원들의 이런 행태를 윗사람을 업신여기고 깔보는 짓, 즉 '능상(凌上)'으로 규정(『연산군일기』 1년 1월 24일)했겠는가 싶습니다.

한편, 연산군을 길들이려는 언관들의 행태는 즉위 초부터 이어졌습니다. 다음에 인용한 실록 기사에서 알 수 있듯이, 당시 양사 관원의 복합(伏閤)* 관행은 확실히 선을 넘은 것이었습니다.

"지금 전하께서 즉위하신 지 수년이 못 되었는데, 대간이 합사해

복합한 것은 거의 빠진 달이 없으니…."(『연산군일기』 2년 8월 22일)

"즉위하신 이래로 대간의 복합이 없는 날이 거의 없건만…."(『연산군일기』 2년 11월 23일)

"대간이 이에 따라 복합한 지 벌써 60여 일이 되었으므로, 문서가 많이 밀리고 억울함이 풀리지 않으니…."(『연산군일기』 3년 5월 14일)

"을묘년(연산군 즉위 이듬해인 1495년)부터 오늘까지 3년 동안에, 대간이 일을 보는 날은 적고 복합하는 날이 많아 조정의 기강이 해이해지고 백성들의 원성이 쌓이니, 대간이라는 이름이 있지만 사실은 대간이 없는 것입니다."(『연산군일기』 3년 6월 5일)

대간은 연산군이 즉위한 뒤로 복합하여 상소하기를 거의 하루도 거르지 않았습니다. 복합 상소는 나라에 큰일이 있을 때나 하던 상소인데, 『연산군일기』에 기록된 복합 이유라는 것들이 과연 '나라의 큰일'이었는지 고개가 갸우뚱해집니다. 가령 생모인 폐비 윤씨의 사당과 신주 세우는 일을 중지할 것, 공신의 품계를 올려줄 것, 임사홍의 품계를 올리는 것을 없던 일로 할 것, 외척과 환관을 총애하지 말 것 따위의 이유로 떼 지어 대궐 문 앞에 엎드렸던 겁니다.

이렇듯 임금이 청을 들어줄 때까지 언관들이 궐문 앞에 엎드려 소란스럽게 구는 일은 그들의 일과가 되다시피 했습니다. 『연산군일기』에서 '복합 상소'를 검색해보면 20차례나 등장하는데, 그중 12차

---

* 복합은 나라의 중대사를 놓고 신하나 유생들이 단체로 대궐 문 앞에 엎드려 임금에게 간청하는 행위를 말합니다. 행위 주체가 관료라는 점만 제외하면, 오늘날의 연좌시위와 비슷합니다.

례가 연산군 즉위 3년 안에 집중되어 있습니다. 이는 영조 때의 25차례 다음으로 많으면서 숙종 때와 같은 횟수입니다. 하지만 연산군 재위 기간이 12년인 데 비해 영조와 숙종의 재위 기간이 각각 52년과 46년으로 네 배 정도 길었던 사실을 상기하면, 연산군 대의 언관들의 행태는 정상이 아니었습니다.

대간은 연산군과 대신들이 절충안을 내놓아도 좀처럼 동의하지 않았습니다. 그리고 자신들의 요구가 온전히 수용되지 않으면 잇달아 사직하는 식으로 반발했습니다. 타협 같은 것은 없었습니다. 그들을 현업으로 복귀시키려면 오로지 그들의 의사를 수용하는 것뿐이었습니다. 그들의 요구 사항이 외침이나 천재지변과 관련된 엄중한 사안도 아니었으니, 대간의 이런 일사불란하고 과격한 행태는 조선 역사를 통틀어 봐도 굉장히 이례적인 것입니다.

간관들의 집요한 복합 상소의 배경에는 즉위 초반에 젊은 임금을 길들여야 한다는 나름의 절박함이 깔려 있었습니다. 그들은 세자 수업 기간을 통해 연산군을 관찰할 시간이 충분했기에, 그가 힘센 신하들에게 반감을 품은 것을 알았습니다. 물론 영리한 연산군 역시 대간의 이런 불순한 의도를 간파하지 못했을 리 없습니다. 결국 연산군과 양사 관원 사이의 출구 없는 대립은 갈수록 격렬해졌고, 무오사화가 일어나기 전까지 조정은 양사 관원들의 소란으로 정상적인 국정 운영이 불가능할 지경이었습니다.

사대부들의 한심한 국방 인식　연산군 재위 시에 삼사 관원을 포함한 대다수 사대부들의 국방 인식은 한심할 정도로 비현실적이고 안이했습니다. 1499년 9월 북방의 변경에서 여진족이 넘나들면서 우리 백성을 죽이고 약탈하는 일이 있었고, 10월에는 진도 등의 해안에 왜구가 침입해 우리 군사를 죽이고 잡아가는 일이 발생했습니다. 이때 홍문관 관원들은 연산군에게 이렇게 말합니다.

"이달 초 4일에 벼락이 치고 우박이 내렸으며, 13일에 작은 눈이 내렸고, 21일과 22일에는 벼락과 우박이 있었습니다. 또 산양회·추파 등지에 적변이 끊기지 않으며, 지금 또 진도·금갑도에 왜적이 도적질하니, 이것은 모두 재이(災異)의 큰 사례에 속합니다. 공구수성(恐懼修省: 두려운 마음으로 수양하고 반성)하여야 할 뿐이오니, 강무(講武)를 중지하시기 바랍니다."(『연산군일기』 5년 9월 23일)

강무는 임금이 참석한 가운데 신하와 백성들과 함께 실시하는 수렵 행사이지만, 엄연히 군사훈련의 성격을 띠는 것입니다. 그런데 신하들은 임금이 겸허히 수양하고 반성하지 않아서 천재지변과 외침이 일어났다며, 이미 계획된 강무를 그만두라고 말합니다. 병사를 동원하려면 농사에 지장이 있으니 곤란하다는 것이 강무를 반대한 주된 이유였습니다. 심지어 외침에 대비해 성 쌓기를 건의한 대신을 소인으로 몰아세우고 파직할 것을 청합니다. 그리고 변방의 무장들은 자신의 공을 내세우려는 자들일 뿐이니 신뢰할 수 없다며 공공연히 무신을 비하합니다. 이렇듯 문약에 빠진 삼사 관원들은 국방에 대한 식견이나 비전도 없이 사사건건 연산군의 국방정책을 비판하고 반대했습니다.

한편 연산군 치세에 이르면 국방의 의무를 수행할 인구가 절대적으로 부족해집니다. 당시는 노비 숫자가 인구의 절반을 차지했습니다다. 세조 때부터 양산된 공신 가문 때문에 사노비가 급증한 것이 가장 큰 원인이었습니다. 이는 군역을 지는 인구가 그만큼 줄었음을 뜻합니다. 전국적인 향교 설립과 관련해 언급했듯이, 앞서 성종은 양반 유생들을 군역 의무에서 해방시킨 바 있습니다. 따라서 노비와 양반을 제외하면 군역을 부담할 인구가 부족한 것은 당연한 일이었습니다. 그런데도 소장 신하들은 국가 중대사는 방기한 채, 알맹이 없는 비판과 반대를 위한 반대나 일삼으며 연산군의 발목을 붙잡았습니다.

왕권 실추에 따른 대가

조선 역사에서 왕권에 기대어 환관이 권력을 휘두른 사례는 없습니다. 하지만 명종 대의 파평 윤씨, 순조 이후의 안동 김씨 및 풍양 조씨 그리고 고종 대의 여흥 민씨처럼 외척과 이들에 아첨하는 무리들이 왕권을 압도하고 정국을 농단한 사례는 많습니다. 그런데 힘센 환관들에게 둘러싸여 국정을 돌보지 않았던 명나라의 폭군 황제들처럼, 명종이나 순조나 고종을 폭군으로 규정하지는 않습니다. 그 이유는 지존을 둘러싸고 전횡을 일삼은 주체가 달랐기 때문입니다.

폭군, 지배계급에 등 돌린 군주의 숙명　역사를 기록하는 주체는 사대부 계층일 수밖에 없습니다. 황조의 사대부들은 환관에 둘러싸인 황제들을 폭군으로 규정할 수 있었지만, 조선 사대부들은 바로 자신들(외척도 사대부이기는 매한가지이므로)에게 휘둘린 임금을 차마 폭군으로 규정할 수 없었습니다. 따라서 조선왕조와 중국 황조는 폭군의 개념과 그 성격이 다를 수밖에 없었습니다.

그런데 조선 사대부들이 폭군으로 낙인찍은 연산군과 광해군은 달랐습니다. 연산군과 광해군은 백성들에게 사나운 군주가 아니었습니다. 그들은 외척과 신하들에게 휘둘리지 않았고, 결정적으로 기득권을 지닌 지배계급, 즉 양반 사대부들의 이익에 반하는 정책을 펼쳤습니다. 특히 양반 사대부 '전체'를 상대로 강력한 왕권을 행사했던 군주는 연산군이 유일합니다.

연산군과 광해군이 숙명적으로 폭군의 오명을 쓴 것은 당대 지배계급에 등을 돌렸기 때문이지, 백성들에게 폭정을 행사했기 때문이 아니라는 사실을 잊지 말아야 합니다. 조선 후기의 양반 사대부들은 기회 있을 때마다 왕권을 능멸하고 제멋대로 국정을 농단했습니다. 그들은 이런 사실을 물타기하거나 감출 의도에서 무능한 당대의 군주가 아니라, 이미 폭군의 오명을 뒤집어쓴 연산군과 광해군을 걸핏하면 재소환했다는 사실도 기억해야 합니다.

치세를 욕보이고 민생을 파탄 낸 힘센 신하들 연산군이 선왕에게서 물려받은 신하는 초기의 건국 공신을 능가할 만큼 힘센 자들이었습니다. 특히 공신 세력에 뿌리를 둔 대신들과 성종이 키워낸 대간의 힘은 왕조 국가 고유의 질서에 도전할 만큼 성장한 상태였습니다.

그들은 공적인 영역에서 임금의 통치권 행사와 권위에 도전했으며, 사적 영역에서는 사유화한 권력을 이용해 나라 법 위에 군림하며 마음껏 백성을 수탈했습니다. 뒤에서 자세히 언급하겠지만, 세조 이후의 공신들과 성종 대를 거쳐 연산군 즉위 당시까지 국정을 담당한 사대부들 가운데는 백성을 상대로 어마어마한 부를 축적한 자들이 무수히 많습니다. 무오사화와 갑자사화를 계기로 폭로된 그들의 악행과 그렇게 축재한 재산 규모는 우리의 예상을 뛰어넘습니다.

그들이야말로 신권 강화를 통해 임금의 눈을 가리고 위선과 탐욕으로 민생을 파탄 낸 주범입니다. 또한 백성들의 최종 보호막이 되어야 할 임금의 치세를 욕보인 주인공인 동시에 왕조 체제를 위협한 실질적인 역도들입니다.

임금은 신하들로부터 백성을 보호하는 존재　조선의 신하라는 자들은 대체로 임금 앞에서는 나라 걱정과 백성 사랑을 떠들었지만, 대궐 문을 나서면 자신의 이익과 가문의(조선 후기에는 소속 당파를 포함해서) 번영을 더 중요시했습니다. 이는 숱한 사례를 통해 드러난 역사적 진실입니다.

반면에 임금이 으뜸으로 삼아야 할 의무는 자기 백성을 신하들의 탐욕과 횡포로부터 지켜내는 일입니다. 유교적 농경사회의 군주는 사대부 신하들의 이익 추구로부터 백성을 보호하는 유일하고도 최종적인 보호자였습니다. 그러려면 백성들을 함부로 수탈하지 못하도록 그들을 감시하고 견제할 힘이 있어야 합니다. 따라서 이는 왕도주의의 본질에 속하는 문제입니다. 그리고 왕조 사회의 왕권 강화와 오늘날 정치권력의 독재를 혼동하면 안 되는 이유이기도 합니다.

하지만 조선의 임금 대부분은 왕권이 미약했습니다. 따라서 백성들은 양반 사대부 계층의 횡포에 그만큼 손쉽게 노출될 수밖에 없는 운명이었습니다. 조선 역사 500년을 놓고 볼 때, 왕권이 신권을 압도한 시기는 매우 짧았습니다. 시간이 흐를수록 신하들의 힘은 더욱 강해지고 왕권은 그에 비례해 약해지는 군약신강 현상이 두드러졌습니다. 특히 중종 반역 이후로는 신권이 왕권을 압도하는 양상이 일반적인 상황으로 자리 잡게 됩니다. 그 결과 조선은 양반 사대부들과 왕실 구성원뿐만 아니라, 그들을 견제해야 할 임금마저도 그들과 혼연일체가 되어 백성 수탈을 업인 양 여기는 나라가 되고 맙니다.

군약신강을 군신공치로 착각하다 중세 왕조 국가에서 신권이 왕권을 압도하는 상황, 즉 군약신강을 군신공치로 이해하는 것은 큰 잘못입니다. 이는 조선의 언관들이 민심을 대변하고 애민을 실천함으로써 마치 현대의 언론과 유사한 기능을 수행한 거나 다름없다고 말하는 것 이상의 착각입니다.

그렇다면 왕조 사회에서 기대할 수 있는 군신공치의 최대치는 어디까지일까요? 그것은 신권의 견제 기능과 왕권과의 균형적 조화는 인정하되, 국정 운영의 주도권은 어디까지나 군주에게 있으며, 신하들은 군주의 권위를 압도하거나 정면으로 맞서지 않는 범위에서 국정에 참여하는 수준이라야 합니다. 그런데도 조선의 양반 사대부들은 신권이 왕권을 압도하는 상황을 군신공치로 인식했습니다. 이런 착각이 두 번의 왕위 찬탈과 노론으로 대표되는 조선 후기 보수 사림의 전횡, 그리고 19세기 이후 안동 김씨·풍양 조씨·여흥 민씨(모두 노론 가문)의 반민중적 세도정치로 상징되는 암울한 역사를 연출한 것입니다.

연산군이 신하들에게 쫓겨난 이후로 힘센 신하들의 입김에서 자유로운 임금은 없었습니다. 신하들은 왕권을 혐오하고 임금의 권위를 내심 우습게 생각했습니다. 심지어 이를 아름다운 풍조라며 자랑스럽게 여겼습니다. 그러면서 자기들의 위선과 이기심, 그리고 백성 수탈에 대해서는 부끄러워하지 않았습니다.

연기처럼 흩어진 진실

승정원에 전교하기를 "··· 백성이 중이 되는 것은 산간의 거친 밥과 나물국을 즐겨서가 아니다. 오로지 국가가 인정(人丁)을 하나도 빠짐없이 수색하여 한 집안에 서너 명의 인정이 있더라도 다 군적에 기록하므로 집안에 남은 장정이 없어서 농사를 지을 수 없으니, 이 때문에 생계의 이익이 적으므로 출가해 중이 되는 것이다. ··· 지금 백성으로 하여금 남은 장정을 가지고서 농사에 전력하게 하여 생계를 넉넉하게 만들어주자면 어떤 길이 있겠는가?"
—『조선왕조실록』 연산군 2년(1496) 1월 3일

헌납 손중돈이 아뢰기를 "··· 청컨대 금주령을 내리소서." 하니, 임금이 이르기를 "··· 그러나 돈 많고 강한 자는 빠지고 세력 없는 자만 걸려든다니, 금주령은 폐단이 있다. 그러므로 모여서 마시기를 삼가라고 명하는 것만 못하다." 하였다.
—『조선왕조실록』 연산군 3년(1497) 7월 12일

왕이 경연에 납시어 전교하기를 "지난해에 농사가 부실하여 백성의 생활이 어렵고 고생스러운 듯하니, 나는 매우 염려된다. 선왕조의 예에 의하여 상평창을 설치하고 민생을 구제할 절목을 의논해 아뢰도록 하라." 하였다.

—『조선왕조실록』 연산군 4년(1498) 2월 26일

사신은 논한다. 반정 이후 공신들이 공로를 믿고 교만하고 사치하여 희첩(姬妾)을 거느리되 많은 자는 6~7명, 적어도 3~4명을 밑돌지 않았다. 그중에서 박원종·유순정·성희안이 더욱 많이 거느리다가 얼마 안 되어 병들어서 연이어 죽었다. 벼슬이 높거나 낮은 뭇 신하들이 이를 본받아 각각 첩을 두고 각사(各司) 각관(各官)으로부터 재물을 거두어들이되 부끄러워할 줄 몰라 이미 풍속이 되었으므로, 지조와 바른 행실을 갖춘 자 또한 이를 면치 못하였는데, 당시 사람들이 이를 소가구황(小家救荒: 첩의 집안을 먹여 살리려고 백성을 수탈하는 꼴을 조롱한 말)이라고 말했다. —『조선왕조실록』 중종 8년(1513) 5월 29일

무오사화, 능상 풍조를 조준하다

예전에는 조선 전기의 사화를 정의할 때면, '영남에 뿌리를 둔 중소 지주 출신 사림과 서울과 경기 지역의 대지주들인 훈구 집단 사이의 갈등이 빚은 결과물'로 해석하는 것이 통설이었습니다. 그러나 요즈음의 학자들은 사화에 대한 과거의 해석이 잘못되었다는 데 공감하고 있습니다. 그 이유는 '사림'을 다룬 제2부에서 살펴보았듯이, 사림과 훈구 세력은 사회적·지리적 배경에서 명확히 구분되는 이질적 집단이 아니었고, 정치적 이해관계나 자신이 맡은 역할에 따라 한시적

으로 입장을 달리했을 뿐이라는 생각이 지지를 얻었기 때문입니다.

조선 전기의 지배계급은 이념적·사회경제적 측면에서 지금까지 우리가 알고 있던 것보다 훨씬 동질적인 집단이었습니다. 대부분의 사림은 직간접으로 훈구 가문의 후손이었으며, 세월이 흐름에 따라 그들 역시 똑같은 기득권자로 변신했습니다. 따라서 연산군 치세의 두 차례 사화는 틀림없는 왕권과 신권의 충돌이었습니다. 특히 무오사화는 기본적으로 강력한 왕권을 추구한 연산군과 기존의 신권 유지와 왕권 제한을 요구한 신하들, 특히 양사에 소속된 소장 세력이 서로 한 치의 양보 없이 충돌하는 과정에서 일어난 사건입니다.

김종직의 위선과 임금을 자극한 정통성 시비　연산군에게는 스스로 치유할 수 없는 아킬레스건이 있었습니다. 바로 증조부인 수양대군이 조카 단종의 왕위를 찬탈함으로써 생겨난 해묵은 정통성 시비가 그 것입니다.

세조 정권이 왕권을 안정시킴에 따라 사람들의 뇌리에서 잊힌 듯했던 정통성 시비가 연산군 대에 들어서면서 생각지도 못한 곳에서 터져 나왔습니다. 사건은 1498년(연산군 4), 『성종실록』을 편찬하는 과정에서 성종 때 사관을 지낸 김일손이 스승 김종직의 「조의제문」을 사초에 인용한 사실이 폭로되면서 시작됩니다. 세조의 정통성을 조롱한 「조의제문」은 연산군을 자극하기에 충분했고, 바야흐로 무오사화의 문이 여기서 열리게 됩니다.

김종직은 조선 성리학의 도통을 이어 절의를 소중하게 여긴 초창기 사림의 우두머리이자 영남학파의 시조이고, 한편으로는 당대 최고의 문장가라는 평을 받은 인물입니다. 그렇지만 이런 일반적인 평과 다르게, 그의 삶은 다분히 위선적이고 모순투성이였습니다. 김종직의 관직 생활은 자신이 비난한 세조 치세에서 시작합니다. 그는 1456년(세조 2) 문과에 응시했다가 낙방하고 몇 달 뒤에 부친상을 당했는데, 「조의제문」을 지은 것은 그 이듬해의 일입니다. 그리고 2년 뒤, 문과에 합격해 벼슬길에 나섭니다. 당시 세조는 지나치게 비대해진 공신 세력을 견제할 요량으로 젊고 참신한 신하를 적극 등용했는데, 김종직이 관직에 오른 것도 바로 그 무렵입니다. 그는 이후 홍문관 수찬과 요직인 이조좌랑을 역임했으며, 성종 대에는 형조판서가 되어 대신 반열에 들었습니다. 이처럼 김종직은 세조의 정치적 구상에 들어맞는 인물인 동시에 성종 대까지 3대에 걸쳐 관직에 있으며 시세에 순응했던 사대부입니다.

김종직의 시문집인 『점필재집』 제6권에는 죽은 세조의 공덕을 기리는 음악에 쓰일 노래 가사가 실려 있습니다. 그가 지은 「세조혜장대왕악장」이 그것입니다. 그리고 예종이 선왕 세조가 지은 『광묘어제훈사』를 인쇄해서 올리라고 명하자, "기쁜 나머지 잠도 자지 않고 시 3수를 지었다"는 사뭇 들뜬 고백까지 그의 문집 연보에 남아 있습니다.

그는 공신 유자광이 대간에게 탄핵당했다가 다시 관직을 받는 문제로 논의가 분분할 때는 유자광의 복귀를 지지했고(『성종실록』 16년 2월 4일), 계유정난의 일등 공신이자 훈구 세력의 상징적 인물인 신숙주의 문집에 서문을 쓸 정도로 훈구 세력과 친분이 각별했습니다. 한마디로 절개와 의리를 소중히 여겼다는 후배 사림의 평가와는 전혀 어울리지 않는 인물이었습니다.

연산군은 김종직을 가리켜 '세조 이래 세 조정을 섬기고도 세조의 성덕을 비웃으며 놀렸다'고 말했습니다. 위에서 열거한 행적에 비추어 볼 때, 연산군의 인물평은 정확했습니다. 훗날 이황은 '경전을 깊이 읽고 성리학의 도를 닦은 것이 아니라, 평생 아름다운 문장을 짓는 일에 힘썼다'며 김종직을 낮게 평했습니다. 16세기의 영남학파와 보수 사림을 대표하는 이황의 평가가 사림의 인식에 어떤 영향을 미쳤는지는 정확히 알 수 없습니다. 하지만 제자 김굉필과 정여창이 문묘에 배향되었을 때, 스승 김종직은 명단에 이름도 못 올린 것으로 보아 그에 대한 조선 후기 사림의 평가는 그다지 후하지 않았습니다.

지금까지 살펴본 김종직의 행적과 당대의 평가를 종합해서 판단해보면, 그는 사림의 종장으로 불릴 만큼 절의를 실천하거나 학문적 성취를 이룬 인물이 아니었습니다. 단지 명망 있는 사림 학자를 제자로 둔 문장가이자 조선 역사에서 흔히 볼 수 있는 (언행이 따로 놀았던) 사대부의 한 사람에 불과했습니다.

무오사화에 대한 오해 다시 무오사화의 출발점으로 돌아가 김일손과 그의 사초에 관해 얘기해보겠습니다. 실록청 당상 이극돈이 연산군의 정통성을 문제 삼은 내용이 사초에 실린 것을 보고, 이를 문제 삼은 것은 당연한 일인지도 모릅니다. 김종직이 세조의 녹을 먹은 신하임을 생각한다면, 세조 대 이후로 무려 네 임금을 섬겨온 이극돈으로서는 그냥 지나칠 수 없었을 겁니다.

이극돈의 관점에서 생각하면, 세조의 정통성이 의심받게 되면 직계 후손인 연산군까지의 모든 치세가 그 정당성을 상실할 수 있었습니다. 물론 이극돈이 훈구 대신으로서 당시 소장 관료들과 반목하고 있었던 것은 사실입니다. 하지만 사초를 열람하려는 연산군을 제지했고, 사화가 전개되는 와중에 문제가 된 다른 사관의 사초를 보여주지 않으려고 애썼습니다. 더군다나 김일손의 사초를 확인하고도 진작에 보고하지 않았다는 죄로 그 자신도 삭탈관직당했습니다.

따라서 무오사화의 원흉이 사림을 제거하려던 훈구 대신 이극돈의 농간에 넘어간 연산군이었다거나, 무오사화가 훈구와 사림 간 힘겨루기 과정에서 사림이 패퇴한 비극적 사건이었다는 해석은 잘못입니다.

그렇다면 무오사화는 대체 어떤 사건이었을까요? 결론부터 말하면 이렇습니다. 성종 대 이후로 비대해진 소장 신권 세력이 연산군 즉위 초반부터 임금을 길들이기 위해 계속해서 왕권에 도전했고, 그 와중에 사초 문제가 터집니다. 그러자 강력한 왕권 확립을 최우선 과제로 여겼던 연산군이 이 일을 계기로 소장 신권 세력에 철퇴를 가한 사건이 무오사화입니다. 무오사화는 이처럼 지극히 정치적인 성격을 가졌으며, 왕권에 도전하다 발생한 조선왕조의 흔한 옥사들 가운데 하나로 읽어야 마땅합니다.

한편, 사관 시절의 김일손은 출처가 모호하고 사실관계도 분명하지 않은 시중에 떠도는 소문들을 사초에 무작위로 인용한 전력이 있습니다.

김일손은 '세조는 장남인 의경세자가 죽자 아들의 후궁을 불러들였는데 그녀가 거절했다'는 소문을 아무개한테서 듣고 이를 사초에 반영했습니다. 임금이 죽은 아들의 후궁을 탐했다는 매우 놀라운 일화를 소문으로만 전해 듣고 (야사나 자기 개인 문집이라면 모를까) 실록에 남길 생각을 한 겁니다. 이는 사관으로서 김일손의 기본 소양을 의심하게 만드는 일입니다.

세조가 힘으로 조카의 왕위를 강탈한 것이 역사적 사실인 동시에 패륜 행위인 것은 맞지만, 사실이 확인되지 않은 내용을 사초에 인용해 수양대군의 잘못을 부각하려는 것은 사관으로서 올바른 자세가 아닙니다. 이것은 세조의 과오에 대해 사관 입장에서 솔직한 견해, 즉 "사신(史臣)은 말한다"라는 형식의 논평을 남기는 것과도 다른 문제입니다. 이처럼 세조를 비난할 의도로 없는 사실을 사초에 기록하는 것은, 훗날 연산군과 광해군의 왕위를 찬탈한 역도들이 반란을 합리화하기 위해 저지른 역사 왜곡과 전혀 다를 바 없는 행위입니다.

신권의 도전에 응답하다 김일손의 사초에 실린 「조의제문」과 세조에 관한 거짓 내용을 접한 연산군은, 이런 것들이 부왕 때부터 힘을 키워온 신권 세력이 자신에게 도전한 명백한 증거라고 생각했습니다. 오죽했으면 "실록은 마땅히 직필이라야 하는데, 어찌 망령되게 헛된 사실을 쓴단 말이냐?"(『연산군일기』 4년 7월 12일)라고 김일손을 꾸짖기까지 합니다.

연산군은 이 문제를 덮고 넘어갈 수 없었습니다. 왜냐하면 자신의 증조부를 군주로 인정하지 않는 신하들과 아무 일 없다는 듯이 조정 안에서 얼굴을 마주한다면, 예종과 성종은 물론이고 자신의 정통성까지 의심받게 될 게 뻔하니까요. 연산군은 아마도 이 일련의 사건을 두고 이렇게 결론 내렸을 겁니다. '김종직과 그의 문인들은 선왕 시절까지 세 임금을 섬기며 벼슬을 살았다. 그런데도 증조할아버지를 비웃고 조롱했으니, 이는 신하로서 갖지 말아야 할 역심을 품은 것이나 다름없다. 게다가 이런 생각을 실록에 반영하려고 했으니, 이들은 우리 왕조의 역신이다. 이를 내버려둔다면 장차 종묘사직을 위협하는 풍습이 만연할 게 틀림없다.'

한편 양사 관원들은 임금이라도 사초를 볼 수 없다는 입장을 고수했지만, 김일손이 기록한 사초 내용에 대해서는 침묵했습니다. 이런 상황을 눈여겨본 연산군은 대간이 김일손을 감싸려 든다고 판단했습니다. 그리고 사초에서 비롯된 문제가 단지 김일손 개인의 문제로 끝나는 게 아니라, 그의 생각에 동조하는 다수가 합심해서 임금과 대신들에게 도전하는 것으로 이해했습니다. 그래서 연산군은 이들을 일거에 제거하기로 결심합니다. 왕권 강화 의지만 가득한 채, 즉위 후 4년 동안 양사 관원들과의 끝없는 입씨름과 힘겨루기로 지칠 대로 지쳐 있던 연산군은 이 기회를 놓치지 않고, 평소의 정치적 소신인 왕권 확립을 위해 신하들의 능상 풍조를 정조준한 겁니다.

따라서 무오사화의 실체는 세조 이후의 왕실 정통성을 조롱한 사대부들을 처벌한 사건이었고, 왕권에 도전한 자들에게 보낸 단호한 응답이었습니다. 연산군은 임금으로서 해야 할 일을 한 겁니다.

중종 대 이후의 모든 사대부들은 무오사화가 무고한 선비들을 핍박한 참화라고 힘주어 말했습니다. 그리고 오늘날 대부분의 사람들도 '사초 때문에 이성을 잃은 폭군이 무고한 선비들을 살해한 사건'으로 무오사화를 이해합니다. 하지만 이는 역사적 사실을 반영하지 못한 일방적인 주장에 지나지 않습니다.

역대 다른 정치적 옥사와 비교해보아도, 희생당한 당한 관원의 숫자와 진행 시간이란 측면에서 무오사화는 비교적 제한된 규모로 진행된 그다지 크지 않은 사건입니다. 반역 사건을 다스린 옥사는 조선 역사에서 헤아릴 수 없이 많이 존재합니다. 그런데 이 역모 사건들은 (노골적으로 반란을 기도한 경우를 제외하고) 사건 당사자들이 역모라는 사실을 사전에 정확히 인지하지 못했거나, 억울하게 누명을 뒤집어 쓴 것이 대부분입니다. 그에 비하면 무오사화는 적어도 역심의 정황만큼은 뚜렷했고, 혐의가 조작된 것도 아니었습니다. 따라서 무오사화는 일부 신하들이 스스로 선택한 정치 행위가 역모로 규정되어 단죄받은 옥사로 보는 것이 맞습니다.

도통과 왕통을 구분하지 못한 뒷감당　연산군 대의 신권 세력, 이른바 초기 사림은 무모하게도 성리학의 도통 이론을 왕위 계승의 정통성에까지 적용하려다가 연산군에게 철퇴를 맞았습니다.

모든 신민들이 납득할 수 있는 정통성이 있는 군주가 왕위를 계승해야 한다는 사림의 생각은 일면 타당합니다. 그런데 성리학적 도통을 세우듯이 왕통을 규정하려고 하면, 세조의 후손이 계승한 왕조는 모두 부정되어야 하고, 그들 밑에서 벼슬을 한 신하들의 출처 역시 치명적 하자로 규정될 수밖에 없습니다. 결국 연산군 대의 사림은 도통과 왕통을 구별하지 못함으로써 비극을 자초했고, 그에 따른 뒷감당을 해야 했던 겁니다.

오늘날의 관점으로 보면, 세조의 왕위 찬탈은 비난받아 마땅한 것이고, 김일손의 사초 관련 문제를 임금이 너무 예민하게 받아들였다고 생각할 수도 있습니다. 그렇다고 해서 모든 잘못을 온전히 연산군에게 돌리는 것은 주객이 전도된 생각입니다. 왕조 사회에서 역신을 포용하고 함께 가기로 마음먹을 임금은 없기 때문이죠.

반란 명분과 무오사화의 신기한 역설　무오사화는 연산군을 폐위시킨 역도들에 의해 자기방어적으로 날조되었고, 훗날 집권 사림 세력에 의해 수백 년 동안 창작과 은폐가 반복되면서 사화의 반열에까지 오른 사건입니다. 안타까운 것은 오늘날까지도 일방적인 시각과 해석에 의지해 거짓과 사실이 분간되지 않을 만큼 역사적 실체가 외면받고 있다는 점입니다.

　사건 8년 뒤, 역도들이 반란 명분으로 내세운 것 중에서 세조의 정통성 흠결과 관련된 내용은 찾아볼 수 없습니다. 이는 매우 흥미로운 사실이 아닐 수 없습니다. 신권 세력이 세조의 왕위 찬탈에 불편한 속내를 내비치다가 불벼락을 맞은 게 불과 몇 년 전임을 생각하면, 이는 참으로 뜻밖입니다.

　심지어 반란 세력이 새 임금으로 추대한 인물도 세조의 직계 증손자인 진성대군입니다. 이 정도면 과연 무오사화 당시의 신권 세력이 세조의 왕위 찬탈을 부당한 일이라고 생각하기나 했는지 의심이 듭니다. 만약 이런 의심이 사실이어서 김일손을 비롯한 무오사화 희생자들이 세조의 정통성을 진심으로 부정하지 않았다면, 그들은 정말 억울하게 희생당한 게 맞습니다. 역설치고는 아주 신기한 역설이 성립하는 겁니다.

갑자사화, 부패한 공신들을 제거하다

연산군은 무오사화를 계기로 소장 신권을 제압함으로써 어느 정도 왕권을 회복했고, 이후 자신 있게 국정을 주도할 수 있었습니다. 다만, 자신감이 너무 지나쳐 주위를 살피지 못하고 자기 성찰을 게을리해 초심을 잃어버린 게 문제였습니다. 결국 국정 전반에 걸쳐 폭주를 거듭하다가 끝내 파멸을 부르고 맙니다. 연산군 자신이나 조선 왕실을 생각하면, 참으로 안타까운 일입니다. 지금부터는 자신감이 넘치는 젊은 임금이 강력한 왕권을 바탕으로 국정을 주도하는 과정에서 무슨 일들이 일어났는지 살펴보겠습니다.

무오사화 4년 뒤인 연산군 8년(1502), 연산군은 조정 내 친위 세력을 구축하기 위해 할머니 인수대비 한씨와 왕비 신씨의 친척들에게 관직을 제수하기 시작합니다. 무오사화 이전과 같은 양사의 극렬한 반발은 없었지만, 여태까지 임금에게 우호적이었던 의정부 대신들은 이런 상황을 크게 우려합니다.

"신수영은 도승지가 되고 한위는 동부승지가 되었으니, 이는 외척이 승정원의 권한을 독점한 것입니다. … 신수정, 변성, 이윤식, 김담, 한세보, 이세회, 권만형이 모두 내지(內旨: 임금이나 왕비 혹은 내명부의 뜻에 따른 명령)로써 조정에 쓰임을 받게 되었으니, 일찍이 내은의 외람됨이 이와 같았던 정사는 없을 것입니다."(『연산군일기』 8년 1월 10일)

"근래에는 내지로 서용한 사람이 자못 많아 폐단이 될 조짐이 작지 않습니다."(『연산군일기』 8년 1월 11일)

실록 기사로 보듯이, 척신 등용에 대한 반대치고 수위가 그렇게 높지는 않았습니다. 드디어 연산군이 왕권을 거침없이 행사하며 국정을 주도하기 시작했음을 알 수 있습니다.

완급 조절에 실패한 왕권 강화 1504년(연산군 10)은 이른바 갑자사화
라는 타락하고 부패한 훈구 공신 세력에 대한 일대 숙청 작업이 시
작된 해입니다. 국정 운영에 대한 자신감을 바탕으로 연산군이 한창
친위 세력을 구축하던 때로부터 2년, 무오사화로부터 6년이 흐른 시
점입니다.

앞서 일어난 무오사화는 임금과 대신들이 언관 중심의 소장 신권
세력에게 압도당한 비정상적인 정국, 즉 능상 풍조를 일거에 종식시
킨 사건입니다. 반면, 갑자사화는 숙청 대상이 공신을 비롯한 대신
세력으로 바뀌고, 그들이 잘못을 저지른 대상이 백성으로 바뀌었을
뿐, 무오사화와 근원적으로 다른 사건이 아닙니다.

연산군 대의 대신들은 세조 대부터 성종 치세에 걸쳐서 획득한 특
권을 마구 남용함으로써 엄청난 재물을 축적했습니다. 연산군은 이
런 부패하고 타락한 세력은 기본적으로 부도덕하고 신뢰할 수 없는
자들이므로, 이들을 타도하지 않고는 어렵게 회복한 왕권이 확고하
게 다져질 수 없다고 믿었습니다.

갑자사화와 관련해서 연산군 생모 윤씨의 죽음이라는 판도라 상
자가 마치 이 사건의 시작과 전개를 설명하는 유일한 단서인 양 말
하는 것은 잘못입니다. 이는 훈구 대신들과 소장 세력 사이의 갈등이
나 사초 문제가 무오사화의 본질이 아닌 것과 같은 맥락입니다.

폐비 윤씨 사건에 대한 연산군의 판단은 이런 것이라고 생각합니
다. '당시 신하들이 왕비를 폐출하는 데 팔을 걷고 나섬으로써 당시

동궁이던 나(당시 6세)를 지극히 현실적인 위험에 빠뜨렸다. 그들의 이런 행태로 미루어 볼 때, 신하들이란 존재는 대세를 좇아 이익과 안위를 저울질하고, 상황에 따라서 얼마든지 불충을 저지를 수 있는 표리부동한 자들이다. 따라서 폐비 사건을 이용해서 대신 세력의 기를 꺾어 군약신강의 풍조를 끝장내야 한다.'

연산군은 생모의 죽음과 관련해서 감상에 빠져 이성을 잃고 사태를 키웠다기보다는, 매우 정치적이고 현실적인 판단에 따라 행동했습니다. 따라서 연산군은 부왕 재위 시에 일어난 폐비 사건의 전말을 확인하고, 아울러 사건에 연루되었던 대신들의 부패한 실상을 확인하자마자 지체 없이 불경죄로 다스려 제거했습니다.

하지만 이런 연산군의 행동에도 문제는 있었습니다. 신하들이 임금과 왕실을 우습게 안다는 피해의식에 지나치게 사로잡혀 있었던 겁니다. 그래서 나아갈 때와 멈출 때를 냉정히 판단하지 못하고 완급 조절에 실패했습니다. 또한 폐비 윤씨 사건에서 주도적인 역할을 하지 않았거나, 가담 정도가 미미한 신하들까지 한데 엮는 잘못을 저질렀습니다. 좀 더 분별력을 가지고 불충은 불충으로, 부패는 부패로 다스려야 했습니다.

훈구 세력의 민중 수탈과 원상 복구　이쯤에서 우리는 갑자사화를 기존의 통념에서 벗어나 생각해볼 필요가 있습니다. 세조 대 이후 50년 동안 뿌리내린 공신 세력과 그 후예들의 특권, 그리고 이로 인한 타락과 부패상이 얼마나 대단했는지를 갑자사화가 웅변하고 있기 때문입니다. 한마디로 그들은 건국 초기의 태평성대를 지내면서 임금의 눈과 귀를 가리고 욕심껏 조선 민중을 수탈한 자들입니다. 이 부분은 우리가 갑자사화를 평가할 때 절대 놓쳐서는 안 될 대목입니다. 지금부터는 이런 관점에 비중을 두고 이야기를 풀어가려고 합니다.

갑자사화는 무오사화와 다르게 처음부터 임금이 모든 상황을 주도하고 통제한 사건입니다. 이후 연산군이 몰락하기까지 2년 동안 정치적 숙청과 경제적 환수 조치는 멈추지 않고 계속되었습니다. 이는 공신 훈구 세력의 부정 축재를 원상 복구한 조치였습니다.

연산군은 대신들이 소유한 토지를 몰수하고 불법적으로 노비가 된 자들을 양민으로 되돌려놓았습니다. 중종 반역 이후의 역도들은 '연산군이 공신 재산을 몰수한 것은 폭군의 사치한 생활에 충당하기 위해서였다'며 비난했습니다. 그러나 이는 어디까지나 나라를 위한 일이었습니다. 당시는 재정 확충을 위해 조세의 원천이 되는 토지가 더 많이 필요한 상황이었습니다. 그리고 군역을 부담할 양민을 확보하려면, 공신들이 불법적으로 차지한 땅을 몰수해서 억울하게 노비가 된 백성들을 환천해야만 했습니다.

연산군은 갑자사화를 통해 성종에게서 물려받은 힘센 신하들의 적폐를 말끔히 청소했고, 새로 구축한 친위 세력과 함께 비로소 자기 정치를 할 수 있는 기반을 마련했습니다. 또한 갑자사화가 어느 정도 마무리되는 8월이 되면 자신이 구상한 강력한 국방정책을 추진하게 됩니다. 하지만 이런 국방 강화 정책이 채 완수되지 않은 상태에서 역도들의 쿠데타로 폐위되고 맙니다. 더불어 조선의 문약 풍조도 영원히 되돌릴 수 없는 고질병이 되고 맙니다.

윤필상과 한명회, 상상 초월의 권세와 부패   세조 대부터 성종 대까지 공신으로 책봉된 대신들의 권세와 타락한 면모는 우리의 상상을 뛰어넘습니다. 그들 대부분은 세금을 내지 않는 드넓은 농장을 소유하고 있었습니다. 그리고 권세를 이용하여 백성들을 핍박해 노비로 삼았을 뿐만 아니라, 심지어 관서의 공노비들까지 제 것(『연산군일기』 10년 5월 7일)으로 만들기 일쑤였습니다.

갑자사화에서 화를 당한 대표적 공신 가운데 윤필상이라는 인물이 있습니다. 그는 영의정을 지냈으며 세종 대부터 4대에 걸쳐 외척이었고, 공신록에 무려 3번이나 이름을 올린 조선 초기의 대표적 훈구 대신입니다. 갑자사화가 일어나기 6년 전에는 유자광, 이극돈 등과 결탁해 함께 무오사화를 주도했으며, 연산군에게 협조해 소장 신권 세력 제거에 앞장서기도 했습니다. 하지만 그런 천하의 윤필상도 결국 갑자사화에 연루되어 가산이 몰수되고 맙니다. 그때 밝혀진 그의 재산 규모가 어마어마해서 연산군도 깜짝 놀랄 지경이었습니다.

"윤필상의 집은 다섯 채인데 모두 재물로 가득 차 있었으며, 살던 집에는 무명 3만여 필, 양곡 1천여 섬이 있었고…."(『연산군일기』 10년 4월 27일)

"성품이 욕심 많고 인색하여 재산을 모으기 위해 면포와 양곡 값이 오르고 내리는 시세를 보아, 장사꾼들을 끌어다가 사고 바꾸었으므로 그의 집 문 앞은 저자(시장 상점)와 같았다. 그렇게 재산이 헤아릴 수 없이 많은데도 일찍이 자녀들에게 나누어 주지 않고, 한 되, 한 말을 내고 들이는 것도 모두 다 자신이 간섭하였다."(『연산군일기』 10년 윤4월 19일)

윤필상이 불법적으로 축적한 재산에 대해서는 제1부 '애민' 편에서 이미 언급한 바 있는데, 그의 재산은 당시 나라 예산의 4.5퍼센트에 상당하는 엄청난 규모였습니다. 2023년도 대한민국 정부 예산이 656조 6천억 원이니, 현재 가치로 셈하면 윤필상의 재산은 약 29조 5천억 원이 넘는 천문학적 액수입니다. 참고로 2023년도 한국 최고 부자의 순자산이 약 12조 7천억 원이라는 보도(『포브스코리아』, 2023년 4월 23일)가 있었는데, 이는 500여 년 전 윤필상의 재력에 비하면 절반에도 못 미칩니다. 더구나 윤필상의 재산은 순전히 백성을 상대로 한 수탈과 돈놀이만으로 장만한 것입니다.

한명회는 세조 대 이후 네 차례, 그것도 모두 1등 공신에 이름을 올린 훈구 대신의 상징과 같은 존재입니다. 그는 예종 즉위년에 남이를 역적으로 몰아 제거한 공으로 익대공신에 올랐습니다. 이때 사위인 예종에게 옥사에 희생된 자들의 재산과 부녀자들을 자신에게 내려달라고 요청해 제 것으로 취했습니다. 한명회의 위세는 성종이 즉위하면서부터는 더욱 당당해져서 임금도 부럽지 않을 정도였습니다. 그는 자신의 네 딸 가운데 둘을 왕비로 만들었습니다. 큰딸은 신숙주의 며느리였고, 차녀는 정현옹주(세종의 서장녀)의 며느리였습니다. 그리고 셋째 딸은 예종의 첫째 부인 장순왕후였으며, 넷째 딸은 성종의 첫째 부인 공혜왕후였습니다. 둘 다 후사 없이 일찍 죽어 외손자를 임금으로 두지는 못했지만, 그래도 2대에 걸친 임금의 장인으로서 거칠 것 없는 힘과 부를 누렸습니다. 이를 확인할 수 있는 유명한 일화가 실록에 기록되어 있습니다.

1481년(성종 12), 한명회는 성종에게 자기 별장인 압구정에서 중국

사신을 접대하려 하는데 정자가 좁다는 핑계로 임금만 사용할 수 있는 용봉차일(龍鳳遮日: 용과 봉황의 형상이 아로새겨지고, 방수를 위해 기름칠을 한 장막)을 빌려달라고 요청했습니다. 하지만 성종은 '정자가 비좁으면 다른 곳에서 잔치를 열라'면서 허락하지 않았습니다. 그러자 심기가 불편해진 한명회는 아내의 병을 핑계로 잔치에 참여하지 않겠다고 임금에게 고했습니다.(『성종실록』 12년 6월 25일) 왕조 사회에서 이런 태도는 역적으로 몰려 죽을 수도 있는 몹시 방자한 행동입니다. 실제로 이와 유사한 일로 집권 당파가 몰락한 사례도 있었는데, 1680년(숙종 6)에 일어난 경신환국*이 그것입니다.

한명회는 연산군이 열한 살이던 세자 시절에 죽었습니다. 하지만 연산군은 어려서부터 한명회를 비롯한 여러 훈구 공신 세력의 위세를 두 눈으로 똑똑히 보면서 성장했습니다. 연산군이 갑자사화를 일으킬 당시도 타락한 공신들과 훈구 세력의 위세는 예전과 크게 달라지지 않은 상태였습니다. 또한 연산군은 늘 자신에게 과소비를 삼가라고 쓴소리하던 대신들이 뒤로는 임금 몰래 거대한 부를 축적하고 있었음을 알고 더 분개했을 게 분명합니다. 결국 갑자사화 역시 이런 시대적 상황이 연산군의 왕권 강화 의지와 겹치면서 일어난 사건에

---

* 당시 집권 남인의 영수였던 영의정 허적은 자신의 조부 허잠이 시호를 하사받은 일을 축하하는 잔치를 열었습니다. 그날 마침 비가 내리자, 숙종은 용봉차일을 허적에게 보내주려고 했습니다. 그런데 놀랍게도 용봉차일은 임금의 허락도 없이 허적이 이미 빌려간 뒤였습니다. 결국 허적은 영의정에서 물러나야 했고, 이어서 터진 서자 허견의 역모 사건에 휘말려 사사당했습니다. 이 일을 계기로 남인 정권이 몰락했으니, 이른바 경신환국(1680)입니다.

지나지 않습니다.

유독 연산군에게 가혹했던 이유　오늘날 사람들은 연산군 대에 일어난 두 번의 사화를 대할 때, 그 진행 과정과 결과에만 관심을 가집니다. 반면 사화가 일어난 배경이라든지 사화를 유발한 신하들의 태도는 검토 대상에서 제외되기 일쑤입니다. 사건 이면의 메시지는 이미 결론 내려진 연산군의 광기를 입증한다는 전제하에서만 선택적으로 수용될 뿐입니다. 그리고 중종 반역 이후 수백 년 동안 날조·왜곡된 연산군에게 불리한 거짓 증거들까지 가세하여, 갑자사화는 오로지 연산군이 의심의 여지가 없는 폭군임을 입증하는 증거로 소환되고 회자됩니다.

피해 규모나 사건의 파급력 측면에서 갑자사화를 능가하는 선조 대의 기축사화와 비교해보면, 갑자사화가 얼마나 부풀려지고 날조되었으며, 연산군에 대한 평가가 얼마나 편파적인지 알 수 있습니다. 서인들이 정적 제거를 위해 이른바 정여립의 난을 날조하면서 시작된 이 사건은 선조의 어리석고 졸렬한 처신 때문에 더욱 걷잡을 수 없이 확대되었습니다. 그런데 도무지 알 수 없는 것은 이 기축사화를 대하는 오늘날 대다수의 시선이 연산군 때의 사화를 대하는 것과는 달라도 너무나 다르다는 사실입니다. 한마디로 '담담하고 무신경하다'는 표현이 적당할 것 같습니다. 기축사화는 여전히 많은 역사가들 사이에서 '옥사'로 표현되고 있으며, 그나마 '사화'라는 명칭으로 불린 것도 근래 들어서입니다. 사람들이 어쩌다가 이런 상반된 태도와 생각을 가지게 된 것인지 그저 놀라울 따름인데, 그 이유가 궁금합니다.

기축사화를 기획하고 연출한 것은 송익필과 정철을 비롯한 일부 타락한 서인들이지만, 부화뇌동하며 사건을 키우다가 막판에 잘못을 깨닫고 그 책임을 서인들에게 미룬 당사자는 어디까지나 임금인 선조입니다. 결국 옥사를 임금이 주도했다는 점에서는 선조와 연산군이 다를 게 없습니다. 선조는 둘째가라면 서운해할 세상이 다 아는 암울한 군주였습니다. 하지만 연산군처럼 '모든' 지배계급을 숙청 대상으로 삼을 만큼 왕권 강화에 매달리지 않았습니다. 아니, 그럴 처지가 아니었습니다. 당시 상황은 임금이 대놓고 군신공치 이념을 반박할 수 없을 만큼, 사림에 의한 성리학적 가치가 지배계급 사회를 확고히 장악하고 있었으니까요. 반면, 당시는 신하들이 동인과 서인으로 분열되었기 때문에, 당파 간 대립을 이용해 신하들을 견제하는 상황을 연출할 수가 있었습니다. 그러나 선조 때와 다르게 왕권 강화에 지나치게 집착한 연산군은 불특정 신하 모두를 잠재적인 숙청 대상으로 삼고 말았습니다.

이런 숙청 대상의 무차별성과 그 과정에서 보여준 무자비한 응징이야말로 후대 신하들이 유독 연산군을 더 푸대접하고 편파적으로 평가한 핵심 이유입니다.

인조 반역을 정당화하는 도구가 되다　훗날 기축사화를 주도적으로 기획하고 날조한 서인 무리는 부패와 반민중적 성향이란 측면에서 갑자사화 때의 훈구 공신 세력보다 나을 게 없는 부류였습니다. 더구나 그들은 머지않은 장래에 신하가 임금을 내쫓고 정치권력을 차지하는

(그것도 조선이 망하는 순간까지) 두 번째 주인공이 될 예정이었습니다.

후대의 양반 사대부들뿐만 아니라 현대인들까지도 갑자사화와 기축사화를 두고 상반된 인식을 갖게 된 또 다른 이유는 바로 이런 역사적 배경에서 찾아야 합니다. 갑자사화에 대한 온갖 악평과 사실 왜곡이 정사에 기록되어 하나의 사실로 굳어지기에 충분할 만큼, 역사의 시간도 연산군에게 불리하게 작용한 것입니다.

그로부터 119년의 세월이 흐른 뒤, 쿠데타로 왕위를 찬탈한 보수 사림은 자신들의 불충을 정당화하기 위한 도구로서, 장차 갑자사화를 두고두고 우려먹게 됩니다. 그리고 균형 잡힌 판단을 도울 만한 연산군 대의 사료가 연기처럼 사라져버린 상태에서, 갑자사화에 관한 반란 세력의 관점과 입장은 오늘날까지도 고스란히 계승되어 인용되고 있습니다.

역도들의 거짓말과 위선적 실체

반란으로 정권을 잡은 역도들은 자신들의 행위를 정당화하기 위해 연산군이 폭군이었다는 증거들을 생산하는 데 온 힘을 기울였는데, 그런 성과물 중 가장 핵심이 『연산군일기』입니다. 반란 명분을 집대성한 『연산군일기』는 정치적 승자가 서술한 그 어떤 관찬 사서보다도 철저하게 당대의 세력 관계가 반영되었으며, 정사로서의 가치를 훼손할 만한 픽션들로 넘쳐납니다.

『연산군일기』와 미친 임금 만들기 『연산군일기』를 보면, 특히 연산군 10년(1504)을 기준으로 마지막 2년의 기사에서 앞뒤가 맞지 않는 부분이 집중적으로 발견됩니다. 연산군 10년이면 반란이 일어나기 2년 전이며 동시에 갑자사화가 일어난 해이기도 합니다. 연산군의 초기 언행을 놓고 봤을 때 과연 같은 인물의 행적을 기록한 것이 맞나 싶을 만큼, 논조 자체부터 달라져 있습니다.

역도들이 여러 차례 암시한 대로 임금이 미쳐버렸기 때문일까요? 비록 기질적으로 예민하기는 했지만, 총명했던 임금이 갑자기 미치광이가 됐을 리는 없습니다. 그보다는 반란 세력이 연산군 10년 이후의 사초 중에서 임금을 욕보일 만한 꼬투리가 조금이라도 있는 내용을 모두 찾아낸 다음, 상상력을 발휘해 부풀리고 살을 보탰다는 것이 훨씬 합리적인 추론 같습니다. 섬기던 주군을 제 손으로 내쫓은 신하들의 입장이 되어 생각해보면, 그래야 할 동기는 충분했으니까요.

연산군에 대한 역사적 왜곡은 중종 치세에 국한된 것이 아닙니다. 역대 경연 석상에서 신하들이 임금의 나쁜 습관을 지적할 때마다 늘 단골로 들먹인 사례가 실록에 등장하는 연산군의 행적입니다. 수백 년 동안 연산군에 대한 합리적이고 냉정한 비판은 금기시되었습니다. 그러는 동안 양반 사대부뿐만 아니라 백성들의 의식 속에도 연산군에 대한 왜곡된 이미지가 움직일 수 없는 역사적 사실로 자리 잡게 되었습니다.

하늘 아래 둘도 없는 폭군 만들기 맹자는 군신 간의 의리 차원에서 왕족이 아닌 일반 신하가 할 수 있는 최선의 방법은 간쟁뿐이라고 암시했고, 주희는 삼인(三仁)의 마음을 가진 현자라야만 새로운 군주가 될 수 있다고 말했습니다. 그러므로 유교 문화를 수용한 왕조 국가에

서 신하가 충의 대상인 군주를 직접 폐위하는 일은 상상도 할 수 없
는 일입니다.

조선 창업 이후 비정상적으로 왕위를 승계한 사례가 여러 차례 있
었지만, 그것은 어디까지나 왕실 내부의 문제였습니다. 더구나 새 임
금으로 추대된 진성대군은 자기 의지와는 상관없이 왕좌에 올랐다
는 점에서 이전의 비정상적 왕위 계승과 성격이 달랐습니다.

중종 반역은 신하들이 왕위 찬탈을 주도한 첫 사례입니다. 따라서
역도들의 막막함과 두려움도 굉장했을 게 뻔합니다. 이런 상황에서
반란을 정당화할 방법은 오직 하나, 바로 폐위된 임금을 하늘 아래
둘도 없는 폭군으로 몰아가는 것입니다.

『조선왕조실록』 후반부에 묘사된 연산군, 광기에 가득 차 입에 담
기도 힘든 악행을 아무렇지 않게 저지르는 미친 임금은 이런 사정을
배경으로 탄생했습니다. 그래서일까요? 모든 실록의 마지막에는 편
찬 날짜와 실록 간행에 참여한 편수관 명단이 「부록」에 실리기 마련
인데, 유독 『연산군일기』와 『광해군일기』에만 그것이 없습니다. 아마
도 자기 이름이 역사를 날조한 사람으로 후대에 기억되지 않을까 두
려웠나 봅니다.

연산군의 실수와 최측근의 배신　　신하들의 입장에서는 갑자사화 전후
의 정치 상황은 하루 앞도 예측하기 어려운 혼돈 그 자체였습니다.
실제로 연산군은 왕권 확립에 방해되는 자라고 판단되면 공신을 포
함한 훈구 세력과 소장 신권 세력을 가리지 않고 모두 숙청할 기세
였습니다.

갑자사화에서 제거되거나 사후 부관참시를 당한 이들의 면면을 살펴보면, 한때 연산군의 측근이었거나 요직을 역임한 자들입니다. 이들 중에는 무오사화 이후 6년 사이에 영의정 자리에 있었던 대신이 셋이나 포함되어 있습니다. 특히 과거 생모 윤씨의 폐비 조치와 뒤이은 사사에 동조한 자들은 모조리 처벌받았고, 심지어 성종의 처사에 적극 반대하지 않았다는 이유만으로도 처벌 명단에 이름이 올랐습니다.

이미 언급했듯이, 연산군은 조선의 기득권 세력 전체를 잠재적 숙청 대상으로 간주함으로써 모두를 불안에 떨게 했습니다. 연산군이 저지른 가장 큰 실수입니다. 위기가 닥쳤을 때 목숨 걸고 보위해줄 친위 세력이 마음 편히 숨 쉴 공간조차 배려하지 않았으니, 왕권주의자를 자처한 임금으로서 터무니없이 부주의하고 어리석었습니다. 이렇듯 중종 반역 전야의 한양은 사대부 권세가들이 목을 움츠리고 납작 엎드려야만 했던 공포 분위기와 더불어 누군가는 끝내 반란을 일으키고 말 거라는 불온한 기운이 공존하고 있었습니다. 다시 말해 살아남기 위해 반역할 수밖에 없는 기괴한 상황이 조성된 겁니다.

연산군은 두 번의 정치적 숙청을 통해 조선 역사를 통틀어 전무후무한 전제적 왕권을 행사할 수 있었습니다. 하지만 막강한 권력을 손에 쥐고 정국을 얼마든지 통제하고 관리할 수 있는 상황에서, 반역이 일어나는 날까지도 역모 조짐조차 제대로 파악하지 못하고 무너졌습니다. 어찌 된 영문일까요?

연산군이 허망하게 몰락한 것은 최측근의 배신 때문입니다. 이른바 '반정 3대장'이라고 불린 박원종, 유순정 그리고 성희안은 연산군이 가장 신임하고 총애한 인물들입니다. 믿었던 자들에게 뒤통수를 맞았으니, 꼼짝없이 당할 수밖에 없었죠.

역모에 가담한 자들은 반역 이전에도 부족한 것 없이 누리며 살았던 자들입니다. 그런 자들이 왜 주군을 폐위한 걸까요? 그들이 반역한 이유는 실로 배은망덕한 것이었습니다. '이 심상치 않은 상황을 방관만 하다가 자칫 다른 세력이 반란을 일으키기라도 한다면, 당장 임금과 함께 죽을 수밖에 없다. 그럴 바에는 차라리 우리가 먼저 해치우자.'

주군과 누이를 욕보인 반역 수괴 박원종　반란에 성공한 역도들이 가장 먼저 한 일은, 과거의 주군을 모욕하고 거짓으로 진실을 덮는 일이었습니다. 반란의 우두머리 격인 박원종은 무관 출신으로 월산대군(성종의 형)과 제안대군(예종의 외아들이자 성종의 사촌 동생)의 처남이었습니다. 그러니까 박원종의 큰누나와 셋째 누나가 다름 아닌 연산군의 큰어머니와 오촌 당숙모였다는 말입니다.

이런 출신 배경 덕분에 연산군 대에 출세했음에도 불구하고, 박원종은 자신을 믿었던 임금을 배반하고 반란군 수괴가 되었습니다. 그런 만큼 세상 사람들에게 역적질을 납득시킬 만한 변명거리가 누구보다도 절실했습니다. 그래서 창작된 것이 '연산군이 큰어머니 월산대군 부인 박씨와 간통했다'는 얼토당토않은 삼류 치정소설입니다.

"월산대군 이정의 처 승평부부인 박씨가 죽었다. 사람들은 임금의 총애를 받아 잉태하자 '약을 먹고 죽었다'고 말했다."(『연산군일기』 12년 7월 20일)

연산군은 1476년생이고, 월산대군 부인 박씨는 1455년생입니다. 박씨가 사망한 1506년을 기준으로 셈하면, 그녀 나이는 만 51세였습니다. 조선시대 기준으로 51세면 거의 할머니 대접을 받던 시절이고, 오늘날 기준으로도 임신이 거의 불가능한 나이입니다. 박원종과 역도들은 21세 연상의 큰어머니가 자식뻘인 연산군 때문에 임신했다는 소문을 퍼트린 것도 부족해서 『연산군일기』에 이런 말 같지 않은 소리를 버젓이 기록으로 남겼습니다.

생전의 월산대군 부인은 연산군에게 어떤 존재였을까요? 연산군이 세 살 되던 해에 생모는 폐비되어 궁에서 쫓겨났고, 3년 뒤에는 사사당해 죽었습니다. 따라서 어미 얼굴도 모른 채 외롭게 자랄 수밖에 없었습니다. 그런 연산군에게 어머니를 대신해 정을 베풀어준 사람이 바로 월산대군 부인입니다. 월산대군 부인은 생모 폐비 윤씨와 동년배였습니다. 그런데도 박원종과 역도들은 그녀가 '연산군과 간통했고 이 사실을 부끄럽게 여겨 자결했다'는 입에 담기도 민망한 소문을 퍼트린 겁니다.

이처럼 박원종은 누이의 죽음을 이용해 주군과 누이를 욕보이면서까지 자신의 불충을 변명할 만큼 흉측하고 단순 무식한 인사였습니다.

반란 공신을 향한 사관의 악평과 반역의 본질 『중종실록』에는 사관의 붓을 빌려서 당시 사람들이 반란 공신들을 어떻게 생각했는지 추측할 수 있는 인물평이 실려 있습니다. 대표적인 기사 몇 가지를 소개합니다.

박원종에 대해서는 이렇게 평하고 있습니다. "뇌물이 사방에서 모여들고 남에게 주는 것도 정도를 지나쳤다. 연산이 쫓겨나자, 궁중에서 나온 이름난 창기들을 많이 차지하여 첩으로 삼아 별실을 지어 살게 했으며, 사는 집과 먹는 음식이 분수에 맞지 않고 지나쳐 도를 넘었으니, 당시 사람들이 옳지 않게 여겼다."(『중종실록』 5년 4월 17일)

유순정에 대해서도 조롱과 비난 일색입니다. "성격이 우유부단하고 과단성이 적으며, 또한 뇌물을 좋아하고 전장(田庄)을 많이 차지했다. 일찍이 병조판서를 겸하고 있을 때 관원을 제수하는 권한이 모두 그의 수중에 있었는데, 첨사나 만호 자리를 구하는 사람이 있으면 뇌물이 많고 적음을 보아 제수했고, 판서는 자리만 채우고 있을 뿐이었다. 장녹수의 집을 하사받아 이사하게 되었는데 어떤 손님이 찾아가자, 순정이 그에게 '유자광은 복이 있어 그가 받은 집은 재물이 매우 많고 장독이 30개나 되는데, 내가 받은 집은 빗자루로 쓴 듯 휑하니 복 있는 사람은 따라갈 수 없는 것이다'라고 말했다. 그의 비루하고 인색함이 이러했다. 늙어서는 여색에 빠져 센 약을 먹다가 실명하고 천명대로 살지 못했다."(『중종실록』 7년 12월 20일)

성희안에 대한 평은 박원종과 유순정에 비하면 대체로 호의적이지만, 그 역시 원칙과 소신 없는 인물이기는 매한가지였습니다. "그러나 끝내는 구은(舊恩)을 써서 유자광을 끌어들여 원훈 반열에 참여시켰고, 연산군에게 총애받은 모두에게 공신 녹권을 내주는가 하면, 자질구레한 인아(姻婭: 사돈이나 처가 동서 같은 먼 인척)와 어리석은 자질까지 모두 훈적에 기록함으로써 장차 끝없는 화('위훈 삭제' 요구가 발단이 된 기묘사화)를 불러오는 실마리를 제공하였다. 따라서 식견 있는 사람들

은 그를 대단치 않은 인물로 여겼다."(『중종실록』8년 7월 27일)

사관은 이 정도로 논평을 마무리하는 것이 아무래도 성에 차지 않았는지, 바로 이어서 세 사람 모두를 한마디 말로 총평하며 이렇게 꾸짖습니다.

"대체로 보아 박원종은 추솔(麤率: 거칠고 과격함)한 잘못이 있었고, 유순정은 우매(愚昧: 어리석어 사리 분별을 못함)한 잘못이 있었으며, 성희안은 경솔한 잘못이 있어 셋 다 나라를 다스리는 원대한 꾀에 어두웠고 권세에 의지해 사치하여 의로움을 멸하였다. 그들이 사는 집은 분수에 넘치게 화려하였고 시첩은 매우 곱고 아름다웠으니, 이렇듯 마음껏 방종한 삶을 살다가 죽음에 이르렀다. 이 어찌 좁은 국량으로 큰 공을 탐한 것이 분에 넘쳐서, 결국 낭패당한 꼴이 아니겠는가! 한편 성희안은 연산이 총애한 개성 유수 이굉의 서녀(첩의 딸)를 길렀는데, 이 일로 당시 여론은 그를 귀하게 여기지 않았으니, 그들의 명분과 절의가 완전하지 못한 것이 이와 같았다."

이 기사에서 알 수 있듯이, 반란 공신들과 그들을 추종한 무리는 반역이 성공한 뒤로는 무고한 백성들을 수탈하면서 이렇다 할 업적도 없이 세월을 보냈습니다. 반란 공신들은 누구보다도 임금의 총애를 받았던 자들입니다. 그러므로 연산군의 조정에서 그를 섬긴 신하들 중에서 극소수를 제외한 나머지는 반란 이후에도 여전히 자기 자리를 보전할 수 있었습니다.

역도들이 반란 이후에 저지른 악행의 목록을 들여다보면 자기들이 날조한, 이른바 '폭군 연산'의 행적과 견주어도 전혀 꿀리지 않습니다. 그날의 행위가 반역이 아니라 반정이라면 절대 그럴 수 없는 일입니다.

중종 반역의 본질을 정리하면 의외로 단순 명료합니다. 타락하고 부패한 조정 사대부들이 왕권주의자 연산군이 휘두른 정치 쇄신의 칼날과 이미 반란을 모의하고 있던 다른 세력으로부터 스스로를 구원해야 한다는 조바심 때문에 주군을 배반한 사건입니다. 즉 비열하고 무도한 신하들의 성공한 쿠데타, 그 이상도 이하도 아닙니다.

연산군 재조명의 필요성

왕권주의자 연산군의 몰락은 조선 정치사에서 어떤 역사적 의미를 지닐까요? 아마도 조선왕조의 정치 지형이 연산군 시절을 끝으로 '신권 우위의 국가'로 바뀌게 된 것이 아닐까 합니다. 조선 역사에서 왕권주의자 연산군의 좌절이 이후 어떤 양상으로 영향을 끼쳤는지를 살펴보면 이렇습니다.

가장 먼저 꼽을 수 있는 것은, 임금이 신하들에 의해 쫓겨남에 따라 후대 역사에 아주 '나쁜 선례'를 남겼다는 점입니다. 장차 인조와 보수 사림 일당이 어쭙잖은 명분으로 반역을 꾀할 수 있었던 것은 연산군의 몰락에서 용기를 얻었기 때문입니다. 명분만 그럴싸하면 신하들도 얼마든지 임금을 갈아치울 수 있다는 성공 사례가 조선의 양반 사대부들에게 그릇된 신호를 보낸 것이죠. 그리하여 조선 정치사는 어느 임금의 치세를 막론하고 역모 고변과 역적을 다스리는 국청으로 조용할 날이 없게 되었습니다. 그만큼 성공한 반란과 반란 공신이라는 달콤한 환상에 취한 역신들이 넘쳐나게 된 겁니다.

다음으로는 후대 임금들에게 내적인 '자기검열' 습관을 길러주었다는 점을 들 수 있습니다. 양반 사대부들의 공론과 이익에 반하는 의사 결정을 내릴 때마다, 조선의 모든 임금은 고통스러운 자기검열의 시간을 거쳐야 했습니다. 신하들과 무난히 공존하는 법을 배워야만 비로소 임금 노릇을 할 수 있다는 것을 역사를 통해 배웠기 때문입니다. 실제로 어떤 신하가 "주상의 일방적인 결정은 사족의 반발을 부를 수 있습니다"라는 말로 주의를 환기시키는 것만으로도 왕권 억제에 효험을 발휘했습니다. 이는 신하들에 의해 옥좌에서 굴러떨어질 수 있다는 공포를 떨쳐낼 임금이 중종 이후로는 아무도 없었다는 뜻이기도 합니다.

실현 불가능해진 임금의 책무　연산군의 좌절이 불러온 진짜 문제는, 그것이 지배계급 내부의 역학 관계로 끝나지 않았다는 데 있습니다. 이는 군신 사이의 세력 균형의 추가 신하들 쪽으로 기울면서 양반 사대부의 탐욕과 수탈을 통제할 유일한 권능이 제 기능을 잃었다는 의미입니다. 결국 조선 민중의 삶은 양반 사대부들의 수탈로 나날이 피폐해질 수밖에 없었습니다.

연산군 대 이전에는 백성들을 배불리 먹이고 마음 편히 살게 하는 것을 조선 임금의 으뜸가는 책무로 여겼다면, 중종 대 이후로는 거기에 '양반 사대부들의 이익을 침범하지 않는 범위 안에서'라는 전제가 반드시 따라붙었습니다. 임금을 대신해 백성을 만나는 수령들조차 양반 사대부 사회 안에서 한통속으로 행동했으니, 그야말로 민심이 돌아갈 곳을 어디서도 찾을 수 없게 되었습니다. 결국 조선 사회에서 임금이라는 존재는 더 이상 양반 사대부들의 횡포로부터 백성들을 지켜줄 마지막 보루가 될 수 없었습니다. 연산군의 몰락이 조선 역사에 드리운 세 번째 암울한 결과가 바로 이것입니다.

실패한 왕권주의자 다시 보기　조선의 지배계급이 백성을 어여삐 여겼다는 말이 역사적 사실이 아닌 것처럼, 연산군이 백성들의 어려움을 돌보지 않고 그들이 곤경에 처할 만큼 폭정을 일삼았다는 말 역시 사실이 아닙니다. 연산군의 패권적 행동으로 곤란을 겪은 것은 양반 사대부들이었지, 백성들이 아니니까요.

　연산군은 양반 사대부들과의 어떤 정치적 타협도 허락하지 않을 만큼 완고했습니다. 이런 점에서 부왕인 성종과 달라도 너무 달랐으니, 신권을 지향하는 자들과 양반 사대부들의 처지에서는 여간 낭패스러운 일이 아니었습니다. 양사로 상징되는 소장 신권을 단번에 제압한 것이나, 양전 사업을 실시하고 노비 추쇄를 실시해 어쩔 수 없이 권세가의 종이 된 백성을 추려낸 일 등은 연산군이 후대에 폭군 대접을 받게 된 결정적 국면이었습니다. 같은 이유에서, 중종 반역은 백성들의 입장에서는 재앙이었습니다.

　전근대 왕조 사회에서 신권이 왕권을 능가한 나라치고 백성의 마음을 얻고 부국강병을 완수한 사례가 없습니다. 국력을 키우고 백성의 삶을 안정시키는 사업은 강력한 왕권을 기반으로 할 때만 가능한 일입니다. 문치주의를 지향한 송나라는 이민족에게 힘없이 무너졌고, 조선 역시 중종 이후 사대와 문약이라는 고질병을 치유하지 못하고 혹독한 대가를 치렀습니다.

　임금의 권위를 내심 우습게 여긴 신하들이 군신공치를 외쳤다면,

그것이 뜻하는 바가 무엇이겠습니까? 바로 이런 관점에서 연산군의 생전 행보를 다시 조명한다면, 신권 세력과 타협하지 않고 그들을 통제하려 한 왕권주의자 연산군을 긍정적으로 바라볼 여지는 넉넉합니다. 나아가 왜곡된 역사를 바로잡기 위해서라도 실패한 왕권주의자 연산군에 대한 재조명과 재해석은 꼭 필요하다고 생각합니다.

11장

인조 반역

보수 사림, 가면을 벗어던지다

당시 사회경제적 모순의 책임이 대북 정권에 있는 것은 아니었으며 그러한 모순이 반정으로 해결될 수도 없었다. 반정 두 달도 못 되어 김장생이 지적한 것에서도 알 수 있듯이, 사회경제적 모순에 대한 적극적 개혁 의지가 인조반정의 본질적인 면모라고 할 수도 없는 것이다.
—오수창, 「인조 대 정치세력의 동향」, 『한국사론』 13

이윤우가 아뢰기를, "호남 유생 20여 인이 연명 상소하여 궁방 노비들이 저지른 폐단을 극력 진달했는데, 상께서 상소대로 거행하지 말도록 분부하셨으므로, 외방 사람들이 폐조(廢朝) 때와 다름이 없다고들 합니다."—『조선왕조실록』 인조 2년(1624) 10월 11일

공신들이 제멋대로 적몰(籍沒: 중죄인의 재산 몰수)이라 사칭하고 남의 전답과 집을 빼앗는 폐단에 대하여 최명길이 금지할 것을 청하였다. 당시 공신들이 제멋대로 백성들의 전토를 점유하여 그 피해가 여러 고을에 널리 퍼졌다. … 임금도 그의 말이 꽤 옳다고 여겼으나, 공신들 모두가 불편하다고 하였기 때문에 끝내 시행하지 않았다.

—『조선왕조실록』 인조 7년(1629) 1월 6일

20년 넘게 잠복한 반역의 불씨

1623년 3월 12일, 선조의 28세 손자, 능양군 이종이 서인 세력과 손을 잡고 반란을 일으켰습니다. 창의문을 부수고 창덕궁을 점령한 이튿날 스스로 용상에 앉아 왕위를 찬탈하니 그가 바로 인조입니다. 인조는 선조의 다섯째 아들 정원군의 장남으로, 광해군의 조카입니다. 조선 역사상 두 번째로 신하가 임금을 내쫓은 반란이 성공을 거둔 것입니다.

반역의 기원을 찾아서 인조 반역의 기원을 찾으려면, 1592년 조일전쟁이 일어나던 시점으로 거슬러 올라가야 합니다. 그때는 선조의 나이가 불혹에 접어들고, 용상에 오른 지 25년이 흐른 시점이었습니다. 당시 선조에게는 여섯 아들이 있었는데 그중 임해군이 20세, 광해군은 17세였습니다. 그런데도 선조는 세자 책봉을 미루고 있었습니다. 아들 모두가 후궁의 몸에서 태어난 서자 신분이었기 때문입니다. 하지만 조일전쟁이 터지면서 상황이 급변합니다. 왜군이 한양으로 진격하는 상황에서 국본을 정하지도 않은 채 피난 갈 수는 없었기 때문이죠. 그래서 광해군은 부왕이 서자 출신 최초의 임금이듯이 서자 신분 최초의 세자가 되었습니다.

그런데 세자 광해군이 조일전쟁에서 두드러진 활약을 펼침으로써 조야의 신망을 얻게 되는 다소 뜻밖의 상황이 연출됩니다. 조선 창업 이래 광해군만큼 조선 강토를 구석구석 다녀본 임금은 일찍이 없었고 이후로도 없습니다. 전장 한복판에서 활약한 경험을 가진 임금도 정종 이후로는 그가 처음이자 마지막입니다. 광해군은 조일전쟁 당시 분조를 이끌고 전국을 누비며 밑바닥 백성의 참상을 목격하고 그들과 아픔을 함께했습니다. 광해군의 활약상을 직접 눈으로 본 명나라 장수들은 일제히 그를 칭찬했습니다. 이 사실을 전해 들은 명나라 황실은 조선 조정이 서울로 복귀한 뒤에도 '전라도와 경상도의 군무는 광해군이 직접 주관하라'는 칙서를 내렸을 만큼 광해군을 신임하게 됩니다.

조일전쟁에서 보여준 광해군의 활약은 결과적으로 선조가 세자를 미워하고 의심하는 계기가 되었습니다. 따라서 광해군은 전쟁 이후 부왕의 의중을 살피며 매사에 조심스럽게 처신해야만 했습니다. 선조는 전쟁이 끝나자 세자를 더욱 노골적으로 견제하면서 압박했는데, 그 대표적인 사례가 바로 양위 파동입니다. 선조는 무려 21번이나 마음에도 없는 양위 파동을 일으켜 세자를 괴롭혔습니다. 광해군은 그때마다 하교를 거둘 때까지 먹지도 못하고 차가운 땅바닥에 엎드려 빌어야 했습니다. 그런 식으로 광해군이 몇 날 며칠을 대죄(待罪: 용서를 빌며 처분을 기다림)하면, 그제야 못 이긴 척 슬그머니 하교를 거두는 식이었습니다. 반복된 선조의 양위 소동은 광해군의 마음을 떠보는 행위인 동시에 신하들을 향해 '광해군 편에 서지 말라'고 경고하는 일종의 퍼포먼스였습니다.

1602년(선조 35) 윤2월 24일은 인조 반역의 또 하나의 기원이 된 날이자 선조가 32세나 어린(심지어 광해군보다 아홉 살이나 연하인) 처녀에게 새장가를 든 날입니다. 그녀가 바로 서인 출신 보수 사림, 김제남의 둘째 딸 인목왕후입니다. 이렇듯 선조는 양위 파동을 일삼는 와중에도 훗날의 화근을 만들어내고 있었습니다. 급기야 죽기 2년 전인 1606년에는 자나 깨나 목 늘여 기다리던 적자, 영창대군이 태어났습니다. 인목왕후가 입궐하던 날 뿌려졌던 반역의 씨앗이 드디어 싹을 틔운 겁니다.

지연되는 세자 책봉 승인 이것 말고도 광해군에게 상처를 안긴 사건이 또 있었습니다. 그때까지도 명나라 황제의 세자 책봉 승인이 떨어지지 않았던 겁니다. 조선 조정은 광해군이 세자가 된 후부터 13년 동안 다섯 번이나 명에 사신을 파견해 책봉을 요청했습니다. 하지만 명 황실은 그때마다 광해군이 장남이 아니라는 이유를 들어 번번이 승인을 거절했는데, 이는 어디까지나 표면상의 이유에 불과했습니다. 당시 명나라도 황태자를 책봉하지 않은 상태였습니다. 따라서 제후국의 세자 책봉을 먼저 승인하기가 거북했던 겁니다.

그런데 광해군 책봉을 미룬 데는 이런 이유 말고도 다른 속셈이 있었습니다. 명의 책봉 의식에 조선 왕실이 목을 맨다는 사실을 너무나 잘 알고 있던 명나라는 이런 약점을 이용해 조선을 더욱 자기들 입맛에 맞게 길들이려 했습니다. 당시는 명나라가 조일전쟁 이후로 국력이 기울고, 마침 만주의 누르하치가 건주여진을 통일하면서 중원을 위협하던 시점이었습니다. 명나라 입장에서는 이런 상황에서 세자 책봉을 빌미로 주종 관계의 고삐를 바짝 끌어당길 필요가 있었던 겁니다.

더 가관인 것은 책봉을 다시 요청하자는 공론이 일어날 때마다 세자 책봉에 적극적이어야 할 선조가 걸핏하면 논의 자체를 거부하고 나선 일입니다. 그나마 주청 사신을 다섯 번 파견한 것도 신하들의 거센 압력에 밀려 마지못해 승인한 것입니다. 이 정도면 왕위 계승에 대한 선조의 속내를 의심하지 않을 수 없습니다. 조야의 신망을 한 몸에 받는 세자에게 권력이 기우는 상황이 두려워서 단순히 세자와 그를 따르는 신하들의 충성을 유도할 의도로 그런 행보를 보인 것인지, 아니면 겨우 걸음마를 뗀 적자에게 세자 자리를 넘길 생각을 한 것인지는 선조만이 아는 일입니다.

인목왕후의 망상과 유영경의 역심　인목왕후 역시 광해군을 멀리하는 지아비의 모습을 보며 즐거운 상상에 빠졌으리라는 추측이 가능합니다. 왕실 법도에 어긋나는 것을 뻔히 알면서 영창대군에게 세자 복장을 입힐 정도였으니, 그녀가 평소에 세자를 얼마나 우습게 여겼는지 알 만합니다. 인목왕후의 품행과 성정이 물색없고 경솔한 것도 하나의 이유이겠지만, 납득하기 어려운 임금의 언행이 없었다면 이런 무례한 행동을 할 수 있었겠습니까? 그리고 다른 한편으로는 서인 보수 사림의 은밀한 지원 또한 그녀의 망상을 부추기는 데 일조했음이 분명합니다.

그런데 인목왕후보다 광해군을 더 힘들게 만든 자들이 있었습니다. 세자 교체를 염두에 둔 것으로 볼 수밖에 없는 당시 영의정 유영경과 소북 일파의 방자하고 노골적인 행보가 그것입니다. 위험 수위를 넘나드는 유영경의 행동은 차마 털어놓지 못하는 임금의 속마음을 알아챈 사람이 아니고서는 절대 할 수 없는 일이었습니다. 선조는 병상에 누워서도 후계에 대한 명확한 답변을 회피했습니다. 그러나 다시 일어나 국정을 통제할 가망이 없음을 깨닫자, '광해군을 임금 자리에 앉히고 인목왕후와 어린 영창대군을 잘 보살펴달라'는 뜻을 교지로 남기게 됩니다. 그런데 유영경은 교지를 마음대로 제집에다 숨겨놓고, 광해군의 왕위 계승을 방해합니다. 영의정의 이런 기괴한 짓은 명백히 대역죄에 해당하는 택군 행위입니다. 유영경은 무려 7년이나 정승 자리에 있으면서 조정 안에 자파인 소북 세력을 키웠습니다. 그런 상태에서 영창대군을 끼고 모종의 음모를 꾸미고 있었음이 분명합니다. 그들에게 가장 큰 걸림돌은 다름 아닌 세자였습니다. 광해군을 향한 대내외의 신망이 워낙 두터웠기 때문입니다.

다행히도 선조가 죽기 며칠 전에 올라온 정인홍의 유영경 탄핵 상소가 광해군에게 결정적인 힘을 실어주었습니다. 대세는 이것으로 판가름 났습니다. 정인홍은 상소에서 이렇게 말합니다.

"… 신이 삼가 길에서 듣건대 지난 10월 13일에 임금께서 국정을 세자에게 넘긴다는 전교를 내리자, 영의정 유영경은 마음속으로 원임 대신(정2품 이상을 역임한 전직 대신)을 꺼려 그들을 다 내쫓아서 전교(傳敎)를 보지 못하게 했습니다. 그리고 여러 번 방계(防啓: 남의 의견을 막고 아뢰는 일)를 올리고 유독 시임 대신(현직 대신)들과만 공모했습니다. 중전께서 (광해군에게 전위하라는) 언문 전지를 내리자, 즉시 '금일 전교는 실로 여러 사람의 뜻 밖에 나온 것이니 명령을 받지 못하겠습니다'라고 대답하고, 대간이 이를 알지 못하게 했습니다. 그리고 승정원과 춘추관으로 하여금 임금의 뜻을 극비에 부쳐 밖에 알리지 못하게 했다니, 유영경은 무슨 음모와 흉계가 있어서 이토록 남들이 알지 못하게 하는 것입니까?"(『선조실록』 41년 1월 18일)

결국 대세가 기운 걸 눈치챈 인목왕후도 (어린 아들의 안위를 보장받을 요량으로) 광해군 즉위를 받아들일 수밖에 없었던 겁니다.

불온의 일상화와 무뎌진 경각심　조일전쟁 이후 선조는 확실히 상식 밖의 태도로 일관했습니다. 그리고 인목왕후의 방자한 행실과 유영경이 세자의 왕위 계승을 방해한 일, 광해군 즉위 이후에도 서인 보수 사림 인사들이 인목대비 부녀 주변을 배회하며 불온한 움직임을 보인 것까지, 무엇 하나 정상적인 왕조에서 일어날 수 있는 상황은 아니었습니다. 이런 비정상의 극치를 아래에 소개할 반란 당일의 일화를 통해서 똑똑히 확인할 수 있습니다.

역도 진영에 가담할 것을 권유받던 이이반이라는 종친이 있었는데, 그가 쿠데타 직전에 밀고함으로써 광해군도 반란 계획을 사전에 인지하게 됩니다. 그런데 놀랍게도 반란군이 창덕궁에 들이닥칠 때까지 광해군은 별다른 조처를 취하지 않았습니다. 조정 안팎으로 보수 사림 역도들이 촘촘히 엮여 있어 반란 사실을 극구 부인한 까닭도 있지만, 더 놀라운 것은 정작 고변 자체를 믿지 않는 임금의 태도였습니다.

여태까지 역모 고변이 너무나 빈번했던 나머지, 쿠데타 당일의 고변도 헛소문으로 치부할 만큼 광해군과 측근의 경각심은 무뎌져 있었습니다. 선조는 명색이 임금이란 자가 세자의 입지를 끊임없이 흔들고 고작 두 살짜리 대군을 두고 망령되이 적자 계승을 소망함으로써 조정 안을 언제나 위험천만한 분위기로 가득 채웠습니다. 이때부터 일상화한 불온의 기류가 광해군 대까지 이어진 겁니다.

보수 사림, 반역의 칼을 뽑다

광해군이 즉위하자 조정의 권력은 세자 시절부터 운명을 함께하며 충성을 다한 북인, 특히 대북 계열의 진보 사림에게 넘어갔습니다. 그런데도 광해군은 남인 이원익과 이덕형, 서인 이항복이 돌아가며 정승 자리에 앉도록 배려할 만큼 선왕의 대신들을 예우했습니다. 하지만 광해군을 보필하는 그들의 자세는 임금의 기대를 저버린 것이었습니다. 대부분의 양반 지주들이 대동법과 양전 시행에 강하게 반발하는 가운데, 서인과 남인 계열의 보수 사림 사대부도 광해군의 개혁 정책에 반대한 것입니다.

이항복, 이덕형, 이원익 등이 광해군 즉위 초에 관철하려고 한 일은 뜬금없는 호패법 시행이었습니다. 그들이 호패법 시행을 주장한 배경에는 조일전쟁 때의 권위 상실로 자칫 흔들릴 위기에 놓인 기존의 신분 질서를 더욱 강화하고, 군역 회피와 같은 사족들의 특권을 제도적으로 보장하려는 속셈이 깔려 있었습니다. 이는 당시 사간원이 "근래 호패법이 시행됨에 따라 경향 각지에서 한가롭게 노닐던 무리가 서울에 운집하여 학적에 소속되어 군역을 면제받으려고 꾀한 결과, 명부에 등록된 자가 이미 셀 수도 없이 많아졌습니다"(『광해군일기 중초본』 2년 11월 9일)라고 아뢴 사실에서도 확인할 수 있습니다.

한편 세 원로는 (광해군 즉위 후 계축옥사*가 일어나기까지) 5년 동안 한 달에 한 번 이상 꼴로 사직을 청했습니다. 이원익이 가장 많은 83회, 이덕형과 이항복은 각각 70회와 64회의 사직 상소를 올렸다고 하는데, 그때마다 '고향의 연로한 부모님이 걱정된다' 혹은 '건강이 좋지 못하다' 같은 핑계를 대며 출사와 낙향을 반복했습니다. 소장 관료도 아닌 정승급 원로들의 태도가 이처럼 불성실했으니, 국정이 원만하게 이루어졌을 리 만무합니다.

면종복배한 광해군의 역신들　특히 이원익의 행적을 살펴보면 광해군을 향한 그들의 진심을 선명하게 확인할 수 있습니다. 이덕형과 이항복은 인조 반역 이전에 사망했지만, 당시 살아 있던 이원익은 역도들에 의해 영의정 자리에 오릅니다. 그는 반란 이듬해에 이괄의 난(1624)이 일어나자 77세의 나이로 인조를 호종해 공주까지 피신했습니다. 그리고 3년 뒤의 제1차 조청전쟁 때는 도체찰사로 세자를 호위해 전주를 거쳐 강화도까지 가서 왕을 호위하기도 했습니다. 광해군 재위 시절에 83회나 사직 상소를 올리며 출사와 낙향을 반복한 것과 비교하면 말 그대로 천양지차가 아닐 수 없습니다.

---

*　계축옥사는 보수 사림 역도들이 영창대군과 자신들을 제거하기 위해 북인 정권이 조작했다고 선전한 사건입니다. 오늘날 역사학계도 대체로 보수 사림의 관점을 수용해 계축옥사가 광해군 지지 세력에 의해 날조된 사건이라고 인식하는 경향이 있습니다.

한편 이항복의 처신은 훨씬 더 이중적이고 위선적인 데가 있습니다. 『연려실기술』에는 다음과 같은 기록이 남아 있습니다. "이항복이 김류에게 '요사이 임금의 정사가 말할 수 없이 어지러우니, 우리무리 가운데 종묘사직을 평안하게 할 수 있는 사람은 오직 그대뿐이다'라고 은밀히 말하며 손으로 얼굴을 가리고 흐느끼자, 김류가 그뜻을 알았다." 이때 김류는 스승의 의중을 읽고서 신경진*과 함께 능양군을 추대해 반역하기로 결심했다고 전합니다. 스스로 몸담았던 광해군 정권을 뒤집으라며 자기 제자를 은근히 부추긴 셈인데, 실제로 인조 반역에 가담한 자들 가운데 다수가 이항복 문하에서 나왔습니다.

이원익과 이항복은 광해군 대에 정승을 역임한 명망 있는 사대부이며, 보수 사림 사회에서 큰 영향력을 지녔던 인물입니다. 이런 사정을 고려한다면, 그들이 직접 반란에 가담하지 않았을지라도 그들이 반란 전후로 보여준 행동은 아주 위선적이고 불충한 것이었습니다. 두 사람 다 광해군 정권에서 녹을 먹었음에도, 이항복은 생전에 제자들에게 반란을 부추기고 이원익은 반란 정권의 재상 자리를 수락함으로써 쿠데타를 추인했으니, 이들이야말로 광해군에게 면종복배(面從腹背)한 숨은 역신입니다.

---

* 신경진은 조일전쟁 초기에 삼도도순변사로 탄금대 전투에서 참패한 뒤 스스로 강물에 투신한 신립의 아들이며, 김류는 당시 신립의 종사관으로 있다가 함께 자결한 김여물의 아들입니다.

역도들의 연원과 그 면면　김장생은 보수 사림들이 조선 예학의 종장으로 떠받들었던 인물입니다. 그런 김장생 문하에서 반란 공신이 많이 배출되었습니다. 신경진, 구굉, 장유, 최명길, 구인후 등이 그들인데, 이들 중에는 이항복의 문하에 드나든 인물도 있습니다.

한편 반란 공신 가운데 최고 연장자(당시 66세)였던 이귀는 쿠데타 오래전부터 은밀하게 두 아들(이시백, 이시방)과 함께 역도들을 규합해왔습니다. 김장생과 이항복은 둘 다 이이의 제자였고, 이귀는 이이와 성혼의 제자였습니다. 이처럼 서인 출신 역도들의 학맥을 거슬러 올라가면 대체로 김장생과 이항복 또는 이귀를 거쳐 마지막에는 이이와 성혼에게 연결되는 것을 알 수 있습니다.

아무튼 이항복과 김장생의 제자들이 주축이 된 서인 사대부들은 정원군의 장남이자 광해군의 조카인 능양군과 결탁해 왕위를 찬탈하는 데 성공했습니다. 그런데 능양군이 수월하게 쿠데타를 준비하고, 그 자신이 왕위 찬탈 과정을 주도하며 우두머리 노릇을 할 수 있었던 데는 그럴 만한 이유가 있었습니다. 능양군이 신립의 아들인 신경진, 신경유 등 평산 신씨와 구굉, 구인후, 구성 등 능성 구씨 같은 이름난 무신 가문과 인척 관계에 있었기 때문입니다.

서인이 인조 반역의 주체라면, 남인은 쿠데타에 동조해 야당으로 반란 정권에 참여한 세력입니다. 그들이 서인 역도들에게 동조하게 된 배경을 알려면 먼저 그들의 뿌리를 살펴볼 필요가 있습니다.

선조 대에 서인 송익필을 위시한 정철 무리는 기축사화(1589)를 일으켜 무고한 동인 선비들을 학살한 바 있습니다. 이후 정철이 선조에게서 버림받고 서인 세력이 힘을 잃자, 동인 내부에서 정철 일당을 어떻게 처리할지를 놓고 둘로 갈라졌습니다. 정철 일당뿐만 아니라 서인 세력 전체를 대상으로 관련자들을 엄중히 다스려야 한다는 강경 입장과 애매한 태도로 시종일관하며 원만한 수습을 강조한 온건 입장으로 나뉜 겁니다. 결국 이때의 대립이 계기가 되어 동인은 북인과 남인으로 갈라서고 맙니다. 그리고 몇 년 뒤의 조일전쟁과 광해군 즉위를 거치면서, 북인과 남인은 각각 진보와 보수 색채를 분명히 하면서 사림 사회에서 영원한 타인으로 멀어져갔습니다.

북인과 남인 사이의 건널 수 없는 강　동인이 분열한 것은 정치적 이유 때문만은 아닙니다. 북인과 남인의 정체성이 뚜렷이 나뉜 것은 학풍에서 비롯된 사상과 세계관의 차이 때문입니다. 이른바 경상우도의 남명학파와 경상좌도 퇴계학파 사이를 가로지르는 강은 쉬이 오갈 수 없을 만큼 폭이 넓고 깊었습니다.

　북인이 존경하고 흠모한 조식은 출처가 분명하지 않고 배운 것을 실천에 옮길 줄 모르는 관념적인 인물이라며 이황을 하찮게 여겼습니다. 반면, 남인의 뿌리였던 이황은 대범하고 개방적인 학풍을 지닌 조식을 이단이라고 매도할 만큼 완고했으며, 서경덕 같은 대학자도 이단시할 만큼 교조적인 인물이었습니다. 이처럼 조식과 이황은 사상적으로나 기질적으로나 화합이 어려운 관계였습니다. 따라서 그만큼 다른 정체성을 지닌 두 집단이 분열하는 것은 진작부터 예견된 일이었습니다. 아무튼 남인은 형이상학적이고 반민중적인 성향이 강했기 때문에 애민을 지향하는 개혁 성향의 북인 정권과 조화를 이룰 수 없었습니다. 결국 북인이 집권한 광해군 치세에 중앙 정치에서 소외될 수밖에 없었고, 같은 처지의 서인 세력과 동병상련하게 되는 것은 당연한 이치였습니다. 게다가 남인과 서인 세력은 사상적으로도 관념론과 성리학적 교조주의를 공유한 보수 사림이었습니다. 쿠데타 당시 이렇다 할 역할을 하지 않았던 남인이 반역 정권에서 관제 야당 노릇을 한 데는 이런 배경이 깔려 있었습니다.

한편, 서인 역도들은 반란의 정당성을 확보하는 일이 절실했습니다. 그런 그들의 입맛에 딱 맞는 격언이 있었으니, 바로 '적의 적은 곧 동지'라는 말입니다. 왕위를 찬탈하면서 사림이라는 거추장스러운 가면을 벗어던져버린 서인 역도들에게 남인은 둘도 없는 짝패였습니다.

할아버지를 뛰어넘은 능양군

왕조 국가의 군주가 갖추어야 할 자질로는 대략 애민 의식, 정치 리더십, 통치에 필요한 경륜과 통찰력, 인간으로서의 품격 등을 꼽을 수 있습니다. 이러한 자질을 바탕으로 볼 때, 모든 면에서 자격 미달이었던 조선 군주는 하성군 선조와 능양군 인조, 그리고 고종 이명복(민비까지 묶어서)이라고 생각합니다. 그중에서 최악을 꼽으라면 단연 능양군입니다. 이제부터 반란으로 임금 자리를 강탈한 능양군의 다양한 모습을 통해 그가 어째서 할아버지 선조를 뛰어넘는 조선 최악의 군주인지를 짚어보기로 합니다.

조일전쟁으로 망할 뻔한 나라가 다시 회생하려는 시점에 광해군이 있었습니다. 조선왕조는 그런 중차대한 시기에 신하들의 반란이라는 뜻밖의 상황에 부딪히고 말았으니, 이는 역사 발전과 시대정신을 거스르는 재앙이나 다름없었습니다.

반역 당일, 능양군은 즉위 교서를 통해 "귀척과 권세가가 가진 모든 전장(田庄)에 대한 세금 감면과 부역 면제도 함께 조사하여 제거하며, 내수사와 대군 궁방에 빼앗겼던 민전도 일일이 환급한다"(『인조실록』 1년 3월 14일)고 약속했습니다. 그러나 불과 8개월 만에 "선조(先朝)가 하사한 물건을 하루아침에 혁파해버리는 것도 미안"(『인조실록』 1년 11월 11일)한 일이라는 황당한 논리를 들어 약속을 뒤집어버립니다. 이런 기록이 시사하는 바는 무엇일까요?

여기서 우리는 인조의 약속 파기에만 관심을 두어서는 안 됩니다. 그보다는 반란이 일어난 지 무려 8개월이란 시간이 흘렀음에도 불구하고, 여전히 궁방과 관아의 부역 면제와 조세 감면을 혁파하라는 건의가 이어지고 있었다는 사실에 주목해야 합니다.

왕실과 권세가의 불법을 없애겠다는 능양군의 반란 공약은 립서비스에 지나지 않았고, 약속을 지킬 마음도 애당초 없었던 겁니다. 역도들이 반란한 으뜸 목적은 왕위 찬탈과 권력 쟁취였을 뿐, 잘못을 바로잡겠다는 반정 명분은 거짓 구호에 지나지 않았습니다.

반란 초기부터 등 돌린 민심 능양군이 왕위를 찬탈한 해에 일어난 어떤 역모 사건에서 황현이라는 이는 당시 인조와 반역 세력의 행태를 이렇게 비난했습니다. "지금의 주상이 모든 왕자를 제쳐두고 스스로 왕위에 올랐고 또 의거하던 날 궁궐을 불사르고 재물을 약탈하였다. 근일 하는 짓이 광해군 때보다 더 심하여 제배(除拜: 3배수 추천 절차를 거쳐 벼슬을 내리는 일)가 치우침 없이 공평하지 못하고 부역이 날로 더 번거로워져서 상하 사이에 금이 가고 원근에 원망이 자자하니, 이러한 때에 거사하는 사람이 있다면 반드시 메아리처럼 호응할 것이다."(『인조실록』 1년 10월 1일)

이듬해에는 반란 동지 이괄이 쿠데타를 일으켰습니다. 이 사건은 반역으로 임금이 된 인조의 입장에서 매우 뼈아픈 일이었습니다. 반란군이 한양으로 밀고 내려오자, 인조는 수십 명의 무고한 정적들을 살해한 뒤 서둘러 대궐을 버리고 달아났습니다. 그 때문에 가뜩이나 흩어진 민심은 인조에게서 완전히 멀어졌습니다. 인조가 공주로 도망칠 때 호종했던 송갑조(송시열의 아버지)는 자신의 일기(『수용일기』 권1, 인조 2년 2월 8일)에 이렇게 썼습니다. "이괄이 반란을 일으키자, 영의정 이원익과 우찬성 이귀가 종루에 앉아서 병사들을 모집했는데, 10일 남짓 동안 한 명의 지원자도 구하지 못했다." 민심이 인조를 임금으로 인정하는 분위기였다면, 그런 상황이 연출되지는 않았을 겁니다.

1626년 세자익위사 관원이던 강학년이 올린 상소를 보면, 당시 인조가 백성들에게 어떤 존재였는지 똑똑히 알 수 있습니다. "전하께서 즉위하신 이래로 어진 덕화로 다스리지 못하여 은택이 아래에 미치지 못했고, 시행하고 다스리는 방도는 형정(刑政)의 말단을 벗어나지 못함으로써 두서가 없이 어지러워도 가닥을 찾아 다스리지 못합니다. 번다하고 과중한 부역이 중첩으로 나오는 것은 대체로 백성들의 신의를 잃은 데서 비롯한 처사로서, 천심을 어기고 인심에 거슬린 것이 많으니, 위란의 조짐일까 두렵습니다. 전하께서 비록 어진 마음과 어진 명예를 지니셨지만, 선왕(광해군)의 도와 정치에는 미치지 못합니다. … 예로부터 지금까지 대중을 잃고서 오래도록 국가의 번영을 누린 경우는 없으니, 이는 이괄의 역변 때 실제로 경험한 바 있습니다. 대가(大駕)가 서울을 떠나던 날 따르는 백성이 없었으니, 그것이 어찌 백성들만의 잘못이겠습니까?"(『인조실록』 4년 12월 15일)

강학년은 인조가 치도와 내치 측면에서 광해군에 못 미칠 뿐만 아니라, 이괄의 난 당시 달아나는 인조를 따르는 백성이 없었다는 것도 상기시켰습니다. 반란 정권은 부역을 중구난방으로 지나치게 부과하고, 형벌에 의존하는 수준 낮은 정사를 펼침으로써 백성들에게 신뢰받지 못한 겁니다. 혼탁한 세상을 바른길로 이끌겠다며 왕위를 찬탈한 지 고작 3년 남짓 흐른 시점의 상황이 이와 같았습니다.

계승 서열도 무시한 자기부정   능양군은 종법상의 왕위 계승 서열로 보아도 임금이 될 수 없었습니다. 반란이 성공했을 당시에 선조의 아들(인조에게 숙부뻘)이 다섯 명이나 생존해 있었으니까요. 능양군이 임금이 될 수 있었던 것은 그가 역도들과 결탁한 유일한 종친이었기 때문입니다. 따라서 반란 명분의 정당성은 말할 것도 없고, 왕위 계승의 정통성이나 정치적 입지 등 모든 면에서 인조 반역은 문제투성이였습니다.

앞서 말한 인조의 다섯 숙부 가운데 인조보다 세 살 어린 흥안군은 이괄이 도성을 점령했을 때 임금으로 추대되어 일주일 동안 팔자에 없는 왕 노릇을 했습니다. 하지만 이괄이 패망하자 붙잡혀 살해당하고 말았습니다. 숙부 중에서 유일하게 인조보다 일곱 살 연상인 인성군은 두 차례나 역모에 연루되었다가, 1628년에 인조의 명으로 스스로 목숨을 끊어야 했습니다. 이처럼 반란 5년 만에 작은아버지를 둘씩이나 제거했으니, 경위야 어찌 되었든 간에 인조가 반란을 일으키면서 떠든 이른바 폐모살제 명분도 아주 실없는 소리가 되고 말았습니다. 하지만 이 같은 인조의 자기부정도 큰아들 내외와 손자들을 몰살한 일에 비하면 아무것도 아닙니다.

장남 일가를 몰살한 패륜의 끝판왕　인질로 끌려간 지 8년 만에 꿈에도 그리던 고국으로 돌아왔지만, 소현세자는 고작 두 달 남짓 만에 허망하게 죽고 맙니다. 1645년(인조 23) 4월 26일의 일입니다. 소현세자의 죽음에 대해서는 오늘날까지도 갑론을박이 계속되고 있는데, 모든 전후 상황으로 봤을 때 아버지의 지시로 독살당한 것이 분명합니다. 이런 추론이 매우 합리적일 수 있는 근거는 도처에 널려 있습니다. 그중에서도 가장 확실한 것은 다름 아닌 인조의 언행입니다.

인조는 자신을 대신해 볼모로 잡혀갔다가 돌아온 장남을 차갑게 대한 것은 물론이고, 그가 갑작스럽게 죽은 뒤에도 (왕실 법도인 삼년상은커녕) 일반 서민처럼 7일장만 치르고 서둘러 땅에 묻는 상식 밖의 행동을 이어갔습니다. 그리고 세자를 치료한 어의의 처벌과 세자의 죽음에 대한 조사를 아뢴 신하들의 청을 묵살했습니다. 그뿐만이 아닙니다. 인조는 죽는 날까지 소현세자의 묘를 한 번도 찾지 않았습니다. 그리고 신하들이 '엄연히 열 살 난 원손이 있으니, 종법상의 계승 서열에 따라야 한다'며 둘째 아들의 세자 책봉을 반대했지만, 인조가 고집을 부려 끝내 봉림대군을 세자 자리에 앉혔습니다.

인조의 기이한 행보는 소현세자 한 사람의 불행으로 끝나지 않았습니다. 인조는 신하들의 반대에도 불구하고 터무니없는 누명을 씌워 며느리 민회빈 강씨를 사사했습니다. 당시 사간원 헌납 심로, 정언 강호와 김휘 등은 강빈에 대한 선처를 요청하며 이렇게 말했습니다. "강빈이 비록 전하의 친자식은 아니지만, 세자빈으로 있을 때는 세자의 배필이었으니, 전하의 자식이 아닙니까?(『인조실록』 24년 2월 8일) 그런데 이튿날 인조가 한 말은 듣는 이들의 귀를 의심케 할 만큼 충격적이었습니다.

"누차 엄하게 분부했는데도 심로 등은 털끝 하나 까딱하지 않고 더욱 새로운 말을 만들어 임금을 모욕하는데, 이게 무슨 의도인가? 승지는 살펴서 아뢰어라. … '개새끼 같은 것'을 억지로 임금의 자식이라고 칭하니, 이것이 모욕이 아니고 무엇인가?"(『인조실록』 24년 2월 9일)

며느리도 자식이니 죽일 것까지 있겠느냐는 신하들의 간청에 홀로된 며느리를 개자식이라 부른 것도 모자라, 며느리도 자식과 다를 바 없다고 탄원한 신하들이 자기를 모욕했다면서 화를 낸 겁니다. 이는 사람의 언행이 아닙니다.

인조는 장남 부부를 죽인 것으로도 성이 차지 않았는지 당시 열한 살, 일곱 살, 세 살 난 어린 손자 셋을 바다 건너 제주도로 유배 보냈습니다. 결국 첫째 이석철과 둘째 이석린은 풍토병에 걸려 짧은 생을 마감했습니다. 살아남은 막내 손자 이석견(경안군)은 인조가 죽은 뒤에야 유배에서 풀려날 수 있었는데, 인조가 죽은 지 7년이 지나서야 막내 조카를 풀어준 효종 역시 일반적인 사람은 아닙니다.

장남 가족을 몰살한 인조의 행위는 그의 아버지 정원군이 생전에 저지른 악당 짓을 떠올려보면 그런대로 머리가 끄덕여지기도 하지만, 보통 사람은 결코 흉내 낼 수 없는 것입니다. 따라서 왕위를 찬탈해서라도 바로잡으려 했다는 이른바 군주다운 윤리는 말할 것도 없거니와, 인간이라면 마땅히 지녀야 할 최소한의 연민이나 공감 능력이란 측면에서 보더라도 인조는 광해군과 견줄 수조차 없는 인간입니다.

인조와 영조의 같은 듯 다른 친족 살해 자식을 죽인 임금으로는 인조말고도 그의 고손자 영조가 있습니다. 인조와 영조는 둘 다 왕위를 지키려고 자식을 죽인 공통점을 지녔지만, 가만히 들여다보면 내면의 결이 다릅니다.

영조는 사도세자를 죽인 일을 후회하는 모습을 여러 차례 보여주었고, 사도세자의 아들이 대통을 잇도록 끝까지 보호했습니다. 사도세자의 불행은 당시 노론과 소론 사이의 대립이라는 정치적 역학 관계에 따른 희생이란 측면이 강하지만, 소현세자의 죽음은 오로지 부왕의 의심과 시기심 때문에 일어난 사건입니다. 무엇보다 인조는 잔인하고 집요했습니다. 그리고 자식을 죽인 뒤에 따르는 인간적인 아픔과 회한이라는 측면에서도 뚜렷이 구별됩니다.

간단히 말해 인조가 전형적인 사이코패스였다면, 영조는 적어도 미친 인간은 아니었습니다. 영조는 행동이 앞서는 기질을 타고났으며, 왕세제 시절에 형성된 원죄 콤플렉스 탓에 즉위 후에도 자신의 과오와 왕권 수호에 극히 예민한 반응을 보였습니다. 결국 영조는 분노 조절에 어려움을 겪은 격정적 기질의 소유자였을 뿐입니다.

보수 사림의 역사 농단

중요한 것은 '모든 사람은 모든 것을 알고 있다'는 사실을 잊지 않는 일이라고 생각합니다. 공과를 불문하고 아무리 교묘한 방법으로 그것을 치장하더라도 결국은 다른 사람들이 모두 알게 된다는 사실을 잊지 않는 것이 핵심입니다. —신영복, 『강의』

과거 및 과거와 현재의 관계에 대한 연구는 현존하는 세계를 옹호하는 합의를 창출하기 위해서 수행되는 것인가?
—하비 케이, 『과거의 힘』

그리하여 임금을 무용지물로 보아 더러는 무고(巫蠱)를 허위라고 우겨대고, 심지어 폐비의 풍문을 꾸며내 조정과 민간에 전파함으로써 뭇사람의 마음을 미혹시키고 있습니다. 이는 훗날 사류(士類)를 유린하고 사사로운 원한으로 보복할 소지를 마련함으로써 성상으로 하여금 끝내 후세의 악명에서 벗어나지 못하게 하려는 것입니다.
—『광해군일기 중초본』8년 4월 9일

기억 독점과 거짓말

능양군과 보수 사림이 반란에 성공한 이튿날, 인목대비는 광해군 폐위와 능양군의 즉위를 알리는 교서를 내렸습니다. "선왕께서 불행히도 적사(嫡嗣)가 없어 임시방편으로 장유(長幼)의 차례를 어기고 광해로 세자를 삼았었는데, 동궁으로 있을 때 이미 덕망을 잃은 행실이 드러나서 선왕 말년에 자못 후회하여 마지않았다"라는 거짓말로 시작하는 이 교서에는 광해군 폐위의 이유를 다음과 같이 나열하고 있습니다.

"나의 부모를 형살하고 나의 종족을 어육으로 만들고 품안의 어린 자식을 빼앗아 죽이고 나를 유폐하여 곤욕을 주는 등 인륜의 도리란 곧 없었다. 이는 대개 선왕에게 품은 감정을 펴는 것이라 미망인에게야 그 무엇인들 하지 못하랴. … 이것뿐이 아니다. 우리나라가 중국 조정을 섬겨온 것이 200여 년이라, 의리로는 곧 군신이며 은혜로는 부자와 같다. 그리고 임진년에 재조해준 그 은혜는 만세토록 잊을 수 없는 것이다. 선왕께서는 40년 동안 재위하시면서 지성으로 섬기어 평생 서쪽을 등지고 앉지도 않았다."(『인조실록』 1년 3월 14일)

그러나 역사적 사실은 교서 내용과 다릅니다. 세자 시절의 광해군은 조일전쟁에서 눈부신 업적을 세워 일찌감치 백성들의 신망을 얻었고, 즉위한 뒤에는 공납의 폐단을 바로잡으려고 대동법을 시행하는 등 백성의 고통을 덜어주려고 애썼습니다.

인목대비가 광해군 악행의 사례로 꼽은 내용도 전후 사정을 자세히 들여다보면 화를 당한 측에서 빌미를 제공한 사건입니다. 인목대비의 아버지 김제남은 광해군 즉위 5년이 되던 1613년에 손자 영창대군을 왕위에 앉히려는 역모에 가담했다가 세 아들과 함께 사사되었습니다. 역도들은 관련 혐의가 조작되었다고 주장합니다. 그러나 반란 이후 광해군 대에 존재한 온갖 불리한 자료, 특히 뒤에서 언급할 『추안급국안』 같은 핵심 자료를 폐기함으로써, 역모 혐의가 조작이라는 자신들의 주장을 객관적으로 반증할 수 없도록 만들었습니다. 따라서 김제남의 역모가 조작이라는 주장은 반란 세력의 우격다짐에 지나지 않습니다.

보수 사림의 교만과 배신 광해군이 세자 시절에 겪은 외롭고 고단한 처지는 이루 말할 수 없었습니다. 특히 안타까운 것은 서인과 남인 계열의 보수 사림 신하들이 광해군을 진심으로 섬기지 않았다는 사실입니다. 그런데도 광해군은 즉위한 뒤에 그들을 조정에서 축출하지 않았습니다. 심지어 1613년(광해군 5)에 일어난 계축옥사 이전까지는 정승 자리를 서인과 남인 출신 인사들로 채우면서까지 그들을 예우했습니다.

당시 조정 권력은 광해군을 세자 시절부터 충심으로 보위한 북인 사대부들이 잡았지만, 그들은 광해군 즉위 5년 후까지도 여전히 소수파였습니다. 즉위 초의 광해군이 자신들을 적대시하지 않고 담대하게 대하는 모습을 본 보수 사림 세력은 이에 고무되어 모종의 자신감을 가지게 되었습니다. 어쩌면 중종 반역의 선례를 떠올리며, 임금이 자신들을 함부로 어쩌지 못할 거라는 교만한 생각을 품었을 수도 있습니다.

이렇듯 광해군 즉위 직후의 조정은 적대적인 정치 세력이 동거함으로써, 정국의 흐름을 저울질하기 힘들 정도로 불안정한 상황이었습니다. 만약 보수 사림 세력이 조정의 그런 상황을 진중하게 받아들였다면, 자신들의 마음가짐과 처신이 얼마나 심각한 경거망동이며 임금의 신뢰를 배반한 태도인가를 좀 더 일찍 깨닫고 반성했을 겁니다. 하지만 그럴 마음이 없었던 보수 사림은 불온한 행보를 멈추지 않았습니다.

왕조 사회에 대한 몰이해 혹은 편견 '임금을 제외한 나머지 모든 사람은 신하'라는 인식은 전근대 왕정 사회에서는 상식에 속합니다. 그러므로 선조의 장인 김제남은 말할 것도 없고, 종법상의 어머니일지라도 인목대비 역시 광해군의 신하에 지나지 않습니다. 그녀는 임금보다 아홉 살이나 어렸고, 임금과 피 한 방울 섞이지 않은 여인이기도 했습니다.

조선 정치사에서 신하들이 임금의 외가를 끼고 처신을 가벼이 하다 역적으로 몰린 선례는 셀 수 없이 많습니다. 특히 역모에 연루된 왕실 사람이 천수를 누린 사례는 전무하다시피 합니다. 영창대군과 임해군의 죽음에 대해 말들이 많지만, 태종은 이복형제들과 사돈, 그리고 처남들을 죽였습니다. 그리고 세조는 친동생들을 죽였습니다. 자신의 의지가 개입되었느냐 아니냐는 전혀 중요하지 않았습니다. 그런 만큼 조선의 종친들과 주변 인물들은 매사에 신중하게 말하고 무겁게 처신하라고 엄히 가르치고 또 실천했는데, 인목대비 부녀는 경망스럽기가 이루 말할 수 없었습니다.

더구나 인목대비의 유폐와 영창대군의 불행은 광해군이 임금 자리에 앉을 욕심으로 저지른 행동이 아닙니다. 영창대군의 죽음에 빌미를 제공한 것은 광해군이 버젓이 임금 자리에 있을 때 일어난 일입니다. 역도들이 폐모살제라고 표현한 사건들은 왕조 사회에서 군주의 정당한 왕권 행사 과정에서 일어난 비극적인 결과에 지나지 않습니다. 종묘사직을 보전할 책무를 지닌 임금의 입장에서 마땅한 처분을 내린 것이기도 합니다.

왕조 사회의 특성과 역사를 제대로 이해하는 사람이라면, 인목대비에 대한 처우와 영창대군의 운명을, '왕이 되려고' 친족을 살해한 태종 이방원이나 수양대군의 만행과 같은 범주에 넣고 고민하지 않을 겁니다. 결국 폐모살제와 관련해 광해군을 비판적으로 인식하는 일부 사람들의 생각은 왕조 사회를 제대로 이해하지 못한 결과이거나, 반란으로 왕조 후반 300년을 농단한 보수 사림의 날조된 역사에 비판 없이 노출된 데 따른 편견이라고 생각합니다.

광해군의 대범한 국정 운영 집권 진보 사림은 계축옥사 이후에도 서인과 남인이 주축이 된 보수 사림을 재기 불능 수준으로 숙청하지 않고, 단지 요직에서 배제하는 정도로 끝냈습니다. 광해군과 진보 사림의 이런 담대함은 과거 기축사화 당시 정여립 역모 사건을 조작해서 동인 세력을 학살한 선조와 서인 세력, 그리고 쿠데타를 일으켜 진보 사림을 완전히 매장해버린 인조와 보수 사림 역도들의 졸렬함과 극명히 대비됩니다.

한편 대비에게 내려진 유폐 처분은 역모 혐의를 받은 자에 대한 처분치고는 관대한 조치였습니다. 역심을 품은 무리와 더는 결탁하거나 내통하지 못하도록 거처(경운궁: 오늘날 덕수궁) 출입을 제한하고, 대비 호칭을 박탈하는 선에서 생명을 보전해주었습니다. 이는 전적으로 광해군의 배려 덕분이었습니다.

아울러 이 사건의 정확한 명칭이 폐모가 아닌 유폐라는 점도 함께 기억해야 합니다. 광해군은 인목대비를 서인(庶人) 신분으로 강등시킨 뒤 궁궐에서 쫓아내기를 바란 신료들을 끝까지 다독이면서 더 이상의 처벌을 원치 않았습니다. 그런데도 반란이 성공하자 자신의 허물은 죄다 덮어버리고 이 모든 상황을 광해군 탓으로 돌린 인목대비의 교서는 진실을 날조한 한낱 욕설이나 저주에 지나지 않습니다. 교서에서 광해군의 또 다른 폐위 사유로 언급한 명나라 배신 죄목은 이미 '사대'를 다룬 제3부에서 자세히 살펴보았으니 여기서 더 언급하지 않겠습니다.

역사적 진실을 가로막는 장벽　반란의 주역들은 온 힘을 기울여 자신들의 행동이 정당했음을 변명하려고 애썼습니다.『광해군일기』편찬을 이용한 역사 왜곡이 대표적인 사례입니다.

　실록의 간행은 초벌 원고인 '초초본'을 검토하고 수정함으로써 '중초본'을 완성하는 것으로 시작됩니다. 다음으로는 중초본을 읽기 쉽게 정서하는 작업을 거치는데, 이렇게 해서 완성된 것을 '정초본'이라고 합니다. 그리고 실록 간행이 최종 마무리되면 초·중·정초본을 모두 물로 씻어내는 이른바 세초 작업을 하는데, 그렇게 한 이유는 활자로 인쇄된 최종 실록본과 내용이 어긋날 소지를 원천 차단하기 위해서라고 합니다. 하지만 다행스럽게도『광해군일기』는 역대 왕조실록 가운데 유일하게 중초본과 정초본이 세초되지 않고 남아 있습니다. 다른 실록들과 다르게『광해군일기』만 인쇄되지 못하고 필사 상태로 남겨진 게 그 이유라고 하나, 굳이 중초본까지 남긴 것은 아무래도 좀 의아합니다. 여러 번 언급했듯이, 반란 역도들은 쿠데타 이후에 진보 사림 인사들을 재기 불능 수준으로 숙청했습니다. 따라서 정적들이 다시는 정계에 발붙일 수 없다고 판단하고, 굳이 중초본을 힘들여 세초하는 작업을 생략했는지도 모릅니다.

아무튼 『광해군일기』 중초본에는 초초본 내용을 고치거나 덧씌운 글이 그대로 남아 있을 뿐만 아니라, 사관들이 자기 의견을 적은 쪽지가 많이 붙어 있습니다. 더구나 정초본에 누락된 기사도 존재합니다. 만약 『광해군일기』가 다른 실록들처럼 중초본이 씻겨 사라졌다면, 우리는 틀림없이 지금보다 훨씬 더 왜곡된 모습으로 그 시대를 이해하고 있을 겁니다. 아무튼 『광해군일기』는 반란 세력의 관점에서 당시 시대상을 말하고, 광해군 정권의 행보를 자기들 입맛대로 취사선택한 근본적인 한계를 안고 있다는 사실을 반드시 기억해야 합니다.

반란 세력이 역사적 사실을 날조한 또 다른 사례로는 광해군 대의 『추안급국안(推案及鞫案)』을 빼놓을 수 없습니다. 『추안급국안』은 조선시대에 일어난 모든 중범죄를 조사하고 판결한 내용을 꼼꼼히 기록해둔 문서입니다. 그런데 오늘날 전해지는 광해군 대의 『추안급국안』에는 1613년(광해군 5)의 계축옥사와 관련한 내용, 특히 인목대비의 주변 인물에 대한 공초(供招) 기록이 모두 사라지고 없습니다. 폐모살제라는 억지 주장과 관련된 진실이 담긴 기록이니만큼 그럴 수밖에 없었겠죠. 자신들의 죄는 감추고 꾸며낸 내용은 선전하려니, 계축옥사의 사실관계 자체를 없애버리는 게 최선이었을 겁니다.

따라서 계축옥사와 관련한 사실관계를 알아보려면 『조선왕조실록』이나 야사, 그리고 당시 사대부의 문집 따위를 참고할 수밖에 없

습니다. 하지만 현존하는 사료들 대부분은 인조 반역 이후의 서인·
노론 독재 시대를 거치며 선택적으로 기록되고 체계적으로 왜곡된
것들입니다. 그러므로 이것들에만 의존할 경우, 보수 사림의 입장을
비판 없이 수용하는 결과를 낳을 수밖에 없습니다.

결국 인조 반역 이전의 역사적 사실에 대해 지금까지 우리가 알고
있는 것들은 대체로 보수 사림이 조작한 기억에 의존한 것이며, 당시
의 진실을 객관적으로 파악하는 것은 현실적으로 불가능하다는 사
실을 알아야 합니다. 광해군 대의 진실에 다가가려는 노력은 먼저 이
런 한계를 인정하는 데서부터 시작해야 합니다.

보수 사림의 300년 독주　조선 후기를 지배한 보수 사림은 광해군 대
에 일어난 수많은 역모 사건 모두를 북인 정권의 조작이라고 우겼습
니다. 광해군 정권이 조작하지 않았다고 인정할 역모는 아마도 인조
반란이 유일할 겁니다. 그렇다면 이런 식으로 보수 사림의 입맛대로
날조·왜곡한 광해군 대 역사가 오늘날까지도 통용되는 것은 어찌 된
영문일까요?

보수 사림 세력이 자신들이 저지른 대역 행위를 어떤 세력의 눈치
도 보지 않고 양심에 구애됨 없이 합리화할 수 있었던 것은 그들이
조선 정치와 사상계를 독점했기 때문입니다. 반란이 성공한 날부터
왕조가 망하는 날까지 자그마치 300년 가까운 세월을 서인 보수 사
림과 그 후예인 노론이 정권을 유지했으니까요.

그 긴 세월 동안 그들이 정치 전면에서 물러난 시절은 통틀어 30
년이 채 되지 않습니다. 인조 반란 정권에 참여해 현종 때까지 만년

야당으로 명맥을 유지하던 남인 사대부들이 숙종 대의 환국 정치기에 두 번*에 걸쳐 잠깐 정권을 잡았습니다. 그리고 서인에서 갈라져 나온 소론 사대부들이 경종 치세 4년 동안 힘겹게 정국을 주도했습니다. 물론 영조와 정조 대에 소론과 남인이 노론 세력을 힘겹게 견제한 시절도 있었고, 노론 60년 세도정치를 무너뜨린 대원군이 실권을 행사한 10년 동안에 남인이 중용되기도 했지만, 여전히 조정의 실세는 노론이었습니다. 지금까지 열거한 사례를 고려하더라도, 조선 후반기 300년은 철저히 서인과 그 후예인 노론 사대부의 세상이었습니다. 남인과 소론 당파도 보수 사림의 정체성을 띠기는 매한가지였지만 말입니다.

동서양을 막론하고 하나의 왕조가 300년을 지속한 사례도 흔치 않은데, 하물며 정치·사상적으로 동일한 정체성을 가지고 혼맥과 학맥 등으로 얽힌 단일 세력이 그 긴 세월 동안 정권을 장악하고 사상 독재를 펼친 나라를 어디서 찾을 수 있겠습니까?

폐모살제, 반란의 거짓 명분

반역에 가담하거나 이에 동조한 자들은 '동생을 죽이고 모후를 공경

---

* 1674년(숙종 즉위년)의 갑인환국과 1689년(숙종 15)의 기사환국을 말합니다. 갑인환국은 갑인년 2차 예송을 빌미로 어린(당시 13세) 숙종이 즉위하자마자 서인들을 정권에서 축출한 사건인데, 남인은 이후로 경신환국(1680)이 일어나 실세할 때까지 6년 가까이 정권을 잡았습니다. 기사환국은 경신환국 이후 분열한 노론이 희빈 장씨 소생(경종)이 적자가 아니라는 이유로 원자 책봉에 반대했다가 축출당한 사건입니다. 이후 남인 정권은 희빈 장씨에게 염증을 느낀 숙종의 변덕으로 일어난 갑술환국(1694) 때까지 5년 동안 정권을 유지했습니다.

하지 않은 광해군 정권이 불의를 저질렀으니, 이를 바로잡기 위해 거사했다'고 주장했습니다.

광해군이 영창대군을 유배 보내고 살해되도록 방치하고 인목대비를 경운궁에 유폐한 것은 맞지만, 그렇다고 광해군을 폭군으로 단정할 수는 없습니다. 광해군 즉위 초반의 왕권은 선대 어느 임금 때보다도 허약했습니다. 인목대비와 영창대군 주위를 맴도는 서인 세력은 실제로 광해군에게 위협적인 존재였습니다. 전근대적 왕조 사회의 정치 생태계에서 왕권이 위협받는 상황이 오면, 그 대상이 형제 자식일지라도 정적으로 간주하는 것은 결코 예외적인 상황이 아닙니다. 멀리 찾을 것도 없습니다. 노론이 택군한 영조는 자기 아들까지 정치적 희생양으로 만들었고, 폐모살제를 내세우며 반란한 능양군은 훗날 맏아들과 며느리를 죽이고 손자들까지 사지로 내몰았으니까요. 보수 사림은 반란 수괴의 그런 패륜은 애써 모른 척하고, 300년 동안 폐모살제만 입에 올렸습니다. 가소로운 일입니다.

반란을 조장한 자는 누구인가?　폐모살제의 객관적 실체에 다가서려면, 다음의 두 가지 문제를 반드시 짚고 넘어가야 합니다. 하나는 광해군의 권위를 세자 시절부터 구조적으로 망가뜨려놓은 선조의 납득할 수 없는 처사입니다. 다른 하나는 광해군 즉위 이후에 인목대비와 그를 둘러싼 보수 사림 세력이 보여준 불순한 움직임입니다. 후자는 선조가 인목왕후와 보수 사림 신하들에게 잘못된 신호를 보냈기 때문에 생긴 문제이니, 이 둘은 별개가 아니라 서로 연관된 동일 사안으로 이해할 수도 있습니다. 따라서 폐모살제의 진정한 출발점은 바로 선조입니다. 먼저 선조의 납득할 수 없는 처사에 대해 살펴보겠습니다.

선조는 조일전쟁 초기에 분조 구성을 위해 광해군을 세자 자리에 앉혀놓고는 막상 전쟁이 끝나자, 세자의 입지를 노골적으로 무시하고 흔들었습니다. 선조는 죽기 열흘쯤 전에 다음과 같은 비망기를 내렸습니다.

"정인홍은 세자가 속히 전위를 받게 하려고 하였으니, 자신이 꾀한 일이 세자에게 충성을 다하는 일이라고 여겼을 것이 분명하다. 하지만 실로 그의 불충함이 극심하다. 제후의 세자는 반드시 천자의 명을 받은 뒤에야 비로소 세자라고 할 수 있다. 지금 세자는 책명을 받지 못했으니 이는 천자도 허락하지 않은 것이고…."(『선조실록』 41년 1월 22일)

선조가 말한 '정인홍의 불충'이란 며칠 전에 올린 그의 상소를 가리킵니다. 정인홍이 세자 즉위를 방해하려는 영의정 유영경을 탄핵하는 상소를 올렸던 겁니다. 그런데 선조는 비망기에서 유영경의 해괴한 언동은 덮어둔 채, 오히려 정인홍이 불충하다고 불평합니다. 세자가 아직 명나라로부터 책봉도 못 받았으니 '유영경의 행동이 옳았다'는 속내를 은근히 비치면서 말입니다. 자나 깨나 종묘사직을 걱정한다는 임금이, 그것도 죽음의 그림자가 어른거리는 상황에서 마치 남의 집안일 말하듯 한 선조의 머릿속이 궁금하기만 합니다.

선조는 자신이 왕실의 직계가 아닌 방계 신분으로 임금이 되었으니, 차남이자 서자 신분인 광해군이 왕위를 잇는다는 사실이 못마땅했을 겁니다. 하지만 당시 영창대군의 나이가 두 살이니 어찌해볼 도리가 없었습니다. 더구나 조일전쟁에서 보여준 광해군의 뛰어난 활약이, 백성을 버리고 도망친 것도 부족해 중국으로 망명할 궁리에 바빴던 자신과 비교되면서 세자가 더 미웠을 겁니다. 그리고 '전쟁만 일어나지 않았다면 이런 일로 고민할 일도 없었을 것이고, 영창대군이 조금만 더 일찍 태어났더라면 대통을 물려줄 수 있었을 텐데'라면서 가슴앓이했을 게 분명합니다. 선조를 둘러싼 미래의 역신들만 알아챈 선조의 머릿속은 아마도 이런 생각으로 가득하지 않았을까요?

이런 상황에서 인목왕후를 비롯한 미래의 역신들은 '주상께서 10년만 버텨준다면 영창대군이 보위를 이어 서인 세상을 이어갈 수 있다'고 기도했을 겁니다. 그런 생각만으로도 역심으로 간주되는 왕조 사회에서 어떻게 조정 안에 그런 분위기가 형성되고 공감대를 얻을 수 있었겠습니까? 결국 반역을 조장한 책임은 오롯이 선조의 몫입니다.

경박한 부녀의 역심과 자업자득　다음으로 짚어볼 문제는 인목대비와 그를 둘러싼 보수 사림 세력이 보여준 불순한 움직임입니다. 역도들의 동향을 살펴보아야 그들이 내건 반란 명분이 얼마나 허구적인지 알 수 있기 때문이죠.

1608년 2월 1일, 선조는 세자 교체의 소망을 못 이룬 채 눈을 감았습니다. 그렇지만 선조가 잉태한 불온한 기류, 즉 광해군의 존재를 인정하지 않으려는 비정상적인 분위기는 좀처럼 사라지지 않았습니다. 그 중심에 영창대군을 품에 안은 인목대비와 김제남 부녀가 있었고, 그 두 사람을 에워싸고 잃을 게 많았던 보수 사림 무리가 서성대고 있었습니다.

선조가 늘그막에 영창대군을 생산한 뒤 그의 속마음에 기댄 일부 역신들이 세자의 왕위 계승을 방해하다 처단당한 상황에서 인목대비 부녀는 더더욱 처신을 신중히 했어야 마땅합니다. 그런데도 광해군 즉위 이후에 그들이 보여준 행보는 여전히 부적절하고 경박했습니다. 대군을 생산한 대비 신분일지라도, 30세가 넘은 장성한 세자가 있는 마당에 몸을 낮추어 신중히 행동하기는커녕, 불순한 망상에 빠져 처신을 가볍게 한 겁니다.

인목대비는 천성이 경박하여 법도에 어긋나는 언동으로 여러 차례 물의를 빚어 구설에 올랐습니다. 어린 아들에게 세자의 복식을 지어 입힐 만큼 물색없는 철부지였죠. 심지어 선조의 정비이자 광해군의 법적 어머니인 의인왕후*의 능에 무당을 보내 죽은 혼을 저주하라고 사주한 전력도 있습니다. 선조가 말년에 자주 병석에 드러누운 게 죽은 의인왕후 탓이라고 여겨서 벌인 짓이었습니다.

사대부 관료들은 업무상 숙직인 경우를 제외하면 궐내에 숙박할 수 없고, 특히 임금과 비빈들의 사적 생활공간인 내전은 내관과 궁녀를 제외하고 함부로 출입할 수 없는 것이 궁궐 법도였습니다. 임금의 외척도 예외일 수 없었습니다. 그런데 김제남은 이런 법도에 아랑곳하지 않았습니다. 여식의 신분이 왕후에서 대비로 바뀌고 난 뒤에도, 무시로 대비전을 들락거리며 인목대비와 은밀한 교감을 주고받았습니다.

---

* 의인왕후 박씨는 선조의 정비였으나 임금의 사랑을 받지 못했습니다. 성품이 후덕했던 그녀는 두 살 때 생모를 여읜 광해군을 양자로 입양해 친자식처럼 보살폈으며, 광해군의 세자 시절에 후견 역할까지 톡톡히 해냈습니다. 인목대비가 의인왕후를 미워한 것은 그런 이유에서입니다.

김제남은 선조 생전에 딸과 짜고, 오래전에 죽은 제안대군(예종의 아들이자 성종의 사촌 동생)의 후사로 자기 외손자를 들어앉혔습니다. 이로써 자식 없이 죽은 제안대군의 막대한 유산은 영창대군의 몫이 되었습니다. 김제남은 자기 딸이 선조와 혼인할 때 하사받은 엄청난 재산을 대신 관리하고 있었는데, 거기에 제안대군의 유산까지 더해진 겁니다. 김제남 부녀는 이런 막대한 재력을 바탕으로 장차 영창대군을 임금 자리에 앉히기 위한 은밀한 작업을 진행할 수 있었습니다.

계축옥사와 광해군의 인간적 좌절　권력을 되찾을 기회만 호시탐탐 엿보던 서인 세력이 마침내 역모의 꼬리를 드러낸 사건이 터졌으니, 광해군 5년(1613)의 계축옥사가 그것입니다. 실록에서는 이를 진보 사림 정권이 꾸민 무고로 기록하고 있지만, 이는 어디까지나 반란에 성공한 자들의 주장에 지나지 않습니다. 이때 잡혀 들어온 인물 가운데 정협이라는 무관이 있었는데, 그는 당시 좌의정 이항복의 심복이었습니다. 정협이 심문받고 실토한 말 가운데 이런 내용이 있습니다.

"일찍이 김제남을 사복시에서 만났는데, 그때 김제남이 신에게 이렇게 말했습니다. '영창대군을 추대하기로 한 일은 (선조의) 유교(遺教)를 받든 사람들도 참여해 알고 있다.' … 김제남은 임금이 능에 거동할 때를 이용해 그 지역 군사로 대가(大駕)를 범하고 앞에서 호위하는 훈련도감의 병사를 매수해 임금의 심복들을 치려고 했는데, 그러면 반드시 무너질 것이라고 말했습니다."(『광해군일기 중초본』 5년 5월 15일)

실제로 인목대비는 지아비인 선조의 장례를 치른 뒤로 날마다 울부짖으며 능행(陵行)을 요구했습니다. 하지만 그때까지 내명부의 비빈 신분으로 능행을 한 사람은 아무도 없었습니다. 어쨌거나 인목대비가 능행을 하면 법적 아들인 광해군이 동행하지 않을 수 없으니, 이때 임금을 죽이고 보수 사림 정권을 세우려고 계획한 겁니다. 정협의 자백을 통해 인목대비가 왜 그렇게 능행을 고집했는지 비로소 납득이 갑니다.

광해군은 세자 시절부터 보수 사림 사대부들에게 줄곧 서운한 대접을 받아왔지만, 그런 자들을 언제나 관대하고 대범하게 대우했습니다. 그랬던 광해군이 '그들과 도무지 나랏일을 함께 돌볼 수 없겠다'고 판단한 계기가 바로 계축옥사입니다.

광해군은 역도들을 심문하는 과정에서 이루 말할 수 없는 배신감으로 인간적 좌절을 맛보았습니다. 인목대비 부녀, 그리고 그들과 직간접으로 연루된 서인 인사들의 행적을 확인한 광해군은 그들에게 임금을 향한 단심이 눈곱만큼도 없음을 깨달았습니다. 그들은 자기 가문의 영달과 당파의 이익만 생각하는 자들이었습니다. 이런 인간적 아픔이 세자 시절 부왕으로부터 얻은 트라우마를 더욱 자극했습니다. 이후 광해군은 국내 정치 문제에서 지금까지 보여준 총명하고 냉철한 자세를 흐트러뜨리게 됩니다. 그리고 매사에 신경질적인 반응을 보이거나, 반대로 지나치게 안일하게 대처하는 극단적인 모습을 보여줍니다.

영창대군과 인목대비에 관한 진실　광해군은 계축옥사를 통해 역모 혐의가 드러난 김제남과 그의 세 아들을 사사했습니다. 하지만 영창대군을 살리겠다는 생각만큼은 흔들림이 없었습니다. 그리고 북인 정권의 정신적 지주 격인 정인홍도 "아직 닥치지 않은 환란을 염려해서 죄 없는 형제를 죽이는 것이 생명을 귀하게 여기고 효를 따르는 일이겠습니까?"라는 상소를 올려 영창대군을 죽이지 말라고 호소했습니다. 영창대군을 처단하라는 요청과 이를 거절하는 광해군의 모습은 『광해군일기』에 100번도 넘게 등장합니다.

한편 보수 사림은 광해군 정권을 향한 양반 사대부 사회의 폭넓은 반발을 유도하기 위해 '임금이 대비를 폐모하려 한다'는 소문을 퍼트렸습니다. 특히 이항복 같은 자는 조정 안에서 광해군과 북인 정권이 대비를 궐 밖으로 내쫓을 거라며 공공연히 떠벌리고 다녔습니다.

"임금이 이르기를 '폐비하려고 한다는 흉측한 말을 사람마다 모두 하고 있는데 어떻게 해야 막을 수 있겠는가?' 하니, 정인홍이 아뢰기를 '이 말은 대신(이항복을 지칭)이 처음 한 것이니, 처음 말한 대신에게 물어보면 그 출처를 알 수 있을 것입니다. 만약 처음 말한 자의 죄를 다스린다면, 어찌 (폐비 소문이) 끊어지지 않을 리 있겠습니까?' 하였다. 임금이 이르기를 '대신이 이러하니, 어떻게 나라를 다스릴 수 있겠는가.' … 정인홍이 아뢰기를 '성상께서 대신을 대우하는 도리가 지극하다고 하겠습니다. 허무맹랑한 말을 이처럼 지어냈으니, 비록 형신(刑訊)할 수는 없더라도 유배의 벌조차 과감히 시행하지 않았기 때문에 지금처럼 극단적인 상황이 도래하였습니다."(『광해군일기 중초본』 7년 11월 12일)

그런데도 광해군은 서인으로 강등해 궐에서 내쫓자는 신하들의 폐모 요청을 끝까지 받아들이지 않았습니다. 대신에 후궁의 지위로 강등해 대비 호칭을 쓰지 못하게 하고, 거처를 경운궁으로 제한하는 절목을 시행하는 선에서 처벌을 마무리했습니다.

정리하자면 이렇습니다. 보수 사림 세력은 마치 영창대군 살해를 지시한 장본인이 광해군인 것처럼 주장했고, 실록에 무려 61번이나 폄손(貶損)*으로 기록되어 있는데도 폐모라고 우기며 반란을 합리화했습니다. 하지만 광해군은 폐모 조치에 단 한 번도 동의한 적이 없습니다. 또한 영창대군에 대한 광해군의 처분은 '그를 살리라'는 것이었습니다. 이것이 역사적 진실입니다.

명나라의 정확한 판단

광해군은 중립 외교 노선을 견지하면서, 덮어놓고 명나라에 순응하는 모습을 보이지 않았습니다. 명나라 황실은 과거의 조선 왕들과 다른 광해군의 태도가 못마땅했습니다. 그런 와중에 광해군 폐위 소식이 들려왔으니, 명으로서는 두 손 들어 환영할 만한 사건이었을 겁니다. 인조를 비롯한 역도들도 분명 그렇게 예상했을 테죠. 하지만 예상은 완전히 빗나갔습니다.

'역도를 응징하고 광해를 복위시켜야 한다' 당시 명나라 조정에서는 역도들이 광해군을 폐위시킨 일을 두고 조카가 왕위를 찬탈했다고 규

---

* 폄손은 지위를 낮춘다는 뜻입니다. 여기서는 '폄손절목'(『광해군일기 중초본』 10년 1월 30일)을 만들어 후궁으로 강등하고, 대비라는 호칭을 폐지해 '서궁'으로 부르게 한 것을 뜻합니다. 이는 서민 신분으로 강등해 궐 밖으로 내쫓는 폐모 조치와는 전혀 다른 것입니다.

정한 이들이 많았습니다. 심지어 '황제의 허락 없이 함부로 왕을 내쫓은 정변 세력을 응징하고 광해군을 복위시켜야 한다'고 주장한 이들도 있었습니다. 명나라 말기에 기승을 부린 환관들에 의한 국정 농단과 사회적 혼란상을 바로잡고자 했던 동림당 계열의 신료들이 그런 주장을 펼쳤습니다. 여기서 왕위 찬탈을 비판한 일화 두 가지를 소개합니다.

근본적으로 명분이 허약했던 역도들은 반란을 정당화하고 반대 세력의 저항을 잠재우기 위해 명 황제의 승인이 무엇보다 시급했습니다. 1623년 4월 26일, 역도들은 인조 즉위 책봉을 요청하는 주청사(奏請使)를 파견했습니다. 주청사 일행은 평안도 철산에서 배를 타고 산동반도로 가야 했습니다. 이미 후금이 점령해 육로가 막혔기 때문이죠. 주청사 일행은 산동반도에 도착하자마자 모골이 송연해지는 경험을 합니다. 산동성의 지방 장관인 등래순무 원가립을 만난 자리에서 "무슨 이유로 너희는 마음대로 임금을 폐위했느냐?"라는 질타를 들은 겁니다. 광해군 폐위를 왕위 찬탈로 이해한 원가립은 북경의 황제에게 상소를 올려 이렇게 말합니다. "아무리 광해군이 무도하다고 해도 조카가 숙부를 폐위한 것은 명백한 찬탈입니다. … 조선에 사신을 보내 그 죄상을 밝히고, 신민이 왕위를 찬탈한 역도들을 토벌하여 광해군을 복위시키도록 해야 합니다." 반란 역도들로서는 온몸의 털이 쭈뼛해질 만큼 놀라운 말이었습니다.

황제의 책봉이 늦어지면 후금을 토벌하려는 인조의 영이 서지 않는다는 주청사 일행의 간청 덕분에 조선을 다독거려 길들이는 쪽으로 누그러졌지만, 그렇다고 광해군 폐위를 왕위 찬탈로 파악한 기본

인식 자체는 변하지 않았습니다. 호부시랑 벼슬에 있던 필자엄은 황제에게 올린 상소에서 "조선 왕 폐위는 불법이므로 인조에게 허물을 인정하고 병력을 동원해 후금을 토벌케 한 다음에야 책봉해야 할 것입니다"라고 건의했습니다.

아무튼 당시 명나라가 처한 현실은 너무나 위중했습니다. 후금 토벌에 조선을 이용하기 위해 인조를 조선 왕으로 책봉해주었지만, 광해군 폐위를 찬탈로 본 인식 자체는 바꾸지 않았습니다. 망해가는 처지임에도, 1623년의 조선 상황만큼은 정확히 이해하고 있었던 겁니다.

한편, 광해군 폐위를 바라보는 냉정한 시선은 명나라 역사서에도 뚜렷한 흔적을 남겼습니다. 『희종실록』과 심국원이 펴낸 역사서 『양조종신록』에는 다음과 같이 기록되어 있습니다. "조선왕 이혼이 조카 이종에게 왕위를 찬탈당했다." 나중에 이 사실을 알게 된 인조 정권은 '찬탈' 표현을 삭제하려고 갖은 공을 들였으나, 명이 멸망하는 바람에 뜻을 이루지 못했습니다.

하지만 반정을 찬탈로 기록한 역사서를 그대로 방치하면, 인조 이후의 임금은 '군주를 배신한 역적의 후손'이 될 수밖에 없었습니다. 따라서 지난날 오랑캐라고 무시했던 청나라를 상대로 문제가 된 부분을 고쳐줄 것을 간청해야만 했습니다. 다행히 영조 대에 『양조종신록』의 기사를 수정하는 데 성공했지만, 『희종실록』의 '찬탈' 표현은 끝내 고치지 못했습니다.

'특별히 책봉하노니, 황제의 나라를 도우라' 1625년 6월 3일, 인조를 조선 왕으로 책봉하기 위해 두 명의 명나라 환관이 한양에 도착했습니다. 훗날 영조 대에 판서를 역임한 황경원의 문집(『강한집』권26)에 당시 명 황제가 내린 조칙이 실려 있습니다. "이로써 '특별히' 그대 이종을 봉하여 조선의 국왕으로 삼노니, 그대는 예로부터 내려온 일을 계승하고 새로운 계책을 베풀라. … 사대의 공손함을 잊지 말고 앞과 뒤에서 함께 군대의 위용을 갖추어 원수를 함께 갚는 용맹을 더욱 떨칠지어다."

『인조실록』에도 다음과 같이 기록되어 있습니다. "그대 이종을 세워 대통을 이어서 동쪽 지방을 진정했으면 하기에, 지금 '특별히' 그대를 봉하여 조선 국왕으로 삼는다."(『인조실록』3년 6월 3일)

위의 두 문장에서 주목해야 할 대목은 '특별히'라는 표현입니다. 거기에는 '인조가 왕위를 찬탈한 것은 잘못이지만, 동쪽 변방을 안정시켜 함께 원수를 갚을 수 있도록 책봉하는 것이니 황제의 나라를 도우라'는 뜻이 담겨 있습니다. 따라서 인조를 왕으로 봉한 칙서를 내린 것을 두고, 역도들의 행동을 반정으로 공인한 것으로 받아들이면 곤란합니다. 명 조정은 후금과의 대결 구도 속으로 조선을 끌어들일 요량으로 반란 정권의 약점을 이용했을 뿐이니까요.

전혀 다른 조선의 시작

같은 세상에 살면서 서로의 말을 못 알아듣는 것은 생각의 차이 때문이다. ―조세희, 『난장이가 쏘아올린 작은 공』

유한계층의 '의례주의'는 … 이윤 획득과 약탈, 폭력과 속임수, 전통과 권위 의존, 터부와 미신 등의 의례 형식에 의존하여 사회를 끊임없이 보수화시키고 퇴행시키려는 사고 습관이다.
―소스타인 베블런, 『유한계급론』

우의정 조상우가 또 차자를 올려 그 불편을 논하기를, "… 시세를 헤아리지 않고 갑자기 새 법을 만들어 전에는 그것을 부담하지 않던 사족에게까지 포(布)나 전(錢)을 거둔다면, … 이에 순종하지 않는 강경한 무리가 있어서 위를 공경하는 의리를 생각하지 않고, 나라를 원망하는 마음을 품고 백성을 선동하기라도 한다면, 뒷일을 수습할 수 없어 후회해도 이미 늦었다는 뉘우침이 반드시 있을 것이니…"라고 하였다.
―『조선왕조실록』 숙종 37년(1711) 8월 17일

서인 독재의 문을 열다

반역 이후로 조정은 서인과 남인에 의해 완전히 장악되었습니다. 당시 조정 내부의 당파 구성을 분석한 논문을 보면, 반란 이후 2년 반이 흐른 시점까지 '중앙의 6품 이상 관직에 등용된 인물 164명 가운데 117명이 서인과 남인 출신이고, 그 가운데 70퍼센트에 해당하는 82명이 서인이었다'고 합니다. 서인의 비중은 전체의 절반 수준이지만, 핵심 요직을 독차지했기에 명실공히 서인 정권인 셈입니다.

인조와 반란을 주도한 서인 공신들은 비밀리에 모여서 두 가지를 약속했습니다. 하나는 이른바 '물실국혼(勿失國婚)', 즉 국혼을 놓치지 말자는 것입니다. 이는 왕실 혼인을 독점해 서인 가문에서 왕비를 배출한다는 뜻입니다. 결국 다른 당파가 권력의 핵심에 접근하는 것을 막겠다는 의지를 표현한 것입니다. 쿠데타로 권력을 잡은 만큼, 아이러니하지만 왕실 권위에 기대는 것이야말로 역도들에게는 매우 간절한 과제였는지 모릅니다. 실제로 조선 후기 임금의 외가는 당대의 집권 세력, 특히 서인-노론 가문 일색이었습니다.

물론 예외는 있습니다. 중인 출신 남인 집안을 외가로 둔 경종과 그의 이복동생 영조, 그리고 철종입니다. 영조의 생모 숙빈 최씨는 무수리(궁녀들의 시중을 들거나 허드렛일하던 여종) 출신으로, 숙종의 승은을 입어 후궁이 된 인물입니다. 하지만 동시에 경종의 생모 장희빈의 행실을 숙종에게 고해바침으로써 죽음에 이르게 만든 장본인이기도 합니다. 따라서 숙빈 최씨는 일찌감치 노론 세력에게 포섭된 노론 사람이었습니다.

철종의 외가는 외조부가 하급 무관을 지낸 한미한 양반 가문이었고, 어머니 염씨도 정실이 아닌 소실이었습니다. 하지만 철종에게 외가의 당색은 무의미했습니다. 안동 김씨 노론 세도가들의 선택을 받아 임금이 되었으니, 숙명적으로 노론의 영향력에서 벗어날 수 없었기 때문이죠. 그러므로 물실국혼의 실질적 예외는 경종 한 사람뿐이라고 해도 틀린 말이 아닙니다.

역도들이 맺은 두 번째 약속은 '숭용산림(崇用山林)'입니다. 서인 세력을 지지하는 산림(학식과 덕망을 갖춘 재야 선비)을 깍듯이 대접하고 적극 등용함으로써, 서인 정권이 '유학 하는 선비를 존중한다'는 명분을 선점하겠다는 뜻입니다. 여기서 신권 우위를 단념하지 않으려는 서인 당파의 집념을 엿볼 수 있습니다. 태생적으로 정통성이 취약했던 서인 역도들은 눈앞의 반란을 성공시키고 멀게는 서인 정권을 영구히 하려면 양반 사대부 사회의 폭넓은 지지가 필요하다고 생각했습니다. 그러기 위해서는 유학자를 대접하는 성리학 숭상 이미지만 한 것이 없었습니다.

역도들의 밀약이 착실히 실천에 옮겨진 덕분일까요? 반란 정권은 차츰 눈에 띄게 안정을 찾았고, 곧이어 어떤 세력도 넘보지 못할 강력한 힘을 확보하게 됩니다. 바야흐로 서인 독재로 가는 문이 열린 겁니다.

도통론과 문묘 배향, 반역 낙인 지우기

남송 시대의 성리학자들은 고대의 요순에서 공맹으로 이어져 내려온 유학의 정통을 자신들이 계승했다고 우겼습니다. 이른바 유교 도통론(道統論)입니다.

'도통'이라는 폭력적인 무기　도통론은 주희가 『중용장구』 서문에서 불교의 법통을 모방한 데서 시작되었습니다. 그 말인즉슨 유학의 도통이 요-순-우-탕-문-무-주공을 거쳐, 공자-안자-증자-자사-맹자를 통해 성리학의 창시자 격인 송나라 주돈이와 정호·정이 형제에게 넘어왔다가, 마침내 주희 자신에게 이어졌다는 겁니다. 주희는 한나라와 당나라 유자들의 경전 해석을 인정하지 않고, 맹자로부터 천 년을 훌쩍 뛰어넘어 송나라 성리학을 공맹의 원시 유학과 직접 연결해버렸습니다.

따라서 유교 도통론은 본질적으로 주희를 비롯한 후대 성리학자들이 객관적이고 타당한 근거도 없이 일방적으로 주장한 계보일 뿐입니다. 결국 신유학을 표방한 남송의 성리학자들이 유학의 도통을 계승했다고 주장함으로써 제멋대로 유가의 정통을 선점한 것입니다.

주희와 그 후학들이 도통을 신취할 때 보여준 일방통행은 거기서 그치지 않았습니다. 자신들이 유학의 중심이라는 사실을 선전하면서, 성리학이 아닌 모든 학문을 이단으로 배척할 수 있는 폭력적인 무기를 얻었으니까요. 덕분에 지배계급의 이익에 봉사하는 반민중적 성리학 사상이 불교나 도교처럼 민중 친화적 사상을 이단시하는 적반하장을 자행할 수 있었습니다.

자기부정과 조선판 도통 계보　그렇다면 조선 유학의 도통은 어디서부터 출발할까요? 조선 초기에는 고려 말의 이제현으로부터 시작해 이색, 권근으로 이어지는 도통 계보가 이견 없는 공론이었습니다. 그런데 수양대군의 왕위 찬탈 이후, 절개와 의리를 높이 받드는 풍토가 조성되었습니다. 그래서 15세기 말부터는 이제현-이색-권근으로 출발한 도통 계보가 정몽주로 대체되는 분위기가 형성되었습니다. 그러다가 1517년(중종 12)에 정몽주가 문묘에 배향되면서, 조선 도통의 시조로 완전히 자리매김하게 됩니다.

이런 변화는 사림의 출현과 함께 도통의 판정 기준이 성리학 사상에 끼친 업적뿐만 아니라, 절의를 실천한 유자의 삶에 더 큰 비중을 두면서 빚어진 현상입니다. 하지만 초기의 유학자들과 개국 공신들의 관점에서 본다면, 이는 자기부정에 가까운 역설이 아닐 수 없습니다. 조선 개국에 격렬하게 반대한 고려의 충신 정몽주가 조선 유학자들의 흠모 대상으로 부활했으니, 이는 조선왕조의 뿌리를 부정하는 것이나 진배없습니다.

한편 조선 성리학의 도통 계보가 완성된 것은 선조 즉위와 함께 사림이 정권을 잡은 시점이란 것이 통설입니다. 1567년, 선조 즉위 직후의 어느 경연 석상에서 당시 사헌부 집의로 있던 기대승은 이렇게 말했습니다.

"고려 말기에 정몽주는 충효의 큰 절의가 있었고, 정호·정이 형제와 주희의 학문을 배워 '동방 이학(理學)의 조종'이 되었는데, 불행하게도 고려가 망하려는 때를 당하여 살신성인했습니다. 우리 왕조에 들어와서 정몽주의 학문을 전수하여 익힌 사람은 김종직으로, 학문은 연원이 있고 행실 또한 방정했으며 후진을 가르치는 데 정성을 쏟았습니다. … 또 김굉필이 있는데 바로 김종직의 제자로서 김종직이 대체로 문장을 숭상했다면, 김굉필은 힘써 도를 실천한 사람입니다. … 조광조는 또 김굉필의 제자인데 독실한 공부가 있어 세도(世道: 세상을 바르게 다스리는 도리)를 만회, 사사로운 탐욕의 근원을 막으려고 했지만, 그렇게 하지 못하고 죽었습니다. 지금 조정에서 분명하게 시비를 밝힐 수는 없으나, 옳은 것은 옳고 그른 것은 그르다고 한 뒤에야 인심이 기뻐하며 복종할 것이 틀림없습니다. 이언적은 이미 사면받았는데, 비단 죄가 없었을 뿐만 아니라, 학문과 행실이 근래에 없던 인물입니다."(『선조실록』 즉위년 10월 23일)

기대승은 즉위 석 달 된 15세의 임금에게 이와 같이 터무니없는 소리를 했습니다. 정몽주로부터 시작해 김종직, 김굉필, 조광조로 이어지는 조선 성리학의 도통 계보를 은근슬쩍 절의와 거리가 먼 이언적에게 갖다 붙였으니 말입니다.

춘추전국시대 이후로 수많은 유자가 공맹의 사상을 서로 다르게 해석하고 제각기 깨달음을 얻었습니다. 그러므로 당대의 어떤 한 사람이 유학의 정통을 계승했다는 성리학자들의 주장은 독단에 지나지 않는 억지입니다. 그런 만큼 도통론은 그것이 처음 제기된 주희 시절 이후로 '파벌을 만들어 세상을 어지럽게 한다'는 이유로 줄곧 비판받아왔습니다. 그런데도 조선의 성리학자들, 특히 인조 반역 전후의 보수 사림은 이런 허황한 도통론을 '자기 논에 물 대기'식으로 끌어다가 그것이 마치 진리인 양 떠들었습니다. 그렇다면 기대승은 중국에서는 인정받지도 못한 도통론을 대체 무슨 이유로 선조에게 가르치려 든 걸까요?

기대승으로 대표되는 당시 보수 사림은 선조 즉위 초의 정치적 진공 상태에 주목했습니다. 당시는 명종 대의 훈신과 척신들이 조정에서 사라진 상태였습니다. 그리고 때마침 외척의 입김에서 자유로운 서자 출신의 젊은 임금이 즉위함에 따라, 종전처럼 권세가들이 힘을 쓸 수 없는 정치 환경, 혹은 권력의 공백이 조성되었습니다. 아마도 이런 (조선 건국 이래 유례를 찾기 힘든) 천재일우의 기회를 놓치지 않으려고, 장차 정치·사상적 우위를 보장해줄 성리학 도통론을 제시한 것입니다. 하지만 기대승의 주장이 얼마나 엉터리인지는 을사사화에 가담한 이언적이 조선 도통을 이었다고 말한 데서 이미 판가름 났습니다.

아무튼 기대승의 주장은 이언적에서 이황과 이이로 연결되는 보수 사림이 조선판 도통을 계승했다고 선언하기 위한 사전 포석이었습니다. 동시에 도통에서 서경덕이나 조식 같은 진보 사림의 종장을 배제하려는 허튼수작이기도 했습니다.

문묘 배향을 독식한 보수 사림 조선 성리학의 고약한 특징 가운데 하나는, 선조 대 이후로 성리학 도통 계보가 문묘 배향과 연관을 맺으며 논란을 키웠다는 점입니다. 자기 당파가 추종하는 인물을 문묘에 모시려는 문묘 배향 운동은 학파와 당파가 서로 얽히면서 차츰 각자의 의지와 자존심이 한 치의 양보 없이 충돌하는 양상으로 발전했습니다.

문묘 배향 운동은 보수 사림 세력이 이황을 포함한 이른바 5현(김굉필·정여창·조광조·이언적·이황)의 신주를 문묘에 모실 것을 청하는 상소(1573년, 『선조실록』 6년 8월 28일)를 올리면서 시작되었습니다. 이는 보수 사림 진영이 조선 유학의 도통을 계승했다는 주장을 왕조 차원에서 공인받으려 한 첫걸음이었습니다. 이후로 남인과 서인이 주축이 된 관원·유생들의 문묘 배향 요청이 집요하게 이어집니다. 1610년에는 상반기에만 40번이 넘는 요청이 잇따릅니다. 결국 그해 9월 5일, 광해군이 5현의 문묘 배향을 지시하면서 조정 안의 지루하고 소모적인 논쟁은 일단 마침표를 찍었습니다.

그러나 양반 사대부 사회의 논란은 끝나지 않았습니다. 가장 큰 논란은 서경덕과 조식 같은 진보적 유학자들이 문묘 배향에서 제외된 사실입니다. 어이없는 것은 그로부터 13년 뒤 보수 사림 역도들의 반란 이후로는 두 사람이 논의 대상에서조차 제외된다는 사실입니다. 이처럼 보수 사림의 문묘 배향 독식은 바야흐로 사상 독재의 서막을 알리는 사건이었습니다. 그리고 서인과 남인이 엎치락뒤치락했던 17세기 후반의 소동(현종 대의 예송 논쟁과 숙종 대의 환국 정치)이 끝나면서 서인 독재는 기정사실이 되고 맙니다.

인조 대 이후의 보수 사림 세력은 도통과 문묘 배향을 독점함으로써 왕위 찬탈이라는 원죄를 씻어냈다고 굳게 믿었습니다. 그러나 패륜적 낙인을 그런 식으로 말끔히 지울 수 있다는 생각은 역사를 두려워하지 않는 자들의 착각일 뿐입니다.

예학, 무능은 감추고 수탈은 합리화하다

17세기 이후의 조선에서 예학(禮學)을 빼놓고는 나라의 통치 규범을 이야기할 수 없습니다. 예법은 임금의 권위를 능가하는 하늘의 이치이기에, 그것에 복종하지 않고서는 임금도 살아남기 어려웠습니다. '천하동례(天下同禮)', 즉 임금도 양반 사대부와 똑같이 예에 따라야 한다는 말에서 짐작할 수 있듯이, 예는 왕권도 통제할 수 있는 최고의 규범이었습니다.

사람을 이롭게 하는 공동체 질서 vs 하늘의 이치   유가의 예가 처음부

터 그렇게 삼엄한 것은 아니었습니다. 공자는 『예기』에서 예를 정의하기를, 하늘의 때(天時)에 응해서 일을 행하고, 땅의 생산력에 의존해서 베풀며, 귀신을 공경하고 사람들 마음에 화합함으로써 만물을 다스리는 수단이라고 말했습니다. 공자에게 예는 인간의 삶에 밀착된 공동체 질서이자 사람을 이롭게 하는 방편이었습니다. 따라서 그 자체가 목적이 되는 형이상학적 개념은 결코 아니었습니다.

예를 바라보는 가치관이 커다란 변화를 겪은 시기는 역시 남송 시대입니다. 주희는 한결같이 주희다웠습니다. 예를 절대로 변할 수 없는 하늘의 이치(天理)로 설명하면서, 만물을 규율하고 인간이 추구해야 하는 최고의 가치라고 규정했으니까요. 때에 따라 그 모습을 바꾸는, 말하자면 인간 사회에 필요한 도구로서 사유하지 않고, 오히려 인간 본성에 자리 잡은 하늘의 이치로 해석한 것입니다. 이로써 인간을 위해 존재하는 수단이 도리어 섬겨야 할 이념, 즉 목적으로 둔갑하고 말았습니다.

공자는 사람을 계급이나 신분으로 구분하지 않고, 각자의 인격에 따라 단지 군자와 소인으로 나누었을 뿐입니다. 그런데 주희는 예가 인간 사회에 구현된 형태가 바로 계급에 바탕을 둔 신분제라고 힘주어 말했습니다. 다시 말해 신분 질서가 유학의 기본 법칙이라고 주장한 셈인데, 이로써 소수 지배계급이 대다수 민중을 억압하고 착취하는 세상을 사상적으로 합리화했습니다.

17세기 이후의 보수 사림은 지배계급의 이익에 충실한 주희의 예론을 두 팔 벌려 환영했습니다. 그뿐만 아니라, 더욱 촘촘하고 교묘하게 변형된 조선 맞춤형 예학을 만들어 온 나라에 퍼뜨렸습니다.

여기서 잠깐 조선 예학의 종장으로 대접받는 김장생에 대해 간단히 살펴보고 넘어가겠습니다. 그는 평생을 예학 연구에 전념해 왕실과 양반 사대부의 중요한 의례를 다룬 책을 집필했고, 17세기 조선 예학의 기틀을 확고히 다졌습니다. 말년에는 고향에서 아들인 김집과 함께 훗날 노론 세도를 이끌어갈 송시열, 송준길 등을 길러냈습니다. 김장생에 대한 학문적·사상적 평가는 대략 이와 같지만, 정치적으로는 단연 쿠데타 주도 세력의 정신적 지주였다는 이력을 기억해야 합니다. 실제로 인조 반역으로 공신이 된 서인 출신 사대부 가운데 다수가 김장생 문하에서 나왔습니다. 그의 제자들이 반역의 칼날이라면 김장생은 칼집과 같은 존재였습니다.

조선 예학을 떠받친 핵심 가치는 명분과 충효입니다. 명분이 요구하는 것은 '모든 사람은 하늘로부터 자신의 분수를 타고난다. 그러므로 힘든 상황에서도 각자의 분수에 맞는 예의를 지켜야 한다'는 것입니다. 이는 지배계급이 대대로 누려온 신분 질서와 기득권을 유지하기 위해 반드시 수호해야 할 가치이기도 합니다. 반란으로 정권을 장악한 보수 사림이 유독 예학을 강조한 이유도 바로 예학의 핵심 가치인 명분을 널리 퍼뜨려 사회 기강을 다잡아야 할 필요 때문이었습니다.

예학의 바탕을 이루는 또 하나의 가치는 아이러니하게도 지배계급 자신들에 의해 훼손당했습니다. 인조가 청 황제 앞에 엎드려 항복하는 순간, 이제껏 충효의 대상이던 명나라의 상징적 권위도 함께 무너졌으니까요. 하지만 문제는 임금의 투항이 어쩔 수 없는 일이었다고 변명할 수 없다는 데 있습니다. '사대'를 다룬 제3부에서 말했듯이, 강력한 오랑캐의 힘 앞에서 투항은 어쩔 수 없는 선택이었다고 변명하는 순간, 백성들도 시대와 상황 변화에 따른 불가피성을 이유로 지배계급에 맞설 수 있다는 논리가 성립하기 때문이죠. 그래서 조선 지배계급은 대외적으로는 종주국이 바뀌었지만, 내부적으로는 그런 현실을 부정하기로 마음먹었습니다. 그래서 망하고 없는 명 황제를 군부(君父)라고 우기며 예전보다 더 애틋하게 흠모하는 장면을 연출한 겁니다. 어쨌거나 이런 퍼포먼스는 효과가 있었습니다. 예학은 이런 반민중적이고 위선적인 논리로 무장한 이념이었습니다.

지배계급을 구제한 예학 백성들은 국난을 겪으며 억압적 신분 질서를 강요하는 자들의 정체를 목격했습니다. 아울러 신분 질서 체제가 극복할 수 없는 대상이 아니라는 것을 어렴풋이 깨우쳤습니다. 그뿐만이 아닙니다. 충효와 명분을 논하며 침 튀기던 자들이 자기 이익을 위해서는 나라님도 바꿀 수 있다는 사실을 알았습니다. 조선 민중은 '우리보다 나을 게 없는 이기적이고 위선적인 양반 사대부들의 호령 아래 짐승처럼 숨죽이며 살 수 없다'고 각성하기 시작했습니다.

지배계급은 이런 불순한 조짐과 백성들의 달라진 눈빛 앞에서 두려움을 느꼈습니다. 이대로 손 놓고 있다가 신분 질서의 사슬이 끊어지는 것은 시간문제임을 깨달았습니다. 조일전쟁 당시, 선조와 그를 둘러싼 보수 사림 사대부들은 '의병이 주축이 된 군사를 양성해 왜적을 물리쳐야 한다'는 상소를 극구 배척했을 만큼 백성을 두려워했습니다. 자신들의 무능과 무책임에 성난 백성들의 얼굴을 직접 보았기 때문이죠. 반면 명 황제에게는 전쟁이 끝났음에도 명나라 군사가 가급적 오랫동안 머물게 해달라고 간청했습니다.

한편, 인조 반란 이후의 지배계급은 두 번의 조청전쟁과 삼전도의 투항, 그리고 명나라의 멸망을 연달아 겪으며 그야말로 정신적 공황 상태에 빠졌습니다. 엎친 데 덮친 격으로, 전란이 가져온 권위 실추 때문에 지금까지 누려온 지배적 지위가 뿌리째 흔들릴 수 있다는 좌절감과 공포를 맛보아야 했습니다. 이런 상황에서 그들을 구원한 것이 바로 예학입니다. 달리 말하면, 예학은 지배계급의 생존을 위협하는 사상과 신분 질서의 혼란상을 종식할 카드로 선택받은 매우 효과적인 도구였습니다.

예법으로 프로그래밍한 후기 조선 사회　이런 시대적·사회적 배경을 업고 17세기의 보수 사림 학자들은 서로 뒤질세라 예학 관련 서적을 양산했습니다. 조선 사회는 예법을 통해 기초적인 일상생활 단계에서부터 정교하게 프로그래밍되었습니다.

예학이 요구하는 일상의 법칙과 각종 제사의 격식들은 무척 까다롭고 복잡했으며, 깊이 들어갈수록 같은 주제를 놓고도 해석이 제각각이었습니다. 예학에 통달했다는 대가들도 이런저런 책을 근거로 들먹이며 서로 다른 견해 때문에 충돌할 지경이었습니다. 그 좋은 예가 현종과 숙종 대에 벌어진 두 차례의 예송 논쟁입니다.

왜와 오랑캐가 쳐들어왔을 때, 백성의 어버이로 자처하던 임금과 양반 사대부들은 자식 같은 백성들을 내버리고 달아났습니다. 그리고는 위기에서 벗어나자마자 가장 먼저 한 일이 지난 잘못을 깨끗이 잊어버리는 것이었습니다. 그리고 예전보다 더 백성들을 멸시하며,

그들 위에 군림할 궁리에 온 힘을 쏟아부었습니다. 예학은 바로 그렇게 해서 길어 올린 성과물입니다.

그들은 예학이 당대의 흐트러진 상황을 깔끔하게 정리해주기를 기대했습니다. 통제를 벗어나려는 사회 기강과 등 돌린 민심도 예법 세상으로 수습되리라 믿었습니다. 불행히도 그들의 예측은 적중했습니다.

오늘날 우리가 아는 조선의 탄생　김장생 이후로 보수 사림 학자들은 기존의 예법을 더욱 정밀하게 다듬었고, 전에 없던 관념과 의식들을 새로이 덧붙였습니다. 그들은 남존여비 관념에 바탕을 둔 가부장제를 철저하게 실천에 옮겼으며, 장자상속을 확립해서 온 나라에 퍼뜨렸습니다. 아울러 관혼상제 전반에 걸친 모든 의례를 유교식으로 치르라고 강요했습니다.

한편, 양반 사대부들은 예법뿐만 아니라 일상 의례에서도 백성들과는 다른 형태를 취함으로써 자신들을 구분했습니다. 그런 방식으로 자신들은 날 때부터 다르고 귀한 신분이라는 거짓을 사실로 믿게끔 만들었고, 자신들이 누리는 권리와 혜택은 정당하다는 궤변을 합리화했습니다. 이 모든 관념과 의식들이 가리키는 방향은 단 하나, 신분 질서의 강화였습니다.

보수 사림 학자들은 다른 한편으로는 백성들에 대한 교화와 통제에 집중했습니다. 한자 옆에 한글이 나란히 적힌 수많은 위선적 윤리 서적을 만들어 퍼뜨렸습니다. 시골 구석구석까지 향약을 보급해, 위계질서와 지배 이념에 순응할 것을 강요했습니다. 신분 체계가 양천제에서 반상제로 바뀐 것에서 알 수 있듯이, 그들 눈에 양반 아닌 백성들은 모두가 상것이었습니다.

오늘날 우리가 알고 있는 바로 그 조선은 인조 반역 이후 예학의 융성함과 함께 시작된 것입니다. 백성들은 말할 것도 없고, 지배계급 내부의 일탈이나 변용도 허용되지 않았습니다. 주희 성리학적 지배 이념은 사소한 변주조차 금지되었고, 성리학이 아닌 학문이나 사유는 이단시되었습니다. 성리학이 담을 수 없는 참신하고 창의적인 생각은 배척당했고, 민생을 염려하는 사대부는 언제나 비주류 신세를 면치 못했습니다.

조선의 임금과 양반 사대부는 애써 나라 밖으로 눈을 돌려 국부를 늘릴 필요도 없었습니다. 그들의 안락과 풍요쯤이야 백성들의 피땀만으로도 보장되었기 때문입니다. 하지만 백성들의 헌신에는 아무런 대가가 따르지 않았습니다. 우리 힘으로 나라를 지켜야 한다는 것은 그저 쓸모없고 불필요한 생각이었습니다. 내심 오랑캐라고 조롱할망정, 청나라 황제에게 사대하며 주종 관계를 받아들이기만 하면 만사가 순조로웠으니까요. 이렇듯 인조 반역으로 문을 연 17세기 이후의 조선은 이전과는 전혀 다른 나라로 다시 태어났습니다.

제5부

민란,

民 亂

"어리석은 백성이 소란을 일으켰다"는

거짓말

12장

백성을 적으로 돌린 업보

민중 봉기, 조선 백성의 힘

어떤 결단이나 선택도 허용하지 않으면서 어떤 결단이나 선택을 강요하는 것이 현실의 가학성이다. ─이승우, 『지상의 노래』

아담이 밭 갈고 이브가 길쌈할 때 누가 귀족이고 누가 농노였습니까?
─존 볼

혁명의 단계에 이르기 위해서는, 먼저 대중이 자신들이 사는 체제가 아무리 강고해 보이고 또는 신성해 보인다고 할지라도 순전히 지배계급의 창조물에 불과하고 그들의 목적은 권력을 유지하는 것일 뿐이라는 사실을 깨달을 필요가 있다. ─메리 게이브리얼, 『사랑과 자본』

만약 틀림없이 성공할 가능성이 있는 조건 위에서만 투쟁이 벌어진다면 세계 역사는 참으로 손쉽게 창조될 것이네.
— 카를 마르크스, 「쿠겔만에게 보내는 편지」

혁명이 필요할 때 우리는 혁명을 겪지 못했다. 그래서 우리는 자라지 못하고 있다. 제3세계의 많은 나라들이 경험한 그대로, 우리 땅에서도 혁명은 구체제의 작은 후퇴, 그리고 조그마한 개선들에 의해 저지되었다. — 조세희, 『난장이가 쏘아올린 작은 공』

억압적인 지배 질서에 맞서다

조선의 지배계급은 기본적으로 백성을 착취함으로써 왕조 체제와 통치 질서를 유지했습니다. 그러려면 백성들의 무조건적인 복종이 꼭 필요했습니다. 백성들이 죽지 못해 들고일어나기라도 하면, 언제나 민란으로 규정해 무자비한 진압으로 상황을 정리했습니다. 저항한 이유를 묻거나 진지하게 고민하는 것은 그들의 방식이 아니었습니다. 그들은 민란의 당위성을 단 한 번도 인정하지 않았고, 오직 토벌되어 마땅한 소란으로만 인식했습니다. 그들에게 민중의 저항은 곧 반역이었습니다.

한마디로 조선 지배계급의 머릿속에는 정당한 항거라는 개념 자체가 존재하지 않았습니다. 자신들의 무능 때문에 왕조가 위기에 처했을 때, 이를 바로잡고자 일어선 의로운 백성들마저 폭도로 분류하고, 그들의 의거를 민란으로 규정한 것도 다 그런 이유 때문이었습니다.

느려도 멈추지 않았던 조선 민중의 성장   깨우친 백성들이 힘과 마음을 모으면, 그게 바로 민중입니다. 조선 민중의 의식은 비록 느리지만 멈추지 않고 꾸준히 성장했습니다. 자그마치 500년의 장구한 세월이 었습니다. 평안도 민중항쟁을 시작으로 영원할 것만 같던 지배 질서에 균열을 내기까지, 조선 민중은 봉건 지배의 사슬을 온몸으로 감당하는 한편으로 역사의 주체로 일어서려는 길고 고단한 여정을 묵묵히 걸어왔습니다.

조선은 개인의 노력이나 능력과 상관없이 나면서부터 사회적 위치가 결정되고 세습되는 신분 사회였습니다. 그러므로 실질적으로 나라를 지탱하는 백성들에게 활력과 발전을 기대하는 것은 근원적으로 불가능한 구조였습니다. 이런 희망 없는 사회에서 왕조의 통치 이념인 민본 이념에 백성들 스스로 다가가려 했던 처절한 몸짓, 이것이 바로 민중 봉기입니다.

봉기는 늘 실패로 끝났고 그때마다 가혹한 보복에 시달리는 악순환이 반복되었습니다. 그렇지만 멈추지 않았습니다. 이런 끈질김 덕분에 조선 민중은 자신들이 가진 힘을 깨닫게 되었고, 훗날 일본 제국주의의 막강한 힘 앞에서도 민족의 자생력과 저항 정신을 온전히 보존할 수 있었습니다.

싸우지 않고 극복할 수 있는 지배 질서는 없다   전근대 사회의 구조적 모순과 불평등은 저절로 해소되거나 바로잡히지 않습니다. 고금의 역사에서 지배계급이 만들어낸 억압적 질서가 민중의 자발적 헌신과 투쟁 없이 극복된 예는 없으니까요.

조선 역사에서 양반 사대부들과 그 조력자들에 대항한 백성들의 싸움은 언제나 패배로 끝났습니다. 그러나 저항의 역사는 거사의 성패에만 의지해 기록되지 않습니다. 그것의 역사적 의미가 당대의 판정으로 결정되는 것이 아니기 때문이죠. 실패한 과거가 후세에 더 큰 역사적 교훈과 울림으로 되살아난 사례는 숱하게 많습니다. 어떤 역사적 사건을 판단할 때, '그것이 당대에 의미 있는 성과를 거두지 못했을지라도, 훗날 발전된 양상과 바람직한 변화에 영향을 미쳤는가?'라는 질문이 매우 중요한 요소인 것도 그런 이유에서입니다. 조선의 민중 봉기 역시 그런 관점에서 살펴보아야 합니다.

조선 민중은 (비록 당대에 구체적이고 현실적인 변화를 성취하지는 못했을지라도) 언제 어떤 상황에서도 굴종만 하는 존재가 아님을 지배계급에게 가르쳐주었고, 당대의 모순을 하나둘 역사의 심판대로 소환했습니다. 지배계급과 봉건 체제에 저항한 조선 민중을 그저 난동이나 부리며 질서를 교란한 반사회적 무리로 평가절하할 수 없는 이유가 여기에 있습니다.

민주주의의 근원을 찾아서

오늘날까지도 우리가 서양, 특히 미국 덕분에 민주주의를 알게 되었다고 믿는 사람들이 존재합니다. 그것은 아주 잘못된 믿음입니다. 서양 문명이 19세기 말 이 땅에 본격적으로 소개된 것은 맞지만, 그제야 우리가 민주주의를 배우고 체험한 건 아니기 때문이죠. 지금부터 대한민국 민주주의의 역사가 왜 우리 손으로 직접 가꾸고 계승한 결과물인지를 짚어보려고 합니다.

민중의 손으로 가꾸고 계승하다 3·1 운동 직후인 1919년 4월 11일, 중국 상하이에 모인 독립운동가들은 임시정부를 수립하기 위해 임시헌장을 제정했습니다. 그리고 임시헌장 제1조에 '대한민국은 민주공화제로 함'이라고 명시함으로써 대한민국 임시정부가 공화정임을 선언했습니다. 왕조가 망한 지 채 10년도 지나지 않은 시점이었습니다. 과연 민주공화국 수립에 대한 정치적 합의가 1919년의 어느 봄날에 서양 문명을 이해한 몇몇 사람의 의지로 뚝딱 이뤄진 걸까요? 절대 아닙니다. 그것은 민주주의에 대한 신념이 우리 민족의 의식 속에서 오래전부터 꾸준하게 공감대를 넓혀왔기에 가능한 일입니다.

우리 역사에서 민주주의의 근원을 찾고자 한다면, 19세기에 일어난 대대적인 민중 봉기 시점으로 거슬러 올라가야 합니다. 지배계급은 '민란'으로 단정했지만, 민중의 눈으로 보면 그것은 '다스림'의 한 형태로 이해할 수 있습니다.

19세기에 벌어진 조선 민중의 싸움은 엄격하면서도 자발적인 규율과 질서를 유지하며 진행되었습니다. 가장 대표적인 사례는 갑오년 농민전쟁과 그 시절의 집강소 농민 자치입니다. 갑오년 농민군의 민주적 기강과 자치 경험을 통해 (20세기 후반 대한민국의 여러 민주항쟁 사례에서도 확인할 수 있듯이) 민중의 다스림이라는 훌륭한 특징을 확인하게 되는 것이죠. 이렇듯 19세기에 싹튼 조선 민중의 저항 정신과 민중 민주주의 구현의 자부심이 우리 가슴속 깊은 곳을 흐르다가 1919년에 이르러 마침내 대한민국 임시정부의 민주공화정 선포로 꽃을 피우게 됩니다.

이 땅의 민주주의는 구한말에 상륙한 근대 서양 문명이 아니라, 19

세기 조선 민중의 저항과 거기서 쟁취한 '억압으로부터의 해방'과 '농민 자치'라는 역사적 토양에 뿌리를 둔 것입니다. 일제의 압도적 힘에 굴하지 않은 독립전쟁에 이어 해방 이후 민중이 민주주의 발전의 주체로 거듭난 배경도 바로 여기에서 찾아야 합니다.

누가 왕조를 혼란에 빠뜨렸나? 소수의 엘리트가 사회를 이끌어야 한다고 믿는 사람들은 민주주의가 다수의 인기에 영합하여 목적을 달성하는 위험하고 무책임한 정치체제라고 비판합니다. 그들 말마따나 민주주의가 포퓰리즘에 휘둘리는 위험한 체제라고 규정하려면, 그에 앞서 민주주의가 누구에게 위험하다는 것인지를 설명해야 합니다. 그들이 가리키는 위험은 권력과 부를 독점하고 특권을 세습하려는 자들에게나 적용될 문제이기에, 그런 비판이야말로 민주주의를 위험에 빠뜨리려는 거짓 선전에 지나지 않습니다.

조선의 지배계급이 매도한 이른바 민란을 제대로 이해하고자 한다면 위와 같은 맥락에서 생각하고 똑같은 질문을 던져보아야 합니다. 그들은 신분 질서에 기초한 나라 법과 제도가 체제 유지에 필요한 최소한이라고 강변했습니다. 그리고 고단한 백성들이 지배 질서에 저항할 때마다 '우매한 폭도들이 종묘사직을 혼란에 빠뜨린다'며 거칠게 매도했습니다. 하지만 그런 비난이 정당성을 획득하려면 먼저 다음의 조건을 충족해야 합니다.

법과 제도를 운용하는 지배계급의 마음가짐이 사심 없고 올곧아야 합니다. 그리고 나라 법이 상하귀천을 가리지 않고 공명정대하게 적용되어야 합니다. 그렇지 않다면 법과 제도는 한낱 지배계급의 이익을 대변하고 옹호하는 도구이거나 백성을 효과적으로 수탈하기 위한 수단에 지나지 않습니다. 조선 역사에서 왕실과 양반 사대부들이 위의 조건에 부응했던 적이 단 한 번이라도 있었을까요?

사회정의를 몸소 구현한 민의의 현장　조선의 민란은 나름의 절차와 질서 그리고 규율과 비전까지 갖추고 있었습니다. 특히 19세기의 민중 봉기에서 그런 양상이 두드러졌습니다. 시작은 대부분 자발적이고 자연발생적이었지만, 전개 과정은 대체로 조직적이고 민주적이었습니다. 먼저 통문을 돌린 뒤 향회를 열어 등장(等狀: 연명으로 관에 호소하는 일)하는 과정을 거쳤습니다. 봉기 시점은 거의 언제나 마지막 단계였습니다. 결국 민중 봉기는 모든 의사 표현이 좌절당하고 무시된 뒤에 단 하나 남은 마지막 수단이었던 겁니다.

민중 봉기는 민의가 발현되는 과정이기도 했습니다. 대부분의 봉기 지역에서 백성들은 수령을 쫓아내고 독자적인 권한을 행사했습니다. 이 모든 과정과 절차는 왕조 체제가 보여준 것보다 훨씬 민주적인 방식으로 진행되었고, 치안 질서도 어지간히 잡혀 있었습니다.

봉기 후에 백성들이 폭력을 행사한 것을 두고 무질서한 난동으로 규정한 것은 지배계급이 본질을 흐리기 위해 즐겨 사용한 침소봉대의 전형입니다. 분노한 백성들이 보여준 징계 범위는 불법 축재한 재산을 제자리로 돌려놓고 탐학한 수령은 마을 밖으로 내쫓고 악질적인 지주의 집을 부수고 방화하는 선을 크게 벗어나지 않았습니다. 물론 백성의 고혈을 빤 부패한 아전들을 죽이기는 했습니다. 하지만 민중의 폭력은 비교적 선별적이었고, 납득할 만한 대상을 겨냥했습니다. 지배계급이 비난한 폭력이란 자기들이 저지른 악행과 관권을 동원한 수탈에 대한 정당한 징벌이었을 뿐입니다. 법과 제도에 따라 공정하게 벌하는 것이 온당한 일이지만, 나라가 그렇게 할 의지가 조금도 없으니, 백성들이 직접 나서서 벌한 겁니다.

역사에서 옳고 그름은 성패보다 중요하다　이쯤에서 역사 해석의 편향성을 문제 삼지 않을 수 없습니다. 조선의 지배계급이 민중 봉기를 민란이나 반역으로 선전하고 오도했지만, 우리 역사는 대체로 이에 동조하는 입장이었습니다. 반면, 역도들이 저지른 왕위 찬탈에 대해서는 반정으로 포장한 지배계급의 용어를 있는 그대로 용납했습니다. 이처럼 그 시대 주류의 역사 서술에 너그러운 자세는 '거사의 성패 여부에 따라 역사의 판단이 달라질 수밖에 없다'고 말하는 것이나 다를 바 없는 무책임한 태도입니다.

　역사적 사건의 '옳고 그름'은 그 사건의 본질 속에 이미 내재해 있습니다. 당대의 정치·사회적 역학 관계에 따라 사건을 보는 관점이 달라질 수는 있지만, 역사적 실체가 달라지는 것은 아닙니다. 이는 건전한 상식을 가진 사람이라면 누구나 헤아릴 수 있을 만큼 단순명쾌한 사실입니다. 더구나 역사적 사건의 성패 여부는 당대의 권세가와 주류들이 결정하는 것이 아닙니다. 오로지 옳고 그름에 따라 후대 역사가 판단할 문제입니다. 만약 조선 민중의 봉기나 양반 사대부의 왕위 찬탈의 옳고 그름을 사건의 성패 여부나 사건 주체의 힘에 따라 판단한다면, '정의는 실재하지 않는 허상'이라거나 '승자가 곧 선이요 정의'라는 역사적 허무주의에 빠지고 말 것입니다.

저항의 연대기

대사헌 양성지가 글을 올려 말하기를, "… 바라옵건대 지금부터는 공노비, 사노비로서 재주와 재능을 갖추어 시험에 합격하여 장용대(壯勇隊)에 속하는 자 이외에는 양인이 되는 길을 열어주지 말고, 주인과 노비의 분수가 백세토록 변하지 않도록 하소서."
—『조선왕조실록』 세조 13년(1467) 8월 6일

사신은 논한다. 지방관이 부임하겠다는 인사를 할 때 임금이 내리는 지시는 으레 도적 체포를 위주로 하니, 이는 병이 아픈 곳만을 알고 병이 생기는 근본은 생각하지 않는 것이다.

도적이 발생하는 것은 도적질을 좋아해서가 아니라 굶주림과 추위에 시달리다가 하루만이라도 연명하려고 마지못해 도둑질하는 자가 많기 때문이다. 그렇다면 과연 백성을 도적으로 만든 자는 누구인가? 권세가의 문전이 시장을 이루어 공공연히 벼슬을 팔고, 결국은 무뢰한 이들이 지방관이 되어 백성을 약탈하니, 백성이 어디를 간들 도적이 되지 않겠는가? —『조선왕조실록』 명종 16년(1561) 10월 17일

억압에 맞선 백성들의 의사 표현

공맹 시대의 고대 유학은 인간을 차별 없는 보편적 존재로 보아야 한다고 가르쳤습니다. 그러나 후대의 성리학 사상은 도리어 인간을 차별적으로 이해하는 것이 유가의 근본 가르침인 양, 사실을 악의적

으로 비틀어 말했습니다. 나아가 인간 세상의 위계질서는 되돌릴 수 없는 하늘의 이치이자 자연의 질서라고 거짓말했습니다.

저항을 자초한 역사　성리학을 신봉한 조선에서, 백성들은 나라의 생산 활동을 도맡아 지배계급의 삶을 풍족하게 해주는 존재이자 교화의 대상이었습니다. 조선의 지배계급이 백성들의 아픔에 공감하지 못하고 삶의 고단함을 덜어주려고 애쓰지 않은 것은 분명 이런 반민중적 사상 때문이었습니다.

조선 사회에서 백성들이 정치에 참여할 수 없는 것은 당연했고, 억압과 수탈에 맞서서 계급적 의사를 표현하거나 대변할 공간이나 기회가 주어지지도 않았습니다. 가난과 굶주림이라는 숙명을 적극 거부하고자 하는 이들에게 남겨진 선택은 도적이나 민중 봉기뿐이었습니다. 한마디로 저항을 자초한 역사였습니다.

조선의 지배계급은 건국 초기의 정치적 불안을 명분론 강화로 불식시켜나갔고, 그 덕분에 신분 질서를 강화하는 동시에 백성들의 저항도 최대한 억제할 수 있었습니다. 그러나 500년 조선 역사에서 민중의 저항이 없었던 치세는 존재하지 않습니다. 지금부터는 신화 속 의적으로 남은 왕조 초기의 홍길동과 임꺽정에서부터 망국 직전에 지배계급과 외세에 대항한 활빈당까지, 임금과 양반 사대부에게 저항했던 조선 백성들의 흔적을 짚어보려고 합니다. 다만, 19세기 들어 봇물 터지듯 일어난 조선 민중의 싸움, 이른바 평안도 민중항쟁, 임술년 농민항쟁, 임오년 군민항쟁, 갑오년 농민전쟁은 그 역사적 무게나 다뤄야 할 분량 때문에 별개 항목으로 나누어 살펴보겠습니다.

세종의 사민 정책에 저항한 대성산 봉기   우리가 가장 안정적인 치세로 평가하는 세종 재위 기간에도 최하층 신분에 대한 멸시와 백성들의 저항은 엄연히 존재했습니다. 1427년(세종 9)에는 남원의 노비들이 주인을 죽이려다 붙잡혀 참형당했고, 2년 뒤에는 영천의 노비가 주인을 때렸다가 교수형을 당했습니다. 1444년(세종 26)에는 함경도 경성의 노비들이 무관을 구타했다가 모반죄로 다스려졌습니다. 노비들의 하극상은 대부분 상전의 학대와 관리의 부당한 처분에 대한 분노와 반발 때문에 일어났습니다. 반면, 주인이 자기 노비를 마음대로 때려죽였다는 실록 기사는 헤아릴 수도 없이 많습니다.

세종은 이른바 사민(徙民) 정책을 폈다가 백성들의 강력한 반발에 부딪히기도 했습니다. 남쪽 지방의 백성들을 새로 개척한 평안도와 함경도의 북방 지역으로 강제 이주시킨 것인데, 해당 백성들의 반발은 예견된 것이었습니다. 설명이나 지원이 충분하지 않은 상태에서 의지할 것 없는 낯설고 척박한 땅으로 내몰린 막막함과 원통함은 충분히 짐작할 수 있는 일입니다. 결국 힘든 북방 생활에 적응하지 못한 백성들이 잇달아 이주 지역을 버리고 달아났습니다.

조정에서는 사후 대책도 마련하지 않은 채, 도망한 백성을 붙잡아 돌려보내는 데만 급급했습니다. 결국, 불만이 폭발한 이주민들이 평안도 대성산에 모여서 봉기했습니다. 대성산 봉기와 관련한 기사가 장장 5년(세종 28년인 1446년~문종 1년인 1451년)에 걸쳐 실록에 등장하는 것만 봐도 상황의 심각성을 알 수 있습니다. 실록에는 강제 이주와 관련한 조정의 실책이나 사건 발생 원인은 언급하지 않은 채, 시종일관 도적이라는 표현만 등장합니다. 이런 서술 방식은 지배계급의 과오는 숨기고 사태의 책임은 민중에게 돌리는 전형적인 수법입니다. 대성산 봉기의 실태를 엿볼 수 있는 기사 몇 개를 인용합니다.

"평안도 관찰사에게 유지를 내리기를, '도내에 도적이 흥행하여 대성산에 모여 떼 지어 갑옷을 입고 병기를 지닌 채로 공공연히 약탈하고 감영의 벼슬아치나 아전들과 내통하니, 이들을 체포하려 해도 피하여 달아난다. 이 같은 큰 도적은 제거하지 않을 수가 없다.'"
(『세종실록』 28년 10월 17일)

"대성산의 도적은 다른 강도나 절도와 비교할 바가 아니니, 이는 실로 초적(草賊)의 무리다."(『세종실록』 29년 3월 19일)

"요사이 대성산의 도둑 또한 가히 경계해야 합니다. 빌건대, 해당 관아로 하여금 제때 군사를 동원해서 끝까지 수색해 체포하도록 하고, 아울러 원적(元籍)으로 돌려보내 그 폐단을 없애소서."(『문종실록』 1년 11월 11일)

이주민들의 봉기 규모와 세력이 어찌나 대단했던지, 세종이 죽고 문종이 즉위한 이듬해까지도 실록에 이들을 진압하라고 건의하는 기사가 등장할 정도였습니다. 썩은 고려를 무너뜨리고 새롭게 나라를 세운 지 고작 반세기가 흐른 시점의 상황이 이와 같았습니다. 성군 세종의 치세가 이럴진대, 나머지 조선 역사가 백성들에게 얼마나 가혹한 시간이었을지는 어렵지 않게 가늠할 수 있습니다.

홍길동과 임꺽정, '모이면 도적, 흩어지면 백성'

민중 저항의 16세기적 특징으로는 도적 무리의 왕성한 활동을 꼽을 수 있습니다. 백성들이 도적 무리에 가담한 이유는 간단합니다. 지배계급의 착취와 기근이 안겨준 굶주림, 그리고 견디기 힘든 부역 때문이었습니다. 살기 위해서 도적이 된 것이죠.

도적을 역도로 다스리며 인과관계를 혼동하다 그렇다면 이런 백성들을 단순한 도적이 아니라 역도로 다스린 까닭은 무엇일까요? 조선 사대부들은 백성들이 도둑이 된 원인과 그 책임이 어디에 있는지를 잘 알고 있었습니다. 그래서 도적들의 행위를 지배 질서에 대한 도전으로 읽고자 했던 겁니다.

그들은 도적의 공급원을 차단하기 위해 유랑민 단속을 강화하고 떠도는 백성을 돕는 행위를 연좌제로 다스렸습니다. 그렇지만 이런 방식은 문제를 근원적으로 해결하고자 하는 태도가 아닙니다. 조선의 지배계급은 이 문제를 해결하는 데 필요한 진정한 고민, 이를테면 신분 차별 관행이나 지배계급의 특권 독점과 세습처럼 사회경제적 모순을 낳는 근본 문제에는 관심조차 두지 않았습니다. 이는 수술이 필요한 환자에게 진통제만 처방하는 격입니다. 이유는 간단합니다. 그들은 어떤 양보도 할 생각이 없었습니다. 그러면서 모든 문제를 폭압적인 방식으로 해결할 수 있다고 믿었습니다. 이 얼마나 무모하고 어리석은 자들입니까?

16세기를 전후해서 도적 무리가 끊임없이 생겨난 것은 조선 사회의 구조적인 문제와 지배계급이 펼친 암울한 통치 때문입니다. 그런데도 위정자들은 늘 오답만 외치고 있었습니다. '게으르고 우매한 백성들의 편히 살려는 욕심 때문에 다투어 도적이 되었다. 그 때문에 나라 기강이 문란해지고 사회는 더욱 어지러워졌다.' 근본적인 문제

접근은 외면한 채 억압과 착취 강도만 높이더니 종국에는 문제의 원인과 결과를 뒤바꿔 생각하는 지경에 이른 것입니다.

지배계급의 부패에 편승한 홍길동 홍길동은 이름이 널리 알려진 것에 비하면 기록으로 확인할 수 있는 정보가 매우 제한적입니다. 붙잡힌 시점이 1500년(연산군 6)인 것으로 보아 성종 대부터 활동한 것으로 짐작되지만, 활동의 구체적인 내용이나 그의 출신에 대해서는 별로 알려진 게 없습니다.

홍길동은 양반 대접을 받고 다녔으며, 도적임에도 당상관 차림을 하고 정3품 무관 벼슬인 중추부첨지사(中樞府僉知事: 보통 첨지라고 부름)로 행세했다고 합니다. 보통 사람들보다 배짱이 두둑했던 게 분명합니다. 그를 따르는 무리의 규모도 굉장했습니다.

홍길동 무리는 대낮에도 무장한 상태로 관아를 드나들며 수령들에게 극진한 대접을 받았으며, 유향소의 품관들은 홍길동의 정체를 알고도 고발하거나 체포할 생각이 없었다고 합니다. 홍길동 무리가 이처럼 대담하게 행동할 수 있었던 것은 결국 부패한 수령이나 아전 혹은 중앙의 권세가들이 홍길동 무리와 결탁해서 뒤를 봐줬기 때문입니다. 다른 한편으로는 당시 백성들이 홍길동을 지지하거나 적어도 심정적으로 동조했음을 짐작할 수 있습니다. 실제로 여염집 아이들이 서로 다짐하는 말 속에는 홍길동이란 이름 석 자가 꼭 들어갈 정도였다고 합니다.

조선 민중으로부터 그런 사랑을 받은 데는 허균의 소설이 기여한 바가 컸습니다. 『홍길동전』은 우리 역사상 한글로 쓴 최초의 소설이기 때문에 민간 전파력이 대단했습니다. 허균은 소설 속에서 홍길동을 불의한 세상을 구하는 소년 의적으로 묘사했는데, 거기에 당대 양반 사대부들을 번번이 골탕 먹였던 실존 인물의 행적까지 더해지면서 백성들의 마음을 사로잡았던 겁니다. 이처럼 홍길동 무리는 당대의 여타 도적과 달리 제법 지속적이고 조직적으로 활동한 게 분명하고, 지배계급의 부패에 편승해 백성들 사이에서 의적 대접을 받은 것 또한 사실입니다.

임꺽정을 탄생시킨 지배계급　중종 반역 이후로 도적들이 무리 지어 활동하는 군도(群盜) 현상이 기승을 부려 사회문제로 떠올랐습니다. 이는 예전부터 성행해온 사대부 지주들의 대토지 소유가 반란 공신들에 의해 절정으로 치달으며 농민층의 몰락이 가속화했기 때문입니다.

양반의 병역 면제로 군역 체계가 무너지면서 농번기에는 대립(代立: 병역을 대신할 사람을 보내는 일)이 일반화되었습니다. 하지만 껑충 뛴 대립가 때문에 웬만한 백성들은 엄두도 낼 수 없었습니다. 결국 민중 수탈 항목에 병역 이행이 더해진 꼴이었습니다.

게다가 중앙 권세가와 수령들의 결탁 때문에 공물 상납 과정에서 방납이 관행으로 자리 잡았습니다. 이처럼 중종 재위 시에 백성들의 고충이 더욱 커졌고, 자연재해마저 겹치면서 고향 땅을 등지는 유랑민이 폭증했습니다. 결국 몰락한 유랑 농민을 통해 도적들이 끊임없이 충원될 수밖에 없었고, 부역을 피하려고 승려가 된 농민 중에서 도적의 길로 빠진 이들까지 생겨납니다.

1500년대 중반, 황해도 지역에는 갯벌에 둑을 쌓아 소금기 빠진 땅으로 개간한 언전(堰田)이 많았습니다. 이는 당시 왕실과 양반 사대부들이 그 지역 백성들을 강제 동원해 개간하고는 독차지한 땅이었습니다. 한편 임꺽정이 살았던 봉산 일대의 땅은 소금기가 많고 습해서 갈대밭이 유독 많았는데, 이 지역 사람들은 여기서 채취한 갈대로 바구니나 삿갓 등을 짜 생계를 꾸렸습니다. 그런데 1553년(명종 8) 무렵, 권세가들이 경작하지 않는 묵은 땅이라는 명목으로 갈대밭을 강탈했고, 3년 뒤에는 내수사로 귀속시켜버렸습니다. 졸지에 생업을 잃고 먹고 살길이 막막해진 이들은 고향을 떠나 이리저리 떠도는 신세가 되었는데, 이들 중 일부가 도적이 되어 임꺽정 무리를 이루게 됩니다. 그러니까 임꺽정 무리를 탄생시킨 진짜 주인공은 명종 대의 왕실과 양반 사대부들이었다는 얘기입니다.

임꺽정은 조선시대 의적을 대표하는 상징적인 존재입니다. 그의 이름이 실록에 처음 등장한 것은 1559년(명종 14) 3월이며, 붙잡혀 처형당한 것은 1562년(명종 17) 1월입니다. 임꺽정 무리는 관군이 공격하면 백성들 사이로 흩어져 숨었고, 백성들의 도움을 받아 관군을 따돌리거나 공격했습니다. 그만큼 임꺽정 무리는 당시 민중으로부터 광범한 지지를 받았는데, 이는 그들이 신분 차별과 굶주림에 시달렸던 사람들로서 민중과 함께 숨 쉬고 기꺼이 그들을 부축했기에 가능한 일이었습니다.

임꺽정이 실록에 등장하는 3년은 그가 조정의 토벌 대상이 된 이후부터 산정한 기간입니다. 따라서 관군이 임꺽정을 붙잡는 데만 무려 3년이 걸렸다는 것을 알 수 있습니다. 그 기간에 임꺽정 무리를 다른 실록 기사들을 살펴보면, 당대 지배계급의 부조리가 적나라하게 드러날 뿐만 아니라, 당시 백성들의 육성까지 생생하게 들리는 듯합니다.

어느 사관의 꾸짖음 임꺽정 무리가 실록에 처음 등장한 1559년 3월 27일의 기사에 다음과 같은 사관의 꾸짖음이 실려 있습니다.

"도적이 성행하는 것은 수령의 가렴주구 탓이며, 수령의 가렴주구는 재상이 청렴하지 못한 탓이다. 지금 재상들이 욕심 많고 그 행실이 더러운 것이 풍습을 이루었으니, 수령은 백성의 고혈을 짜내 권력 있는 자를 섬기고 돼지와 닭을 마구 잡는 등 못 하는 짓이 없다. 그런데도 곤궁한 백성들은 하소연할 데가 없으니, 도적이 되지 않으면 살아갈 수 없는 형편이다. … 이 어찌 백성의 본성이겠는가. 군사를 거느리고 추적해 잡으려고만 하면, 아마 붙잡히는 대로 또 뒤따라 일어나 장차 다 잡아들이지 못할 지경에 이르게 될 것이다."

당시는 문정왕후와 윤원형 일당이 권력을 오로지해 국정을 주무르던 시절이었는데, 사관은 '청렴하지 못한 재상과 수령들이 백성을 도적으로 만들었다'고 정확히 지적했습니다. 이는 후대 사람들에게 '나라가 부패하면 민중이 어떻게 변하는지 똑똑히 봐두라'며 건네는 경고문 같습니다.

그로부터 2년 뒤, 어느 사관은 임꺽정을 소탕하는 군사들이 오히려 민폐가 되고 있음을 한탄하면서, 도적을 양산하는 조정의 안이한 인식과 대응을 비판했습니다.

"재상들의 횡포와 수령들의 포학이 백성들의 살과 뼈를 깎고 기름과 피를 말려 손발을 둘 곳이 없고, 호소할 곳도 없다. 또한 춥고 배고픔이 절박하여 하루도 살기가 어려워 잠시나마 연명하려고 도적이 되었으니, 백성들이 도적이 된 까닭은 정치를 잘못했기 때문이지 그들 잘못이 아니다. 이 어찌 불쌍하지 않은가. … 황해도의 도적이 비록 방자하다고 하지만, 그들의 무리는 8~9명에 지나지 않으며, '모이면 도적이고 흩어지면 백성'이다. … 흉년과 세금으로 백성들이 지쳐 스스로 무너지려고 하는 형편인데, 또 군대를 일으켜 변방에 오래 머물게 하여 … 우두머리 장수의 횡포와 군졸의 침탈을 보탠다면, 백성이 어떻게 살겠는가? 이는 네 도(경기·함경·평안·강원도)의 백성을 모두 도적으로 만드는 것이다."(『명종실록』 16년 10월 6일)

실록에 등장하는 사관의 논평 가운데 지배계급의 고질적인 문제를 정확히 진단하고, 이만큼 백성들의 아픔에 공감한 기사를 찾기란 쉽지 않습니다. 이 사관은 도적을 덮어놓고 진압하고 잡아들이는 방식만으로는 백성들의 참담한 마음을 절대 어루만질 수 없다고 단호하게 말합니다. 오히려 그런 대처야말로 백성을 도적으로 만드는 행위이며, 사태의 본질을 외면한 미봉책에 불과하다고 탄식합니다. 특히 '모이면 도적이고 흩어지면 백성'이라는 대목에 이르면, 도적의 성행이 체제의 구조적인 문제라는 것을 눈치챈 그의 통찰력에 감탄을 금할 수 없습니다.

임격정 무리는 조정을 긴장시킬 만큼 기세가 대단했으나 집권 세력의 교체나 왕조 전복을 목표로 하지는 않았습니다. 하지만 왕조의 부패한 공권력에 맞선 그들의 행동은 (당대의 시각으로 보면) 매우 혁명적인 싸움이었습니다. 그들에게는 중앙의 관군과도 대적할 수 있

을 정도의 기개와 민중을 자기편으로 삼을 만큼의 도덕적 정당성이
있었습니다.

조일전쟁으로 각성한 민중

사람은 위기에 처했을 때 참모습이 드러나기 마련입니다. 선조는 조
일전쟁 초기에 자기 왕조를 스스로 포기하려고 작정했던 아둔하고
이기적인 군주입니다. 피난처에서도 제 목숨 하나 건지자고 명나라
로 망명할 궁리만 했죠. 1594년 1월, 충청도에서 의병대장을 자처한
송유진이 민중 봉기를 일으키며 한 말은 그런 왕조에 그나마 예의를
갖춘 것이었습니다.

"도성을 포위해 사흘 동안 통곡하여 선조를 끌어내리고, 임금 자
리에 세자(광해군)를 앉히겠다."

당시 선조는 석 달 전인 1593년 10월 1일에 정릉동 행궁(오늘날 덕
수궁)으로 돌아온 상태였는데, 도성을 수복하고도 무려 여섯 달이나
지난 시점이었습니다.

조일전쟁 당시 수많은 백성이 굶어 죽었습니다. 왜군이 침입한 지
역은 농민들이 뿔뿔이 흩어져 경작이 불가능했고, 그렇지 않은 지역
은 피난민이 몰려들어 모두가 곤궁한 상태였습니다. 그런 와중에도
지배계급의 수탈은 여전했습니다. 그 어려운 시기에 전쟁 경비 마련
을 핑계로 전세·공납·군역·요역 등으로 백성들을 끊임없이 쥐어짰
으니, 상황은 훨씬 심각했습니다. 명군과 왜군은 군량 대부분을 우리
땅에서 조달했으며, 수령들의 탐학과 아전들의 횡령이 도처에서 기
승을 부렸습니다. 굶주린 조선 민중의 참상은 이루 말로 다 할 수 없

는 지경이었습니다.

"여러 도에 흉년이 크게 들었는데, 그중에서도 경기도와 하삼도(下三道: 충청·전라·경상도)가 더욱 심하여 사람들이 서로 잡아먹을 정도까지 되었다."(『선조수정실록』 27년 1월 1일)

민중의 헌신, 조일전쟁의 '게임 체인저'　수탈과 굶주림으로 고통받는 백성들이 선택할 수 있는 가장 손쉬운 저항 방식은 자기 터전을 등지는 것입니다. 그러나 적극적인 방식으로 현상을 타개하려는 백성들도 생겨났습니다. 전쟁 초기에는 자신들을 버리고 도망친 양반 사대부들의 위선과 비열함에 절망한 나머지, 적지 않은 백성들이 왜군에게 부역하는 길을 선택했습니다. 대궐에 방화하고 노비 문서를 소각하는가 하면, 포악한 수령들과 관아를 공격하기도 했습니다.

하지만 왜군에 의해 생활 터전이 파괴되고 가족을 잃게 되면서, 백성들은 왜군에 맞서 싸우는 방향으로 힘을 모아갔습니다. 이 땅의 지배계급과 달리 자신의 안위는 돌보지 않은 채 의병 대열에 합류한 겁니다. 결국 전쟁 초기에 일방적으로 밀리던 전세는 그들 덕분에 차츰 호전될 조짐을 보이기 시작합니다.

조일전쟁의 '게임 체인저'는 누가 뭐래도 민중의 헌신이었습니다. 대다수 조선 민중은 전쟁으로 인한 절망과 고통 속에서도 봉건 사슬을 끊어내는 투쟁도 마다한 채, 왜군에 맞서 전쟁의 판도를 바꿈으로써 국난 극복에 기여했습니다.

새 세상을 꿈꾸게 만든 왕조의 배신　전쟁 초기 왜군의 파상 공세에 속수무책이던 조정은 왕조가 망할지도 모른다는 위기의식과 함께 백성의 협력이 절실함을 비로소 깨달았습니다. 마지못해 신분 차별을 무마하는 정책을 내놓게 된 것은 그런 이유에서였습니다.

먼저 서얼과 하층민을 대상으로 의병을 장려하고 군공을 포상하는 회유책을 실시했습니다. 하지만 전세가 호전되고 의병의 활약상이 관군을 압도하는 상황이 되자, 임금과 조정 신료들은 의병이 자신들의 통제에서 벗어날까 봐 슬슬 겁이 났습니다. 이에 의병을 해산하고 의병장들을 관군으로 편입하는 방향으로 가닥을 잡았습니다. 하지만 이 과정에서 의병의 주축인 백성들에게는 사소한 보상이나 희망조차 주어지지 않았습니다. 결국 의병 투쟁을 실질적으로 주도한 백성들의 공은 망각 속으로 묻혀버렸습니다. 신분 해방의 특전이 주어진 자들은 극소수에 불과했고, 그나마 실낱같던 출세의 기회마저도 의병 해체와 함께 사라져버렸습니다. 결국 회유책으로 제시했던 신분 상승의 길은 한낱 달콤한 미봉책에 불과했습니다.

그러자 일부 백성들이 외세에 맞서는 투쟁에서 봉건 질서에 대한 저항으로 눈을 돌리기 시작합니다. 그들에게 신분 차별과 그에 따른 불평등한 삶은 전쟁으로 인한 고통만큼 심각하고 현실적인 문제였기 때문입니다. 신분 제약에 따른 불만과 지배계급의 약속 파기는 특히 서얼이 중심이 된 일부 백성들에게 새 세상을 꿈꾸도록 만들었습니다. 이런 움직임은 점점 조직적으로 연대하는 양상으로 발전했고, 그 결실이 바로 송유진의 민중 봉기(1594)와 이몽학의 민중 봉기(1596) 형태로 나타났습니다.

지금까지 봉기 주도자의 이름 뒤에 '난(亂)'을 붙여서 송유진의 난,

이몽학의 난 따위로 부른 것은 조선 지배계급의 생각을 비판 없이 수용했기 때문입니다. 따라서 사건의 성격을 제대로 반영할 수 있는 '민중 봉기'가 적절한 표현이라고 생각합니다.

송유진과 이몽학의 봉기, 그리고 민심 이반 역관의 서얼 자제였던 송유진은 전쟁으로 인한 민심 이반과 민중의 참상을 목격하고 왕조를 뒤엎을 궁리를 하게 됩니다. 그는 의병장을 자처하며 군사를 모았는데, 1594년 천안 일대에 수천 명의 군사를 모아 봉기를 준비합니다. 하지만 거사를 불과 며칠 앞두고 봉기군 내부의 배신으로 송유진이 체포되면서 계획은 물거품이 되고 맙니다. 당시 조정에서는 '만일 발각되기 전에 이들이 아산의 관창(官倉)을 공격했다면, 굶주린 백성들이 구름처럼 모여들어 순식간에 대군을 이루었을 것이고, 군현도 바람에 쏠리듯 하여 차마 말할 수 없는 지경에 이르게 되었을 것'(『선조실록』 27년 1월 25일)이라며 가슴을 쓸어내렸습니다.

이몽학은 전주 이씨 왕실의 서얼 출신으로 전쟁 초기에 의병에 몸담은 것으로 추측됩니다. 그와 함께 봉기한 사람들은 과도한 조세와 공물에서 벗어나기 위해 모인 백성이거나, 강제 해산당해 흩어졌던 의병 출신이었습니다. 송유진의 봉기가 사전에 발각되어 실패한 것과 달리 이몽학 봉기군은 1596년 7월, 마침내 거사에 성공합니다. 그들은 부여군 홍산현에서 봉기한 뒤 연이어 여섯 고을을 함락했습니다. 수령들은 싸우지도 않고 항복하거나 달아났으며, 군관과 아전들은 성문을 활짝 열어 봉기군을 맞이했습니다. 600~700명으로 시작한 봉기군은 얼마 지나지 않아 수만 명으로 불어났습니다. 주력 부대는 봉기 일주일 만에 홍주성(현 홍성군)으로 향했고, 일부는 수원까지 진출했습니다. 이처럼 이몽학 봉기군의 초반 기세는 굉장했습니다. 하지만 봉기군이 홍주성 함락에 실패하고, 사태의 심각성에 위협을 느낀 조정에서 인근 지역의 무고한 백성들까지 살육하는 방식으로 무자비하게 탄압하면서, 이몽학의 꿈도 끝내 좌절되고 맙니다.

마침내 민중과 연대하다 송유진 봉기군과 이몽학 봉기군의 규모, 그리고 만만찮은 전투력은 조일전쟁 초기의 의병이라는 존재와 연관지어 생각해야 합니다. 송유진 봉기군의 돌격장인 유춘복은 의병으로서 두드러진 활약상을 보여 조정으로부터 의병 판관으로 임명되었습니다. 또한 일현이라는 승려는 승병장 출신입니다. 이몽학과 함께 봉기를 주도했던 한현은 의병 출신으로 조일전쟁에서 세운 전공으로 왕의 친위병인 겸사복까지 지낸 인물입니다. 이몽학 역시 한현 밑에서 의병으로 활약한 바 있습니다. 이들은 왜군과의 전투에서 익힌 전술과 투지로 봉기군의 핵심 전력이 되었습니다. 이로 미루어 볼때, 송유진과 이몽학의 민중 봉기를 조일전쟁 당시의 의병진을 계승한 싸움으로 해석할 여지도 있다고 생각합니다.

끝으로 송유진과 이몽학의 봉기가 조선 역사에서 갖는 의미를 되짚어보려고 합니다. 우선 왜군이 남쪽으로 퇴각한 상태에서 중앙 정부의 통제권 안에서 일어났다는 사실에 주목해야 합니다. 다음으로는 왕조를 무너뜨려 새 세상을 지향하겠다고 결심한 봉기 주도 세력이 처음으로 일반 백성들과 연대했다는 것을 기억해야 합니다. 송유진·이몽학의 봉기는 이전의 민중 저항과는 그 양상이 확연히 달랐습니다. 봉기 주도층이 민중의 힘을 인식하고, 그들과 연대해서 왕조 체제 전복을 꿈꾸었다는 사실 하나만으로도 이전 시대의 한계를 극복한 사건으로 평가할 만합니다.

명화적과 장길산, 농민 무장단의 출현

17세기 말의 도적들은 집단을 이루어 조직적으로 활동하는 군도 성격이 더욱 뚜렷해집니다. 지배계급의 토지 확장과 수탈이 극심해지고 흉년이 거듭되면서 터전에서 밀려나 떠도는 농민들이 많아진 게 가장 큰 이유였습니다. 여기에 도망 노비들과 일부 광산 노동자들까지 가세하면서 큰 무리를 이루게 됩니다. 그렇게 도적이 된 백성들은 총포로 무장하고 말을 이용해 기동력을 과시하기도 했습니다.

명화적의 특징과 저항 정신의 쇠퇴   명화적 구성원의 대부분은 유랑민들이었지만, 조직 관리와 재정을 책임지는 지도부는 대부분 몰락 양반과 같은 지식인 계층으로 이루어졌습니다. 이들은 대체로 수십 명에서 많게는 삼사백 명 규모로 조직되었는데, 이따금 곡물처럼 운반하기 곤란한 재물을 획득하면 거지나 굶주린 백성에게 나눠 주는 의적 행세까지 했습니다. 이처럼 한층 강화된 무력에 조직력까지 갖춘 조선 후기의 도적 집단을 '명화적(明火賊)' 혹은 '화적'이라고 불렀습니다. 군사적으로 훈련이 잘 된 명화적은 횃불을 들고 무리 지어 행동했고, 목표물을 공격할 때는 불을 지르는 행동 패턴을 보였습니다.

그렇다면 명화적은 자신들을 사회적으로 어떤 존재라고 생각했을까요? 그들은 지배계급의 수탈이 만든 '내몰린 범죄자'라고 스스로를 인식했습니다. 지배계급의 착취와 억압적 신분 질서 때문에 굶어 죽지 않으려면 이것 말고는 달리 방법이 없는 작은 도둑이라고 여긴 겁니다. 반면에 성리학을 추종하는 사대부들과 향촌의 재지사족들, 그리고 아전들을 백성에게 기생하는 큰 도둑 무리라고 생각했습니다.

명화적 집단의 또 하나의 특징은 주로 부자들을 공격한 것입니다. 대부분의 조선 후기 부자들은 대지주였고, 그들이 거느린 노비와 머슴의 숫자가 아주 많았습니다. 따라서 수십 명씩 무리를 지어야만 그들을 공격할 수 있었습니다. 그렇게 해서 명화적 집단은 관아나 권세가의 물자 유통로를 공격하고 약탈하는 수준으로 발전했고, 마침내 지배계급의 이익을 위협하는 무시 못 할 존재로 떠오르게 됩니다. 하지만 시간이 흐르면서 초창기의 저항 정신은 차츰 빛이 바랬고, 지배계급과 일반 백성을 가리지 않고 약탈하는 직업적 범죄 집단에 머무르고 맙니다.

장길산, 역모에 관여한 신비주의 면모　조선 후기의 대표적 명화적 집단으로는 장길산 무리를 꼽을 수 있습니다. 그들은 말과 병기를 갖춘 농민 무장단의 전형을 보여주는데, 다른 명화적 집단보다 훨씬 조직적이고 직업적인 무리였습니다.

숙종 치세는 대기근이 자주 발생해서 굶주리고 유랑하는 농민들이 유독 많이 생겨났고, 기아선상에서 고통받던 백성들이 살기 위해 도적의 삶을 선택했습니다. 장길산 집단은 이런 시대적 배경에 힘입어 세력을 확장할 수 있었습니다. 장길산과 관련한 가장 큰 특이점은 그들이 중앙의 변란 세력과 연계되었다는 사실입니다. 사전에 발각되어 미수에 그쳤지만, 장길산 집단은 서울의 정치적 불만 세력, 그리고 민중 사상의 일종인 미륵 신앙을 신봉하는 승려들과 어울려 정변에 관여했습니다. 1697년(숙종 23) 1월의 실록에는 당시 역모를 주도한 세력이 장길산을 거사에 동참시키려고 모의한 내용이 기록에 남아 있습니다. 이로 미루어 볼 때, 장길산 집단은 정치 세력의 주목을 받을 정도로 널리 알려졌으며, 그럴 만한 무력도 지니고 있었음을 알 수 있습니다.

장길산은 1687년(숙종 13) 무렵부터 실록에 등장하는데, 홍길동이나 임꺽정과 달리 끝내 붙잡히지 않았습니다. 장길산이 당대 백성들 사이에서 신비한 존재로 각인되고, 오늘날까지도 실존과 전설의 경계를 넘나든 인물로 평가받는 것은 바로 이 때문입니다.

무신란에 동원된 명화적 집단　장길산 무리 말고도 명화적 집단이 정치적 변란에 관여했던 사례는 또 있습니다. 1728년(영조 4)의 이른바 무신란(戊申亂)에 동원된 명화적 세력이 그들입니다. 이런 사실은 명화적 구성원 가운데 현실에 불만을 품고 초야에 묻혀 살던 선비나 글을 아는 중간 계층, 혹은 승려 출신이 포함되어 있었음을 입증합니다.

무신란은 이인좌의 난으로도 불리는데, 당시 노론 당파의 택군이 사건의 시발점이었습니다. 1724년, 경종이 후사 없이 급서하자 왕세제 연잉군이 왕위를 계승했습니다. 그러자 연잉군의 왕세제 책봉 과정뿐만 아니라, 경종의 죽음에 노론 세력이 개입했다고 확신한 일부 사대부들이 대규모 무력 정변을 일으켰습니다. 정변의 주체는 영조 즉위 후 정권에서 배제된 소론 명문가의 강성 사대부들과 그들에게 동조한 재야 남인들이었습니다. 거기에 재지사족, 지방의 토호 그리고 명화적 세력까지 가담하면서 정변 규모는 더욱 커졌습니다.

무신란 지도층은 영조를 임금으로 생각하지 않았을 만큼, 당시 체제를 전면 부정했습니다. 처음에는 도성에서 소규모 정변을 일으켜 영조를 몰아낼 생각이었지만, 어쩌다 보니 정규 병력까지 동원한 군사 정변으로 일이 커지고 말았습니다. 그들이 유민의 증가와 명화적 집단의 성행이라는 시대 상황에 착안했는지는 알 수 없습니다. 하지만 정변을 준비하는 과정에서 백성들의 민심 이반과 사회적 저항 분위기를 거사에 적극적으로 이용한 것은 사실입니다. 무신란 주도층이 과거의 정변 세력과 결정적으로 달랐던 것도 바로 이 지점입니다.

다음 세기의 민중항쟁을 예고하다 무신란은 정적으로부터 권력을 되찾으려 했다는 점에서 본질적으로 정치적 성격을 지녔습니다. 그리고 변란에 가담한 세력 또한 삼남 지방을 포괄할 정도로 전국적인 규모였습니다.

비록 민중의 광범위한 관심과 호응이 결여되어 실패로 끝나기는 했지만, 명화적 집단이 가담하고 지배계급이 주도한 정변치고는 적지 않은 민중이 동원된 점에서 주목할 만한 사건입니다. 따라서 이 사건을 다음 세기의 대규모 민중항쟁을 예고한 사건으로 의미 부여할 여지가 충분합니다. 다만 정변 주도 세력은 백성들과 긴밀하게 소통하지 않았고, 정변의 주체로까지 민중을 받아들일 의지나 계획이 처음부터 없었습니다. 결국 정치적 목적을 위해 민심을 이용할 생각은 했지만, 백성들과 연대함으로써 그들의 호응과 실효적 지지를 끌어내는 데까지는 생각이 미치지 못한 것이죠.

이 사건을 통해 민중의 저력을 제대로 파악하지 못한 양반 사대부 계층의 한계를 또렷이 확인할 수 있었습니다. 아울러 그들이 신분적 우월감을 극복하지 않고서는 진정한 민중 연대가 불가능하다는 사실 또한 알 수 있었습니다.

정감록과 비밀결사

개혁 군주 정조의 치세를 논할 때, 정감록(鄭鑑錄) 사상을 빠뜨리고 그 시절 민중을 말할 수 없습니다. 당대 평민 지식인들이 성리학적 지배 이념에 대항해 의도적으로 유포한 체제 전복적 예언서가 『정감록』이기 때문이죠.

정씨, 불화의 상징에서 민중의 희망으로　조선왕조는 이미 오래전부터 지배계급이 모든 것을 차지하고 좌지우지하는 나라였기 때문에, 그런 모순에 눈뜬 민중들에게는 자기편이 되어줄 무언가가 간절히 필요했습니다. 18세기 이후에 일어난 비주류 양반들의 정변이나 민중 봉기의 정형화된 공식은 '정(鄭)씨 성을 가진 진인(眞人)이 해도(海島)에서 군사를 일으켜 이씨 왕조를 뒤엎고 새 세상을 연다'는 것입니다. 정씨가 조선왕조를 무너뜨려 세상을 바꾼다는 『정감록』의 메시지 속에는 체제 전복이라는 조선 민중의 꿈이 담겨 있었습니다. 그런데 왜 하필 '정씨'였을까요?

고려 말의 충신 정몽주는 조선 개국에 저항하다가 이방원을 비롯해 새 왕조를 창업한 신진 사대부들의 칼에 목숨을 잃었습니다. 왕권보다는 신권의 개혁성과 유능함을 강조했던 창업 공신 정도전은 현명한 신하들이 나라를 다스려야 한다는 꿈을 펼치려다가, 개국 6년 만에 주군의 아들이자 창업 동지인 이방원의 쿠데타로 허망한 죽음을 맞이했습니다. 그리고 약 200년의 세월이 흐른 뒤, 대동 세상 실현이라는 혁명적 꿈을 가슴에 품었던 정여립은 선조의 미움을 사더니, 보수 사림이 조작한 역모의 수괴로 몰려 비참하게 생을 마감했습니다.

세 명의 정씨 사례에서 보듯이, 그들은 하나같이 이씨 왕조와 불화했던 존재들입니다. 이씨 왕조에 한이 맺힌 이들 세 정씨의 19세기판 화신이 조선을 뒤엎어주기를 바랐던 조선 민중은, 실제로 정감록 사상을 통해 정씨를 신화화했습니다. 왕조와 불화한 정씨는 그렇게 민중의 희망이 되었습니다.

세상의 모든 사상과 지식이 그러하듯, 그것이 민중의 편에 섰을 때 세상을 바꿀 강력한 무기가 될 수 있습니다. 정감록 사상 역시 19세기 전후에 일어난 대부분의 민중항쟁에 동력을 제공함으로써 타고난 역할을 충실히 수행했습니다. 개항 이후, 서학이 포교의 자유를 획득하면서 기존 지배 질서에 순응한 것과 달리, 정감록 사상은 저항 정신을 잃지 않았습니다. 그리고 장차 최제우에게 영감을 주어 후천 개벽 사상으로 발전하게 됩니다.

두 개의 정감록 역모 사건 1782년(정조 6)에 일어난 문인방 역모 사건과 1785년(정조 9)의 문양해 역모 사건은 둘 다 정감록 역모 사건으로 불릴 만큼, 『정감록』이 사건의 핵심 연결 고리로 작용했습니다.

『정감록』을 전국 각지로 퍼뜨리고 유행시킨 장본인은 조선왕조에서 정치·사회적으로 철저히 차별받았던 평안도 출신 유랑 지식인들입니다. 서북 지역 유랑 지식인들은 한마디로 신분과 지역이라는 벽을 넘을 수 없었던 당대 저항적 지식인의 전형입니다. 그들 중에는 일부 몰락한 양반 계층도 있었지만, 대부분은 양인이거나 서얼 출신이었습니다.

문인방 역모 사건의 핵심 인물들은 서북 지역의 양인 출신 지식인입니다. 그들은 개별적인 인맥과 혈연으로 일종의 비밀결사체를 구성해서 역모를 도모했는데, 그들을 결속시킨 중요한 매개체가 바로 『정감록』입니다. 문인방 역모 사건에서 우리가 주목해야 할 사실이 몇 가지 더 있습니다. 우선 이 사건은 양반이 아닌 양인 출신 지식인이 사건의 주역으로 등장했다는 점에서 중요한 의미를 가집니다. 일반 백성이 봉건적 신분 질서의 굴레를 벗고 새 질서를 만들고자 마침내 역사의 전면에 모습을 드러낸 겁니다. 그리고 처음부터 정권 탈취와 체제 전복을 목표로 사전에 치밀하게 계획된 사건이라는 점도 특기할 만합니다.

문인방 역모 사건이 실패로 돌아가고 3년 뒤에 일어난 문양해 역모 사건 역시 양인 지식인이 권력의 주변부로 추락한 서울 양반들과 결탁해 역모를 꾸미다가 사전에 적발된 사건입니다. 그들은 조선의 신분 질서 폐기를 거사의 목표로 정했습니다. 이는 단순히 왕조를 바꾸는 차원에서 한 걸음 더 나아간, 당시로서는 가히 혁명적인 거사 명분이었습니다.

위의 두 사건에서 양인 출신 지식인이 차지한 역할은 실로 놀라운 것입니다. 양반 세력이 거사의 한 축을 담당했지만, 실질적으로 거사를 준비하고 조직을 꾸려나간 것은 그들이니까요. 어쩌면 평민 지식인이 주도한 두 사건 속에서 다음 세기에 폭발할 민중항쟁의 자그마한 조짐이 움트고 있었는지도 모릅니다.

문양해 역모 사건으로부터 불과 26년 뒤에 일어난 평안도 농민항쟁도 (몰락한 양반 출신이라고는 하지만) 토지도, 노비도 소유하지 않아 양인이나 다름없었던 홍경래로부터 시작합니다. 그리고 동학을 창시한 최제우는 양반가의 서얼이었고, 2대 교주 최시형은 빈농의 아들이었습니다. 전봉준 역시 몰락한 양반 혹은 중인의 먼 후손이었습니다.

비밀결사의 성행과 민중항쟁의 태동 당시 『정감록』과 깊이 관계를 맺었던 조직들은 봉건적 지배 질서에 저항하는 비밀결사의 형태를 띠고 있었습니다. 영조 대 이후로 조선 사회에서는 『정감록』을 매개로 한 비밀결사가 수없이 조직되고 해체되기를 반복하면서 변형과 확장을 거듭했습니다. 역모나 민중항쟁 형태로 발전해 세상을 떠들썩하게 한 경우를 제외하면 오늘날까지 비밀결사의 명칭이나 실체가 전해지지 않을 뿐이지, 이는 틀림없는 역사적 사실입니다.

가령 홍경래가 주도한 평안도 농민항쟁의 초기 전개 과정과 동학이라는 거대 조직의 발흥 역시 비밀결사의 연장선상에서 파악해야 합니다. 가혹한 탄압에도 불구하고 불과 몇십 년 만에 조선 팔도를 빼곡히 채운 동학 조직을 비밀결사 형태가 아닌 다른 무엇으로 설명할 수 있겠습니까? 그것은 18세기 후반부터 『정감록』의 영향을 받아

셀 수 없이 많은 시행착오를 딛고 시나브로 형성된 비밀결사 조직이 있었기에 가능한 일이었습니다.

따라서 평안도 농민항쟁과 갑오년 농민전쟁은 새 세상에 대한 민중의 열망이 정감록 사상과 비밀결사를 매개로 확산하면서 나타난 결과물이었습니다.

활빈당, 의적에서 항일 투사로

활빈당(活貧黨)은 1894년의 갑오년 농민군과 이듬해 을미년 의병의 잔존 세력을 주축으로 하고, 대한제국기를 배경으로 활동한 조선 최후의 의적 집단입니다.

활빈당의 등장 배경을 알려면 먼저 개항기 조선 민중 앞에 펼쳐진 막막한 생존 환경부터 살펴보아야 합니다. 백성들은 지배계급의 수탈에 더해 외세 침탈이라는 이중고를 견뎌내야 했는데, 특히 일본의 경제적 침탈이 심각했습니다. 청일전쟁과 갑오년 농민전쟁 이후 조선은 일본의 소비시장으로 전락하고 말았는데, 그 착취 수준이 식민지에 버금가는 것이었습니다. 일본 자본가와 상인들은 조선 팔도 구석구석까지 파고들어 자기들이 만든 면제품과 석유, 그리고 설탕, 성냥, 담배, 양초 따위의 자질구레한 생활용품을 팔아먹었으며, 우리 쌀과 콩을 헐값에 사들여 본토로 실어 날랐습니다.

그들이 유독 눈독을 들인 것은 우리 쌀이었습니다. 당시 근대적 산업화의 길에 본격적으로 들어선 일본은 자국의 노동력을 안정적으로 확보하고 저렴하게 유지하기 위해서 싸고 질 좋은 우리 쌀을 닥치는 대로 거둬 갔습니다. 그러자 나라 안의 쌀값은 천정부지로 치솟았고, 이런 변화에 재빨리 적응한 대지주들은 큰돈을 만질 수 있었습니다. 이와 대조적으로 대다수 자영 농민들은 소작농 아니면 부잣집 머슴 신세로 전락했습니다. 늘 굶주림에 시달려야 했던 밑바닥 백성들이야 더 말할 것도 없습니다.

한편, 일본 상인들은 버거운 조세 마련으로 빚에 쪼들리던 우리 민중을 등쳐서 제 잇속 챙기기에 바빴습니다. 당장 돈이 궁한 백성들이 일본 상인의 고리대를 이용하거나, 벼가 익기도 전에 헐값에 팔아치우는 입도선매로 결국 헤어날 수 없는 수렁에 빠져든 겁니다.

지배계급의 수탈과 일본의 침탈은 다르지 않았다 반면 대지주들은 완전히 봄날을 맞았습니다. 쌀이 상품이 되고 또 수출품이 되는, 예전에는 상상조차 할 수 없던 상황이 펼쳐졌으니까요. 그들은 자본력을 앞세워 예전보다 농토를 더 늘릴 수 있었고, 고리대를 놓아 농민들을 더 많이 착취할 수 있었습니다. 지방 수령과 아전들도 쌀 수출에 편승해 온갖 부정을 저지르며 백성 수탈에 한층 더 열을 올렸습니다.

결국 생계 터전에서 뿌리가 뽑힌 농민들은 살기 위해 도시로 나가 막노동을 하거나 광산 노동자가 되었으며, 혹은 산골짜기로 달아나 화전으로 연명했습니다. 그마저도 여력이 닿지 않는 이들은 걸식으로 떠돌다가 길 위에서 죽을 운명이었습니다.

갑오년 농민전쟁과 이후의 세상 돌아가는 일을 경험한 조선 민중은 이 땅의 지배계급이 일본 제국주의 침략자들과 크게 다르지 않다는 것을 깨달았습니다. 자신들을 속이고 무시하고 착취한다는 점에서 국적이나 선후강약(先後强弱)의 구분도 의미가 없었습니다. 이에 갑오년 농민군이나 항일 의병으로 싸웠던 이들이 지배계급과 일본 침략자들에게 똑같은 결기로 맞서 싸우기로 결심했으니, 그들이 바로 활빈당입니다.

구빈, 활빈당을 상징하는 행동 양식　가난한 백성들을 구제한다는 구빈(救貧)은 활빈당을 상징하는 두드러진 행동 양식이자 그들이 활동한 목적이었습니다. 그들의 공격 대상은 주로 사대부 관료나 양반 지주와 같은 지배계급이었습니다. 활빈당은 백성들을 착취하고 생계 터전에서 쫓아낸 장본인들의 재물을 빼앗아 가난한 이들에게 나눠줌으로써 반봉건적 성격과 의적의 면모를 동시에 보여주었습니다. 그들은 마음속으로만 저항을 꿈꾸던 민중을 대신해 구한말의 지배계급과 봉건 질서에 저항한 조선의 마지막 의적이었던 것이죠.

활빈당이 실록과 『승정원일기』에 등장한 시기는 1885년(고종 22) 3월 6일입니다. 하지만 활빈당의 정체성이 선명해지면서 유의미한 활동이 본격화하는 것은 19세기에서 20세기로 넘어가는, 이른바 대한제국기였습니다.

여기서 한 가지 더 주목해야 할 것은 활빈당 집단이 단순히 몇몇 지역에 국한해서 일어난 소수의 도적 무리가 아니라는 사실입니다. 그들은 경기도와 삼남 지방에 걸쳐 여러 무리가 활동한 대규모 집단이었습니다. 『고종실록』에 처음 등장한 1885년의 활빈당은 그 이름과 다르게 종래의 명화적 집단과 비슷한 무리였을 것으로 짐작됩니다. 그러다가 십여 년의 세월이 흘러 갑오년 농민전쟁과 을미년 의병 전쟁을 치르면서, 그 잔존 세력이 모여 1900년을 전후로 활빈당으로 전환한 것이 분명합니다.

항일 의병 10년 공백을 메우다   활빈당의 특징을 이야기할 때, 그들의 반외세적 성격을 빼놓을 수 없습니다. 탐관오리를 응징한다는 명분을 내세우는 한편, 배일배외(排日排外)를 주장한 사실은 기록으로도 남아 있습니다.

1900년 4월, 활빈당은 자신들의 이념과 행동 강령을 담은 「대한사민논설 13조목」을 발표했는데, 그 가운데 '다른 나라에 곡물을 수출하지 말고 구민법을 채용할 것', '시장에 외국 상인의 출입을 엄금할 것', '다른 나라에 철도 부설권을 허락하지 말 것' 등의 반외세적 내용을 확인할 수 있습니다.

활빈당의 반외세 투쟁은 외국인에 대한 직접적인 공격으로 표출되었습니다. 대상은 상인이나 철도 부설 기술자, 광산·우편통신 설치 관계자 등과 같은 특정 계층에 구애받지 않고, 외국인이면 남녀노소를 가리지 않았습니다. 그만큼 제국주의 국가들의 침탈에 극도의 반감을 품었던 것인데, 일본인을 향한 적개심이 유독 심했습니다. 일본인을 만나면 구타하고 재물을 강탈할 뿐만 아니라 심지어 총검으로 죽이기까지 했습니다. 활빈당의 항일 의식은 갑오년 농민군과 을미년 의병들이 주축을 이룬 것에서 이미 예고된 일이었습니다. 따라서 활빈당은 의적인 동시에 색다른 형태의 의병 조직으로 규정되어야 합니다.

을사늑약으로 일제가 조선의 외교권을 박탈하고 치안을 장악함에 따라 활빈당 지도부는 대거 체포되고 말았습니다. 하지만 활빈당 잔존 세력 대부분은 을사년 의병진에 합류했습니다. 의적 꼬리표를 떼어내고 마침내 항일 전사 대열에 합류한 겁니다. 활빈당은 이로써 (갑오년 농민군과 을미년 의병으로부터 1905년의 을사년 의병까지) 항일 의병 10년 공백을 메운 반외세 의병 집단으로 거듭나게 됩니다.

활빈당의 을사년 의병 전환과 관련해 또 한 가지 특기할 만한 점이 있습니다. 활빈당 잔존 세력의 대부분은 평민 의병장이 이끄는 부대에 합류했으며, 유생 의병장 휘하로 들어갔던 이들도 봉건적 우월 의식이라는 미망에 사로잡힌 양반 출신 의병장들과의 갈등이 커지면서 차츰 독자적인 부대를 편성하게 됩니다. 이는 지배 질서에 저항한 그들로서는 당연한 선택이었습니다.

지금까지 살펴본 것처럼, 활빈당은 19세기 조선 민중의 투쟁 역량을 20세기 항일 독립 전쟁의 장으로 전달하는 징검다리 역할을 수행했다고 평가받아야 마땅합니다.

13장

조선 해체를 요구하다 – 평안도 민중항쟁

홍경래 깃발 아래서 깨우친 민중의 힘

신분에 대한 절망도 극복하지 못하고 어떻게 자유로워지느냐고 길상
은 말했었다. 그러나 … 사람 모두가, 역사가 극복하지 않으면 안 될 일
이다. … 강자는 극복되어야 한다. 약자의 눈물을 거두기 위하여 평등
하기 위하여…. —박경리, 『토지』

"그 성을 공격하여 깨뜨리고, 적의 우두머리 홍경래 등은 잡아서 참하
고, … 소굴을 소탕하여 남은 악당이 없게 하였습니다. 이번에 흉적들
이 성문을 굳게 닫아걸고 지키면서 오랫동안 관병에게 항거하였으니,
만약 천조(天朝: 청나라)에서 굽어 어루만지고 가엽게 여겨 성무(聖武)를
찬란하고 융성하게 펼치지 않았더라면, 작은 나라의 미약한 힘으로 어
떻게 제때 흉적을 무찌를 수 있었겠습니까? 신(순조)은 대소 신하와 함

께 승첩의 소식을 듣자마자 더욱 황은을 찬송하고 감격해 마음에 새겼
습니다만, 보답할 길이 없습니다."

—『조선왕조실록』 순조 12년(1812) 4월 21일

홍경래 개인의 싸움이 아니었다

1811년(순조 11) 12월부터 이듬해 4월까지 서북 지역의 민중은 평안
북도 청천강 이북의 8개 군을 휩쓸며 다섯 달에 걸쳐 존재감을 과시
했습니다. 평안도 민중항쟁, 이른바 홍경래의 난은 홍경래 개인의 반
란이 아니었습니다. 그것은 조선왕조 내내 봉건적 착취에 신음한 농
민들, 신분적 억압에 짓눌린 천민들, 그리고 고단한 삶을 이어가기
위해 고향을 등진 광산 노동자 등이 조선왕조의 부당한 차별로 울분
이 쌓인 서북 지역의 지식인 계층 및 일부 부농들과 연대해 싸운 반
봉건 민중항쟁이었습니다.

비록 실패로 끝났지만, 평안도 민중항쟁이 조선 사회에 끼친 영향
은 엄청났습니다. 항쟁을 몸소 겪거나 지켜본 백성들이 '우리에게도
봉건 왕조에 맞설 힘이 있다'는 사실을 알았고, 나아가 힘을 모아 함
께하면 예전에는 상상도 못 하던 일, 즉 압제의 사슬도 끊어낼 수 있
음을 깨달았기 때문입니다. 그러므로 그것은 홍경래의 난이 아니라
평안도 민중항쟁이었으며 동시에 조선 민중이 처음으로 싸움다운
싸움을 벌인 해방의 굿판이었습니다.

차별받는 세도 정권의 물질적 기반 그렇다면 조선 최초의 민중항쟁이
하필 평안도에서 일어난 데는 어떤 곡절이 있었던 걸까요? 평안도

사족들이 일반 백성들과 합심해 왕조에 저항하도록 만든 것은 다름 아닌 서북인 차별이었습니다.

서북의 사족들은 개인의 능력과 상관없이 관직 진출을 가로막는 다양한 장벽 앞에서 좌절을 겪어왔습니다. 안동 김씨 정권을 열었던 김조순은 서북 지역을 일컬어 "토착 기반을 가진 사대부가 없고, 다만 군포를 내는 자와 내지 않는 자 정도의 구별이 있을 뿐"이라며 멸시했습니다. 그만큼 조정 사대부들은 서북 지역 사족을 여타 지방의 양반들과 같은 반열에 놓고 대접하기를 꺼렸습니다. 보통 양반들의 출세 코스는 문과에 합격하면 승문원으로, 무과에 합격하면 선전관청으로 분관되고, 거기서 일정 기간을 채우면 요직에 진출하는 것이 일반적인 관행이었습니다. 하지만 서북 출신 문과 합격자는 격이 떨어지는 성균관, 무과 합격자는 오위의 부장이나 수문장청의 수문장으로 분관되어, 출발부터 승진에 불리한 위치에 놓이는 차별을 감수해야 했습니다. 중앙 정부의 문신 가운데 정3품 당상관의 일차 후보 집단을 선정하는 「도당록(都堂錄)」을 보면 평안도와 함경도, 그리고 황해도 출신 사족은 단 한 명도 명단에 끼지 못할 만큼 차별은 구체적이고 노골적이었습니다.

한편 18세기 중반의 평안도 향촌 분위기는 크게 동요하고 있었습니다. 이렇게 된 까닭은 해당 지역 수령들의 권한이 과거보다 훨씬 수탈적으로 변했기 때문입니다. 수탈 대상도 일반 백성에 국한되지 않고, 사족과 부농층에 대한 수탈이 더 가혹해지는 양상이었습니다.

특히 세도정치기에 들어서면, 한양 세도가들의 물질적 기반이라고 불릴 정도로 수탈이 집중되었습니다. 평안도 관찰사와 의주 부윤은 세도정치 가문이 장악한 비변사가 대상자를 직접 물색하고 천거할 만큼 요직 중의 요직이었습니다. 세도 가문이 해당 수령의 인사에 깊이 관여한 이유는 중국과의 무역이 융성한 지역이어서 제도적인 치부와 상납이 가능했기 때문입니다. 아무리 좋은 일이나 자리라도 당사자 마음이 내키지 않으면 억지로 시키기 힘든 상황을 빗대어 '평안감사도 제 하기 싫으면 그만이다'라는 속담까지 생겨났으니, 그 속사정을 가히 짐작할 만합니다. 아무튼 평안도 지역은 19세기 부패한 세도 정권의 핵심적 물질 기반으로서 대표적 수탈 지역이면서 동시에 차별 대상이었습니다.

처음으로 왕조에 맞선 조선 민중 서북 지역에 대한 차별과 수탈이 상승 작용함으로써 서북 민중은 분노로 들끓게 되었고, 결국 세도 정권과 그들의 대리자인 수령에게 맞서려는 분위기가 지역 사회에 조성되었습니다.

1811년 12월, 드디어 평안도 민중은 홍경래가 치켜든 깃발 아래로 모였고, 조선왕조와 사생결단으로 부딪치는 역사적 사건을 연출하게 됩니다. 평안도 민중항쟁은 최근까지도 '차별에 불만을 품은 불온한 세력이 그 지역 백성을 선동해 일으킨 반란'으로 평가하는 것이 일반적이었습니다. 하지만 400년 넘게 흔들림 없이 군림해온 조선왕조 체제를 근본적으로 거부하고 부정했다는 사실만으로도 ('홍경래의 난'으로 통칭한 것에서 알 수 있듯이) 단순 민란으로 규정한 역사가들의 평가는 수정되어야 합니다. 평안도 민중항쟁은 본질적으로 봉건 체제를 타도하려는 혁명적 성격을 지녔을 뿐만 아니라, 조선 역사상 민중이 왕조 질서를 부정한 유례 없는 사건이기 때문입니다.

조선 역사에서 정치적 패권을 노리고 종친을 내세워 새 임금을 추대한 역모라든지 대의명분과 정치적 지향이 모호한 평지 돌출식의 정치 변란은 심심치 않게 일어났습니다. 그러나 왕조를 무너뜨리고 새로운 체제를 도모한 사례는 흔치 않습니다. 하물며 양반 사대부 계층이 아닌 자들이 조선왕조를 정면으로 부정하며 체제 전복을 도모했으니, 평안도 농민항쟁이 안동 김씨 정권을 비롯한 당시 지배계급에게 던진 충격파는 만만치 않았습니다.

정치적 변란에서 민중항쟁으로

애당초 홍경래는 정치적으로 소외된 서북 지역 신흥 계층의 분노를 발판 삼아 새 왕조 건설을 꿈꾸었습니다. 따라서 홍경래가 꿈꾼 세상은 민중을 위한 것이 아니었으며, 봉기 목적 또한 지배체제의 주인을 바꾸는 데 지나지 않았습니다. 그런데 봉기 전개 과정에서 사건의 성격과 항쟁의 주체가 완전히 달라졌습니다.

그렇다면 왕조 해체와 새 왕조 건설이란 정치적 목적을 지녔던 홍경래의 변란이 민중항쟁으로 성격이 바뀐 계기는 무엇일까요? 뜻밖에도 그 실마리를 제공한 것은 반민중적인 세도 정권과 그들이 파견한 관군의 만행이었습니다. 진압을 위해 평안도 지역에 들어온 조정의 군사들은 봉기와 아무런 상관 없는 백성들의 재물을 약탈했고, 재미 삼아 부녀자를 강간했습니다. 심지어 자기들 행동에 방해가 된다는 이유로 백성들의 목숨을 빼앗는 만행을 서슴지 않았습니다.

반면, 봉기 지도부는 군율을 엄하게 적용해 봉기군을 단속했을 뿐만 아니라, 인근 백성들에게 곡식을 나눠 주기까지 했습니다. 패악한 관군의 행동에 치를 떨고 있던 평안도 민심이 홍경래 봉기군으로 기운 것은 당연한 귀결입니다. '홍경래 주도의 단순 정치 변란을 평안도 민중항쟁으로 변모시킨 주역은 다름 아닌 세도 정권과 그들의 군대였다'는 역설이 다소 황당하고 어색할 수 있습니다. 하지만 그것이야말로 19세기 조선의 가감 없는 초상이었습니다.

한때 청천강 이북의 8개 군을 점령하며 기세를 올렸던 봉기군은 박천 송림 전투에서 패한 뒤 정주성으로 물러나야 했습니다. 승기를 놓치고 수세에 몰린 봉기군이었지만, 놀랍게도 정주성에 웅거한 채 자그마치 100일 남짓이나 항전을 이어갔습니다. 그것이 가능했던 것은 인근의 평안도 민중이 자발적으로 봉기군에 합류해 함께 싸워주었기 때문입니다. 정주성에서 싸운 농민들 대다수는 봉기군이 처음 청천강 이북을 장악할 당시 가담했던 병사가 아니라, 박천과 가산 일대에 사는 평범한 농민들이었습니다. 박천과 가산 지역의 많은 백성들은 관군의 무자비한 방화와 약탈, 학살을 목격하거나 직접 경험했습니다. 결국 그들이 봉기군을 따라 정주성으로 도망칠 수밖에 없는 상황이 자연스럽게 연출된 겁니다.

정주성에서 농성하는 동안 중인 계층과 상인, 광산 노동자 같은 봉기 초기의 주도 세력은 급격히 이탈했습니다. 이런 상황에서 농민이 주축이 된 평안도 민중이 싸움의 주체로 떠올랐습니다. 그들은 정주성에 먹을 것이 부족한 상황에서도 대오에서 이탈하지 않았고, 석 달 넘게 포위된 상태에서 우세한 무기와 장비를 보유한 관군에 맞서 장렬하게 싸웠습니다.

홍경래를 위시한 항쟁 지도부도 정주성으로 퇴각한 이후에는 봉기군의 주력이 된 농민들 눈높이에 맞게 자신들부터 봉건적 신분관을 벗어던져야 했습니다. 실제로 농성 지도부는 정주성 안에서의 신분 차별을 인정하지 않았고, 양식을 모두에게 골고루 분배하는 모습을 보였습니다. 한마디로 단순한 정치 변란을 조선 최초의 대규모 민중항쟁으로 승화시킨 주체는 다름 아닌 평안도 민중이었습니다.

누가 민중을 일깨웠나?

"북성에 매복하고 있던 적들은 모두 깔려 죽었고, … 사방에서 포위하여 뒤지고 수색해 잡아내어 한 사람도 빠져나간 자가 없었는데, … 군사들이 모두 손에 칼을 들고 살육하여 절로 아주 많은 사람을 죽인 결과에 이르렀습니다." —『조선왕조실록』순조 12년(1812) 4월 21일

루터는 … 사악한 통치자에게도 적극적으로 저항해서는 안 된다고 말했다. 왜냐하면 폭정은 '저항할 것이 아니라 견뎌내야' 하는 것이기 때문이다. … 1525년에 전 독일에 걸쳐 농민들이 경제적 문제로 영주들에게 반란을 일으켰는데, … 루터는 강한 적개심으로 이에 대응했다. 그는 「강도, 살인자 무리인 농민들을 반박함」이라는 독설적인 팸플릿에서 '반란자들을 미친개처럼 때려잡으라'고 촉구했다. … 농민 반란자들을 처참하게 처벌한 이후 독일에는 두 번 다시 하층 계급의 민중 봉기가 일어나지 않았다. —에드워드 맥널 번즈·로버트 러너·스탠디시

미첨, 『서양문명의 역사』

홍경래의 한계를 보완한 민중

봉기 지도부의 여러 가지 한계 때문에 홍경래의 봉기는 시작 단계에서부터 실패가 예견되었습니다. 무엇보다 봉건적 사고를 벗어나지 못한 지도부의 정치의식과 기존 지배계급과 유사한 신분관을 가장 큰 한계로 꼽을 수 있습니다.

그들은 조선왕조를 부정하되, 단순히 지배계급을 교체하는 데만 관심이 있었습니다. 그리고 조세제도의 구체적 개혁이나 신분제 철폐 같은 당시 백성들의 삶과 직접 관련된 문제를 깊이 고민하지 않았습니다. 이처럼 민생 개혁에 대한 뚜렷한 신념이 부족했으니, 사전에 현실적인 대안을 마련할 수도 없었습니다. 이 모든 것은 봉기의 승패를 결정지을 계층이 민중임에도 불구하고 그들을 위한 이념적 바탕을 갖추지 않았기 때문에 일어난 일입니다.

한편, 싸움을 이끌어갈 원동력을 봉기 주체 안에서 찾으려 하지 않고, 허황한 예언서에 의존한 것도 지도부의 한계였습니다. 봉기 지도부가 동조자들을 모으거나 봉기 필요성을 설명할 때면 『정감록』을 떠올리게 만드는 '정진인(鄭眞人)'을 곧잘 내세우곤 했습니다. 이는 외부의 절대적 권위와 힘을 빌려와 자신들의 힘을 과시하고 나아가 봉기를 정당화하려는 의도에서 한 행동입니다.

앞서 말했듯이 지도부는 봉기 단계에서 지역민과 연대하지 않았고, 이후에도 그들의 이해관계를 능동적으로 대변하지 않았습니다. 물론 초기 단계에 봉기군 주력이던 광산 노동자 대다수가 토지에서 떨어져 나간 빈농 출신이었기 때문에, 사회경제적 처지나 관심사란 측면에서 당대 민중들과 크게 다르지 않았습니다. 그렇지만 처음부터 일정한 대가를 약속받고 제 나름의 이익을 기대하면서 봉기에 가담한 광산 노동자 계층을 항쟁의 마지막을 장식한 토착 농민들과 동일시할 수는 없습니다.

주도 세력의 한계 때문에 봉기는 홍경래와 특정 세력의 정치 변란으로 끝날 운명이었습니다. 그랬던 홍경래의 봉기가 민중항쟁이라는 역사적 의미를 획득하며 막을 내릴 수 있었던 것은 항쟁 막바지에 합류해 눈물겨운 헌신과 투혼을 발휘한 지역 농민들에게 전적으로 힘입은 것입니다. 정주성 싸움의 전세가 기울어가는데도 도리어 도망자가 줄어드는 기현상을 보일 만큼, 생사에 연연하지 않은 평안도 민중의 저력은 실로 놀라웠습니다. 그들은 관군에 의해 성이 폭파당해 최후를 맞는 순간까지 결코 싸움을 멈추지 않았습니다.

관군의 총공세에 맞서 봉기군이 석 달 넘게 싸울 수 있었던 비결은 평안도 민중의 저력이 봉기 지도부의 한계를 보완했기 때문입니다. 그리고 지도부가 뒤늦게나마 농민들과 일치단결해 연대 의식을 형성했기 때문이기도 합니다. 하지만 봉기 지도부와 민중의 진정한 연대가 막바지에야 성사된 것은 큰 아쉬움으로 남습니다.

정체를 드러낸 세도 정권

봉기 진압군의 이른바 초토화 전술은 세도 정권의 야만적이고 반민중적인 실체를 여실히 보여줍니다. 1812년 3월, 정주성 전투에 동원된 관군은 8천 명이 넘습니다. 장수와 병졸 모두가 역도 색출을 핑계로 백성들의 재물과 곡식을 마구 약탈했을 만큼, 관군의 기강은 형편 없었습니다. 그들은 죄 없는 자들을 폭행하고, 부녀자를 겁탈했습니다. 봉기군의 첩자로 의심받은 사람은 사정 두지 않고 죽였습니다.

관군의 이런 만행은 지휘관의 지시나 묵인 아래 벌어졌기 때문에 아무런 제지도 받지 않았습니다. 오히려 봉기 진압을 위한 기본 전술인 양 거리낌 없이 자행되었습니다. 이런 야만적인 상황은 평안도 북부 전역에 걸쳐서 일어났는데, 민중항쟁이 완전히 진압될 때까지 청천강 남쪽과 평양 이북의 주민들도 관군의 약탈과 폭력에 시달렸습니다. 심지어 진압 작전이 끝나고 회군하는 도중에도 지나는 마을을 침범해 약탈을 자행했습니다. 박천의 송림 전투를 지휘했던 안주 대도호부의 병마우후(兵馬虞候: 종3품 무관직) 이해승은 전투에서 승리한 이후 5일 동안 가산과 박천을 돌아다니며 노략질했습니다. 그가 강탈한 재물의 규모가 무려 말 30마리로 실어 날라야 할 만큼 어마어마했다고 합니다. 이른바 의병이라는 이름으로 진압 작전에 동원된 자들의 행태도 관군과 다를 바 없었습니다.

진압군을 피해 정주성으로 들어간 백성들 눈에 비친 관군은 남의 나라 군대나 다를 바 없었습니다. 관군의 이런 행태는 비단 평안도 민중항쟁 당시에 국한된 일이 아닙니다. 나중에 자세히 살펴보겠지만, 임술년 농민항쟁과 갑오년 농민전쟁 당시의 관군도 이때와 똑같은 짓을 되풀이했습니다.

넉 달 가까이 포위하고도 정주성을 함락하지 못한 관군은 마침내 성 안으로 들어갈 방법을 찾아냈습니다. 바로 땅굴이었습니다. 1812년 4월 18일, 땅굴을 파기 시작한 지 보름 만에 북쪽 성벽 방면에 땅굴이 완성되었습니다. 그리고 땅굴 안에서 1,700근(약 1톤)가량의 화약을 폭파해 북쪽 성벽을 무너뜨리는 데 성공했습니다. 8천여 명의 관군이 한꺼번에 성 안으로 쏟아져 들어갔고, 이튿날 정주성은 완전히 함락되고 맙니다. 이 과정에서 관군 측도 400명 넘게 죽었다고 하니, 마지막 순간까지 평안도 민중의 저항이 얼마나 치열했는지 알 수 있습니다.

함락된 정주성에서 끝까지 살아남은 백성은 3천 명에 이르렀습니다. 진압군은 그중에서 여자와 10세 이하의 사내아이를 제외한 나머지 1,917명을 모두 죽였습니다. 주모자와 핵심 가담자, 그리고 단순 가담자와 어쩔 수 없이 싸움에 휘말린 자 등으로 생존자를 분류하는 절차도 없었습니다. 11세 이상의 남자들은 불문곡직 참형에 처했습니다. 정주성 함락 4일 만에 생존자 셋 중 두 명꼴로 목을 베었으니, 나라가 백성을 학살한 것이나 다를 바 없습니다.

"생포한 남녀 2,983명 가운데 여자는 842명이고, 남자는 10세 이하가 224명이니, 다스리지 않는 데 부쳐 모두 풀어주었습니다. 그 외 1,917명은 … 감히 임금의 군대에 대들 생각을 하였으니, 한시라도 천지간에 살려둘 수 없는지라 모두 진 앞에서 목을 베어 매달았습니다."(『순조실록』 12년 4월 27일)

그날의 학살 이후로도 지배계급과 그 하수인들이 자기 백성을 상대로 저지르는 반민중적 만행은 그치지 않았습니다. 평안도에서 민란을 진압하고 수천 명의 백성을 학살한 지배계급은 과연 어떤 교훈을 얻었을까요?

불행히도 그들은 아무것도 느낀 게 없었고, 조금도 달라진 모습을 보이지 않았습니다. 정주성에서 2천 명의 백성을 학살하고도 고뇌하거나 반성한 흔적이 없습니다. 백성들이 여태까지와는 다르게 묵묵히 순종하지 않은 까닭이 무엇인지는 관심조차 없었습니다. 지금까지 해온 대로 그저 백성을 겁주고 억압하면서, 혹세무민하는 참언과 이단 사상을 촘촘히 통제할 수만 있다면, 자기들만의 태평성대가 영원할 것이라고 믿었습니다.

저력을 자각한 민중

순조는 교서에서 '최근의 가뭄 때문에 악화된 경제 상황을 이용한 도적 떼의 반란'이라며 평안도 민중항쟁의 의미를 형편없이 깎아내렸지만, 이는 명백한 거짓말입니다.

초기 진압 책임자였던 평안도 병마절도사 이해우는 이렇게 말했습니다. "도적 떼에 의한 단순한 소요가 아니라 다양한 사회경제적 배경을 가진 사람들이 평안도 전체의 지지를 받아 일으킨 반역이다." 이 말은 당시 관군 측이 평안도 민중항쟁의 전말을 기록한 『양서순무영등록(兩西巡撫營謄錄)』에 실려 있습니다. 관군 장수도 홍경래의 봉기가 평안도 백성의 폭넓은 지지를 바탕으로 불의한 세도 정권에 맞선 민중항쟁이었음을 실토한 겁니다.

봉건사회 해체의 첫걸음을 내디딘 평안도 민중항쟁은 50년 뒤의 임술년 농민항쟁이나 그 뒤를 이은 임오년 군민항쟁, 그리고 갑오년 농민전쟁 등과 견주어도 역사적 무게가 결코 가볍지 않습니다. 그러므로 조선 민중이 제힘으로 손수 빚은 역사적 사건으로 서술하기에 부족함이 없습니다.

14장

굶어 죽으나 싸우다 죽으나-임술년 농민항쟁

백성을 사지로 내몬 세도정치

우리 속담에 '10년 가는 세도가 없다'라고 했다. 이는 한 개인이 10년 동안 권력을 유지하기가 매우 어려움을 의미한다. 그런데 19세기 초부터 60년 동안 세도를 부린 정치 세력이 있었으니 바로 안동 김씨 일문이었다. … 세도정치의 핵심 인물은 바로 김조순·김좌근·김문근·김병기였다. 60년 동안 안동 김씨는 항렬로 보면 순(淳)자, 근(根)자, 병(炳)자가 벼슬을 독차지했다. 전주 이씨는 관례를 치를 때 주례로 세울 사람이 마땅하지 않을 정도로 몰락했으나, 순조·헌종·철종의 처가인 안동 김씨는 권력과 부를 마음껏 누렸다.

—이성무, 『조선시대 당쟁사』

저항에 직면한 반역의 세기

정조 치세(1776~1800)에 이르면, 사대부의 당색은 더 이상 큰 의미를 갖지 않게 됩니다. 노론 내부에 벽파와 시파의 구분이 있었다고는 하지만, 큰 틀에서 노론 당론을 벗어난 분열은 아니었습니다. 결국 소수 남인 사대부를 제외하면 조정의 거의 모든 사대부들이 노론 계열로 통일되었던 겁니다. 이런 상황이 세도정치 탄생의 실마리로 작용했습니다.

세도정치를 준비한 개혁 군주의 애달픈 역설　세도정치가 알에서 부화한 직접적인 계기는 정조의 갑작스러운 죽음입니다. 재위 24년 만인 1800년 6월 28일의 일입니다. 정조가 원대한 뜻을 펼치고자 한 수원 행궁과 화성 축조는 이미 끝난 상태였고, 친위 부대 장용영이 노론 사대부들 면전에서 위용을 과시하고 있었습니다. 생부 사도세자의 죽음에 직간접으로 연루된 골수 노론 세력을 숙청하고, 군약신강 풍토를 일거에 종식함으로써 이른바 철인 군주 치세를 완성하는 일만 남은 상황이었습니다. 실제로 정조는 한 달 전의 경연* 석상에서 신하 된 도리를 잊고 임금의 뜻에 반기를 드는 신하들에게 엄중히 경고했습니다. 그런 상황에서 예기치 못한 죽음을 맞았으니, 이 얼마나

＊'5월 그믐날의 경연 중에 임금이 내린 전교'를 뜻하는, 이른바 오회연교(伍晦筵敎)를 가리킵니다. 1800년(정조 24) 5월 30일(음력 그믐날), 정조는 신하들과 경연하는 자리에서, 당론을 앞세우며 임금에게 마음으로 복종하지 않는 노론 사대부들에게 다음과 같이 경고했습니다. "군신 사이의 의리를 어기고 나의 붕당 척결 의지에 동참하지 않으려거든, 응분의 대가를 치를 것을 각오하라."

안타까운 일입니까?

그 빈자리에서 생겨난 정치적 진공 상태가 한순간 조정을 짙은 암흑 속으로 빨아들였습니다. 아들 순조는 고작 열 살 난 소년이었습니다. 이런 상황에서 수렴청정을 통해 극단적 복고 정치를 단행한 인물이 그 유명한 대왕대비 정순왕후입니다. 정조보다 고작 7세 연상인 종법상의 할머니 정순왕후는 골수 보수 사림 노론가의 여식이었습니다. 그녀는 친정인 경주 김씨 사대부들과 함께 3년 남짓한 기간에 정조가 이룩한 모든 치적과 구상을 남김없이 폐기했으며, 정조의 구상에 동조했던 소수 남인 사대부들을 모조리 숙청했습니다.

한편, 순조가 친정을 시작한 1803년 말부터는 조정의 실권이 장인 김조순과 안동 김씨 일가로 넘어갔습니다. 정순왕후의 경주 김씨와 김조순의 안동 김씨는 벽파와 시파로 정치적 입장이 갈렸지만, 노론 출신이란 점에서는 본질적으로 다 같은 보수 사림 세력이었습니다. 따라서 조정을 가득 메운 노론 사대부들이 안동 김씨 외척 가문과 한 덩어리로 녹아드는 것은 그리 어려운 일이 아니었습니다. 조선의 정치 지형을 파탄으로 몰고 간 세도정치를 한마디로 정리하자면 이렇습니다. 강력한 개혁 군주의 갑작스러운 공백을 틈타 출현한 비정상적이고 반민중적인 신권 정치 그 자체였습니다.

결과론이지만, 정조가 생전에 공들였던 왕권 강화와 관련된 시책들은 예상치 못한 그의 급서로 인해 본래 의도와는 전혀 다른 결말을 예비하고 말았습니다. 상황이 그렇게 된 데는 (정치권력을 안정적으로 작동하는 데 꼭 필요한) 견제와 균형 시스템이 무력화된 것이 가장 큰 원인이었습니다. 임금을 제외한 중앙 정치의 권력 지형은 정조 재위 시부터 노론 쪽으로 기울어진 상태였습니다. 그리고 남인의 저변이 미약한 상태에서, 정조의 탕평책도 시파·벽파 같은 노론 계파를 안배하는 수준을 크게 벗어나지 못했습니다. 따라서 실질적인 정치적 견제와 균형은 정조 치세에 이미 제 기능을 상실한 것이나 마찬가지였습니다. 그런 상태에서 정조라는 권력의 핵이 갑자기 사라지면서 기존의 정치 시스템은 신속하게 무너질 수밖에 없었습니다. 정조에게 집중되었던 권력이 순조를 수렴청정한 정순왕후의 경주 김씨 집안으로 쏠리는 것은 당연했습니다. 13세의 순조가 친정을 시작한 뒤로는 정치적 중력이 임금 장인의 안동 김씨에게 쏠린 것도 자연스러운 결말이었고요. 그렇게 60년 안동 김씨 세도정치가 문을 열었습니다.

명분도, 염치도 없이 그렇다면 세도정치의 가장 큰 역기능은 무엇일까요? 우선 세도정치를 주도한 외척 세력이 군주 위에 군림했다는 점을 들 수 있습니다. 19세기의 외척 세도 가문은 과거의 외척과는 아주 달랐습니다. 왕권을 위협하는 강력한 신하들을 견제하면서 임금의 친위 세력이자 후견인 역할에 만족했던 옛날의 외척이 아니었습니다. 그들은 왕권을 능가하는 힘을 앞세워 스스로 정국을 좌지우지했습니다. 결국 부족하나마 백성을 염려하고 보살피려 했던 군주 고유의 정치가 제 기능을 못 하는 사태가 오고 말았습니다.

다음으로는 정치권력을 철저히 사유화한 것을 꼽을 수 있습니다. 권력이 특정 외척 가문에 종속되자 정치는 철저히 세도 가문의 이해관계에 따라 작동했습니다. 따라서 나라 안의 수많은 갈등과 과제들이 조정 안에서 효과적으로 해소되지 못했고, 마침내 사회적 모순이 쌓이면서 변화하는 시대 흐름에 뒤처지는 안타까운 상황이 연출되었습니다. 그리고 이런 상태로 무려 반세기가 넘는 세월을 흘려보냈습니다.

19세기 내내 정치를 독점한 세도정치 가문(고종 대 여흥 민씨를 포함해서)은 부패를 통해 권력을 확장하고 기득권을 유지했습니다. 세도 정치 아래에서 보수 사림 사대부들은 겉치레일망정 그 흔한 명분이나 염치마저 벗어던지고, 다만 힘과 재물이 모든 것을 말하는 시정잡배 수준으로 전락합니다. 돈과 배경만 있으면 깜냥도 되지 않는 인사도 바지저고리 갈아입듯 손쉽게 벼슬을 취할 수 있었습니다. 그렇게 관직을 얻은 자들이 하는 짓이야 뻔했습니다. 들어간 밑천을 회수하고 양껏 제 주머니를 불리느라 하루가 가고 계절이 바뀌는 것도 몰랐습니다. 뒷감당은 늘 그랬듯이 백성들 몫이었습니다. 더 심각한 문제는 그 방식이 과거보다 훨씬 노골적이고 가혹해졌다는 데 있습니다.

한편 가장 두드러진 세도정치의 특징은 이른바 돈이 되는 수령 자리를 손아귀에 쥐고서 경제적 이권을 독점하고 사대부 사회의 공론을 조작했다는 사실입니다. 세도 정권의 권세가들은 서울 사대문 안에 근거지를 두었지만, 부패하고 탐학한 수령을 보호하는(엄밀히 말하면 조종하는) 후견인 역할을 통해 향촌의 이권과 지역 사족들의 공론을 좌우했습니다. 삼정 문란 같은 경제적 모순도 이런 세태 속에서 당대의 사회문제로 불거지게 되었습니다. 결국 임술년 민중항쟁과 같은 전국적 저항이 일어난 배경의 한가운데에는 서울의 세도 가문이 똬리를 틀고 있었던 겁니다.

탐욕과 부패가 온 나라를 삼키다

조선 후기에 접어들어 지방 수령의 권한이 급격히 확대됨에 따라, 견제받지 않는 수령권이 지방관 본연의 임무들을 삭제해버립니다. 특히 세도정치가 시작되자 수령들은 권한 남용을 주저하지 않았고, 백성들을 무자비하게 수탈하는 일이 사또 노릇의 본령이라도 되는 양 당연하게 여겼습니다. 향촌 사회의 이런 현실은 가뜩이나 힘든 백성들에게 또 하나의 재앙으로 다가왔습니다.

수령을 통한 향촌 장악은 19세기 세도 가문의 사악한 정체성에 완벽하게 부응했습니다. 향촌 사회를 통제하고 장악한다는 것은 세금을 걷고 백성의 노동력을 동원하는 수취 체제를 오로지할 수 있음을 뜻합니다. 향촌 사회에 뿌리를 두지 않은 서울 벌열 세도가들이 향촌을 효과적으로 장악하려면 먼저 수령 인사권을 장악해야 했습니다. 특히 이권이 걸린 노른자위 지역의 수령들은 자기들이 직접 골라야 했습니다.

이미 오래전부터 과거제도가 유명무실해진 상태에서 세도 정권은 당시 중앙 권력의 핵심인 비변사를 장악함으로써 수령 인사권을 거머쥐었습니다. 당시 비변사는 공식적인 국정 최고 기구인 의정부는 말할 것도 없고, 임금마저 형식적인 존재로 만들 만큼 그 위세가 대단했습니다. 훗날 60년 안동 김씨 가문의 세도를 종식하는 흥선대원군의 첫 번째 개혁 대상이 비변사였을 만큼, 당시의 비변사는 막강했습니다.

세도 정권은 비변사 이외에도 수령의 근무 평정을 통해 향촌을 장악할 수 있었습니다. 수령 평가의 가장 핵심적인 지표는 당연히 부세 징수 실적이었습니다. 수령의 입장에서 부패한 향리들과 고을 토호들의 협조를 얻어 백성을 착취하는 것이야말로 조정으로부터 우수한 근무 평가를 받고, 제 욕심도 채울 수 있는 가장 효과적인 방법이었습니다. 중앙의 권세가 역시 세도가의 이익을 보장해줄 탐욕스러운 자를 골라 수령에 임명했습니다. 그런 자들은 굳이 과거에 급제하거나 학식과 덕망이 출중한 인물 가운데서 고를 필요가 없었습니다. 돈과 인맥을 동원해 세도가 문 앞에 줄을 선 악당 중에서 말귀를 알아듣고 눈치 빠른 자를 낙점하는 것으로 충분했으니까요. 여태껏 양반 취급을 못 받던 서자 출신도 연줄과 돈만 있으면 손쉽게 수령이 될 수 있었습니다. 가혹한 수탈로 갑오년 농민전쟁의 뇌관에 불을 당긴 고부 군수 조병갑이 그 대표적인 사례입니다. 서자 출신인 조병갑은 민씨 세도가의 실세 민영준에게 줄을 대어 당시 누구나 탐내던 전라도 곡창 지대의 원님이 될 수 있었습니다. 물론 서출이 관직에 나간다면 사회적인 관점에서야 박수받을 일이겠으나, 돈으로 관직을 사고팔았으니 그게 문제입니다.

전국의 소위 노른자위라고 불리는 지방관 자리는 예외 없이 세도 가문의 손아귀에 떨어졌습니다. 그런 곳에서 수령들이 불법적으로 챙긴 이득은 세도 가문의 곳간을 채웠고, 가뜩이나 힘든 백성의 부담은 눈덩이처럼 불어났습니다. 그렇게 민중이 감내할 수 없는 지경에 이르면서 분노가 봇물 터지듯 온 나라로 번져갔으니, 바로 임술년에 일어난 대규모 농민항쟁입니다.

굴종에서 거역으로

울음으로도 다 표현할 수 없는 슬픔이 있다. 다른 모든 성공을 뒤엎어 버리는 실패가 있다. … 굶주린 사람들의 눈 속에 점점 커져가는 분노가 있다. 분노의 포도가 사람들의 영혼을 가득 채우며 점점 익어간다. 수확기를 향해 점점 익어간다. —존 스타인벡, 『분노의 포도』

다른 사람을 희생시키면서 산업의 산물이나 지구의 소산을 차지하는 것 역시 범죄다. … 개인이 토지를 독점하고 필요 이상으로 그 산물을 차지하는 것은 도둑질과 하등 다를 바가 없다.
—에드먼드 윌슨, 『핀란드 역으로』

진주 안핵사 박규수가 상소했는데, 대략 이르기를 "난민(亂民)들이 스스로 죄를 짓는 것은 반드시 이유가 있을 것입니다. 그것은 곧 삼정이 모두 문란해진 것에 불과한데 … 단지 병폐를 받는 것은 우리 백성들뿐입니다." —『조선왕조실록』 철종 13년(1862) 5월 22일

굶어 죽으나 싸우다 죽으나

조선 후기 들어 토지의 생산성이 급격히 올라갔고, 18세기 초에 조선의 국부는 정점을 찍게 됩니다. 당시의 농민 사회는 하루하루를 어렵게 연명하는 가난한 자영농과 과거 어느 때보다도 많은 소작농으로 구성되어 있었습니다. 물론 높아진 생산력과 발달된 시장경제를 이

용해 상업적인 규모로 농사짓는 평민 부농층이 등장했지만, 이들은 전체 농민 가운데 극소수에 불과했습니다. 게다가 농업 생산력 향상에 따른 수혜가 양반 대지주들에게 편중되면서, 자기 땅을 가진 농민들의 경제 기반은 더욱 빠르게 무너지기 시작했습니다.

자영농의 몰락을 부채질한 또 다른 요인은 17세기 말부터 19세기까지 주기적으로 찾아든 극심한 가뭄입니다. 당시 농민들은 한 해 농사가 끝나면 식구들의 양식과 종자를 제외하고 1석(쌀 두 가마니 정도)의 여분을 남기는 것이 보통이었습니다. 하지만 흉년이 들면 이듬해 심을 종자마저 먹어 치울 수밖에 없었습니다. 결국 얼마 되지 않는 땅을 팔아 치우거나 고리대를 얻어 연명하는 수밖에 없었죠. 이런 과정이 되풀이되면서 자영농 대다수가 소작농이 되거나 남의 집 머슴이 되었고, 적지 않은 농민들이 얻어먹으며 떠도는 유민 신세로 전락했습니다. 소작농이라고 사정이 나을 게 없었습니다. 1년 내내 허리가 휘도록 일해서 거둔 수확을 절반 넘게 지주에게 바쳤으니, 그들 역시 오래 버티지 못하고 나락으로 떨어지기 일쑤였습니다.

어차피 죽을 거라면 임술년 농민항쟁은 삼정(三政)의 문란으로 상징되는 수취 체제의 붕괴로부터 시작되었습니다. 물론 대동법과 균역법 시행으로 17~18세기 들어 조금이나마 부담이 줄어든 것은 사실입니다. 하지만 지배계급의 반발과 시행 과정에서 숱한 문제가 불거지면서 결국 좌절감만 쌓이게 됩니다. 양반 지주들은 보란 듯이 온갖 새로운 명목의 잡세를 추가해 수탈을 이어갔고, 임금은 변변한 목소리조차 내지 못하고 힘센 신하들 등쌀에 눈치나 보며 휘둘렸습니다. 조정 사대부들은 사태 악화에 발 빠르게 대처하기는커녕 자기 잇속 챙기기에만 여념이 없었습니다. 세도 정권의 하수인이나 다름없는 수령들은 향촌의 구실아치들과 한통속이 되어 백성들의 피땀을 짜냈습니다. 결국 19세기의 향촌 사회는 '지배계급의 생각과 태도가 바뀌지 않는 한 백약이 무효'라는 분위기가 팽배했고, 농민들의 삶은 죽지 못해 사는 형국이었습니다.

'굶어 죽으나 싸우다 죽으나 어차피 매한가지라면, 한번 싸우다 죽자'라는 생각을 공유한 조선 민중에게 이제 남겨진 선택지는 오직 하나, 바로 지배계급이 마르고 닳도록 선전해온 '하늘의 이치'를 거스르는 방법뿐이었습니다. 그 끝에 죽음이 기다리고 있을지라도, 그 길을 갈 수밖에 없었습니다.

자발성과 동시다발성 그리고 전국적 규모 농민들이 세도 정권의 수탈에 맞서 맨 처음 들고일어난 것은 1862년(철종 13) 2월 4일 경상우도 단성현에서였습니다. 이후 진주를 비롯한 삼남 지방 곳곳에서 들불처럼 일어나 걷잡을 수 없는 기세로 번져갔습니다. 자연발생적인 봉기가 무려 전국 72개 지역에서 일어났는데, 그 가운데 90퍼센트 이상이 충청·전라·경상도에 집중되었습니다. 전라도가 37개 지역으로 가장 많았고 다음으로는 경상도가 20개 지역이었습니다. 나머지는 충청도 12개 지역과 경기도 광주, 황해도 황주, 함경도 함흥 등 3개 지역이었습니다. 특히 전라도에서는 겨우 석 달 사이에 37곳에서 봉기가 잇따라 일어났습니다. 전국의 농지 면적을 기준으로 따져보아도 60퍼센트가 넘는 지역에서 봉기가 일어났으니, 놀라운 일이 아닐 수 없습니다.

임술년 농민항쟁의 특징 가운데 가장 두드러진 것은 지역 간에 사전 약속이나 연대가 없는 상태에서 자발적으로 일어났다는 점입니다. 지금까지는 관에 맞선 봉기가 한 지역에만 국한되어도 큰일처럼 여겨졌는데, 하물며 한 해에 72개 지역에서 동시다발로 들고일어났으니 그 심각성이 이만저만한 게 아니었습니다. 비조직적이고 지역간 상호 연대가 이루어지지 못해 아쉽게도 모든 봉기가 단발에 그치고 말았지만, 당시 세도 정권과 양반 사대부 지주들에게 경종을 울리기에는 충분했습니다. 그렇다면 임술년 농민항쟁의 동시다발성과 전국적인 규모를 어떻게 해석해야 할까요?

항쟁의 진행 과정과 특징 임술년 농민항쟁은 매우 넓은 지역에서 단기간에 집중적으로 일어났는데, 크게 보아 대략 두 단계로 나뉘어 진행되었습니다.

첫 번째는 연명으로 소장을 작성해 관아에 호소하는 '등소' 단계입니다. 이 과정은 몰락 양반을 포함한 일부 양반이나 평민 지주와 지식인, 혹은 좌수·별감과 같은 향임층의 주도로 향회에서 다수의 의견을 듣는 방식으로 시작했는데, 향회에서 수렴된 의견은 소장에 반영되어 고을 관아로 제출되었습니다. 삼정 문란으로 요약되는 탈법적인 수취 관행을 시정해달라는 내용이 대부분이었고, 이는 전국 어디서나 빠짐없이 등장한 요구 사항입니다. 등소 단계를 주도하지는 않았지만, 가난한 자영농과 소작인들도 이 과정에 동참한 것은 분명합니다.

하지만 등소를 통한 민중의 요구는 모든 지역에서 사전 봉쇄되거나 무시당했습니다. 등소가 무산되면서부터 양반과 부농 계층은 대열에서 차츰 이탈했고, 몰락 양반이나 가난한 농민들이 상황을 주도하면서 마침내 '봉기' 단계로 진입하게 됩니다. 관아에 들이닥친 백성들은 수령을 모욕하고 구실아치들을 구타했습니다. 농민들과 대면하며 수탈에 앞장선 아전들을 특히 거칠게 다루었는데, 곳에 따라서는 살인이 일어난 지역도 있었을 만큼 아전에 대한 원한은 사무치게 깊었습니다.

한 가지 주목할 것은 아전들과 달리 수령에 대해서는 고을 밖으로 쫓아내는 징계 이상의 선을 넘지 않았다는 사실입니다. 어디까지나 중앙의 세도가와 그 하수인인 수령들이 수탈의 주범인데도 말입니다. 바로 여기서 당시 백성의 의식이 봉건 지배체제의 본질을 정확히 들여다보는 데까지 미치지 않았음을 알 수 있습니다. 하지만 더 이상 조아리고 순종하는 백성이 아닌 것은 분명했습니다. 게다가 농민들이 시작 단계에서 저항의 전면에 나섰다는 점에서, 임술년 농민항쟁은 50년 전의 평안도 민중항쟁보다 진일보한 사건이었습니다.

자식을 돌보는 어버이 본분도 모르면서 농민들의 성난 위세에 놀란 세도 정권은 마지못해 조세제도 개혁 방안을 내놓았습니다. 하지만 백성들의 함성이 잠잠해지자마자 아무 일도 없었다는 듯, 예전의 상황으로 되돌아갔습니다. 전국적 농민 봉기를 경험한 안동 김씨 세도 정권은 과연 무슨 생각을 했을까요?

놀랍게도 자신들의 잘못을 전혀 인정하지 않았습니다. '수령이 설령 잘못을 저질러 원망할 일이 있어도, 수령은 임금을 대신해 내려보낸 사람이니 부모를 섬기는 것과 똑같은 도리를 다하는 게 마땅하다. 이것이 나라의 법도이고 백성의 도리다'라는 말로 딴청을 부렸습니다. 임금의 생각과 태도도 크게 다르지 않았습니다.

백성들의 참상과 수령의 목숨을 차마 빼앗지 못한 그들의 선한 마음 같은 것은 안중에도 없었습니다. 세도 정권의 사대부들은 부모 공경하는 도리만 알았지, 자식을 돌보는 어버이의 본분은 모르는 자들이었습니다. 백성들이 피땀 흘려 거둔 과실로 놀고먹었으니, 백성들이 어버이이고 그들이야말로 어리석고 천한 자식인 게 정확한 비유이겠지만 말입니다.

어쨌거나 임술년 당시의 세도가들과 하수인들은 백성들의 저항쯤은 성리학적 명분과 강상 윤리 같은 지배 이념으로 윽박지르며 무마할 수 있다는 착각에서 여전히 헤어나지 못하고 있었습니다.

삼정(三政), 수탈과 폭압의 도구

전정(田政)·군정(軍政)·환곡(還穀), 이른바 삼정은 19세기 조선의 재정을 떠받치는 제도였습니다. 삼정으로 거둬들인 돈과 물품은 지역 안에서 유통되지 않고 중앙으로 상납했습니다. 따라서 지방에서는 자체적으로 별도 수입을 확보해야 했습니다. 전국적으로 부패가 만연하게 된 이유는 여기에 있었습니다.

농사짓는 땅에 세금을 매기는 '전정'은 농토를 소유한 사람이면 누구나 나라에 바쳐야 했습니다. 문제는 나라 법으로 정한 것 이상을 거둬들인 데 있었습니다. 여기에 동원된 방법은 여태껏 호수(戶首)

라는 중간 관리인이 대행하던 징수 업무를 관이 직접 맡아 처리하는 (그럼으로써 손쉬운 횡령이 가능한) 도결(都結)이나, 수확이 없는 면세 대상지에까지 세금을 매기는 백지징세 같은 것이 있었습니다. 이 밖에도 온갖 터무니없는 구실을 붙여서 농민들을 수탈했는데, 이는 수령들의 직간접적인 묵인 아래 공공연히 자행되었습니다. 수령이 부임할 때 내는 환영비, 수령의 출장 비용, 수령의 어머니가 타고 다니는 가마의 수리비, 양반 사대부 집안에서 족보를 발간할 때 필요한 비용 등 돈을 걷어 가는 억지 명목이 마흔 가지가 넘었다고 합니다. 이처럼 갖가지 명목으로 뜯어 간 돈이 전세의 두 배를 훌쩍 넘었으니, 그야말로 배보다 배꼽이 더 큰 꼴이었습니다.

'군정'에도 협잡과 불법이 난무하기는 마찬가지였습니다. 조선 남자라면 16세부터 60세까지 군역 의무를 부담해야 했는데, 문제는 군역을 면제받는 자들이었습니다. 조선 후기 들어 신분제가 일정 부분 느슨해지면서 부를 축적한 농민과 상인이 양반 족보를 사는 경우가 빈번했습니다. 기존의 양반 말고도 이런 식으로 양반이 된 자들까지 군역을 면제받았으니, 군포 수입이 줄어드는 것은 당연했습니다. 그러자 조정은 지방마다 일정량을 할당해 군포를 거둬들이게 했는데, 따라서 군역 부담은 오롯이 백성들 어깨 위로 떨어질 수밖에 없었습니다. 수령과 아전들은 이런 상황에 편승해 온갖 속임수와 억지를 동원해 백성들을 착취했습니다. 어린아이와 엄마 뱃속에 든 아이, 그리고 이미 죽은 사람까지 군적에 올렸고, 심지어 여자아이를 사내로 둔갑시켜 군적에 올리기도 했습니다. 만약 군포를 내지 못한 집이 있으면, 그들의 일가친척이나 이웃집이 대신 물어야 했습니다.

하지만 백성들이 가장 치를 떨었던 것은 따로 있었습니다. '환곡'은 먹을 것이 부족해지는 봄에 관청에서 곡식을 빌렸다가 추수가 끝난 뒤 이자를 붙여 갚는 제도로서, 원래는 백성들을 구휼할 목적으로 시작되었습니다. 그런데 조선 후기 들어 나라 재정이 취약해지고 전정과 군정의 수취 액수가 고정됨에 따라 재정 부족분을 환곡으로 메우는 현상과 함께, 종국에는 백성을 착취하는 제도로 변질되고 맙니다. 환곡 수취는 먼저 할당량을 조정에 납부하고, 나중에 그만큼을 채워 넣는 구조였습니다. 이 과정에서 환곡 업무를 위해 서울과 감영으로 파견한 아전들이 상납을 이유로 횡령을 자행하면서 문제가 시작되었습니다. 빼돌린 돈을 메우려고 농민들에게 환곡을 강제로 떠안겨 이자를 받아냈고, 규격보다 용량이 작은 됫박으로 곡식을 빌려주고 큰 됫박으로 거둬들였습니다. 빌려주는 곡식에 모래나 지푸라기를 섞고 계량 저울을 조작하기도 했습니다. 심지어 빌려주지도 않은 곡식을 버젓이 빌려준 것처럼 장부에 기재해 이자를 뜯어내기도 했습니다. 이처럼 온갖 기상천외한 방법을 동원해 백성의 고혈을 짜냈고, 여기서 나온 부당 이득은 세도가 몫으로 바친 횡령액을 벌충하고도 수령과 아전들의 주머니까지 불리기에 충분했습니다.

갑오년의 예행, 진주 농민항쟁

봄은 백성들이 죽음의 문턱을 체험하는 계절이었습니다. 풀뿌리와 나무껍질로 주린 배를 채우는 사람들, 굶어 죽지 않으려고 부잣집 머슴이 되거나 품팔이로 나날을 연명하는 사람들로 넘쳐났으니까요.

임술년(1862) 2월 4일, 지리산 기슭의 단성현(산청군 단성면)이라는 작은 고을에서 농민항쟁의 서막이 올랐습니다. 토호들의 주도로 환곡 폐단에 분노한 농민들이 관아로 쳐들어가 현감과 구실아치들을 쫓아낸 겁니다. 토호는 조세 수취 과정에 참여하면서 관아와 결탁해 농민을 착취함으로써 향촌 사회에서 대대로 손가락질받아온 자들입니다. 그런데 조선 후기 들어 힘이 세진 수령들이 고을 토호의 재물까지 탐내고 강탈하는 일이 빈발하면서 상황이 달라졌습니다. 이 때문에 원망이 커진 토호 세력들이 관에 반기를 들기 시작했는데, 단성현도 예외가 아니었습니다.

단성현 토호들은 농민들을 집결시킬 때 참석 여부를 일일이 점검하고 불참한 이들에게는 벌금을 물렸습니다. 심지어 거사 비용을 거두어 착복하기까지 했습니다. 이처럼 단성 봉기는 토호들이 앞장서서 일으켰을 뿐만 아니라, 농민들을 반강제로 동원해 우발적으로 일어난 측면이 강했습니다. 농민들의 순수한 의지와 힘으로 시작한 저항이 아니었기에, 진상 조사를 위해 내려온 암행어사가 봉기를 주도한 토호들을 잡아들이면서 흐지부지 끝나고 말았습니다. 그러나 60년 세도정치의 억제와 강요된 침묵을 뚫고 최초 봉기한 사실 하나만으로도 단성 봉기는 역사적 소임을 다했습니다. 그리고 단성현에서 날아온 불똥이 칠흑 같은 어둠을 밝힐 횃불이 되기까지는 그리 많은 시간이 필요치 않았습니다.

전국적인 항쟁의 발원지　단성 봉기 불과 열흘 만인 2월 14일, 진주에서 진짜 농민항쟁이 일어났습니다. 진주 농민항쟁은 규모 면에서나 민중의 자발적 참여라는 측면에서 전국적 항쟁의 발원지가 되기에 부족함이 없었습니다. 당시 지배계급뿐만 아니라 오늘날까지도 임술년 농민항쟁을 '진주민란'으로 부를 만큼, 진주 농민항쟁은 그 대표성을 인정받았습니다.

당시 경상도 서남부 지역, 이른바 경상우도는 정치적으로 쇠락한 지역이었습니다. 광해군 대에 정권을 담당한 북인과 진보 사림의 본산이었지만, 인조와 보수 사림이 왕위를 찬탈한 이후로 정치권력에서 철저히 소외되었습니다. 게다가 1728년(영조 4)의 무신란이 실패하면서 경상우도 사족들은 처절한 몰락을 경험합니다. 경상우도의 고달픈 사정은 19세기에도 여전했습니다. 중앙 사대부에 대한 이 지역 사족들의 반감은 깊었고, 노론 세도 정권의 학정이 계속되면서 민심은 더욱 흉흉해졌습니다. 진주가 전국적 항쟁의 발원지가 된 데는 이런 정치적 배경이 크게 작용했습니다.

아무튼 이웃 단성에서 날아든 작은 불똥이 진주에서 거대한 불길로 번지면서 농민 저항은 전국적인 규모로 발전했는데, 5월이 되면 경상·전라·충청도 지역을 완전히 집어삼켜버립니다. 그러나 조정에서 삼정 폐단의 심각성과 농민들의 분노를 눈치채고 시늉으로나마 개혁 조치를 약속하자, 저항은 차츰 진정 국면으로 접어듭니다. 더구나 이미 농번기가 본격 도래한 만큼 농민들도 싸움을 계속하기가 부담스러웠습니다.

하지만 세도 정권이 약속한 개혁 조치가 시작도 하지 않은 상태에서 흐지부지되자, 주춤했던 저항의 불길이 다시 타올랐습니다. 제주도에서는 가을부터 이듬해 1월 말까지 세 차례 봉기가 거듭되었고, 경상도 일부 지역뿐만 아니라 함흥과 경기도 광주까지 퍼졌습니다.

진주 반봉건 투쟁의 전개 과정　19세기 반봉건 투쟁의 시발점이 된 진주 농민항쟁은 대략 다음의 세 단계로 나뉘어 전개되었습니다. 진주 지역의 양반들과 부농층은 향회를 열어 농민의 편에서 지역 민심을 수렴한 뒤, 경상 감영에 호소하는 한편으로 철시(撤市)를 포함한 실력 행사까지 계획했습니다.

이 단계의 목표는 진주목의 도결과 경상우병영의 통환 철폐였습니다. 앞서 삼정 문란을 다루면서 언급했듯이, 도결은 관이 직접 나서서 유용한 공금이나 군포의 부족분을 메우기 위해 세금을 징수하는 것을 말합니다. 그렇다면 통환은 무엇일까요? 조선은 호구 파악과 효과적인 향촌 통제를 위해 다섯 집을 한 통으로 엮는 오가작통을 시행하고 있었습니다. 통환은 한 통을 단위로 환곡을 나눠 주고 회수하는 것을 의미하는데, 문제는 나눠 준 환곡을 한 통의 구성원들이 연대책임하에 갚도록 한 데 있었습니다.

당시 진주 지역 농민들은 도결과 통환 과정에서 목사 홍병원과 우병사 백낙신의 횡포 때문에 막심한 고통에 시달리고 있었습니다. 이때 뜻밖의 인물이 등장하는데, 그가 바로 종5품 홍문관 부교리를 지낸 이명윤이란 재지사족입니다. 그는 사간원과 사헌부의 요직까지 두루 거쳤던 인물입니다. 그런 이명윤에게까지 도결과 통환을 적용해 세금을 재촉했던 겁니다. 목사와 우병사의 품계는 각각 정3품과 종2품으로서 과거 이명윤의 품계보다 높았습니다. 하지만 임금을 가까이에서 보필한 청요직 출신의 자신을 푸대접했으니, 이명윤으로서는 이런 처사가 매우 못마땅했겠죠. 심지어 백낙신은 통환 과정에서 사족들도 여차하면 주리를 틀었기 때문에 지역 양반들의 원성이 하늘을 찌를 듯했습니다. 결국 이명윤은 몰락 양반 유계춘 등과 함께 지역 안에서 갖는 자신의 위상을 이용해 관에 항의하는 유림 모임을 준비합니다. 그런데 유계춘을 비롯한 주도 세력이 관아에 소장을 제출하는 데 그치지 않고 철시라는 과격한 방식을 고집하자 그는 모임에서 발을 뺍니다. 그렇지만 화살은 이미 시위를 떠난 뒤였습니다. 이명윤은 진주 농민항쟁의 배후 지도자로 소문이 났고, 실제로 민란 주모자로 고발당했습니다.

다음으로는 농민들이 무력으로 읍내를 점령하는 단계로 넘어갑니다. 이 과정을 실질적으로 주도한 인물은 유계춘입니다. 그는 항쟁 이전부터 향회를 열어 환곡의 폐단을 문제 삼으며 관아에 소장을 제출한 경험이 있었습니다. 첫 단계에서 중앙 사대부였던 이명윤과 그의 육촌인 이계열이 가세했지만, 앞서 말했듯 이명윤은 얼마 안 가 항쟁 지도부에서 멀어졌습니다. 유계춘을 비롯한 진보적인 몰락 양반들과 부농 계층은 초군(樵軍: 땔나무를 베어다 파는 사람들)의 우두머리 격이던 이계열을 통해 초군을 조직적으로 동원하는 한편, 농민들을 폭넓게 규합했습니다. 대부분이 가난한 농민이었던 초군이야말로 환곡으로 가장 큰 피해를 본 장본인이었습니다. 이처럼 초군이 봉기의 중심 세력이 되면서, 진주 농민항쟁은 예상을 뛰어넘는 폭발력을 과시하게 됩니다.

마지막 단계는 무력 항쟁이 진주 지역 전체로 확대되고, 봉기 농민들이 보수적인 양반 지주들과 인심을 잃은 악덕 부농 계층을 공격하는 것입니다. 이때가 되면 빈농이나 초군들이 농민군을 편성해 항쟁의 주도권을 장악하게 됩니다. 그리고 봉기 양상은 완전히 새로이 거듭나게 됩니다. 수취 체제의 개혁에 만족하지 않은 농민들이 경제 불평등의 핵심 원인인 지주제 혁파까지 요구했기 때문이죠. 진보적인 몰락 양반과 부농을 주축으로 한 종전 지도부가 항쟁 대오에서 이탈한 것은 당연한 귀결이었습니다.

진주 농민항쟁은 이처럼 상황이 전개됨에 따라 반체제·반봉건 투쟁의 성격을 분명히 하면서 다른 지역의 농민항쟁에 커다란 영향을 미쳤습니다. 당황한 세도 정권은 안핵사, 암행어사, 영남 선무사 등을 줄줄이 진주로 내려보냈는데, 특히 안핵사 박규수의 활동이 돋보였습니다. 박규수는 무엇보다 삼정 개혁이 시급하다고 판단했고, 조정에 근본적이고 구조적인 차원의 개혁을 촉구했습니다. 하지만 그의 진정성 있는 활약과 양반 사대부 지주들을 향한 질타에 위기감을 느낀 세도 정권은 박규수를 안핵사직에서 파직하는 것으로 응답했습니다.

변혁의 주체로 한 뼘 더 성장한 민중　임술년의 농민들은 민본주의 이념을 망각한 지배계급의 수탈에 맞서 자신들의 힘으로 문제를 해결하려 했습니다. 특히 일상적인 수탈 체험을 겪으면서 자연스럽게 저항 의식을 정립하고 민중으로서의 정체성을 어느 정도 인식한 연후에 봉기를 일으켰다는 점에서 평안도 민중항쟁과 구별됩니다.

농민들의 저항이 일정 지역을 벗어나 전국적으로 퍼져 나간 것은 조선 역사에서 처음 있는 일이었습니다. 더욱이 임술년의 농민들은 평안도 민중항쟁 때와 달리, 지식인 계층이나 부농층의 기획과 통제에서 벗어나 동계나 두레 혹은 초군 같은 독자 조직을 바탕으로 저항을 펼쳤습니다.

따라서 임술년 농민항쟁은 어느덧 조선 민중이 변혁의 주체로서 한 뼘 더 성장했다는 점에서 매우 중요한 사건입니다. 그리고 32년 뒤 이 땅에 근대를 구현하게 될 갑오년 농민전쟁을 감당할 역량을 준비하고 예행했다는 점에서 그 역사적 의미를 소홀히 다룰 수 없습니다.

15장

궁궐을 점령한 서울의 군민-임오년 군민항쟁

영의정 홍순목이 아뢰기를, "이것은 아마 군사들의 가슴속에 억울함이 쌓인 데에서 연유한 듯합니다. 무위소 군사(별기군)가 받는 것은 완전하고 훈련도감의 군사가 받는 것은 이처럼 완전하지 않았으니, 어찌 천장을 쳐다보면서 한탄하는 일이 없겠습니까? ⋯ 그들이 먹여줄 것을 바라는 식량은 아홉 말의 쌀에 불과한데 이것조차 1년이 지나도록 충분히 주지 않아서, 스스로 의식을 마련하여 분주히 복무하면서도 지금까지 군령을 어기지 않았으니 오히려 기율이 있다고 충분히 말할 수 있습니다." ─『조선왕조실록』 고종 19년(1882) 6월 5일

"(청나라 군대는) 임오년에 한성의 백성 이천 명을 눈 하나 깜짝 않고 살해한 자들이오. ⋯ 청의 군병을 끌어들인 것은 조선 조정이 한 일입니다. 백성을 진압하려고 외병을 끌어들였으니 자업자득이지요. 혹여 갑신년 거사가 성공했다면 일본은 저 청국과 얼마나 달랐을지 궁금합니

다.”—이광재, 『나라 없는 나라』

군인이기에 앞서 빈민

19세기 후반, 서울은 빈민들로 넘쳐나고 있었습니다. 수십 년 동안 계속된 세도 정권의 가혹한 수탈로 삶의 터전에서 떨어져 나간 농민들이 대거 유입되었기 때문입니다. 서울의 빈민들은 임금노동자에서 영세 상인, 하급 군인에 이르기까지 벌이가 나쁜 하층 직업에 종사했습니다. 특히 급료가 형편없는 훈련도감의 하급 군인들은 먹고살기 위해 부업을 병행해야 했습니다. 일반 노동자처럼 날품팔이로 물품을 하역하거나 토목공사 현장에서 노동을 병행했으며, 일부는 서울 근교에서 채소를 재배해 팔거나 상품을 만들어 파는 수공업을 겸했습니다. 심지어 임오년(1882, 고종 19) 당시에는 밀린 급료만 1년 치가 넘었습니다.

그런데 문제의 심각성은 이런 상황이 임오년에 국한된 게 아니라는 데 있었습니다. 군민항쟁이 일어나기 5년 전인 1877년에도 장기간의 급료 체불에 불만을 품은 훈련도감 병사들이 병사 숙소에 방문(榜文: 사람들에게 보일 목적으로 써붙이는 공지문)을 붙이며 봉기를 선동하다가 처벌받은 기록이 실록에 등장합니다. 급료로 생활하는 직업 군인인 훈련도감 병사들의 삶이 빈민들보다 나을 게 없을 만큼 열악했음을 알 수 있습니다.

한편 서울 빈민들의 삶은 불안정한 직업 때문에 언제나 아슬아슬했습니다. 게다가 세도가의 억압과 횡포, 그리고 관아의 수탈은 이미 일상이 되었습니다. 그러므로 서울의 하급 군인들과 빈민들이 민씨 세도 정권에 반발해 일으킨 임오년 군민항쟁은 일찌감치 예견된 일이었습니다.

잘못된 역사 인식　1882년 서울에서 일어난 군민항쟁을 바라보는 오늘날 역사학계 인식을 정리하면, 대체로 다음과 같습니다. '일본의 무력 앞에 준비 없는 개항과 개화 정책을 받아들인 민씨 세도 정권은 일본의 경제적 침탈에 적절히 대응하지 못했다. 특히 불평등한 무역 관계로 빚어진 쌀값 폭등은 사회적으로 심각한 문제였다. 서울 빈민의 생활은 나날이 힘들어졌고, 거기에 수구 세력의 위정척사론이 더해지면서 반일 감정이 고조되었다. 이런 상황에서 서울의 구식 군인들이 군제 개혁에 따른 차별 대우와 녹봉 체불을 이유로 대규모 폭동을 일으켰다.'

　이런 인식은 민중의 관점은 배제한 채, 군민항쟁의 배경을 오로지 개항 이후 일본의 부당한 대조선 정책과 조정의 곤혹스러운 상황에 초점을 맞춰 해석한 결과입니다. 따라서 사건의 성격을 구식 군인들의 우발적 난동, 즉 '군란'으로 규정하는 오류를 범하고 맙니다. 이런 잘못된 평가가 (민씨 세도 정권과 일본 제국주의자들이 얕잡아 불렀던) '임오군란'이란 용어를 그대로 답습하는 결과로 이어졌습니다. 늦었지만 이제라도 당대 민중의 입장과 관점에 터 잡아 사건을 다시 보고, 19세기 후반의 구조적 모순이란 관점에서 다시 독해해야 합니다. 이른바 난동, 소란, 군란 등과 같이 역사적 사실을 오도하고 그 가치를 깎아내리는 이름은 과감히 폐기하고, '군민항쟁'이라고 부르는 것이 마땅합니다.

지리멸렬한 군정과 훈련도감군의 분노　　1873년(고종 10) 11월, 고종은 대원군의 장기 집권을 비판한 최익현의 상소를 계기로 친정을 선포했습니다. 이로써 흥선대원군의 10년 섭정이 막을 내리고, 임금의 정치적 동지를 자처한 왕비 민자영과 여흥 민씨 세도 정권이 들어섭니다. 이후 불과 3년 뒤, 일본에 굴욕적으로 문호를 개방한 민씨 정권은 심지어 개화 정책을 권력 유지 수단과 동일시하는 반민족적 자세로 일관하게 됩니다.

조선은 재정·국방, 기타 모든 부문에서 눈에 띄게 기울기 시작합니다. 대원군 집권 10년 동안 쌓아 올린 만만치 않은 국부는 빠른 속도로 고갈되고, 특히 근대식 무기로 무장한 프랑스·미국 침략군과도 일전을 마다하지 않고 맹위를 떨쳤던 군사력은 수직으로 곤두박질칩니다. 기존의 방어 시설과 군사 장비는 부패한 민씨 정권의 무관심 속에 방치되고, 상비군은 부대 편성과 군사훈련이 갈팡질팡 가닥을 잡지 못함에 따라 오합지졸이 되고 맙니다. 무엇보다 전투에 나설 수 있는 실제 장정의 숫자가 크게 부족했습니다. 군역 총수에 오른 대다수는 허수였습니다. 군적에 기재된 명단에는 죽은 사람의 이름도 섞여 있었고, 훈련받으러 나오는 인원의 태반은 어린아이들이었습니다. 이처럼 군사제도가 문란해졌는데도 고종과 민씨 정권은 전혀 개의치 않았습니다.

1879년 8월, 고종은 홍수로 무너진 도성의 성가퀴와 북한산성의 관청 건물을 수축하라고 지시합니다. 그러자 영의정인 이최응은 이렇게 말합니다. "총융청의 형편이 요즘 더욱 어렵게 되어 군사들의 급료도 여러 달 주지 못했습니다. 다른 데서 마련하는 것 외에는 좋은 방도가 없을 것 같습니다."(『고종실록』 16년 8월 29일) 백성의 고혈을 짜내가면서 그토록 무자비하게 수탈했건만, 정작 나라 재정은 형편없이 말라 있었던 겁니다. 군기시에서는 갑옷과 투구 비용을 낼 돈이 없어서 선혜청에서 빌려다 메꾸기까지 하는 형편(『고종실록』 13년 8월 24일)이었습니다.

이 모든 상황은 고종과 민비가 거액을 왕실 비자금으로 착복하고, 민씨 세도가들이 자기 집 곳간을 채우면서 덩달아 고을 수령과 아전들까지 나랏돈으로 뒷주머니를 불린 결과였습니다. 정예 상비군인 훈련도감군의 원성과 분노가 민비를 비롯한 세도가들을 향하는 것은 불을 보듯 뻔했습니다. 자신들을 정당하게 대접하고 급료도 밀리지 않았던 대원군 시절을 그리워한 것 또한 당연했습니다.

구식 군인 vs 별기군　민씨 세도 정권은 국방력 강화에는 관심도 없었으며, 오로지 정권 유지에 필요한 시위군(侍衛軍) 보강에만 힘을 쏟았습니다. 시위군의 주된 임무는 궁궐 수비와 도성의 치안을 책임지고, 위정척사를 외치는 정적들로부터 고종과 민씨 세도 정권을 보호하는 일이었습니다. 그들은 이런 임무에 최적화된 새로운 군대, 즉 민씨 정권의 실질적인 사병(私兵)이 필요했습니다. 그렇게 해서 탄생한 것이 바로 별기군입니다.

1881년(고종 18) 4월, 민씨 세도 정권은 일본 공사 하나부사 요시모토의 권고로 일본식 군대 창설에 동의했습니다. 그들은 이 군대를 당시 궁궐 수비를 담당하던 무위영에 소속시켜 별기(別技) 혹은 별기대라고 불렀습니다. 일본군 소위 호리모토 레이조에 의해 훈련되었다고 해서 왜별기라고도 불렸습니다. 별기군 생도는 오군영에서 선발한 체격 좋은 양반 자제 80명으로 꾸렸는데, 1년 뒤 군민항쟁이 일어났을 때는 인원이 400명으로 늘어나 있었습니다. 별기군은 일본 정부로부터 제공받은 최신식 무기로 무장했지만, 군기조차 바로 서지 않은 한심한 군대였습니다. 별기군이 오합지졸이었던 가장 큰 이유는 병사들이 양반 자제들로 꾸려졌기 때문입니다. 생도들은 가르치는 교관에게 '너'라고 부르며 반말을 일삼았고 지시에도 잘 따르지 않았습니다.

별기군 교관 가운데 우범선은 중인 출신이었는데, 병사들은 그가 꾸짖고 타일러도 막무가내로 굴기 일쑤였습니다. 엄연한 무과 급제자이고 계급이 오늘날 소령급에 해당하는 참령관인데도 양반 교관이 아니라는 이유만으로 하대하고 멸시한 겁니다. 이에 우범선은 부대 통솔을 포기하고 급기야 탈영한 후 일본으로 망명해버립니다. 을미년(1895)의 민비 살해 당시 경복궁에 난입한 일본 낭인들을 엄호한 인물이 바로 우범선입니다. 그는 별기군 교관 시절의 치욕적인 경험 때문에 골수 친일파로 변신했는데, 그날 훈련대 대대장 신분으로 일본이 양성한 훈련대 병사들을 인솔해 일본 낭인들과 동행한 겁니다. 어쩌면 을미년에 자행된 일본의 만행이 별기군 시절에 겪은 자신의 치욕을 되갚는 일처럼 받아들여졌는지도 모를 일입니다.

아무튼 별기군은 급료와 장비, 조정의 지원 등 모든 면에서 훈련도 감군보다 우대받았습니다. 이런 차별 대우가 조선의 최정예 군대로 자부해왔던 훈련도감 병사들의 자존심을 짓밟았습니다. 그리고 서울에 거주하는 일본인들의 횡포와 별기군의 소란이 반복되면서, 일본에 대한 적대감은 더욱 고조되었습니다. 당시 조선의 백성, 특히 서울의 구식 군인들과 빈민들은 친일 민씨 세도 정권을 타도하고 어지러운 정사를 끝장낼 강력한 지도자를 열망하고 있었습니다. 이 같은 시류를 틈타 정권 재장악을 노린 인물이 있었으니, 그가 바로 대원군입니다. 대원군에 대한 구식 군인들의 지지는 상상을 초월할 정도였습니다. 대원군이 실각하기 전 10년 동안 보여준 외세 배척과 군사력 강화에 대한 의지와 진심을 생생히 기억하고 있었던 겁니다.

폭발한 분노와 군민 연합군의 형성

도성 10리 안팎의 가난한 백성 중에서 충원된 오군영 산하 하급 군인은 1만 명 안팎이었는데, 훈련도감군이 5천 명 정도로 가장 많았습니다. 그들은 주로 남대문 밖 이태원이나 동대문 밖 왕십리 등지에 집단으로 거주하고 있었습니다.

선혜청에서 불붙은 항쟁의 도화선　임오년(1882) 6월 5일, 그날은 서울을 지키는 군인들에게 쌀을 배급하는 봉급날이었습니다. 당시 그들의 급료는 이미 13개월 치나 밀린 상태였는데, 고작 한 달 치일망정 1년 넘게 급료를 못 받던 상황에서 그나마도 반가운 일이었습니다. 수많은 군인들이 들뜬 마음을 안고 쌀을 타기 위해 선혜청 창고인 도봉소로 몰려들었습니다. 당시 선혜청은 숭례문 바로 안쪽(남대문시장 수입상가 자리)에 있었습니다.

　그런데 쌀을 지급하는 현장에서 심상치 않은 일이 벌어지고 있었습니다. 자기 급료가 중간에서 횡령당하는 상황을 군인들이 직접 목격한 겁니다. 나눠 준 쌀이 잿빛으로 썩어 있었고, 그것도 모래와 겨가 섞여 있어 정량에 한참 못 미쳤습니다. 가뜩이나 부아가 치민 상태에서 쌀을 나눠 주는 창고지기들까지 거만하게 굴자, 마침내 억눌러왔던 분노가 폭발하고야 말았습니다. 뒷박에 담긴 형편없는 쌀을 본 일부 군인들이 창고지기들을 말다툼 끝에 두들겨 패는 상황으로 번진 겁니다. 주동자로 붙잡힌 하사관급 군인 4명은 훈련도감 본영이 있는 동별영(종묘 오른편 인의동에 위치)에 갇혔다가 포도청으로 넘겨졌습니다. 여기까지가 임오년 군민항쟁의 도화선이 된 도봉소 사건의 대략적인 전말입니다.

급료 체불과 도봉소 사건을 유발한 일차적 책임은 선혜청 당상 민겸호(대원군의 처남이자 민영환의 아버지)와 전 선혜청 당상이자 당시 경기도 관찰사로 있던 김보현에게 있었습니다. 그렇지만 근원적인 책임은 민비와 그녀를 등에 업고 온갖 부정부패를 자행한 여흥 민씨 세도가 모두에게 있었습니다. 구식 군인들과 서울 빈민들이 겪고 있는 생활고가 바로 그들이 저지른 착복과 재정 낭비에서 비롯했기 때문이죠. 서울 군민들도 이런 사실을 잘 알고 있었습니다.

도봉소 사건은 발발 초기에 단순 우발사고로 마무리되는 듯했습니다. 그런데 이태원과 왕십리의 군인 거주지에서 이상한 소문이 퍼지기 시작했습니다. 이최응*이 임금에게 '도봉소에서 보여준 군인들

---

* 대원군의 친형이지만 민씨 편에 서서 동생이 실각하는 데 힘을 보탠 인물입니다. 이후 민비와 민씨 일가에 빌붙어 영의정까지 올랐지만, 군민항쟁 때 봉기군에게 붙잡혀 살해당했습니다.

의 행동을 군란으로 다스려야 한다'고 건의했고, 민겸호는 '갇힌 병사 4명을 반드시 사형에 처해야 한다'고 말했다는 겁니다. 이 소문은 군인들은 말할 것도 없고 군인 거주지의 빈민들까지 동요하게 만들었습니다. 실제로 민겸호는 무려 2만 명분의 쌀을 횡령한 사실이 드러날 것이 두려워, 주동자 4명을 죽이는 강경 대응을 염두에 두고 있었습니다.

뜻밖의 군민 연합과 무력 항쟁 사건 발생 사흘 뒤인 6월 8일, 포도청에 수감된 김춘영의 아버지와 유복만의 동생이 통문을 작성해 돌렸는데, 붙잡힌 군인들을 구명하기 위해 훈련도감 병사들은 동별영 앞으로 모이라는 내용이었습니다. 왕십리와 이태원 일대에 통문이 돌면서 병사들이 조직적으로 모여들었고, 여기에 군인 가족들과 인근의 빈민들까지 대거 합세했습니다. 그렇게 해서 사그라들었던 분노의 도화선에 다시 불이 댕기고, 급기야 서울 군민의 대규모 무력 항쟁으로 폭발한 겁니다.

6월 9일 오전, 동별영에 모인 수천 명의 군민은 구식 군대의 책임자인 무위대장 이경하의 집으로 몰려갔습니다. 그리고 도봉소에서 있었던 사정을 말하고 억울하게 갇힌 군인들을 풀어달라고 호소했습니다. 하지만 군중 앞에 나타난 이경하는 그들의 하소연을 외면합니다. '이는 내 소관이 아니니 민겸호에게 가서 호소하라'고 일축하는 한편, 즉시 해산하라고 명령했습니다. 그러자 성난 군민들은 이경하의 수하 여럿을 죽이고 이경하를 쫓아버렸습니다. 그들은 누가 먼저랄 것도 없이 민겸호의 집으로 달려가 순식간에 쑥밭을 만들고 불을 놓았습니다. 조금 전까지만 해도 누구도 예상하지 않았던 일이 벌어진 겁니다. 애초에는 요구 사항만 전달하는 등소로 끝낼 생각이었지만, 이로써 돌아올 수 없는 강을 건너고 말았습니다. 그렇게 서울 군민의 분노는 즉석에서 무력 항쟁으로 방향을 틀었습니다.

응징당한 공공의 적　그들은 곧장 동별영으로 되돌아가 무기고를 열고 병장기로 무장했습니다. 항쟁 지도부는 봉기군에게 진격 목표를 지정해 세 갈래로 나눠 공격하라고 지시했습니다.

　첫 번째 무리는 종로에 흩어져 있던 포도청과 의금부, 그리고 민비의 최측근인 민태호를 비롯한 민씨 세도가들의 집과 시전의 악덕 상가로 향했습니다. 그들은 도봉소 사건으로 포도청에 갇힌 4명을 구출했습니다. 그리고 대원군을 지지하고 위정척사를 주장했다가 의금부에 갇힌 정치범들을 풀어주었습니다. 이 가운데 백낙관이라는 인물이 있었는데, 개항을 반대하며 일본과 가깝게 지내는 조정 대신들을 탄핵하는 상소를 올렸다가 의금부에 갇혀 있었습니다. 그러나 백낙관은 항쟁 가담을 거부하고 종적을 감춰버렸습니다. 이처럼 위정척사를 외친 유림들은 서울 군민을 신뢰하지 않았으며, 민중과 연대할 생각이 눈곱만큼도 없었습니다. 국제 정세와 척사파 사대부들의 실체를 제대로 파악하지 못한 서울 군민들의 현실 인식은 못내 아쉬운 대목입니다.

　그런데 시전 상인들은 어떻게 해서 봉기군의 공격을 받았을까요? 그 이유는 그들이 생활필수품을 매점매석해 도성의 물가를 급등시켰기 때문입니다. 가뜩이나 힘들게 살아가는 서울 빈민들의 삶을 더욱 비참하게 만든 주범이었던 것이죠. 결국 쌓였던 울분이 한꺼번에 터져 나오면서 종로의 상점과 가옥을 때려 부수고 상인 100여 명을 죽였습니다. 대원군이 재집권하자마자 가장 먼저 살인적인 물가고를 일거에 해결한 것도 이런 사정 때문이었습니다.

봉기 군민의 두 번째 공격 대상은 별기군이었습니다. 별기군 병영이 있는 하도감(동대문역사문화공원 자리)을 습격한 군인들은 교관 호리모토 레이조와 별기군 영관 한 명을 죽이고 서양식 소총을 모조리 파괴했습니다. 호리모토와 함께 있던 일본인 3명은 일본 공사관으로 달아나다가 남대문 근처에서 군중에게 붙잡혀 죽었습니다. 마침 그 날이 휴일이어서 별기군 대부분이 자리를 비운 상태였기 때문에 사상자는 적었습니다.

서대문 밖의 경기감영(서대문 적십자병원 자리)과 일본 공사관(금화초등학교 부근)으로 향한 세 번째 군민 행렬은 경기감영을 먼저 장악한 후, 무기고를 부수고 합세한 백성들까지 무장시켰습니다. 이들이 경기감영을 공격한 이유는 민겸호 못지않게 부정 축재로 악명 높던 김보현이 경기도 관찰사로 있었기 때문입니다. 일본 공사관이 경기감영 바로 옆의 경기중군영 자리에 있었던 것도 또 하나의 이유였습니다. 민씨 정권은 혹시 모를 백성들의 공격으로부터 일본인을 보호할 의도에서 경기감영 옆에 일본 공사관을 마련해주었는데, 이런 사실이 서울 군민의 비위를 더욱 상하게 했습니다.

한편 일본 공사 하나부사 요시모토 일행은 사전의 귀띔에도 불구하고 미적대다가 봉기 군민에게 포위당하고 말았는데, 막다른 상황에 몰린 것을 깨닫고 죽기 살기로 정문을 돌파해 간신히 포위망을 뚫었습니다. 밤새 인천항까지 도망친 하나부사 일행은 그곳까지 쫓아온 봉기군과 인근 백성의 공격으로 6명이 죽거나 실종되었습니다. 다행히 때마침 월미도 해안에 정박 중이던 영국 측량선을 얻어 타고 일본으로 달아날 수 있었습니다.

이 모든 것이 6월 9일 하루에 벌어진 일입니다. 그날 오후에 접어들면서 서울은 완전히 무정부 상태가 되었고, 양반 사대부와 부호들의 피난 행렬이 줄을 이었습니다. 각 영의 군사들과 도성 안팎의 행상, 좌상, 영세 수공업자, 그리고 다양한 노동자들이 대거 무장 대열에 가담했습니다. 서울을 방비하는 군인과 하층 백성으로 구성된 연합군이 결성된 겁니다. 임오년 군민항쟁의 실체와 성격에 대해서는 그날 항쟁 지도부가 가리킨 공격 대상을 확인하는 것만으로도 웬만큼 파악할 수 있습니다.

"민비를 죽이고 새 세상을 만들어 태평을 누립시다."

항쟁 지도부가 언급한 공격 대상 말고도 군민들의 표적이 된 곳이 또 있었습니다. 바로 민비가 치성을 드리는 서울 근교의 사찰과 무당집이었습니다. 무릇 절과 점집은 삶이 고단할수록 일반 백성들이 즐겨 찾는 곳입니다. 그런 곳을 백성들 손으로 파괴했으니 대체 어찌된 영문일까요?

국모는커녕 백성의 원흉　민비는 다섯 명의 자식을 낳았는데, 훗날 순종이 되는 아들 하나만 빼고 모두 어린 나이에 죽었습니다. 임오년 당시 여덟 살이었던 아들(순종) 역시 썩 건강하지 못했다고 하니, 자식의 무병장수를 바라는 어미의 마음을 이해 못 할 것은 없습니다. 문제는 민비의 행태가 정상이 아니었다는 데 있습니다. 그녀는 서울 근교의 모든 절과 전국에서 유명하다는 치성터를 모조리 독점하다시피 했습니다. 그리고 돈과 쌀, 포목 등을 아끼지 않고 쏟아부었습니다. 심지어 무당과 점술가를 대궐 안으로 불러 연일 굿을 하고 불공까지 드렸습니다. 여기에 들어간 어마어마한 비용은 당연히 나라 재정이었고, 부족하면 어용상인인 시전 상인과 공인(貢人)의 부담으로 떠넘겼습니다. 어용상인들은 상품 가격을 터무니없이 올리는 방식으로 자신들의 부담을 해결하고 이윤까지 챙겼습니다. 개념 없는 민비의 재정 낭비를 뒷감당하는 것은 궁극적으로 백성들 몫이었습니다.

한 나라의 왕비라는 자가 귀신과 부처에게 비느라 백성들의 피땀으로 이룩한 국고를 탕진해 사회문제를 야기하고 민생을 파탄 낸 겁니다. 서울 인근의 절과 치성터, 그리고 시전 상인들이 군민 연합군의 공격을 받은 사정은 이러했습니다. 받아들이기 불편한 이들도 있겠지만, 당시의 민비는 국모는커녕 백성들의 원흉이었습니다.

군민 연합군에게 점령당한 창덕궁   6월 10일 새벽이 밝았습니다. 당시 내로라하는 민씨 세도가, 그리고 그들에 협조한 고관과 부호들의 집 치고 그 하루 이틀 사이에 백성들 손에 파괴되지 않은 곳이 드물었습니다. 민씨 세도 정권이 저지른 악행을 묘사하는 것으로 이보다 더 생생한 풍경이 어디 있겠습니까? 환희와 동시에 그만큼의 두려움으로 얼룩졌던 1만여 명의 군민 연합군은 이조참의 민창식과 이최응

등을 잡아 죽이고는 최종 목표인 창덕궁으로 향했습니다. 돈화문으로 밀고 들어간 군민들은 궁궐 안 어디에서도 근위병의 제지를 받지 않았습니다. 그들 역시 제대로 된 대접을 못 받기는 매한가지였으니까요. 가까이에서 임금을 지켜야 할 내관들과 무예별감들도 달아났습니다.

드디어 조선왕조의 법궁이 백성들과 병사들 손에 떨어졌습니다. 창덕궁으로 피신했던 민겸호와 마침 입궐하던 김보현도 성난 군민의 손에 처단되었습니다. 백성이 대궐을 점령한 것은 조일전쟁 이래 정확히 290년 만의 일이었습니다. 조일전쟁 때는 선조와 신하들이 경복궁을 버리고 달아난 뒤였지만, 임오년의 상황은 전혀 달랐습니다. 임금이 궐 안에 머무르고 있는 상태에서 백성들이 밀고 들어간 것은 조선 역사상 처음 있는 일이었습니다. 세계사적으로도 수도를 지키는 군사와 백성들이 제 나라 법궁을 무혈 점거한 것은 유례를 찾아보기 어렵습니다. 사실상 조선왕조는 국가로서의 위엄과 권능을 상실한 것이나 다름없었습니다.

'민비를 죽여라' 임오년 군민항쟁에서 우리가 기억해야 할 사실이 하나 있습니다. 바로 대궐로 쳐들어간 군인과 백성들이 자기 나라 왕비를 죽이려 했다는 겁니다. 여태까지 조선에서 일어난 수많은 정변을 통틀어 이 또한 처음 있는 사건이었습니다.

"대감께서는 걱정하지 마십시오. 민비를 처치한 다음에 여러 민가(閔家)를 다 죽이고 새 세상을 만들어서 대감과 더불어 태평을 누립시다."

이 말은 어윤중이 26년 동안 관직에 있으며 일기 형식으로 기록한 『종정연표』에 실려 있는데, 민비를 잡아 죽이려고 창덕궁을 뒤지고 다니던 군민들이 만류하는 대원군에게 내뱉은 말입니다. 백성들 가슴속에 사무친 민비와 민씨 세도 정권에 대한 분노와 원한, 그리고 새 세상을 꿈꾼 그들의 바람이 모두 이 한마디에 녹아 있습니다.

백성들이 왕비를 찾는 데 혈안이 되어 있을 무렵, 남편과 함께 입궐했던 대원군의 아내가 공포에 질린 며느리를 발견했습니다. 그리고 황급히 자신의 사인교에 태워 궐 밖으로 나가려 했습니다. 그러나 이를 눈치챈 군민들 손에 사인교가 부서졌고, 민비는 머리채를 잡혀 땅바닥에 내동댕이쳐졌습니다. 바로 그때 창덕궁 무예별감 홍재희가 이 장면을 목격하고 기지를 발휘했습니다. "이 여인은 내 누이인 홍상궁이요"라고 둘러댄 뒤, 민비의 얼굴을 모르는 군민들이 망설이는 틈을 타 그녀를 둘러업고 황급히 궁을 빠져나간 것이죠. 허구한 날 치성드렸던 그녀의 하늘이 도운 걸까요? 저승 문턱에서 겨우 발길을 돌린 민비는 광주, 여주를 거쳐 장호원까지 달아날 수 있었습니다.

혹자는 민비를 당대의 여걸이자 고종의 정치적 파트너라고 평하기도 하고, 마치 국권 수호를 위해 일제에 맞서다 순국한 비련의 여인으로 묘사하기도 합니다. 미안하지만, 이는 역사적 사실을 왜곡하는 황당한 궤변에 지나지 않습니다. 그녀는 무능하고 부패한 민씨 세도 정권을 이끌며 대원군 집권 10년 동안 어렵게 쌓은 국부를 불과 몇 년 만에 탕진한 장본인입니다. 임오년 군민항쟁이 청군에 진압된 이후에는 수구파 민씨 일족을 앞세워 친일 개화파 세력과 사사건건 대립하다가 갑신정변을 초래했습니다. 이후로 조선은 본격적으로 열강의 각축장이 되었고, 왕조의 운명은 돌이킬 수 없을 만큼 크게 기울었습니다. 민비는 이런 와중에도 뚜렷한 소신이나 안목도 없이 시아버지와의 갈등을 키우며 모든 외교 관계에 어지럽게 개입했습니다. 갑오년 농민군이 지배계급을 대신해 반외세의 장한 깃발을 치켜들었을 때, 그런 백성을 진압하자고 또다시 청나라를 끌어들인 것도 고종 내외입니다. 우리 모두가 아는 것처럼, 일본은 이를 계기로 조선 침략을 위해 다시없는 기회를 붙잡았습니다. 결국 수십만의 농민군을 학살하고도 장차 나라를 일본의 아가리에 밀어 넣는 빌미를 제공하였으니 그가 바로 민비입니다.

임오년으로부터 일본 낭인의 칼에 죽기까지 13년 동안 그녀가 보여준 시대착오적이고 반민중적인 행보를 생각하면, 절로 탄식이 쏟아집니다. 차라리 그날 백성들 손에 죽었더라면, 아마도 우리 역사는 좀 더 유익한 방향으로 전개되었을지도 모릅니다.

두 개의 시선, 임오년의 재평가와 역사 왜곡

6월 9일부터 11일까지 사흘 동안, 항쟁에 가담한 군민 연합군은 고종 내외의 신임을 받으며 횡포를 부려온 민씨 세도가와 탐관오리들을 직접 처단했습니다. 중인 출신 부자들과 일본인과 친하게 지내며 개화에 적극적이던 인사들, 그리고 민비와 가까이 지내며 궁궐을 출입하던 무당과 점술가들도 응징했습니다. 궁궐을 점거한 군민 연합군은 대원군에게서 민비의 사망을 공식적으로 선포하겠다는 약속을 받고서야 창덕궁에서 물러났습니다.

부패 세력 처단과 민생 개혁, 그리고 허망한 결말 이제 대원군이 사태를 수습할 차례였고, 당장 그날부터 군국의 크고 작은 일들이 대원군의 판단에 따라 결정되었습니다. 대원군은 재빨리 체제 개편에 착수해 무위영과 장어영을 없애고 5영(훈련도감·금위영·어영청·용호영·총융청)을 다시 설치했으며, 군국 사무를 총괄하던 통리기무아문을 혁파하고 삼군부를 부활시켰습니다. 중앙의 주요 사대부들과 지방의 수령들도 새 인물로 교체했습니다. 대원군은 기존의 노론 인사들을 배제하고 남인 계열 사대부를 파격적으로 기용했습니다. 이와 더불어 백성의 고통을 덜어주기 위해 여러 가지 민생 개혁안을 발표합니다. 가장 대표적인 것으로는 잡세 폐지를 꼽을 수 있습니다. 군민항쟁이 일어나기 전까지 민씨 세도 정권은 각종 잡세를 만들어 온갖 폐단을 낳았는데, 정상적인 수세를 제외한 모든 무명잡세(정당한 세목을 붙이지 않고 임의로 징수한 세금)를 폐기한 겁니다. 그리고 민폐를 가져온 물품의 진상을 없애고, 폐단이 되었던 주전(鑄錢)도 금지합니다. 지방 수령들에게는 군인들의 밀린 급료를 지급하고, 서울 백성의 구호를 위해 미납된 세미를 속히 올려보내라고 명령합니다.

그러나 대원군 개혁의 본질은 조선의 총체적 모순을 제거하려는 근본 수술이 아니라, 겉으로 드러난 환부만 건드린 임시방편이었습니다. 공평한 세금 징수와 장기적인 물가 안정에 꼭 필요한 근본적인 개혁책이 뒤따르지 않았기 때문입니다. 한마디로 외과 수술이 필요한 중환자에게 내과 처방만 한 채 환부를 가린 것과 다를 바 없었습니다.

조선 민중의 원성을 한 몸에 받던 민비의 행방이 묘연했지만, 혼란을 진정시키고 민씨 세도를 뿌리 뽑기 위해 군민 연합군과의 약속대로 민비의 국상이 선포되었습니다. 달아난 민씨 일족에 대해서는 전국에 걸쳐 대대적인 수배령이 내려졌습니다. 항쟁을 주도한 군인들은 사대문을 굳게 지키며 대원군 정권에 대한 지지를 분명히 했고, 치안 유지에 발 벗고 나섰습니다.

대원군은 이 기회를 이용해 지리멸렬한 왕권과 이씨 왕조의 권위를 바로 세우는 일에만 골몰했습니다. 기존의 양반 사대부 위주의 신분 질서를 건드리지 않는 선에서 정치권력만 이동한 셈입니다. 하지만 그런 미봉 차원의 개혁도 그리 오래가지는 못했습니다.

임오년 군민항쟁은 청군 3천 명의 개입으로 끝이 났습니다. 민비의 요청으로 서울에 들어온 청군 사령관 오장경은 먼저 대원군 정권과 일본을 중재하려는 듯한 제스처를 취하면서, 청이 자신을 지지할 것으로 착각한 대원군을 방심하게 만들었습니다. 그리고 회담 차 대원군을 청군 진영으로 초대해 감금한 뒤 궁궐을 점령하고 대원군 정권을 하룻밤 사이에 무너뜨렸습니다. 납치된 대원군은 남양만에 정박 중이던 청나라 군함에 갇혀 천진으로 끌려갔고, 이후 만 3년 동안 그곳에 유폐되었습니다.

대원군 납치 소식에 분노한 군민 연합군은 청에 대한 무력 투쟁을 계획했지만, 청군은 사전에 이를 눈치채고 군민 연합군의 본거지인 왕십리와 이태원 일대를 불시에 공격했습니다. 군민 연합군은 갑자기 들이닥친 청군을 상대로 육박전을 벌이며 싸웠지만, 셀 수 없이 많은 이들이 전사하거나 자결했습니다. 대원군 납치 사흘 만의 일입니다. 청군의 기습 작전으로 170여 명이 체포되고 그중 11명이 처형

되었다고 알려져 있지만, 그날 전사한 조선 군민의 정확한 숫자는 오늘날까지도 밝혀지지 않고 있습니다.

한편, 민비는 청나라 군사의 호위를 받으며 대궐로 돌아왔고, 정권은 도로 민씨 세도가 손에 떨어졌습니다. 허망한 결말이지만, 우리가 임오년 군민항쟁을 다시금 조명해야 할 교훈과 역사적 의미는 결코 간단치 않습니다. 이제부터는 임오년 군민항쟁에 관해 여태까지 소홀히 다루며 지나쳤거나, 당대의 진실을 왜곡한 역사관에 대해 살펴보려고 합니다.

만천하에 폭로된 지배계급의 죄악　임오년 군민항쟁이 남긴 역사적 의미 가운데 고종의 무능과 민씨 세도 정권의 죄악을 만천하에 폭로한 것을 꼽을 수 있습니다. 민씨 세도 정권은 대원군이 섭정하는 동안 착실하게 다져놓은 국가 기반을 빠른 속도로 붕괴시켰고, 몇 년 사이에 나라 재정을 거덜 냈습니다. 이를 벌충하려고 저지른 폭압적 수탈이 서울 군민의 저항을 초래했음에도 반성은커녕 외세를 끌어들이는 반민족적 만행을 저질렀습니다.

자신들의 잘못으로 생긴 내부 문제를 외세에 기대어 해결하는 지배계급의 얼빠진 짓거리는 임오년 군민항쟁을 계기로 하나의 관행처럼 반복되었습니다. 약 300년 전 조일전쟁 때 명나라 원병을 청한 일은 나라가 망할 위기에 내려진 어쩔 수 없는 선택이었다는 핑계라도 댈 수 있지만, 임오년 이후 고종 내외와 민씨 세도 정권이 꺼내 든 외세 의존 카드는 어떤 변명으로도 용서받지 못할 일입니다.

결국 19세기 말의 조선 지배계급은 나라의 자존과 주권을 제 손으로 제국 열강에게 갖다 바치는 줄도 몰랐던 얼간이였습니다.

제국주의 열강에게 보낸 나쁜 신호　조선에 진출한 열강들은 임오년 군민항쟁의 전개 과정을 목격하면서 내심 환호했을지도 모릅니다. 항쟁 과정에서 허술하기 짝이 없는 조선 정부의 내부 사정뿐만 아니라, 지배계급의 천박한 습성이 낱낱이 까발려졌기 때문입니다.

　근대 제국주의 국가들이 약소국을 상대로 식민화 여부를 결정할 때는 거기에 드는 만만치 않은 시간과 유무형의 비용을 최소화하기 위해, 그 나라 내부 사정을 가능한 한 철저히 파악하는 작업을 선행합니다. 그런데 뜻밖에도 자신들의 수고를 크게 덜어주는 사건이 조선에서 일어난 겁니다. 그들은 한 달 남짓 조선의 수도에서 일어난 군민 봉기의 전 과정을 통해 예상 밖의 많은 정보를 얻었습니다. 조선왕조가 민중의 지지를 받지 못하고 있으며 왕과 그 측근들이 국제 관계와 해외 정세에 무지한 아마추어라는 사실까지 똑똑히 알았습니다. 게다가 힘겨운 상황이 오면 강대국에 의지해 문제를 해결하는 방식에 전혀 불편함을 느끼지 않는다는 것도 확인했습니다. 따라서 조선왕조는 '지배계급만 잘 구슬려 장악하면 어렵지 않게 식민지화 할 수 있는 나라'라고 판단했을지도 모릅니다.

　조선의 지배계급은 임오년의 처신을 통해 제국주의 열강에게 매우 나쁜, 하지만 그들의 입장에서는 아주 고무적인 신호를 보낸 셈입니다.

반정부·반외세의 경고장　다른 한편으로, 항쟁 지도부는 지역의 향임을 통해 통문을 돌렸고, 군대 조직을 활용해서 군인과 일반 백성의 연대를 도모해 하나의 연합군을 결성했습니다. 임오년 이전까지 꾸준히 계속된 민중 저항의 축적된 경험치가 영향을 미친 결과였습니다. 실제로 서울에서는 임오년 이전까지 크고 작은 저항이 끊이지 않았는데, 임오년 군민항쟁은 그런 저항운동 가운데 규모와 역사적 의미가 큰 사건이었을 뿐입니다.

항쟁 군민들은 밀린 급료 해결이나 처우 개선 같은 이해관계가 걸린 경제 문제로만 투쟁의 의미를 국한하지 않았습니다. 그들은 민비를 위시한 부패한 반민중적 세도 정권을 전복하고, 일본 공사관과 그 조력자들을 공격함으로써 투쟁의 가치를 '반정부·반외세' 수준으로 견인해냈습니다. 이로써 항쟁 지도부와 서울 군민들은 만만찮은 역사의식과 시대 인식을 과시한 셈입니다.

하지만 더 큰 의미는 군민항쟁을 통해 민씨 세도 정권과 조선을 넘보는 제국 열강에게 경고의 메시지를 띄웠다는 데 있습니다. 이는 12년 뒤에 있을 조선 민중의 거국적이고 전면적인 저항을 예고한 것이기도 합니다. 그러므로 '밀린 급료에 분노한 구식 군인들의 우발적인 난동'이라는 기존의 해석은 개혁 대상에 불과했던 당대 지배계급의 관점을 옹호하는 역사 왜곡에 지나지 않습니다.

명성황후 미화의 반역사성　임오년 군민항쟁을 마무리하면서, 민비에 관한 오늘날의 대중문화 현상을 잠깐 짚어보려고 합니다. 고종과 민비에 대한 관심이 최근 들어 부쩍 활발하게 일어나고 있습니다. 이런 움직임 가운데는 감성적이고 국수주의적인 시각에서 두 사람을 미화하거나 과대평가하려는 시도가 존재합니다. 그중에서도 민비에 관한 사실 왜곡이 유독 심각해서 안타깝습니다.

민비와 민씨 세도 정권이 저지른 온갖 불법과 후안무치한 행적, 그로 인한 당시 백성들의 절망과 왕조의 불행한 결말은 움직일 수 없는 역사적 사실입니다. 그런데도 오늘날 흔히 명성황후*로 불리는 민비에 관한 크고 작은 왜곡과 소설적인 허구는 역사적 사실과 맞지 않는 내용으로 공공연하게 포장되어 있습니다. 이처럼 황당한 현상이 빚어진 것은 대체로 두 가지 이유 때문입니다. 일본의 만행으로 생을 마감한 민비의 비극적 인생 스토리가 첫 번째 이유라면, 그것을 소재로 만든 뮤지컬 혹은 드라마가 대중적으로 인기를 끈 것이 또 하나의 이유입니다. 그중에서 역사적 관점에서 문제가 되는 것은 후자입니다.

그녀의 죽음이 민족 정서에 더해 인간적인 연민을 자극하면서 현대인의 감성을 흔들었고, 동시에 냉철한 역사 인식을 방해했습니다. 민비를 주인공으로 다루는 과정에서 창작된 드라마틱한 허구가 역사적 허상과 진실을 버무려 마침내 19세기 말 이 땅의 운명과 민중의 참상을 사실 그대로 이해하는 데 걸림돌이 된다면, 이는 가볍게

---

* 대한제국의 황제 두 사람은 오늘날에도 고종과 순종으로 불리고 있으며 광무황제, 융희황제라는 호칭은 일반적이지 않습니다. 더구나 명성(明成)황후는 민비 사후에 들어선 대한제국 법식을 따른 호칭입니다. 물론 명성왕후 민씨로 표기할 수도 있지만, 이 역시 숙종의 모후이자 현종비인 명성(明聖)왕후 김씨와 한글 표음이 같아 혼동하기 쉬운 단점이 있습니다. 그래서 당시 대부분의 백성들이 불렀던 민비라는 호칭으로 통일하여 표기했습니다.

넘길 일이 아닙니다.

진정성 있는 참회나 현대사의 과오를 생략하면서, 한일 관계를 입맛대로 취사선택하고 심지어 조작도 마다하지 않는 일본 정부의 역사 왜곡과 망언이 정도를 더해가고 있습니다. 그럴수록 우리는 냉정하고 객관적인 자세로 다시는 아픈 역사를 되풀이하지 않게끔 깨어 있어야 합니다. 그러려면 비록 어두운 기억일지라도, 우리 역사를 있는 그대로 바라보고 거기서 교훈을 얻으려는 담대한 자세를 지녀야 합니다. 제아무리 창작의 영역일지라도 실제 사실에 바탕을 두지 않은 콘텐츠는 역사적 진실을 왜곡(그것이 의도된 것이라면 더욱)할 수 있음을 깨달아야 하고, 나아가 후손들에게 잘못된 역사의식을 물려줄 수 있는 대중문화 현상은 바로잡아야 마땅합니다.

16장

근대를 이끈 조선 민중의 기념비적 싸움
-갑오년 농민전쟁

근대, 오늘의 시작

"어느 세월이든 본시의 것을 오래 지키는 쪽은 서민인가 하오. 지금 친일하여 삭발하고 양풍을 따라 의관을 바꾼 사람들은 모두 양반들 아니겠소? 제 나라 백성 다스리는 데도 남의 힘, 제 겨레를 치는 데도 남의 힘, 그럴 때의 체통은 불관지사(不關之事: 아무 상관 없는 일)가 본데…."
―박경리, 『토지』

반란자들의 예기치 못한 승리는―일시적인 승리조차도―이른바 힘 있는 자들이 얼마나 취약한가를 보여준다. … 우리는, 기존 체제가 자신의 지배를 유지하는 데 필요하다면 죽일 수도 있는 소모품에 불과하다는 사실을 깨닫기 시작할 때, 비로소 체제가 무너질 것이라고 나는 생각한다. ―하워드 진, 『미국민중사』

내전, 그리고 제국주의에 맞선 전쟁

조선의 지배계급은 이미 임술년 농민항쟁을 통해 더는 굴종하지 않겠다는 백성들의 의지를 체험했습니다. 그런데도 그들은 억압과 수탈의 습성을 고치지 않았습니다. 삼정 문란은 극으로 치달았고, 백성은 생계가 아니라 생존 자체를 걱정하는 나날을 보내야 했습니다.

'난'에서 '운동' 그리고 '혁명'까지   1894년 갑오년, 남도의 조선 민중은 분연히 일어나 썩은 지배계급을 향해 전면 투쟁을 선포했습니다. 이 싸움은 수백 년의 특권을 놓지 않으려는 지배계급과 인간으로서 최소한의 존엄을 쟁취하려는 조선 민중이 한반도 절반을 무대로 정면충돌한 '내전'이었습니다. 동시에 조선 민중이 제국주의 열강의 야욕에 맞서 싸움으로써 '애국 전쟁'으로까지 지평을 넓힌, 우리 역사에서 기념비적인 대사건입니다.

갑오년 농민전쟁은 오늘날까지도 제각각의 다양한 이름으로 불리고 있습니다. 대표적인 명칭만 열거하더라도 동학란, 동학농민운동, 동학농민혁명, 동학농민전쟁, 갑오농민전쟁 등을 꼽을 수 있습니다. '동학란'은 갑오년 이후로 발간된 관찬 사료와 양반 사대부들이 기록한 문집에 단골로 등장하는 명칭입니다. 조선 지배계급은 동학을 혹세무민하는 이단 종교로 규정하고 농민군을 동비(東匪), 동도(東徒) 혹은 비도(匪徒)로 멸시하며 한낱 도적 떼 취급을 했습니다. 나아가 임금을 능멸한 불온한 역적 무리로 서슴없이 적대시했습니다. 갑오년 농민군의 의거를 역도들의 난으로 규정한 겁니다. 아무튼 동학란으로 부르던 왕조 말기의 관점은 해방 이후까지도 이어졌습니다.

1895년에 처음 발간된 초등용 교과서인 『조선역사』에서부터 1965년 판 중등 『국사』 교과서까지 동학란이라는 명칭을 사용했으니까요. 이는 갑오년 농민전쟁의 역사적 실체에 대해 무지했거나, 조선 지배계급의 역사 인식과 일제 강점기의 식민주의 역사관을 비판 없이 수용한 것이거나, 둘 중 하나라고 생각합니다.

그러다가 1970년 판 인문계 고등학교 『국사』 교과서에 '동학혁명'이란 이름이 처음 등장합니다. 그러나 이 명칭에는 여전히 혁명의 주체인 농민이 빠져 있습니다. 따라서 의거의 주역이 조선 민중이 아니라 동학교도로 국한될 위험이 내포되어 있습니다. 1980년대에 접어들면 '동학혁명운동', '동학농민혁명운동', '동학농민운동' 등으로 불리게 됩니다. 드디어 농민이 사건의 주체로 인정받기 시작한 겁니다. 우리가 지배계급 중심의 역사에서 벗어나 민중의 역사로 조금씩이나마 눈을 돌리게 되었음을 알 수 있습니다. 현재는 1995년부터 중고등학교 『국사』 교과서에 사용한 '동학농민운동'으로 어느 정도 명칭이 굳어진 것 같습니다. 그렇지만 이 역시 정부에서 국가기념일 명칭으로 정한 '동학농민혁명'과 약간의 차이가 있어서 완전히 합의된 용어로 볼 수는 없습니다.

왜 갑오년 농민전쟁인가?　　오늘날 일반적으로 불리는 동학농민운동이나 동학농민혁명이라는 명칭은 동학이라는 종교의 역할이 지나치게 강조되는 느낌을 지울 수 없습니다. 개인적으로는 동학 그 자체보다는 동학의 정신에 공감한 '농민'들의 주체적 움직임에 더 큰 의미를 부여해야 한다고 생각합니다. 그리고 갑오년 당시 조선 농민들이 힘을 합쳐서 봉건 지배계급과 일본 제국주의에 맞선 '전쟁'이라는 사건의 성격에도 주목해야 합니다.

이 전쟁을 실질적으로 주도한 세력은 동학 중앙 교단이 아니라 전라도·충청도의 남접 농민군이었습니다. 그리고 남접 농민군에 가담한 수만 명의 전사들은 동학도이기 이전에 민씨 세도 정권의 수탈에 신음하던 이 땅의 평범한 농민들이었습니다. 물론 상공업에 종사하는 백성이나 노비와 같은 천민들도 대거 참여했고 심지어 일부 하층 관료와 서리, 그리고 극소수 유생들도 농민군에 가담했습니다. 하지만 주력은 어디까지나 농민이었습니다.

재판 기록인 「전봉준 공초」를 보면, 전봉준은 다음과 같이 말했습니다. "처음 봉기할 때 일반 백성과 동학교도가 함께했다고는 하나 동학교도는 적었고, 원통한 일을 참지 못한 일반 백성이 더 많았다." 아무튼 농민군은 동학교도로만 구성되지 않았고, 오히려 동학교도가 아니거나 농민군에 합류한 이후 동학에 입도한 농민이 다수를 차지했습니다. 더 중요한 것은 갑오년의 거사가 동학 교리 실현에 목적을 둔 게 아니라는 사실입니다. 농민군이 목숨 걸고 소망한 것은 오로지 당시 조선 사회에 만연한 모순을 해결하고, 외세를 우리 강토에서 몰아내는 것이었습니다.

농민군을 이끈 전봉준도 동학 교단에 투신하기는 했지만 교단 접주도 아니었고, 동학이라는 종교를 신실하게 믿은 인물도 아닙니다. 그는 동학 교리나 미신적 의식에 큰 관심이 없었습니다. 다만, 민중의 가치를 인정한 동학의 이념에 공감하고, 동학 교단의 조직을 적극 활용했을 뿐입니다. 오히려 조선 정부와 일제 강점기의 역사가들이 전봉준이 동학교도라는 점을 강조하면서, 동학이란 명칭이 더욱 두드러지게 된 측면이 강합니다.

다른 한편으로 이 사건은 조선 농민들이 외세와 결탁한 봉건 지배계급에 맞서 싸운 '내전'이었습니다. 그리고 밖으로는 제국주의 일본의 침략에 대항한 '민족주의 전쟁'이라는 성격을 지녔습니다. 제2차 농민전쟁에서 조선 정부군은 시종일관 일본군의 작전 지시에 따랐고, 일본군 역시 전투에 가담했습니다. 특히, 우금티에서 패배한 이후로 흩어진 농민군을 토벌하는 임무와 농민군 지도부의 처리는 전적으로 일본 본토 지휘부의 결심과 계획에 따라 이루어졌습니다. 일본은 전쟁이 마무리 단계에 들어선 뒤에는 남도 전역에 걸쳐 흩어진 농민군을 일망타진한다는 작전 계획을 수립하고, 농민군 색출과 학살 작전에 군대와 물량을 총동원했습니다. 아울러 조선 정부는 체포된 전봉준을 비롯한 농민군 지도부의 호송 과정과 신문 과정을 전적으로 주도하지 못했습니다. 심지어 일본은 조선 법정에서 이루어진 재판 과정에도 깊숙이 개입했는데, 이는 각종 문헌을 통해 드러난 역사적 사실입니다.

따라서 농민이 역사의 주체로서 불의한 지배계급에 항거한 내전이자 조선 민중이 일본의 제국주의적 야욕에 맞서 싸운 전쟁이라는 성격을 동시에 충족시키기에는 '농민전쟁'이라는 명칭이 가장 적절하다고 봅니다.

민중의 힘으로 시작한 이 땅의 근대

민중의 각성과 자발적 수용 의지가 없는 상태에서 펼쳐진 근대 사회는 온전히 자기 것이 될 수 없으며, 이식 과정에서 불거진 온갖 부작용과 폐단은 장차 헤아릴 수 없는 대가를 요구할 것입니다. 그러므로 한 나라의 근대화는 그 땅의 민중이 적극적으로 역사에 개입해 자기 얼과 몸에 어울리는 근대의 목록을 쟁취했을 때 비로소 완성되는 것입니다. 이는 프랑스 대혁명과 일본 메이지유신의 상반된 탄생과 전개 과정, 그리고 그 역사적 파장과 결말을 대비해보면 알 수 있는 일입니다. 또한 제국주의 열강들이 제3세계에 강요한 허다한 근대화 사례에서도 확인할 수 있습니다.

반면, 갑오년 그 놀라운 한 해 동안 우리 민중이 거둔 성취는 참으로 눈부시고 남달랐습니다. 그들은 반상과 귀천을 나누는 신분제를 없애고, 전통적인 사대 습성을 깨뜨려 제국 열강의 간섭에서 벗어나고자 싸웠습니다. 그렇게 해서 양반 사대부가 주인이던 억압적 지배 질서는 머지않아 종말을 고했습니다. 또한 압제와 불의에 맞선 갑오년 민중의 기개는 장차 항일 독립투쟁의 원류가 되었습니다.

이런 맥락에서 갑오년 농민전쟁이야말로 우리 강토에서 순수하게 민중의 힘과 의지로 시작한 근대의 출발점이며, 이후 100년에 걸친 온갖 고난과 시행착오를 극복하고 오늘의 대한민국을 있게 만든 힘의 원천이라고 생각합니다.

반봉건 반외세의 피맺힌 함성

동학교도들의 봉기는 무절제하거나 헛된 유혈을 불러일으키는 것처럼 보이지 않았으며, 그들의 행위는 개혁에 국한되어 있었다. 몇몇 외국인들은 그들에게 동정을 보냈다.

조정 대신과 수령들은 나라의 복지에 대해서는 무관심한 채 오직 자기 재산을 모으는 데만 주력했으나 그들의 탐욕을 제어할 방법이 없었다. 과거제도는 뇌물, 흥정, 매관매직 이상의 아무것도 아니었으며 공직 임명을 위한 기능을 더 이상 찾아볼 수가 없었다. 관료들은 나라를 급속도로 몰락시키는 외채를 걱정하지 않았다. 그들은 자존심만 강하고 허영에 들떠 있고 불륜을 저지르며 탐욕스러웠다. …

조선에는 크게 두 신분 계급인 착취 계급과 피착취 계급이 있었는데, 착취 계급인 양반 관료층은 지위 고하를 막론하고 백성들의 재물을 착취하고 국고의 공금을 횡령하는 등 온갖 부정부패를 저질렀고, 모든 관직은 매관매직 되었다. 심지어 양반 계급의 지위를 사고파는 현상도 나타났다. ─이사벨라 버드 비숍, 『조선과 그 이웃 나라들』

"(온 마을이 농민군이었던) 옥천은 60리에 걸쳐 민가에는 사람이 없었고, 수백 호가 불에 타 없어졌으며, 또한 많은 사체가 노상에 버려져 개와 새들의 먹이가 되고 있다." [1894년 12월의 옥천 전투]

"생포한 농민군은 고문한 다음 불태워 죽였다." [1895년 1월 8일에서 10일까지의 장흥 전투]

"동학당 7명을 잡아 와 성 밖의 밭 가운데에 일렬로 세우고 총에 착검하여 호령에 따라 일제히 동작해서 찔러 죽였다. 그 광경을 구경하도록 동원한 조선 사람 및 통위영 병사들이 몹시 경악했다." [1895년 1월 31일의 해남 전투]

"나주성(일본군 19대대 본부 소재)에 도착하니 남문으로부터 약 400미터 정도 떨어진 곳에 작은 산(지금의 나주초등학교 운동장)이 있는데, 그곳에는 사람들의 시체가 쌓여 산을 이루고 있었다. 그들은 우리 부대 혹은 민보군에게 붙잡혀 고문당한 뒤에 중죄인으로 죽은 사람들인데 … 그리하여 그곳에 시체로 버려진 농민군이 680명에 달했으며, 근방은 악취가 진동했고, 땅 위에는 죽은 사람 기름이 얼어붙어 있어 마치 흰 눈이 쌓여 있는 것과 같았다." [1895년 초의 나주]*

고부 봉기, 갑오년의 서막이 오르다

고부 봉기 10개월 전인 1893년 3월, 충청도 보은에서 동학 중앙 교단, 이른바 '북접'이 주최한 집회가 열렸습니다. 이때 3주 동안 무려 8만 명을 헤아리는 군중이 집회에 참여했습니다. 당시 서울 인구가 약 15만 명이었으니 보은 집회에 모인 군중의 규모가 어느 정도였는지 가늠할 수 있습니다. 보은 집회의 가장 큰 특징은 1892년 10월의 삼례 집회나 그보다 한 달 앞서 거행된 광화문 복합상소 때와 다르게 교조 최제우의 신원을 전면에 내세우지 않았다는 점입니다. 대

---

* 이 인용문들은 이름을 알 수 없는 일본군 후비보병 제19대대 1중대 소속 병사가 쓴 「진중일지(1894~1895)」에서 발췌한 내용입니다.

신에 '척왜양창의(斥倭洋倡義)'와 '보국안민(輔國安民)'이라는 구호가
등장합니다. 여기에는 외세의 주제넘은 간섭과 경제적 침탈, 그리고
탄압과 착취 일변도의 민씨 세도 정권을 향한 백성들의 분노가 담겨
있었습니다.

무르익은 저항의 기운　보은 집회가 열리고 있던 그 시각, 금구(김제시
금산면)에서도 1만 명의 군중이 운집한 가운데 또 하나의 집회가 열
리고 있었습니다. 금구 집회는 교주 최시형과 중앙 교단의 온건한 태
도에 반발한 강경 세력에 의해 열렸습니다. 따라서 중앙 교단의 승
인 없이 열린 집회였습니다. 금구 집회를 이끈 지도자는 서장옥과 전
봉준이었습니다. 일설에 따르면, 서장옥과 전봉준은 금구에서 세력
을 결집해 보은 집회에 합류한 뒤 곧바로 서울로 진격하려는 계획을
세웠는데, 보은 집회가 예상보다 빨리 해산하는 바람에 그 뜻을 이룰
수 없었다고 합니다.

　두 사람은 조정으로부터 포교의 자유를 얻어내는 데 집착하지 않
았고, 교조 신원 운동에도 철저하지 않았습니다. 다시 말해 그들은
동학을 시대의 병폐를 바로잡고 사회 개혁을 이루기 위한 수단으로
보았던 게 분명합니다. 따라서 중앙 교단으로부터 이단 취급을 받으
며 배척당한 것도 무리는 아니었습니다. 그런데 두 사람의 이런 성향
은 전라도 전역과 충청도 일부 지역을 관장하는 '남접' 세력의 시대
인식과 정확히 일치했습니다.

　한편, 보은 집회를 주관한 북접은 현실 개혁 문제에 소극적인 입장
이었습니다. 여태까지 그들은 교조 최제우의 신원을 요구하면서 동

학을 정통으로 인정받는 작업에만 힘을 쏟아왔습니다. 그런 북접이 보은 집회에서 보국안민과 척왜양창의 같은 구호를 내세운 것은 교단의 의지가 아니었습니다. 현실 문제에 개입하기를 바라는 밑바닥 교도들의 거센 요구를 더는 모른 체할 수 없었던 결과였습니다.

한편, 갑오년 농민전쟁의 출발점인 고부 봉기는 군수 조병갑의 탐욕과 학정이 그 직접적인 원인이었습니다. 그런데 놀라운 사실은 당시 조병갑에 대한 조정 내부의 여론이 그렇게 나쁘지 않았다는 점입니다. 조병갑은 고부 군수 이전에 충청도 천안과 경상도 함양에서도 군수를 역임했는데, 그가 받은 고적(考績), 즉 근무 평가는 아주 준수했습니다. 심지어 함양에서는 선정비가 세워지기도 했습니다. 이런 어처구니없는 일이 어떻게 가능했을까 싶다가도, 당시 관료 사회의 현실을 들여다보면 금세 수긍이 갑니다.

매관매직과 무명잡세의 징수는 민비와 그 측근들이 권력을 잡은 1873년부터 이미 하나의 관행으로 자리 잡았고, 부패한 수령치고 세도가와 끈이 닿지 않은 인물이 드물었습니다. 따라서 조정 내부에서 탐관오리를 감싸고 두둔하는 풍경이 그다지 어색할 것도 없습니다. 이처럼 탐관오리 문제가 더 이상 조정의 논윗거리조차 되지 않는 상황에서 저항의 기운은 한껏 무르익어갔습니다.

악당 역할에 각본·연출까지 관여한 조병갑　갑오년 농민전쟁은 대략 4개의 국면으로 나누어 살펴볼 수 있습니다. 그 첫 번째 국면이 1894년 1월 10일에 시작된 '고부 봉기'입니다. 고부 군수 조병갑의 가렴주구에 분노한 고부 군민 1천여 명은 말목장터(정읍시 이평면 소재)에 모여 관아로 쳐들어갔습니다.

전봉준을 비롯한 봉기 지도부는 원래 1893년 11월 초에 봉기할 계획을 세웠는데, 조병갑이 익산 군수로 전임하는 바람에 실행에 옮기지 못했습니다. 그런데 조병갑은 익산으로 부임하지 않은 채 노른자위인 고부로 되돌아갈 궁리를 하며 공작을 꾸밉니다. 그 결과 이듬해 1월 9일, 대망의 고부 군수에 재부임하게 됩니다. 봉기가 당초 계획보다 두 달 늦게 시작된 배경에는 이런 사정이 있었습니다. 이처럼 악역에 만족하지 않고 각본·연출까지 관여한 조병갑이야말로 갑오년의 악당이 되기에 손색이 없는 인물이었습니다.

불행히도 사전에 눈치채고 달아나는 바람에 조병갑 처단에는 실패했지만, 고부 농민들은 전봉준의 지휘를 받으며 관아를 점거하고 옥을 깨뜨려 억지 죄목으로 갇혀 있던 군민들을 구출했습니다. 그리고 무기고를 열어 무장한 뒤 조병갑의 손발 노릇을 한 향리와 구실아치들을 징계했으며, 수탈당한 양곡을 본래 주인들에게 돌려주고 굶주린 자들을 구휼했습니다. 비록 지금까지의 일은 모두 불문에 부친다는 신임 군수 박명원의 유화책을 받아들여 자진 해산하고 말았지만, 50일 남짓 고부에 들어섰던 해방구 소식은 인근 지역의 농민들에게 벅찬 감동을 선사하기에 충분했습니다.

불난 데 기름을 끼얹은 민씨 정권의 하수인들　민씨 정권에 의해 안핵사로 임명된 장흥 부사 이용태는 주동자 색출을 핑계로 데리고 온 역졸 800명을 풀어 고부군을 쑥대밭으로 만든 인물입니다.

이용태는 진작에 고부 봉기를 처리하는 어사로 임명되었음에도 겁에 질려 부임을 미루고 미적댔습니다. 그러다가 봉기군이 자진 해산했다는 소식을 듣고서야 고부로 들어갔습니다. 그는 주동자와 가담자를 색출한답시고 입에 담기도 힘든 온갖 만행을 사주하고 묵인했습니다. 데리고 온 장흥 벽사역의 역졸들을 풀어 농민들을 무작위로 잡아들이고 두들겨 팼으며, 심지어 민가 약탈과 방화뿐만 아니라 부녀자 강간을 부추기기도 했습니다.

역졸은 역참을 관리하는 일꾼을 말하는데, 신분은 양인이지만 하는 일이 고되고 험해서 사회적으로는 천인 대접을 받았습니다. 역졸들은 일반 백성에게도 하대당했기에 평소에 맺힌 울분이 컸습니다. 그런 역졸들이 목에 힘주고 위세 부릴 기회가 딱 한 번 있었는데, 바로 어사가 역졸을 동원할 때였습니다. 지역 수령 휘하의 포졸을 신뢰할 수 없기 때문에 중앙 직속인 역졸이 동원되는 겁니다. '칠 년 가뭄에 비 바라듯, 역졸들 어사 바라듯 한다'는 속담처럼, 이용태를 따라고부에 들어간 역졸들은 제 세상을 만난 것처럼 걷잡을 수 없이 날뛰며 만행을 저질렀습니다. 신임 고부 군수 박명원조차 이용태의 폭주를 제지할 방도가 없어 속수무책으로 바라볼 뿐이었습니다. 고부군민들은 온건한 사후 조치로 원만한 수습에 나선 박명원만 믿었는데, 이용태의 무차별 탄압과 역졸들의 천인공노할 만행에 분노하고좌절했습니다. 고부의 참담한 상황을 전해 들은 인근 지역에서는 민씨 세도 정권과 양반 사대부들을 더 이상 믿을 수 없다는 인식이 팽배했습니다.

한편, 전라도 관찰사 김문현은 고부 봉기 이후에 동학도라는 구실로 부자들을 마구 잡아다가 곤장을 치고 재물을 우려냈습니다. 사태

수습보다 자기 주머니 채우는 일에만 골몰한 겁니다. 민씨 세도 정권의 관료들은 어쩌면 이렇게 하나같이 쓸모없는 인간투성이였는지, 생각할수록 기가 막힙니다. 당시 고부는 생지옥이나 다를 바 없었습니다. 안핵사와 관찰사의 태도가 이럴진대, 서울과 전라감영에서 온 포교들이나 인근 읍에서 차출되어 온 조례나 나장 같은 사령(관아에 딸려 심부름 따위를 하던 하급 군졸)들이 제 세상이라도 만난 듯 고부 백성들을 괴롭히는 것은 정해진 이치였습니다.

제1차 농민전쟁, 봉건 체제 타도를 외치다

갑오년의 두 번째 국면은 3월에 시작된, 이른바 '제1차 농민전쟁' 단계입니다. 고부의 봉기 농민들이 해산하자, 전봉준은 후일을 도모하기 위해 은밀히 무장(전북 고창군)을 찾았습니다. 그리고 동학 대접주로 있던 손화중의 지지를 받아 남접 도소를 설치하는 데 성공합니다. 전봉준이 남접 도소를 설치한 목적은 무엇보다 중앙 교단, 즉 북접의 지휘를 받지 않고 독자적인 지휘 체계를 세우기 위해서였습니다. 북접이 정치 참여나 개혁 운동을 반대하고, 교도들의 활동을 종교 범위 내로 제한했기 때문입니다.

보국안민의 내전을 시작하다 손화중의 지지와 협조는 김개남, 김덕명, 최경선 등의 추인을 받아 마침내 전봉준의 남접 총지휘자 추대로까지 이어졌습니다. 이후 전봉준은 무장·고부·태인·부안·흥덕·금구 등의 동학 조직을 이용해서 농민군을 모으는 한편, 무기 확보와 군량 준비에 착수했습니다. 그러자 전라도 전역의 농민들은 말할 것도 없고, 일부 충청도 농민들까지 삽시간에 전봉준의 깃발 아래로 모여들었습니다. 보국안민의 기치를 내건 갑오년 농민군과 무능하고 부패한 민씨 세도 정권 사이의 내전은 이렇게 시작되었습니다.

1894년 3월 20일, 남접 농민군은 무장에서 단독으로 「창의문(倡義文)」을 포고했습니다. 이른바 '무장 봉기'에서 발표한 창의문 가운데 일부 내용을 소개합니다.

"오늘날 신하 된 자들은 나라에 보답할 생각은 하지 않고 한갓 녹봉과 지위만을 도둑질하여 임금의 총명을 가리고 갖은 아부와 아첨만을 일삼아 충성된 선비가 간하는 말을 가리켜 요망한 말이라 하고 정직한 사람을 비도(匪徒)라고 하여, 안으로는 나라를 돕는 인재가 없고 밖으로는 백성에게 사나운 관리만 많도다. … 공경으로부터 관찰사와 수령에 이르기까지 모두 국가의 위태로움은 생각하지 않고 오직 자신을 살찌우고 가문을 윤택하게 하는 계책만 도둑질하며, 과거를 돈벌이 수단으로 여기고, 과거 응시장은 돈으로 사고파는 시장 바닥으로 변하고 말았도다. 허다한 돈과 뇌물이 나라의 곳간으로 들어가지 않고 오히려 권세가들의 집을 가득 채우고 있도다. 나라에 쌓인 빚이 있는데도 갚을 생각은 않고 교만과 사치와 음란과 더러운 일만을 거리낌 없이 일삼으니, 온 나라가 짓밟혀 망가지고 만민은 도탄에 빠졌도다. 수령들이 재물을 탐하고 사납게 구니, 어찌 백성이 곤궁하지 아니하랴. 백성은 나라의 근본이니, 근본이 쇠잔하면 나라는 반드시 없어지는 것이다. 그런데도 보국안민의 방책은 생각하지 않고 제 고향 땅에 집을 지어 오로지 제 한 몸 온전할 방책만 꾀하고 녹봉과 지위를 도둑질하고 있으니 어찌 이것이 옳은 일이라 하겠는가! 우리는 비록 초야에 버려진 백성이지만 … 나라가 망할 것처럼 위태로운 상황을 앉아서 보기만 하겠는가! 온 나라가 마음을 합하고 수많은 백성이 뜻을 모아 이제 의로운 깃발을 들어 보국안민으로써 죽고 사는 맹세를 하노니…."

창의문 내용에서 알 수 있듯이, 제1차 농민전쟁이 고부 봉기와 가장 차별되는 지점은 봉기의 목적입니다. 한마디로 말해 '봉건 체제 타도'라는 구호 아래, 당대 사회의 모순을 제거하기 위해 민비를 비롯한 민씨 세도 정권과 그들에 빌붙은 세력을 척결하는 것이 봉기의 가장 큰 명분이었습니다.

'앉으면 죽산, 일어서면 백산!' 제1차 농민전쟁의 농민군 지도부는 모두가 남접 접주들이었습니다. 그리고 농민군은 빈농과 소작농, 머슴 살이하는 농업 노동자들로 이루어졌습니다. 고부 봉기 때와 달리, 평민 출신 부농들은 항쟁의 대열에서 대부분 이탈했으며, 이후로는 줄곧 양반 사대부들 편에 섰습니다.

전봉준과 농민군은 무장에서 전주로 곧장 진군하지 않고, 가장 먼저 고부를 점령했습니다. 안핵사 이용태는 전주로 줄행랑을 놓았습니다. 농민군이 고부를 첫 번째 공격 목표로 삼은 것은 안핵사에게 유린당한 고부 농민의 참상이 너무 극심한 나머지 그들을 구원하는 것이 무엇보다 시급했기 때문입니다.

고부 점령 나흘 동안 그간의 폐단을 바로잡은 농민군은 3월 25일 인근의 백산(전북 부안군 백산면 소재)으로 이동했습니다. 지도부는 추가로 합류한 백성들을 받아들여 백산에서 농민군을 확대 개편합니다. 그리고 농민군이 봉기한 명분과 의리를 천명한 '4대 명의'와 '격문', 그리고 농민군의 기강을 정립한 '12개 조 기율'을 공포하고 출정식을 거행합니다. 이후로 농민군은 엄정한 기강과 규율을 갖춘 군대 조직으로 거듭나게 됩니다.

백산은 평평한 들판 한가운데 외롭게 솟은, 해발 50미터에도 못 미치는 나지막한 산입니다. 그런 백산에 집결한 1만 농민군이 일제히 앉으면 손에 쥔 죽창이 대숲을 이룬 것처럼 보였고, 일어서면 그들이 입은 농민복 때문에 이름 그대로 온통 하얗게 뒤덮인 산이 되었습니다. '앉으면 죽산(竹山), 서면 백산(白山)'이라는 말이 여기서 나왔으니, 출정식 당시의 농민군 규모와 기세는 그야말로 장관이었습니다. 모두 머리에 흰 수건을 동여맸고, '동도대장(東徒大將)'과 '보국안민'을 아로새긴 대장기와 부대별로 색깔을 달리한 깃발을 앞세웠습니다. 무장 봉기 당시 4천 명이던 농민군이 백산에서 전주를 바라고 진군을 시작할 때는 1만 명의 대군으로 탈바꿈해 있었습니다.

황토재 전투와 농민군의 기선 제압　제1차 농민전쟁에서 농민군이 처음으로 관군과 맞붙었던 4월 7일의 황토재 전투는 우리 민중사에서 굵은 글씨로 쓰일 놀라운 쾌거였습니다.

전봉준은 관군을 황토재로 유인한 다음 어둠을 틈타 기습 공격을 감행했습니다. 이로써 관군이 보유한 서양식 소총을 무력화하여 농민군이 대승을 거둘 수 있었습니다. 황토재 전투에서 전라 감영군과 보부상이 주축이 된 향군이 무려 1천여 명이나 죽었으니, 그야말로 관군의 참패였습니다. 농민군은 전투 경험이 전무한 상태에서 의기

하나만으로 일어나 사실상 오합지졸이나 다름없었습니다. 그런 농민군이 전라 감영군을 상대로 완승했으니, 역사적으로도 기념비적인 사건이 아닐 수 없습니다.

4월 5일 오전, 양호초토사 홍계훈이 이끄는 경군(京軍)이 군산항에 도착했습니다. 하지만 다음 날 벌어진 황토재 패배 소식을 들은 경군은 사기가 크게 떨어지고 맙니다. 그리고 4월 23일, 전남 장성의 황룡촌에서 마침내 농민군과 조우합니다.

황룡촌 전투는 들판에서 벌어졌기 때문에 화력에서 밀리는 농민군이 절대적으로 불리한 싸움이었습니다. 그러나 농민군은 '장태'를 이용해 경군의 화력을 다시 한번 무력화했습니다. 장태는 껍질이 단단하고 매끄러운 대나무를 크게 엮어 굴릴 수 있도록 둥글게 만든 일종의 방탄 장비입니다. 농민군은 경군이 발사한 총알이 둥근 장태에 빗맞아 튕겨 나가게 함으로써 아군의 피해를 최소한으로 줄일 수 있었습니다. 아무튼 무장과 훈련 측면에서 비교조차 되지 않는 농민군이 근대식 훈련을 받고 신식 무장을 갖춘 조선 정규군을 상대로 승리한 것만으로도 황룡촌 전투가 갖는 의미는 각별합니다.

원병 구걸과 일본군 기습 상륙　제1차 농민전쟁 와중에 가장 먼저 청나라의 도움을 언급한 자는 초토사 홍계훈이었습니다. 겉으로 알려진 것은 그렇습니다. 하지만 외국 군대의 원병 요청 같은 중대 사안은 일개 군 지휘관이 건의할 수 있는 성격이 아닙니다.

군산에 도착한 경군은 전투도 치르지 않은 상태에서 무려 330명이나 탈영했습니다. 이튿날 벌어진 황토재 전투에서 관군이 대패했다는 소식을 들은 직후였습니다. 경군 800명이 상륙 며칠 만에 거의 반토막이 난 것이죠. 심지어 달아난 경군 병사 중 일부가 농민군에게 투항했을 만큼 경군의 사기는 형편없었습니다. 상황이 심상치 않음을 깨달은 홍계훈은 조정에 증원군을 요청하면서 청나라 원병도 함께 건의한 것으로 알려져 있습니다.

홍계훈의 청나라 원병 요청은 민씨 정권의 실세인 민영휘를 통해 조정에 전달되었다고 하는데, 홍계훈이 고종이나 민영휘로부터 출정 당시부터 청군 원조의 의중을 지시받았을 가능성이 높습니다. 고종은 이미 1년 전 대신들 앞에서 청군 원병을 언급한 적이 있었고, 민영휘도 평소 앞장서서 떠들고 다녔습니다. 『주한일본공사관기록』에는 '여러 대신들이 반대하는 가운데 유독 민영휘 혼자서 청나라 원병을 주장했다'고 기록되어 있습니다. 민영휘의 배후에는 항상 민비의 입김이 있었다는 점도 간과할 수 없습니다.

실제로 청나라 개입은 민영휘와 원세개 사이에 오고 간 밀약을 통해 이미 진행되고 있었습니다. 민영휘는 청나라 군대를 불러들이기 위해 기회가 있을 때마다 실제 사실을 부풀리거나 감추는 방식으로 보고했고, 고종은 '농민군이 서울로 올라오기 전에 충주로 달아나야 겠다'는 졸렬한 속내를 털어놓기도 했습니다. 민비 역시 임오년에 군민 연합군을 피해 달아난 뒤부터는 자기 백성들을 무서워하고 적대시했습니다.

황토재 전투에 이어 황룡촌 전투에서 연승하면서 사기가 하늘을 찌를 듯 높아진 농민군은 4월 27일, 드디어 전주성에 입성합니다. 무장 봉기 이후 불과 한 달여 만의 일입니다. 나흘 전 황룡촌 전투에서 승리를 거둔 전봉준은 농민군을 이끌고 뜻밖에도 남쪽으로 향했습니다. 그러자 홍계훈의 경군도 허겁지겁 농민군을 뒤쫓았는데, 그사이 농민군이 재빨리 군사를 되돌려 텅 빈 전주성에 무혈입성한 겁니다. 전봉준의 용병술이 돋보이는 장면입니다.

전주성이 농민군에게 점령되었다는 소식이 조정에 전해진 시각, 고종은 김옥균 암살에 성공했다는 소식을 듣고 아주 기분이 좋은 상태였습니다. 이를 자축하기 위해 사면령까지 내리고 한껏 들떠 있는 상황에서 전주성 함락 소식을 접한 겁니다.

화들짝 놀란 고종과 민씨 정권은 4월 30일, 이것저것 따질 것 없이 정식으로 청나라에 원병을 요청했습니다. 그런데 고종 내외를 정말로 대경실색하게 만든 일은 따로 있었습니다. 부대 파병을 요청한 적도 없는 일본군이 일방적으로 인천항에 상륙한 겁니다. 그들이 출병 근거로 내세운 것은 제물포조약과 천진조약이었습니다. 인천항에 집결한 일본군 병력은 청군이 파병한 2,500명(혹은 2,800명)의 세 배나 되는 8천여 명이었습니다. 더 놀라운 것은 천황에게 조선 출병 재가를 받은 날이 조선이 청나라에 원병을 요청한 날보다 하루 빨랐다는 점입니다. 이는 일본이 한반도를 집어삼키려고 오래전부터 조선의 정치 상황을 예의 주시하고 있었을 뿐만 아니라, 조선과 청이 교감한 은밀한 내용까지 속속들이 파악하고 있었다는 것을 의미합니다.

국내 문제를 외세에 의존하려는 지배계급의 어리석음이 상황을 완전히 다른 국면으로 돌려놓았으니, 갑오년 농민전쟁은 이렇게 해서 단순 내전에서 국가 간 전쟁의 성격이 혼재하는 양상으로 바뀌고 맙니다.

전주 화약, 동병상련 혹은 동상이몽　고종 내외와 민씨 세도 정권은 다급해졌습니다. 청군과 일본군이 동시 출병한 상황에서 자신들을 호위하는 경군이 서울에 없다는 사실만으로도 등골이 서늘할 지경이었으니까요. 한시바삐 경군을 복귀시켜야 했는데, 그러려면 농민군과의 휴전이 필요했습니다. 더군다나 청일 양국 군에게 철병을 요구하려면 농민군의 위협이 해소된 상황이 전제되어야 했습니다.

　농민군 또한 사정이 급하기는 마찬가지였습니다. 전주성 점령 이후로 관군과 향군의 숫자가 나날이 늘어나면서 수적 우세가 무의미해졌고, 오히려 농민군이 전주성에서 포위되는 상황을 걱정해야 했습니다. 특히 5월 3일의 전주성 외곽 전투에서 농민군이 관군에게 패하면서 여태껏 유리하게 전개되던 전황도 수세로 바뀐 마당이었습니다. 7일에는 일본군 선발대가 서울에 입성했고, 청군도 아산을 향해 진군을 시작했습니다. 이로써 농민군과 조정 모두에게 휴전 성사는 공통의 과제가 되었습니다.

　5월 4일, 전봉준은 민씨 정권 타도라는 과업을 잠시 뒤로 물리고 탐관오리 처벌, 가렴주구 폐지처럼 요구 수위를 낮춘 이른바 「폐정 개혁안」을 제시합니다. 이튿날 농민군의 폐정 개혁 요구를 조정이 수용하면서 마침내 '전주 화약'이 맺어지게 됩니다. 전봉준과 초토사 홍계훈 그리고 전라도 관찰사 김학진이 화약을 맺은 5월 8일 아침, 농민군은 형식상 자진 해산의 형태로 전주성을 전라도 관찰사에게 넘기고 적게는 수백 명, 많게는 일이천 명씩 대오를 이루어 철수합니다.

　농민군 지도부는 전주 화약을 맺기 전부터 폐정 개혁 실시와 향후 재봉기까지를 염두에 둔 일정표를 염두에 두었음이 분명합니다. 이는 농민군이 무장을 해제하지 않은 채 해산한 것, 그리고 농민군 지도부가 각자 전라좌도와 전라우도, 충청도 일부를 포함하는 지역을 권역별로 나누어 장악한 것만 보아도 알 수 있는 일입니다.

일본의 경복궁 점령과 거짓말 일본군은 전주 화약에도 불구하고 조선의 철병 요구를 묵살했습니다. 되레 조선의 내정 개혁을 요구하며 본색을 드러내기 시작했습니다. 이런 내정 간섭에 민씨 세도 정권이 항의했지만, 일본은 물러설 생각이 전혀 없었습니다. 그들은 한술 더 떠 청나라 군대를 내쫓는 일을 자기들한테 부탁하라고 통보합니다. 6월 21일(양력 7월 23일)에는 오오토리 일본 공사가 이끄는 일본군 1천여 명이 무력으로 경복궁을 점령하고, 대원군을 끌어들여 개화파 친일 괴뢰 정권을 세웁니다. 20년 민씨 세도 정권도 이렇게 끝이 났습니다.

일본이 대원군에게 섭정을 맡긴 데는 그들 나름의 꼼수가 있었습니다. 경복궁 점령에 대한 조선 민중의 반발을 누그러뜨리고, 덤으로 왕실 통제와 대외적인 얼굴마담 노릇을 위해 한시적으로 대원군을 이용할 생각이었던 겁니다. 제2차 농민전쟁이 막바지에 이른 12월, 대원군을 배제한 상태로 이른바 2차 김홍집 내각을 출범시킴으로써 그 의도가 분명히 드러납니다.

6월 23일, 일본군은 아산만 풍도 앞바다에 정박 중인 청나라 함대를 향해 그들의 전매특허인 선전포고 없는 공격을 감행합니다. 경복궁 점령 이틀 뒤의 일입니다. 이로써 우리 강토는 청과 일본의 전쟁터가 되었고, 조선 민중은 강제로 군수 물자 수송에 동원되는 등 갖가지 고초를 겪어야 했습니다. 아둔한 지배계급을 둔 대가는 이처럼 혹독했으며, 이제 고종과 왕조를 건져낼 세력은 농민군 말고는 이 땅 어디서도 찾을 수 없는 아이러니한 상황이 연출되었습니다.

인천 앞바다에 처음 등장한 뒤로 일본이 보여준 모든 행적을 추적해보면, 조선이 어떤 식으로 대응하든 상관없이 잘 짜인 각본에 따라 자기 길을 걸었음을 알 수 있습니다. 그렇다면 일본군이 경복궁을 점령한 목적은 무엇일까요? 첫 번째는 (조선의 내정 개혁은 그저 핑계에 지나지 않았고) 중국의 종주국 지위를 조선이 부정하도록 만들어 청나라와 전쟁할 구실을 만드는 것이었습니다. 그리고 청과 싸울 동안 후방을 안전하게 지켜줄 친일 괴뢰 정권을 수립하는 것이 그다음 목적이었습니다.

최근 한 일본 국회의원이 발견한 「일청전쟁 선전조칙 초안」이란 문서에 따르면, 당초 일본은 청나라뿐만 아니라 조선과도 전쟁을 벌일 생각이었습니다. 그런데 갑자기 계획을 바꿔 경복궁 점령과 괴뢰 정부 수립으로 방향을 선회했습니다. 청과의 전쟁에 앞서 조선에 친일 괴뢰 정권을 세워 그들의 협조를 받는 것이 더 유리하다고 판단한 겁니다.

결국 '청나라가 먼저 출병했기 때문에 천진조약에 따라 자국민 보호를 위해 군대 파병을 결정했다'는 주장은 새빨간 거짓말입니다. 그러므로 앞으로는 청일전쟁의 시작이 아산만에서 일본군이 청 함대를 기습 공격한 날이 아니라 경복궁을 불법 점령한 날로 바로잡아야 하고, 마찬가지로 전쟁 개전일도 6월 23일(양력 7월 25일)에서 6월 21일로 고쳐야 한다고 생각합니다.

자랑스러운 역사 유산, 집강소 농민 자치

갑오년 농민전쟁의 세 번째 국면은 이른바 '집강소 농민 자치' 시기입니다. 전주 화약이 체결되자 농민군은 전주성에서 물러나고, 경군은 서울로 복귀했습니다. 앞서 언급한 대로, 귀향한 농민군들은 전라도 53개 군현에 집강소를 설치하고 폐정 개혁을 목표로 농민 자치를 실시했습니다.

농민 자치와 관민상화, 근대 질서를 이 땅에 구현하다　제1차 농민전쟁의 여파로 남도 지역의 치안과 행정은 마비 상태나 다름없었는데, 집강소와 관아의 활동 영역이 분명치 않아 고을마다 혼란스러운 상황이 잇따랐습니다. 전봉준은 상황을 이대로 방치할 수 없다고 판단했습니다. 이런 무정부적인 상황이 이어진다면 청일 양국에 또 다른 구실을 제공할 수 있고, 나아가 원만한 폐정 개혁도 불가능해져서 애초의 바른 명분이 왜곡될 위험이 있었습니다. 전주 화약으로 약속받은 폐정 개혁이 순조롭게 진행되려면, 농민 지도부와 관 사이의 신사협정이 필요했습니다.

전주 화약 이후 두 달이 지난 7월 6일, 전봉준과 전라도 관찰사 김학진은 전라도 지역의 치안을 유지하고 정치적 폐단을 바로잡기 위해 농민군과 관이 함께 협력하기로 뜻을 모았습니다. 이른바 관민상화(官民相和)에 합의한 겁니다. 앞서 전봉준은 참모 몇 명만 대동한 채 몸소 전주성을 방문했습니다. 그리고 전라도 관찰사 김학진을 만나 집강소 자치 농민들과 고을 수령이 서로 협력해 치안을 바로잡고 폐정 개혁을 착실히 실행하기로 전격 합의합니다. 집강소 농민 자치와 더불어 우리 역사에서 전대미문의 또 하나의 대사건이 그렇게 이루어졌습니다. 이로써 전라도 53개 군현에 설치된 집강소는 수령의 협조를 받아 석 달 넘게 폐정 개혁을 실시할 수 있었습니다.

일본군 상륙이라는 예기치 못한 상황으로 다급해진 고종과 민씨 세도 정권이 마지못해 수용한 측면도 있지만, 아무튼 폐정 개혁이 전라도 전역에서 큰 차질 없이 진행된 것은 분명한 사실입니다. 익산 지역 농민군 간부였던 오지영의 『동학사(東學史)』에 실려 있는 '폐정 개혁 12개 조'는 다음과 같습니다.

1. 동학교도와 정부 사이의 묵은 원한을 없애고 함께 서정(庶政)에 협력할 것.

2. 탐관오리의 죄상을 자세히 조사하여 응징할 것.

3. 횡포한 부호(富豪) 무리를 엄히 처벌할 것.

4. 불량한 유림과 양반들을 징벌할 것.

5. 노비문서를 불태울 것.

6 칠반천인(七班賤人)의 대우를 개선하고 백정이 평양립(平壤笠)을 쓰는 관습을 없앨 것.

7. 청상과부의 재혼을 허락할 것.

8. 무명잡세를 완전히 없앨 것.

9. 관리 채용에 있어 지체와 문벌을 없애 인재를 등용할 것.

10. 외적(일본)과 상통하는 자를 엄벌할 것.

11. 공사채를 막론하고 기왕의 (농민들의) 채무는 모두 면제할 것.

12. 토지는 균등하게 분작(分作)하게 할 것.

마지막 조항인 '토지의 균등 분작'만 빼고 나머지 모든 조항이 실천에 옮겨졌습니다. 전라도 지역에 국한되었을지언정, 민중 스스로 역사의 주체가 되어 근대 질서를 구현한 겁니다. 이는 순수하게 우리 내부에서 자라난 민중 의식이 현실에서 꽃을 피운 자랑스러운 우리 역사 유산입니다.

김학진의 너른 국량과 편의종사 관민상화는 전봉준의 직관과 두둑한 배짱에서 시작되었지만, 궁극적으로는 전라도 관찰사 김학진의 너른 국량에 크게 힘입었습니다. 따라서 그의 혜안과 과단성은 높이 평가받아 마땅합니다. 김학진의 관찰사 부임과 관련한 유명한 일화 하나를 소개합니다.

그 시절의 사대부라면 누구나 손사래 쳤던 전라도 관찰사직을 제수받을 당시, 김학진은 고종에게 한 가지 청을 했고 결국 허락을 받아냈습니다. 이른바 편의종사(便宜從事)가 그것입니다. 편의종사란 지방관이 현지에서 급박하게 발생하는 사정에 맞추어 자기 판단으로 재량껏 일할 수 있는 권한을 말하는데, 주로 거리상의 문제로 조정과의 소통이 곤란한 나라 밖 사절에게나 주어지는 특권이었습니다. 조선의 지방관이 일상적이지 않은 중요 결정을 내릴 때는 언제나 조정에 먼저 보고한 뒤 임금의 지시를 받아 처리해야 했습니다. 그런데 임금에게서 편의종사를 허락받았으니, 관민상화처럼 전례 없는 사안을 앞에 두고도 원칙적인 업무 절차에 구애받지 않고 자기 판단으로 전봉준의 요청을 수용할 수 있었던 것이죠.

전봉준과 관민상화에 이르기까지의 과정을 살펴보면, 김학진은 그 시절 사대부치고는 매우 드문 국량과 지혜를 가졌던 인물임이 분명합니다.

집강소의 폐정 개혁과 농민 자치 전통의 계승　관민상화 이후로 각 고을의 집강소 자치는 새로운 국면에 접어들었습니다. 폐정 개혁은 관의 협력을 받아 농민군이 주도하는 모양새를 갖추게 되었고, 전주성 안에 농민군 본부 격인 '대도소'를 설치해 집강소 자치를 총괄하게 되었습니다. 김학진은 대도소 업무를 위해 감영의 선화당(宣化堂: 관찰사가 집무를 보던 건물) 건물을 흔쾌히 양보하기까지 했습니다. 마침내 전라도 지역의 집강소가 명실공히 관의 공인을 받은 자치 조직이 된 겁니다.

모든 고을에서 농민군이 직접 집강(執綱)*을 선출했고, 고을 수령의 협조로 전주 화약 당시 제시된 '폐정 개혁 12개 조'가 실행에 옮겨졌습니다. 군현 차원의 폐정 개혁으로는 백성을 수탈한 탐관오리를 처벌하는 일과 수령과 향리, 지주들의 탐욕 때문에 일어난 온갖 잘못을 바로잡는 일이 주를 이루었습니다. 농민군은 집강소를 통해 폐정 개혁 활동뿐만 아니라, 무기 관리와 지역의 치안 유지까지 책임졌습니다. 지방관이 집강소에 비협조적이었던 나주 등 극히 일부 지역을 제외한 전라도 전역에서 농민 자치가 실현된 겁니다.

---

*집강은 원래 조선의 말단 행정 단위인 현(縣)에 소속된 자치 조직의 책임자로서, 오늘로 치면 면장에 해당하는 자리입니다. 집강소가 설치되면서부터는 그 책임자를 집강으로 부르게 되었습니다.

이 시기의 농민군 활동 가운데 주목할 만한 것으로는 신분 투쟁을 꼽을 수 있습니다. 농민군은 봉건적 신분 질서로부터 스스로를 해방하고자 했습니다. 집강소 자치가 시행된 대부분 지역의 백성들은 양반과 동등한 예를 갖추며 당당하게 행동했습니다. 심지어 백정이나 재인 같은 천민들도 양인에 버금가는 대접을 받았습니다.

집강소 체제를 통해 보여준 농민 자치 전통과 저항 정신은 결코 소멸한 것이 아닙니다. 조국이 위기에 처할 때마다, 농민군의 후손들은 갑오년의 아름답고 눈부신 전통과 올곧은 기상을 온전히 되살려냈습니다. 해방되자마자 수립된 건국준비위원회와 한반도 전역에 설치된 인민위원회로부터 이승만 독재를 무너뜨린 4·19 민주혁명, 1980년 5월의 민중항쟁과 군부 반란 세력의 총칼 앞에 죽음으로 맞선 5·18 광주민중항쟁, 군부 독재 연장을 저지한 1987년 6월의 민중항쟁, 그리고 국정을 농단한 박근혜 정권을 무너뜨린 2016~2017년의 촛불 항쟁까지, 우리 민주주의 역사를 환하게 밝힌 숱한 투쟁과 승리의 기록들이 이를 증명합니다. 갑오년 농민군의 집강소 자치 전통과 저항 정신은 그렇게 민주공화국을 사는 후손들의 가슴속에 깊이 각인되어 자랑스러운 유산으로 이어져왔습니다.

제2차 농민전쟁, 반민족 세력과 제국주의 일본에 맞서다

농민군 진압을 위해 고종과 민비가 청나라에 개입을 요청함에 따라, 1894년 5월 5일 청군이 아산만에 상륙했습니다. 그러자 일본도 마치 이때를 기다렸다는 듯이 바로 다음 날 거류민과 공사관 보호를 핑계로 8천여 명의 군대를 인천 제물포에 상륙시켰습니다.

일본군 상륙 소식에 깜짝 놀란 조정은 전주 화약과 농민군 해산을 이유로 청군과 일본군 모두에게 철병을 요구했습니다. 그러나 청일 양국은 그럴 생각이 전혀 없었습니다. 일본군은 철병은커녕 경복궁 을 무력 점령한 뒤 아산만의 청나라 함대를 공격함으로써 청일전쟁 을 시작했습니다.

실질적인 조선 군대, 농민군의 재봉기 고종을 인질로 삼은 일본은 친 일 괴뢰 정권을 배후 조종해 이른바 '갑오경장'이라는 사이비 개혁에 착수했습니다. 이는 조선 조정을 실질적으로 장악하기 위한 속임수 에 불과했습니다. 앞서 철병 요구를 거부할 때 그들이 내세운 명분이 바로 조선의 내정 개혁이었기 때문이죠. 이후 일본은 침략 의도를 노 골적으로 드러내기 시작합니다. 나아가 평양 전투(8월 18일)에서 청 군에 승리한 뒤로는 조선 내정에 깊숙이 개입하게 됩니다.

친일 괴뢰 정권이 농민군을 적대시하며 태세 전환한 시점도 바로 이 무렵입니다. 앞서 6월의 경복궁 불법 점령 소식을 접한 농민군 지 도부가 재봉기를 논의했었지만, 농번기를 앞두고 있어 어쩔 수 없이 사태를 관망하기로 한 바 있었습니다. 일본군이 청일전쟁의 승기를 잡기 전에 재봉기했다면 농민군에게 훨씬 유리한 전황이 펼쳐졌을 는지 모릅니다. 하지만 전봉준과 농민군 지도부는 농민들이 추수를 끝내는 음력 9월까지는 기다릴 수밖에 없었습니다. 그런데 일본군의 승리가 가시화하면서 재봉기는 피할 수 없는 일이 되었습니다. 9월 10일, 급변한 상황에 주목한 전봉준은 대도소를 삼례(완주군 삼례읍) 로 옮기고, 재봉기를 알리는 통문을 돌렸습니다.

농민군 지도부는 마지막 싸움을 시작하면서 '서울로 진격해 민비를 비롯한 매국 세력과 일본군을 몰아내자'고 굳게 다짐했습니다. 드디어 갑오년의 마지막 국면인 '제2차 농민전쟁'에 돌입한 겁니다. 제2차 갑오년 농민전쟁의 국면에서 실질적인 조선 군대는 (일본에 부역한 관군이 아니라) 농민군이었습니다. 농민군이 이 무렵부터 '의병'을 자처하기 시작한 것도 같은 맥락에서 보아야 합니다.

재봉기를 앞두고 반가운 소식이 들려왔습니다. 9월 18일, 여태까지 전봉준을 비롯한 농민군 지도부를 이단시하고, 농민군을 인정하지 않았던 동학 교주 최시형이 각 포의 접주들에게 다음과 같은 지시를 내렸습니다. "교도들을 동원하여 전봉준과 협력해, 선사(先師)의 숙원(宿冤)을 쾌신(快伸)하고 종국(宗國)의 급난(急難)에 동부(同赴)하라." 한때 남접을 토벌하라는 말까지 했던 최시형이 드디어 전봉준의 동참 요구를 받아들인 겁니다.

그러나 유감스럽게도 뒤늦은 북접 농민군의 동참은 전력 면에서 제2차 농민전쟁 내내 큰 도움이 되지 않았습니다. 북접 농민군의 지휘관과 병사들은 실전 경험이 거의 없는 데다 전술 이해도도 떨어졌습니다. 게다가 사기 측면에서도 남접 농민군에 한참 못 미쳤습니다. 한마디로 북접 농민군은 싸울 줄 아는 병사들이 아니었습니다.

사뭇 달라진 양상　두 번째 봉기에서 농민군 지도부가 고쳐 단 깃발은 침략군을 우리 강토에서 몰아내자는 구국의 반외세 깃발이었습니다. 제1차 농민전쟁과 달라진 것은 이뿐만이 아닙니다. 농민군이 전투에서 상대할 대상이 늘어났으며, 그들이 이전의 적보다 훨씬 강하다는 사실이었습니다. 지금까지는 군기가 허술하고 사기도 형편없는 전라도 감영군과 세도 정권의 경군을 상대하면 그만이었습니다. 하지만 앞으로는 현대식 무기와 전술로 무장하고 제대로 훈련받고 규율이 잡힌 일본군과 맞서야 했습니다. 일본군만으로도 버거운 상황에서 설상가상으로 양반 지주와 그들이 조직한 민병도 상대해야 했으니, 내전의 양상까지 더욱 또렷해졌습니다.

한편 농민군 진영 내부에서 제1차 농민전쟁과 비교해 달라진 점이 있다면, 폐정 개혁으로 해방된 천민과 노비들이 농민군에 대거 가세한 사실을 꼽을 수 있습니다. 그렇지만 농민군의 주력은 여전히 양인 신분의 농민들이었고, 농민군이 소지한 무기 역시 제1차 농민전쟁 때와 크게 다르지 않았습니다.

일본군 지휘를 받은 관군　　일본군의 출병은 친일 괴뢰 정권 초기에 어느 정도 영향력을 행사할 수 있었던 대원군 덕분에 8월 말까지는 저지되고 있었습니다. 그러나 최시형이 남접과 농민군에게 협력할 것을 지시한 9월 18일, 일본은 조선 조정에 농민군 진압에 협조하라는 통첩을 전달한 뒤 곧장 용산 수비대 병력 일부를 남쪽으로 내려보냅니다. 그리고 이틀 뒤인 20일에는 친일 괴뢰 정권도 일본에 공식적으로 농민군 진압을 요청하게 됩니다. 일본군 개입을 반대한 대원군의 의견은 철저히 묵살당합니다.

한편 10월 9일에는 일본군 후비보병 제19대대가 인천항에 도착했습니다. 제19대대는 본국으로부터 농민군을 초토화하라는 임무를 받고 파병된 부대였습니다. 그날 이노우에 일본 공사는 외무대신 김윤식에게 '동학당 조초(助剿: 초토화 지원) 계획 및 예비 사항의 통고'라는 서한을 보냅니다. 앞으로 농민군을 진압하는 모든 조선군과 각 지방관들은 일본군 장교의 지휘에 따르라고 요청한 겁니다. 말이 좋아 통고지 사실상 명령이었습니다.

이후 조선군은 갑오년 농민전쟁이 막을 내리는 순간까지 자신들의 의지와 전술에 따라 농민군과 싸우지 못했고, 일본군의 작전 지휘 계통에 종속되어 움직였습니다. '조일 연합군'이란 표현은 형식에 불과했고, 일본군의 명령을 받드는 괴뢰군에 지나지 않았습니다. 경군과 북한산성을 지키는 경리청 군사를 일본군 후비보병 제19대대에 배속시켰을 뿐만 아니라, 무려 대신급의 위무사를 임명해 일본군의 편의를 돕도록 했습니다. 일본이 남의 땅에서 남의 나라 농민군을 어렵지 않게 진압할 수 있었던 배경에는 이처럼 친일 괴뢰 정권의 반민족적 부역 행위가 자리하고 있었습니다.

통한의 우금티 전투 11월 9일, 전봉준의 남접 주력군과 손병희가 이끄는 북접군으로 이뤄진 농민군은 공주 우금티(공주시 금학동에 있는 고개)에서 조일 연합군과 격돌했습니다.

우금티 전투는 제2차 농민전쟁에서 결정적인 승부처인 동시에 주력 농민군의 사실상 최종 결전이었습니다. 이 싸움은 화력의 절대적 열세라는 불리한 상황뿐만 아니라, 김개남의 농민군이 합류하지 않아 전력이 분산된 상태에서 치러졌습니다. 결국 수적 우위를 극대화하지 못한 농민군으로서는 결과가 뻔한 무모한 싸움이었습니다.

농민군은 앞서 이인(공주시 이인면)을 기습 공격해 관군을 후퇴시켰기 때문에 공주 공격을 위한 발판을 마련한 상태였습니다. 그러나 우금티 계곡은 싸움을 거는 농민군보다는 지키는 조일 연합군 쪽에 절대적으로 유리한 지형이었습니다. 조일 연합군은 사전에 농민군의 공격을 예상하고 우금티 골짜기 좌우에는 조선군을 배치하고, 정상에는 일본군을 주둔시켰습니다. 조일 연합군은 모든 대비를 마치고 농민군이 오기만 기다리고 있었던 겁니다.

우금티 계곡 양쪽 능선 아래쪽을 먼저 점령한 농민군은 수적 우세를 앞세워 조일 연합군의 방어선으로 밀고 올라갔습니다. 그러자 조일 연합군은 개틀링 기관포와 크루프 대포를 농민군 밀집 대형을 향해 쏟아붓기 시작했습니다. 농민군은 공격과 후퇴를 자그마치 50여 차례나 반복하며 용감하게 싸웠습니다. 그러나 압도적인 적의 화력 앞에서 가을바람에 몸을 떨구는 낙엽처럼 쓰러져갔습니다. 통한의 우금티 마루는 농민군의 신음과 아우성으로 가득 찼고, 골짜기는 그들이 흘린 피와 주검으로 발 디딜 틈이 없었습니다. 전투에 참여한 2만여 명의 농민군 가운데 생존자 수는 대략 3천 명 내외로 알려져 있습니다. 살아남은 이들은 적의 추격을 피해 논산까지 후퇴했는데 마지막까지 생존한 농민군이 고작 500명 정도였다니, 그야말로 압도적인 패배였습니다.

우금티를 공격한 2만 명의 농민군은 병력 숫자만 놓고 보면 조일 연합군을 완전히 압도했습니다. 하지만 무장과 화력을 비교하면 애기가 완전히 달라집니다. 우금티 전투에서 농민군과 맞붙은 일본군은 200여 명에 불과한 중대 규모의 부대였지만, 신식 전술 교육과 훈련을 받은 정예병이었습니다. 미제 스나이더 소총과 무라타 소총, 그리고 개틀링 기관포와 크루프 대포 같은 최신 서양식 무기를 보유하고 있었습니다. 앞서 경복궁 점령 당시 일본군은 궁궐 수비대의 무장을 해제하고 무기고에 있던 조선군 무기를 효창동에 있는 자신들의 여단 사령부로 빼돌린 바 있었습니다. 그때 빼돌린 조선 무기들(크루프 대포 8문과 개틀링 기관포 8문, 각종 서양식 소총 2천 정)이 우금티에서 농민군을 학살하는 데 사용되었습니다.

한편, 우금티에서 일본군의 지휘를 받은 조선군은 일본 장교에게 훈련받고 복장과 무장도 일본군과 비슷했습니다. 조일 연합군이 보유한 서양식 소총은 1초에 한 발씩 쏠 수 있는 연발식이었으며, 사거리는 최대 2킬로미터였습니다. 반면에 농민군이 보유한 화승총은 심지에 불붙이고 발사하는 데까지 30초나 걸렸으며, 사정거리가 100보(약 70미터) 정도로 서양식 소총의 30분의 1에 불과했습니다. 그나마 화승총을 지닌 농민군은 소수였고, 대부분 죽창으로 무장한 상태였습니다. 농민군도 재래식 대포가 있었지만, 사정거리가 짧고 파괴력이 떨어져 전력에 도움이 되지 않았습니다. 그러니 화력에서 농민군은 애당초 조일 연합군의 상대가 될 수 없었던 겁니다. 수백 미터 떨어진 곳에서도 명중이 가능하고, 분당 200발을 발사하는 개틀링 기관포의 조준 사격에 농민군은 차례차례 쓰러져갔습니다. 말 그대로 죽창 대 기관총의 싸움이었습니다.

제2차 농민전쟁에서 우리 농민군이 패배할 수밖에 없었던 것은 무엇보다 이런 압도적인 전력 차이 때문이었습니다.

지배계급의 반민중성과 역사의 가정 갑오년의 양반 사대부들과 부농

지주들은 전쟁 내내 농민군과 연대하지 않았습니다. 하다못해 그들 편에 서서 함께 고뇌하는 모습조차 보여주지 않았습니다. 중앙의 사대부들은 말할 것도 없고, 향촌에서 행세깨나 하는 양반과 사족 신분을 가진 자들도 너나없이 똑같았습니다. 양인 가운데 넓은 땅을 가진 부농들도 마찬가지였습니다.

그들은 집강소 시기에는 팔짱 끼고 침묵하거나 마지못해 협조하는 척했습니다. 하지만 제2차 농민전쟁 막바지에 농민군의 패색이 짙어지자, 하루아침에 본색을 드러냈습니다. 일본군에 맞서기는커녕 농민군을 향해 칼을 겨누고 핍박함으로써 일본과 괴뢰 정권 연합군에 적극적으로 부역했습니다.

특히 향촌의 양반 지주들은 농민군과 싸우기 위해 자기 땅의 소작인이나 집안의 노비, 그리고 농민군에 가담하지 않은 백성들을 끌어모아 민보군(民堡軍)을 결성했습니다. 민보군은 조일 연합군에 밀려 패주하던 농민군을 학살함으로써 악명을 떨쳤습니다. 이런 현상은 우금티 전투 이후에 더욱 두드러졌습니다. 정말로 어처구니없는 것은 일본 침략군에 맞서 싸운 농민군에게 총칼을 겨누고도 의병을 자처했다는 사실입니다.

『동학사』를 저술한 오지영은 '갑오년 농민전쟁 당시 관군 편에 선 자들은 벼슬아치를 비롯한 양반들과 아전 같은 구실아치들, 그리고 부유한 농민들과 천주교 신자들로 구성된 이른바 서학군(西學軍)이었으며, 일반 백성은 빠짐없이 농민군을 지지했다'고 증언했습니다.

조정은 서양 열강과 수교를 맺은 뒤로는 서학을 탄압하던 정책을 폐기하고, 천주교 신앙과 포교의 자유를 전면 허용했습니다. 서양 열강을 의식한 탓인지, 이후 지배계급은 천주교 성직자와 선교사들에게 저자세로 일관했습니다. 수구파 유림조차 형세에 밀려 천주교를 배척하던 태도를 누그러뜨렸습니다. 천주교 신앙은 이런 흐름을 타고 양반을 포함한 지배계급 속으로 빠른 속도로 파고들었고, 조선 천주교는 지배계급에게 우호적인 보수 성향의 종교로 신속히 탈바꿈했습니다. 앞서 언급한 서학군 사례에서 알 수 있듯이, 천주교 세력이 동학과 갑오년 농민군을 적대한 것은 이미 예견된 일이었습니다.

우리 역사에서 지배계급이 민중을 편든 적이 단 한 번이라도 있었겠는가마는, 그래도 갑오년만큼 반민족적 양상을 띠며 민중의 적이 되었던 사례는 없었습니다. 이는 과거 조일전쟁 때의 상황과 비교해보면, 의외로 어렵지 않게 이해할 수 있습니다. 조일전쟁 초기부터 수많은 양반과 관리들이 도망치기에 급급한 것은 맞지만, 그래도 그 시절에는 적지 않은 양반 사대부가 백성들과 손잡고 의병 대오를 형성해 왜군에 맞서 싸웠습니다.

이쯤에서 갑오년의 상황을 임진년에 그대로 적용해보면 어떨까 궁금해집니다. 가령 '백성들이 봉건 질서 타도를 도모하던 와중에 왜군이 침입했다면, 그래도 양반 사대부들은 백성들과 연대하지 않았을까?'라는 상상 말입니다. 그리고 이런 역사적 가정도 의미가 있을 것 같습니다. '임진년 당시에 압도적인 군사력을 가진 왜군이 왕실과 양반 사대부의 기득권을 최대한 존중하는 유화책을 써서 지배계급과 민중 사이를 갈라놓았다'고 말입니다. 그런데도 왜군을 향한 지배계급의 전의는 흔들림 없이 굳건했을까요?

역사적 사실, 이른바 팩트는 이렇습니다. 갑오년 농민군은 민씨 세도 정권을 타도 대상으로 간주했고, 일본은 민씨 정권과 양반 사대부들에게 대체로 (적어도 경제적 기득권과 우월적인 신분 지위를 보장했다는 측면에서) 관대했습니다. 그러나 임진년의 사정은 갑오년과는 정반대였습니다. 임진년의 왜군은 조선 왕실과 양반 사대부들의 기득권이나 신분 질서 따위는 관심도 없었습니다. 그러므로 임진년의 지배계급이 왜군에게 저항하는 것 말고는 다른 선택지가 있을 리 없었습니다.

갑오년의 지배계급이 보여준 반민족 행위는 본질적으로 소유와 특권을 향한 욕망, 그리고 그에 충실한 계급적 본능에서 비롯된 것입니다. 시대적 한계나 역량 부족으로 말미암은 부득이한 선택이 아니었다는 뜻입니다. 결국 그들에게는 지배 질서와 사회적 특권을 유지하고 계승하는 일이 나라를 위기에서 구하는 일보다 더 절박하고 시급한 과제였던 겁니다.

아무튼 우금티 전투를 기점으로 일본군은 농민군이 봉기한 모든 지역에서 조선 관군을 앞세워 농민군을 추적하고 색출했으며, 민보군을 앞세운 조선 지배계급도 농민군 학살에 앞장섰습니다. 이런 지배계급의 행위는 일본의 입장에서 보면, 조선 침략의 최대 걸림돌이 말끔히 제거되는 것을 의미합니다. 그런데도 이런 상황에 이의를 제기하거나 가슴 아파하는 양반 사대부는 없었습니다. 일본으로선 이보다 더 좋을 수가 없었습니다.

그리하여 고종과 그의 아들은 그날 이후로 자기 왕조가 망하는 순간까지 그때의 농민군만큼 든든하고 강력한 지지 세력을 두 번 다시 만날 수 없었습니다. 그리고 신하라고 믿었던 자들이 일제의 앞잡이가 되고, 침묵으로 제 살길을 찾는 꼴을 지켜보아야만 했습니다.

20세기 동아시아 민중 학살의 시발점　갑오년에 일본이 조선에서 저지른 만행을 보면서 꼭 기억해야 할 것이 하나 있습니다. 일본이 20세기 동아시아에서 저지른 수많은 민중 학살의 시발점이 바로 갑오년의 농민군 학살이라는 사실입니다.

　6주 동안 30만 명을 학살했다는 남경 학살을 뛰어넘는 잔혹한 만행이 1894년의 이 땅에서 실제로 일어났습니다. 물론 일본은 이런 사실을 부인하거나 축소·왜곡합니다. 하지만 순수하게 전투 과정에서 죽은 농민군만 2만 명이 넘습니다. 양쪽 군대가 교전 중이 아닌 상태에서 일본군 지휘 아래 조직적으로 진행된 (농민군과 그들의 가족 혹은 그와 무관한) 민중 학살의 규모는 적게는 30만 명, 많게는 40만 명에 이릅니다. 호남 지방 전역에 걸쳐서 상상을 초월하는 잔혹한 보복이 잇따랐습니다. 특히 갑오년 농민전쟁의 마지막을 장식한 장흥 전투* 이후에는 인근 전남 지역의 동학교도들을 모두 색출해 처형했습니다. 장흥 전투가 끝난 뒤에 처형된 숫자만 수천 명에 이릅니다.

　여기서 전쟁의 승패가 갈렸던 우금티 전투로 다시 돌아가보겠습니다. 당시 패주하는 농민군을 추적·소탕하는 과정에서 보여준 일본군의 행위는 정상적인 전투 행위가 아니었습니다. 극소수 지도부 인사를 제외하고는 포로 자체를 인정하지 않고, 현장 사살이 원칙이었습니다. 우금티 전투 이후, 일본군이 조선군과 민보군을 이끌고 순회

---

* 1894년 12월 한 달 동안 전남 장흥과 인근 강진, 해남에 걸쳐서 진행된 갑오년 최후의 전투입니다. 인근의 전라 병영군과 민보군을 견제하느라 제2차 농민전쟁에 합류하지 못한 이방언이 지휘하는 장흥 농민군, 그리고 우금티 전투 이후 남쪽으로 패주한 농민군까지 합세하면서 장흥 전투에 참여한 농민군은 2만 명에 가까웠습니다.

한 지역에서는 어김없이 학살이 자행되었습니다. 민중 학살은 일본 군 장교의 지휘 또는 묵인 아래 체계적으로 이루어졌습니다. 민보군 은 농민군과 관련이 있다는 혐의만으로 인근 지역민들을 경군과 지 방 수령에게 넘겼습니다. 직접적인 처형은 조선군 혹은 민보군이 맡 았지만, 처형 여부는 대부분 작전 지휘권을 가진 일본군이 결정했습 니다. 물론 일본군이 직접 처형하는 경우도 종종 있었습니다. 분명한 것은 일본이 출병 단계 이전부터 농민군 학살을 기본 방침으로 정했 다는 사실입니다. 조선 정부에 병력 출병 사실을 통보할 때부터 '동 학농민군을 초멸(剿滅)하겠다'는 입장을 밝혔고, 후비보병 제19대대 를 조선에 파병할 때는 농민군을 초멸하라고 직접 지시하기도 했습 니다.

가장 안타깝고 원통한 것은 당시 농민군의 열악하고 비참한 상황 입니다. 무명 핫바지에 짚신 차림의 농민군은 비나 눈이 내리면 감기 와 동상으로 고통받았습니다. 제2차 농민전쟁의 막바지에 이르면 추 위 때문에 전투 자체가 불가능할 지경이었습니다. 그들은 나라로부 터 보호받기는커녕, 바람에 풀잎 쓰러지듯 앞다퉈 투항한 제 나라 지 배계급으로부터 역도 혹은 적군 취급을 받으며 쫓겨야 했습니다. 언 땅에 쓰러지고 버려졌던, 이름조차 남기지 못한 그 겨울 수십만 선조 들을 떠올리면 그저 아프고 죄송할 따름입니다.

외국 열강보다 자기 백성이 더 무서웠던 왕조

동학당 섬멸 작전을 관찰해보면 동학당 중에 그 우두머리인 자들은 조선 국민 중의 선각자라고 할 수 있다.

—『가가와신보(현 시코쿠신문)』

죽어도 이기는 싸움이 있고, 살아도 지는 싸움이 있다.

—송기숙, 『녹두장군』

백성의 생살여탈권을 침략군에게 넘기다

1893년 3월, 충청도 보은에서는 수만 명의 농민들이 모여 보국안민과 척왜양창의를 외쳤습니다. 겁에 질린 고종은 그날 대신들 앞에서 대뜸 이렇게 말합니다. "다른 나라 군사를 빌려 쓰는 것은 나라마다 전례가 있는데, 어찌 군사를 빌려 쓰지 않는가?" 대신들이 일제히 반대하자, 고종은 재차 "청나라도 일찍이 영국 군사를 빌려 쓴 일이 있었다"고 항변합니다. 그러자 우의정 정범조는 "이것이 어찌 중국 일을 본받아야 할 일이겠습니까?"라고 임금에게 일깨워줍니다.

'어찌 다른 나라 군사를 빌려 쓰지 않는가?' 임오년 서울 군민들이 대궐을 점령했을 때 청나라에 진압을 구걸해 재미를 톡톡히 보았으니, 처음이 쑥스럽고 곤란했지 다음부터는 그리 힘들 것도 없었습니다. 갑신년에도 청나라 군대에 의지해 궁지에서 벗어났으니, '이번에도 청군을 부르지 못할 까닭이 무엇이냐?'고 생각했을 겁니다. 그로 인한 뒤탈은 헤아리지도 않고 말입니다.

청나라 병력을 빌려 보은에 모인 백성을 누르려던 고종의 생각은 집회가 일찌감치 해산하는 바람에 기억 저편으로 묻히는 듯했습니다. 하지만 청나라 군대가 있어 왕실이 안녕하리라는 임금 내외의 얼빠진 생각은 이듬해 전라도 백성이 들고일어나 관군을 연파하면서 기어코 현실이 되고 맙니다.

고종이 국내 문제를 청나라에 의지해 해결하기로 한 순간, 호시탐탐 조선 침략과 중국 진출을 노리고 있던 일본은 그야말로 먹잇감이 제 발로 걸어들어왔다고 기뻐했습니다. 일본이 제국주의로 가는 첫 관문을 힘들이지 않고 지날 수 있게 조선의 임금이 다정한 길잡이 노릇을 한 셈이니까요. 아무튼 일본은 1894년 5월 인천항에 병력을 상륙시킨 이후로 자그마치 51년 동안 우리 강토를 유린하며 마치 제 집인 양 주인 행세를 하게 됩니다.

나라가 망할 징조를 보이면 '예전처럼 누리고 살 수만 있다면, 나라야 어찌 되건 상관없다'는 넋 나간 자들이 본색을 드러내기 마련입니다. 19세기 말 조선의 운명을 책임진 자들이 하나같이 그런 부류의 인물이었다는 사실은 우리 역사의 불행이자 아픔입니다. 그들은 권력과 부를 내놓는 것 말고는 못 할 짓이 없었습니다.

민씨 세도 정권과 자리를 바꾼 친일 괴뢰 정권 일본에 의해 민씨 세도 정권이 몰락하고, 그 빈자리를 이른바 개화파 세력이 메웠습니다. 친일 괴뢰 정권이 등장한 겁니다. 친일 개화파 인사들은 오래전부터 민씨 세도 정권을 혐오했지만, 그들 역시 헛똑똑이였습니다. 특히 피아 식별도 못 할 만큼 아둔했다는 점에서는 민씨 세도 정권보다 나을 게 없었습니다. 그들이 추진한 이른바 갑오개혁은 겉보기에는 그럴 듯해 보이지만, 실은 빛 좋은 개살구에 지나지 않습니다.

친일 괴뢰 정권은 군대의 지휘권도 흔쾌히 일본군에게 양도했습니다. '농민군 토벌을 위한 모든 권한'을 넘기라는 일본 공사의 요청을 주저없이 수용했으니까요.

괴뢰 정권은 자기 백성들의 생살여탈권을 일본군에게 넘기고도 그것이 무엇을 뜻하는지 모르는 것처럼 행동했습니다. 농민군을 통제할 힘뿐만 아니라, 일본의 부당한 요구를 물리칠 기개나 배짱조차 없었습니다. 친일 괴뢰 정권에게 이렇게 '조선 백성을 초토(剿討: 도적 떼를 물리침)해주십사' 하고 요구한 일본 측 서한이 있습니다. 그중 일부를 인용합니다.

동학당을 초토하는 일로 전후에 걸쳐 '귀(조선) 정부의 간청을 받아' 현재 우리 군대를 보냈으니, 내일 안으로 인천에 도착할 것입니다. 귀 정부에서도 동시에 '진무사'와 약간의 병사를 '파견'하고 … 귀 정부가 미리 준비할 사항을 별지에 열거하여 보내오니 … 속히 결정해 처리하시기 바랍니다. 10월 9일(양력 11월 6일), 백작 이노우에 가오루

별지

1. '진무사'는 경관 등을 인솔하고 수시로 파견하는 인원과 함께 먼

저 각 지방으로 향한 '일본병을 따라가' 관찰사와 부사 등의 관원을 독려하고….

2. … (일본어에 통달한) 이 관원은 '항시 일본병을 수행'하여 대관(隊官: 일본 장교)의 '명령을 받되', 가는 곳마다 군수품과 군량 등을 비축하고 또 인부 및 마필과 방사(房舍: 숙소) 등을 준비하여 '자질구레한 모든 일을 전담'하며, 별도로 이속과 순사 등을 대동해 심부름과 조발에 종사케 한다. (출처: 『주한일본공사관기록』)

일본 공사는 '농민군 초토'라는 조선의 간청을 들어주는 조건으로 위와 같은 요구 사항을 제시했고, 괴뢰 정권은 그 요구에 완벽히 부응했습니다. 우선 조선의 중앙군을 일본군 후비보병 제19대대에 배속시켰습니다. 그리고 10월 12일에는 일본이 진무사로 요청한 자리에 무려 대신급 인물들을 위무사라는 직책으로 임명해 일본군을 따라다니게 조치(『고종실록』 31년 10월 12일)했습니다. 삼남 지방의 위무사로 임명된 박제관은 종2품 중추원 지사였고, 이도재는 종2품 전라도 관찰사를 겸직했으며, 이중하는 종2품 대사헌과 어사를 역임했던 인물입니다. 오늘날의 장차관급에 해당하는 고위 인사가 중령 계급장을 단 일본인 대대장을 따라다니며 그들의 편의를 돌본 겁니다.

이겨도 죽은 자, 누가 거짓말을 하는가?

고종은 궁궐이 일본군에게 점령당하고 자기 군사들이 무장 해제당하는 굴욕을 맛보았습니다. 그런데도 갑오년 농민군을 대하는 고종의 생각은 종전과 변함없었습니다. 입만 열면 종묘사직 운운하며 왕조의 안위를 걱정하는 임금이 정작 그런 치욕을 겪고도 깨우치지 못했다는 게 믿기지 않습니다.

제대로 된 나라라면, 법궁이 외국 군대에 점령당하는 순간부터 그 나라 지배계급의 지상 목표는 침략군을 몰아내고 자주권을 회복하는 것이어야 합니다. 이를 위해서는 어떤 명분이나 수단에도 구애받지 않아야 합니다. 시키지 않아도 일본군에 맞서 다시 일어난 갸륵한 백성들에게 힘을 실어주고 함께 싸우는 것이 당연한 일입니다. 하지만 친일 괴뢰 정권을 비롯한 조선의 양반 사대부들은 이런 상식과 전혀 동떨어진 선택을 했습니다. 만약 일본군의 무력 앞에 제 목소리를 낼 배짱이 없고, 천한 백성들과 손잡고 그들 도움으로 왕조를 지켜내는 것이 그토록 자존심을 건드리는 일이었다면, 그것까지도 좋습니다. 하지만 침략군에 맞서 싸우는 장한 백성들을 적으로 돌리지는 말았어야 합니다.

친일 괴뢰 정권의 망상과 최후　개화파 관료들로 구성된 친일 괴뢰 정권이 갑오개혁을 추진한 기간은 일본군이 경복궁을 불법 점령한 직후인 1894년 7월부터 아관파천이 성공한 1896년 2월까지입니다.

오늘날까지도 갑오개혁은 조선 정부가 추진한 최초의 반봉건 근대화 운동으로 평가받고 있습니다. 하지만 갑오개혁은 우리 내부의 의지와 역량으로 시작한 것이 아니며, 일본군의 경복궁 점령이 없었다면 불가능했습니다. 더구나 조선 민중의 지지를 전혀 받지 못했으며, 일본의 무력에 의지해 그들의 감독 아래 추진되었다는 태생적 한계를 극복하지 못했습니다.

일본은 청일전쟁을 개시하기에 앞서, 조선 땅에서 종주국 청나라를 무력화하는 것이 급선무였습니다. 그래서 새삼스럽게 조선이 자주국임을 강조한 것이죠. 한편, 갑오개혁에서 외형상 신분제를 폐지한 것은 친일 괴뢰 정권에 반기를 들 수 없도록 양반 사대부들의 권위를 실추시키기 위한 조치였습니다. 그들이 진정으로 조선의 근대화를 소망했다면 신분제도뿐만 아니라 토지제도와 군사제도도 함께 개혁 대상에 올렸어야 합니다. 그러나 일본과 괴뢰 정권은 이 문제는 거론조차 하지 않았습니다.

일본은 갑오개혁을 통해 조선의 근대화를 추진하려 했던 게 아닙니다. 개화파 관료들로 짜인 괴뢰 정권을 출범시켜 '근대적 개혁'이라고 포장했지만, 실은 청나라에 예속된 조선 조정을 자기들 입맛에 맞게 요리하는 것이 목적이었습니다. 한마디로 말해서 갑오개혁은 일본이 주도한, 일본을 위한, 불법적인 내정 개입이었으며, 근대화는 허울 좋은 구실에 불과했습니다.

조선을 손쉽게 먹어 치우기 위한 사전 작업에 지나지 않는데도, 이를 몰랐거나 알면서도 애써 외면한 친일 개화파 관료들은 근대화 개혁이라는 망상에 빠진 일본의 '꼭두각시'에 불과했습니다. 그들은 '어떤 개혁도 민중의 지지를 얻지 못하면 결국 실패로 끝난다'는 역사가 가르쳐주는 초보적인 교훈도 숙지하지 못했습니다. 그 결과, 일본 침략군에게 부역하며 자기 백성을 탄압하더니, 출범한 지 채 2년도 되지 않아 허망한 최후를 맞이했습니다.

친일 반민족 행위의 다채로운 기원　갑신정변의 주동자 가운데 개화파 서광범은 갑오년 친일 내각에서 법무대신을 지냈습니다. 갑신정변이 실패하자 서광범은 일본으로 달아났다가 미국으로 망명했는데, 그런 그를 10년 만에 조선으로 불러들인 인물이 주한 일본 공사 이노우에 가오루입니다. 서광범은 농민군 지도부에 대한 재판에서 재판장을 맡았고, 전봉준에게 사형을 언도했습니다. 그는 이 땅에 진정한 근대의 아침을 열었던 갑오년 민중의 지도자에게 죽음을 선고하는 방식으로 반민족 행위의 목록에 이름 석 자를 올렸습니다.

그로부터 4년 뒤인 1898년 4월, 2대 동학 교주 최시형이 체포되었는데, 얼마 안 있어 사형 판결을 받고 그해 7월 18일에 교수형을 당했습니다. 그런데 최시형에게 사형 판결을 한 재판관 이름이 너무 익숙합니다. 다름 아닌 고등재판소 판사 조병갑이었습니다.

조선왕조의 입장에서는 백성과의 내전을 야기했고, 이로 말미암아 조정이 외세의 간섭에 놀아나게 되었으니, 조병갑만 한 대역죄인을 찾기도 어렵습니다. 더구나 전쟁의 마무리를 맨 처음 유발한 당사자에게 맡겼으니, 올바른 가치와 상식이 물구나무선 세상이 아니고서는 도저히 구경하기 힘든 광경이었습니다.

친일 괴뢰 정권은 고부 봉기의 책임을 물어 고금도로 유배 보냈던 조병갑을 14개월 만인 1895년 6월 27일에 다른 탐관오리들과 함께 풀어주었습니다. 실록은 그날의 일을 이렇게 기록하고 있습니다. "법부에서 조칙에 의하여 도형과 유형의 죄인들인 민영준(민영휘), 조병식, 민영주, 민형식, 김세기, 민병석, 이용태, 김문현, 이용직, 조필영, 조병갑, 민응식, 민영순 … 외 260명을 풀어주자는 뜻으로 아뢰니, 임금은 '좋다'는 조서를 내렸다."(『고종실록』 32년 7월 3일)

석방 명단에 이름을 함께 올린 자 가운데는 민영휘를 포함해 민씨 세도가들이 대거 포함되어 있습니다. 당시의 석방은 친일 괴뢰 정권의 건의로 이뤄졌지만, 조병갑을 고등재판소 판사로 임명한 것은 아관파천으로 괴뢰 정권이 붕괴한 뒤의 일입니다. 따라서 조병갑은 친일 개화파 관료뿐만 아니라, 그들을 죽이라고 지시한 고종에게서도 면죄부를 받은 셈입니다. 어찌 되었든 간에 이 땅의 지배계급은 조병갑과 같이 부패한 탐관오리들에게 책임을 묻고 싶은 마음이 없었던 게 분명합니다.

거짓말할 수밖에 없었던 진짜 이유 조선이 대한제국으로 이름을 바꾼 이듬해인 1898년 8월 12일 자 『독립신문』에는 이런 기사가 실려 있습니다. "조선 백성은 언제든지 원통한 일을 당하여 마음에 정 미흡한 일이 있으면 기껏 한다는 것이 민란을 일으킨다든지 다른 무뢰배의 일을 행하여 동학당과 의병 행세를 하니 … 그건 곧 비도(匪徒)라."

근대적 자주와 독립을 지향한다는 『독립신문』이 갑오년 농민군뿐만 아니라 평민 출신 항일 의병까지도 (그들이 양반 사대부 신분이 아니라는 이유로) 한낱 도적 떼인 비도로 불렀으며, 그들의 의거 역시 민란으로 매도했습니다. 『독립신문』 집필진에게 정치의 주체는 근대적 지식을 갖춘 지주나 자산가들이었으며, 민중은 단지 교화의 대상에 불과했습니다. 따라서 그들 눈에 비친 갑오년 농민군이나 평민 의병들은 나라의 주인이 아니었습니다.

일제에 저항하고 민족의식 함양에 앞장섰던 『황성신문』도 갑오년 농민전쟁을 일컬어 동비란(동학도의 난) 또는 토비란(농민들의 난)이라는 표현을 사용했습니다. 외세 침략에 맞선 민중의 싸움을 천한 백성들의 난동쯤으로 여겼다는 점에서는 『독립신문』과 생각이 같았던 겁니다.

구한말의 양반 출신 우국지사인 황현 역시 『매천야록』에서 갑오년 농민전쟁을 서슴없이 동비 혹은 토비들의 반란으로 매도했습니다. 이는 개화 세력과 수구 세력, 항일 우국지사와 친일 반민족 세력을 따져 물을 것도 없이, 지배계급에 속한 사람(평민 부호까지 포함해서)이라면 모두가 공유한 인식이었습니다.

당시 지배계급의 다수는 '일본 침략 세력에 투항해 충성을 약속하면 적어도 우월한 신분과 경제적 지위만큼은 보장받을 수 있다'는 믿음을 가지고 있었습니다. 그들이 갑오년 농민군과 농민전쟁을 각각 도적과 민란으로 매도한 진짜 이유는 바로 이것입니다. 결국 갑오년 농민전쟁에 대한 온갖 거짓말과 편향된 시선은 정치적 인식이나 역사관의 차이에서 비롯한 개인의 문제라기보다는, 출신 계급과 경제적 이해관계의 문제였습니다.

졌어도 산 자, 갑오년의 민중

1895년 1월 24일, 서울로 끌려온 전봉준은 손화중·최경선·김덕명 등과 함께 의금부에 수감되었습니다. 그리고 얼마 후 진고개(충무로2가)에 있던 일본 영사관 순사청 감옥으로 이감되었습니다. 당시 전봉준에 대한 신문은 일본 영사의 입회하에 법무아문 참의로 있던 장박이 진행했습니다. 이때 일본 영사의 역할은 신문 과정을 감시하고 그 내용을 이노우에 공사에게 보고하는 것이었지만, 직접 신문에도 관여했습니다.

첫 번째 재판을 받은 다음 날인 3월 6일, 전봉준은 일본의 유력 신문인 『아사히신문』 기자와 회견했습니다. 이 자리에서 전봉준은 자신이 구상한 권력 체제가 '소수 명사의 합의제'였다고 말했습니다. 이것은 임금에게서 실질적인 권력을 박탈해 상징적인 권위만 인정하고, 나라의 권력을 농민전쟁 와중에 시행한 '집강소 체제'와 소수의 명사로 구성된 '과두집정체제'에 나누어 위임하는 정치체제였습니다. 전봉준은 우리 역사상 전례가 없는 파격적이고 근대적인 정치체를 구상하고 있었던 겁니다.

전봉준은 3월 29일(양력 4월 23일) 사형 선고를 받고, 이튿날 새벽 2시 교수형에 처해짐으로써 누구보다 굵고 찬란한 40년 생애를 마감했습니다. 손화중, 김덕명, 최경선, 성두한도 전봉준의 뒤를 따랐습니다. 농민군 지도자 5명의 시신은 유족들에게 인도되지 않았습니다. 교수형 집행 후 곧바로 한남동 야산에 몰래 매장했다고 전하는데, 지금까지도 정확한 위치를 알 수 없어 유해를 수습하지 못하고 있습니다.

전봉준은 이처럼 시신도 수습하지 못한 채, 낡은 질서와 악습을 뿌리째 갈아엎고 억압과 차별 없는 새 세상을 만들고자 헌신한 수십만 명의 이름 없는 백성들과 함께 한 줌 흙으로 돌아갔습니다. 2월 27일, 신문을 받기 위해 법무아문으로 이송되기 직전, 일본인 사진사에게 찍힌 사진 속의 전봉준은 그 형형한 눈빛으로 오늘날까지도 우리 가슴에 커다란 울림을 전해주고, 동시에 숙연한 마음을 갖게 만듭니다.

전봉준의 기백과 박영효의 헛소리　갑신정변 실패로 일본으로 달아났던 박영효*는 친일 괴뢰 정권이 들어선 1894년 7월에 귀국했습니다. 그리고 11월에는 친일 괴뢰 정권의 내부대신을 맡았는데, 때마침 전봉준이 붙잡혀 서울로 압송되자 박영효가 전봉준을 직접 신문하는 일이 벌어졌습니다. 오지영이 저술한 『동학사』에 이와 관련한 내용이 실려 있어 소개합니다.

전봉준: "네가 어찌 나를 죄인이라 이르느냐?"

박영효: "너희 소위 동학당은 조정에서 금하는 바다. 네가 감히 도당을 불러 모아 난을 일으켰다. 난군을 몰아 감영과 병영을 함락하고 군기와 군량을 빼앗았으며, 대소 명관을 임의로 죽이고 나라 정사를 참람하게 처분하였으며, 조세와 나랏돈을 사사로이 받고 양반과 부자를 모조리 짓밟았으며, 노비문서를 불 질러 강상을 무너뜨렸으며, 토지를 평균분작하여 국법을 흐리고 어지럽혔으며, 대군을 몰아 왕성을 핍박하고 정부를 부숴버리고 새 나라를 도모했으니 이는 곧 반역을 범한 것이니라. 어찌 죄인이 아니라 이르느냐."

---

*23세의 나이로 갑신정변을 일으켰다가 거사 실패로 일본에 망명한 박영효는 아예 일본 이름으로 개명합니다. 갑오년 친일 괴뢰 정부 수립으로 귀국하지만, 이듬해 역모 혐의로 다시 일본으로 달아났습니다. 1907년 고종의 용서를 받아 궁내부 대신이 되었고, 곧이어 이완용 암살 기도 혐의로 유배형에 처해졌습니다. 박영효의 친일 행각은 유배에서 풀려난 뒤부터 본격화합니다. 한때 이완용과 반목해 일본의 눈밖에 났지만, 이후로는 이완용과 더불어 조선 합병에 큰 공을 세웠습니다. 일제 강점기에는 조선인이 받을 수 있는 최고의 귀족 작위(후작)를 받았고, 총독부 중추원 고문과 일본 제국의회 귀족원을 역임하면서 조선 최고의 반민족 인사가 되었습니다.

전봉준: "동학도는 과거의 잘못된 세상을 고쳐 다시 좋은 세상을 만들고자 나온 자들이다. 민중에 해독이 되는 탐관오리를 베고 일반 인민의 평등적 정치를 잡은 것이 무엇이 잘못이며, 사복을 채우고 음흉하고 사악하게 소비하는 세금과 나랏돈을 거둬서 의거에 쓰는 것이 무엇이 잘못이며, 조상의 뼈다귀를 우려 악행을 하고 뭇사람의 피땀을 긁어 제 몸을 살찌우는 자를 없애버리는 것이 무엇이 잘못이냐? 사람으로서 사람을 사고팔아 귀천이 있게 하고 나라 땅을 개인 땅으로 만들어 빈부가 있게 하는 것은 인도적 원리에 위반하는 것이라. 이것을 고치려 하는 것이 무엇이 잘못이며, 나쁜 정부를 고쳐 좋은 정부를 만들고자 함이 무엇이 잘못이냐? 자기 나라 백성을 쳐 없애기 위해 외적을 불러들였으니 네 죄가 가장 중대한데 도리어 나를 죄인이라 이르느냐?"

전봉준과 박영효의 대화를 통해 분명히 확인할 수 있는 것은, 명색이 근대를 지향한다는 개화파 관료 박영효의 사고가 봉건적 지배 이념과 엘리트주의에서 한 발짝도 벗어나지 못했다는 사실입니다. 일본을 등에 업고 출세한 박영효의 현실 인식이 이미 평등한 세상을 꿈꿀 만큼 동시대의 보편적 세계관을 초월한 전봉준의 생각과 얼마나 동떨어져 있었는지도 알 수 있습니다. 전봉준과 박영효의 대화를 통해, 남의 힘을 빌려 나라를 경륜하려고 한 자들의 생각이 한낱 자기 합리화나 구차한 헛소리에 지나지 않음을 똑똑히 알 수 있습니다.

근대화와 민주주의의 장을 펼치다　역사는 한자리에 묶여 멈춰 선 것이 아니라 생명을 지닌 유기체처럼 끝없이 변하고 발전합니다. 오늘을 사는 모든 인간은 지나간 역사를 되돌아보는 존재이면서 동시에 당대의 역사를 만들어가는 주체이기도 합니다.

그러나 역사에서 긍정적인 주체가 될 수 없는 이들도 있습니다. 그들은 자신들이 가진 특권과 풍요를 향유하고 계승하기 위해, 변화하기 마련인 역사의 물줄기를 가로막는 자들입니다. 소수에 지나지 않는 그들이 더 많은 것을 차지하며 현 위치를 고수하려면, 대다수 민중이 걷는 길과 다른 방향으로 걸을 수밖에 없습니다. 갑오년 농민전쟁 당시의 조선 지배계급이나 일제 강점기의 친일 반민족 행위자들이 바로 그런 세력입니다.

세계사적으로 보더라도 인간 세상의 진정한 혁명은 기나긴 세월에 걸쳐 착취와 불평등을 견뎌냈던 민중의 힘으로 직접 쟁취했을 때 비로소 가능했습니다. 하지만 이를 위해 너무 많은 민중의 피가 역사의 제단에 뿌려졌으니, 이 얼마나 안타까운 노릇입니까?

1894년의 조선 땅에서는 공교롭게도 두 개의 변화가 동시에 진행 중이었습니다. 하나는 개화파 친일 괴뢰 정권에 의한 위로부터의 개혁이고, 다른 하나는 갑오년 농민군이 주도한 아래로부터의 혁명이었습니다. 일본이 민씨 세도 정권을 몰아내고 그 자리에 앉힌 괴뢰 정권은 이른바 갑오개혁을 시행했습니다. 하지만 개혁을 받쳐줄 자기 백성들은 배제한 채 외세에 의존했으니, 그들은 태생적으로 개혁의 주체가 될 수 없었습니다. 오히려 일본의 조선 침략을 위한 도구로 전락했고, 조선 민중의 행진을 가로막아 이 땅의 진정한 근대화를 지연시켰습니다.

갑오년의 수십만 농민군은 일본의 등에 업힌 괴뢰 정권과 낡은 질서와 기득권을 버리지 못한 양반 사대부들에게 포위당한 채, 외로운 싸움을 이어갔습니다. 그들은 가혹한 현실로부터 달아나지 않았고, 자신들 앞에 주어진 역사의 과제를 온몸으로 껴안은 채, 오로지 맨주먹 하나로 어려움을 헤쳐 나갔습니다.

아무튼 갑오년 농민군의 헌신 덕분에 500년 왕조의 망령은 말끔히 사라질 수 있었습니다. 그들의 싸움은 훗날 항일 독립전쟁의 기원으로 거듭났으며, 해방 이후에는 명실공히 민중 민주주의의 원류로 자리매김했습니다. 오롯이 자신들의 힘으로 역사 발전의 주체가 된 것입니다. 한반도에서 처음으로 근대화와 민주주의의 장을 펼쳐 보인 그들이야말로 전쟁에서 지고도 역사의 승자가 된 진정한 주인공입니다. 패배로 마무리된 갑오년의 전쟁 결과가 당대 지배계급에게 한시적으로 유효했던 반면에, 그해 조선 민중이 성취한 역사적 의미와 가치는 영원하기 때문입니다.

참고 문헌

사료

『고려사』, 국사편찬위원회.

『고종시대사』, 국사편찬위원회 한국사데이터베이스.

『남명집』, 조식, 한국고전종합 DB.

『내암집』, 정인홍, 한국고전종합 DB.

『다산 시문집』, 정약용, 한국고전종합 DB.

『대동야승』, 한국고전종합 DB.

『동문선』, 한국고전종합 DB.

『면앙집』, 송순, 한국고전종합 DB.

『무명자집』, 윤기, 한국고전종합 DB.

『석담일기』, 이이, 한국고전종합 DB.

『승정원일기』, 국사편찬위원회.

『양반전』, 박지원, 한국고전종합 DB.

『연려실기술』, 이긍익, 한국고전종합 DB.

『일성록』, 한국고전종합 DB.

『조선왕조실록』, 국사편찬위원회.

「조선전기의 재산상속, 율곡선생남매분재기」, 우리역사넷.

『주한일본공사관기록』, 국사편찬위원회 한국사데이터베이스.

『청성잡기』, 성대중, 한국고전종합 DB.

「19대 국회의원 병역사항 공개」, 병무청, 2012.6.8.

논문

「15~16세기 별진상의 상납과 운영―강원·경상지역 사례를 중심으로」, 최주희, 『한
　　국사학보』 46호, 2012.

「16세기 양반관료의 선물관행과 경제적 성격」, 최주희, 『역사와 현실』 71호, 2009.

「16세기 양반관료의 외정: 유희춘의『미암일기』를 중심으로」, 이성임, 『고문서연구』
　　23권, 2003.

「16세기 양반사회의 '선물경제'」, 이성임, 『한국사연구』 130권, 2005.

「16세기 조선의 민본이념과 민(民)의 성장」, 이석규, 『한국사상사학』 39권, 2011.

「17·18세기 궁방·아문의 어염 절수 확대와 의미」, 이욱, 『역사민속학』 17호, 2003.

「17세기 남명학파 동향 연구: 정인홍과 그 계열을 중심으로」, 구진성, 경상대학교 대학원 박사학위논문, 2015.

「17세기 북벌정책의 전개와 정치적 의미에 관한 연구」, 안명진, 이화여자대학교 교육대학원 석사학위논문, 2002.

「17세기 예송의 정치사적 의미에 대한 재해석: 송시열과 윤휴를 중심으로」, 김상희, 중앙대학교 교육대학원 석사학위논문, 2003.

「1862년 진주민란의 초기과정 분석」, 방용식, 한국학중앙연구원 한국학대학원 석사학위논문, 2013.

「1892·3년의 동학농민운동과 그 성격: 삼례취회·복합상소·보은집회를 중심으로」, 김의환, 『한국사연구』 5권, 1970.

「1894년 고창지역 동학농민군의 진압과 민보군」, 신영우, 『동학학보』 26권 3호, 2012.

「1894년 왕조정부의 동학농민군 인식과 대응」, 신영우, 『한국근현대사연구』 51권, 2009.

「1894년 일본군의 조선왕궁(경복궁) 점령에 대한 재검토」, 조재곤, 『서울과 역사』 94권, 2016.

「18세기 후반 수령-향리의 갈등양상—목천현 향리 비리 사건을 중심으로」, 노혜경, 『고문서연구』 26권, 2005.

「19세기 중엽 조선의 정치통합과 저항에 관한 동태적 분석: 임술민란을 중심으로」, 문현아, 한국정신문화연구원 한국학대학원 박사학위논문, 2000.

「19세기 한국민중운동사의 위상」, 김정의, 『역사와 실학』 32권, 2007.

「갑오 농민 전쟁과 민중 의식의 성장」, 김선경, 『사회와 역사』 64권, 2003.

「갑오농민전쟁의 성격에 관한 일고찰: 농민군 문서와 폐정개혁안을 중심으로」, 이근우, 경남대학교 교육대학원 석사학위논문, 2002.

「개항기 국지 시장의 발달과 농민 운동의 증가: 1894년 이전 '민란'을 중심으로」, 박광형, 연세대학교 대학원 석사학위논문, 2001.

「개화기 노론세도 정권의 변화에 관한 연구: 안동 김씨와 여흥 민씨 세력을 중심으로」, 한미라, 『한국전통생활문화학회지』 6권 2호, 2003.

「계해정변(인조반정)의 명분과 그 인식의 변화」, 계승범, 『남명학연구』 26호, 2008.

「고종의 정권운영과 민씨척족의 정치적 역할」, 장영숙, 『정신문화연구』 31권 3호, 2008.

「공간적 은유의 전환: '구성적 외부'에서 바라본 민중과 민중사에 대한 연구노트」, 장훈교, 『역사연구』 18호, 2008.

「광해군, 두 개의 상반된 평가」, 계승범, 『한국사학사학보』 32호, 2015.

「광해군대 정치론의 분화와 개혁 정책」, 정우택, 경희대학교 대학원 박사학위논문, 2009.

「귀한 존재 양반 그리고 그 그늘」, 허인욱, 『기록인』 15호, 2011. 『옛 그림 속 양반의 한평생』(돌베개, 2010)에서 발췌, 보완.

「근세 조선의 국왕의 지위」, 최이돈, 『2018 왕실문화 심층탐구』, 2018.

「김덕령 설화 연구」, 한기진, 경성대학교 교육대학원 석사학위논문, 1999.

「김종직 애민시의 전개 양상」, 이원걸, 『한문교육연구』 17호, 2001.

「내암 정인홍의 복주에 대한 정치적 측면의 일고찰」, 김익재, 『한문학보』 15권, 2006.

「내암 정인홍의 현실대응과 그 문인집단의 사승의식」, 김익재, 경상대학교 대학원 박사학위논문, 2008.

「당대사 실록을 둘러싼 긴장, 규율, 그리고 지평─조선시대 당대사 편찬의 경험과 교훈」, 오항녕, 『역사학보』 205권, 2010.

「동고 이준경의 피화와 붕당 인식」, 송웅섭, 『지역과 역사』 33호, 2013.

「동고 이준경의 현실인식 연구」, 정인숙, 계명대학교 교육대학원 석사학위논문, 1995.

「동아시아 근대 민중운동에 나타난 유토피아 사상: 갑오농민전쟁 과정에서 설치된 집장소(집강소)를 중심으로」, 김교빈, 『시대와 철학』 18권, 1999.

「동아시아적 차원에서 본 탈성리학적 정치론─황종희, 오규 소라이, 정약용」, 김대중, 『한국실학연구』 13호, 2007.

「동학농민군의 전주성 점령에 관한 연구」, 최창묵, 원광대학교 대학원 박사학위논문, 2009.

「동학농민전쟁 당시 일본군의 개입과 그 영향」, 배항섭, 『군사』 53호, 2004.

「동학농민전쟁 용어 및 성격 토론-1894년 농민봉기, 어떻게 부를 것인가」, 왕현종, 『역사비평』 12호, 1990.

「동학농민전쟁기 일본군·조선군의 동학도 학살」, 박찬승, 『역사와 현실』 54호, 2004.

「동학혁명의 명칭과 정체성. 2, '동학혁명'인가, '동학농민혁명'인가」, 김응조, 『신인간』 815호, 2018.

「맹자의 민본사상 연구」, 김경희, 성균관대학교 유학대학원 석사학위논문, 2005.

「면앙정 송순의 분재기 고찰─노비명에 나타난 작명유형을 중심으로」, 박준규, 『한국시가문화연구』 19권, 2007.

「명성황후와 장호원」, 최효식, 『경주사학』 27권, 2008.

「민(民)의 어원과 의미에 대한 고찰」, 장현근, 『정치사상연구』 15권 1호, 2009.

「민씨척족세력기의 정치적 변화와 대외관계」, 권수원, 대구대학교 교육대학원 석사학위논문, 1999.

「사림파 도학자들의 실천정신과 그 굴절」, 김기현, 『국학연구』 9권, 2006.

「사족과 농민: 대립과 갈등, 그리고 상호 의존적 호혜관계」, 정진영, 『조선시대사학보』 73권, 2015.

「삼전도항복과 조선의 국가정체성 문제」, 계승범, 『조선시대사학보』 91권, 2019.

「새로운 '민중사'의 모색과 구술사 방법론의 활용」, 이용기, 『역사문화연구』 37권, 2010.

「'새로운 민중사'의 등장과 새로운 동학농민전쟁사 서술에 대한 모색」, 홍동현, 『남도문화연구』 27권, 2014.

「선조대 사림파의 정국 장악과 개혁노선의 충돌: 선조 8년(1575) 동·서 분당의 사회경제적 배경과 관련하여」, 김성우, 『한국사연구』 132권, 2006.

「선조실록 수정편찬의 정치사적 의미」, 배동수, 『황실학논총』 4호, 1999.

「선진유가의 민본정치사상 연구」, 안병철, 성균관대학교 대학원 박사학위논문, 2006.

「설화·전·소설에 수용된 제주 민중항쟁과 이재수」, 허남춘, 『반교어문연구』 14권, 2002.

「성리학적 근본주의: 조선 척사위정운동의 연구」, 정성원, 서강대학교 대학원 박사학위논문, 2001.

「세조대 '단종복위운동'과 왕위계승 문제」, 김돈, 『역사교육』 98권, 2006.

「송대 신유학의 근대성과 전근대성의 형성과 굴절에 대한 사회사상사적 고찰」, 박용태, 성균관대학교 대학원 석사학위논문, 2003.

「송시열의 세도정치사상 연구」, 우경섭, 서울대학교 대학원 박사학위논문, 2005.

「슬픈 동아시아: 민본주의의 행방」, 배병삼, 『녹색평론』 110호, 2010.

「식민지시대 '마름'에 관한 일연구: 소작쟁의 및 사건 기사를 중심으로」, 최석규, 인하대학교 대학원 석사학위논문, 1993.

「'안백성' 개념으로 본 남명의 실천성리학: 진량·당견·적생조래와의 비교를 중심으로」, 김동연, 경상대학교 대학원 석사학위논문, 2012.

「약천 남구만의 왕실재정개혁론」, 송양섭, 『한국인물사연구』 3호, 2005.

「〈어우야담〉에 대한 일고찰: 사대부 의식과 민중성의 반영을 중심으로」, 김현실, 성균관대학교 교육대학원 석사학위논문, 2000.

「여말 선초 이학의 분화 양상과 도통론」, 심예인, 한국학중앙연구원 석사학위논문, 2017.

「여말 선초 절의파의 고민: 출사와 은둔의 기로」, 신복룡, 『한국정치외교사논총』 32권 1호, 2010.

「여흥민씨척족과 한말의병」, 오영섭, 『한국근현대사연구』 31권, 2004.

「오횡묵(1834~?)을 통해서 본 수령 군현통치의 과정과 전략」, 김성윤, 『조선시대사학보』 53권, 2010.

「왜 농민들은 임술년에 난을 일으켰나?」, 송찬섭, 『내일을 여는 역사』 27호, 2007.

「우암학파 연구」, 이연숙, 충남대학교 대학원 박사학위논문, 2002.

「유교와 사회과학의 만남, '유교민본사상과 정치철학연구'」, 권인호, 성균관대학교 동아시아학술원 유교문화연구소 주최 세미나 자료, 2001.

「율곡 이이(李珥)의 정치사상에 나타난 대동(大同)·소강(小康)·소강(少康): 시론적 개념 분석」, 강정인, 『한국정치학회보』 44권 1호, 2010.

「인조대 정치세력의 동향」, 오수창, 『한국사론』 13권, 1995.

「인조반정으로 인한 남명학파의 침몰과 사계학파의 부상」, 허권수, 『남명학연구』 16권, 2003.

「임꺽정 설화의 전승양상 연구: '역적-타자-이웃'의 입체적 양상을 중심으로」, 김용선, 한양대학교 대학원 석사학위논문, 2015.

「임오군란 연구」, 김종원, 『국사관논총』 44집, 1993.

「임오군란의 도시민란적 성격 고찰」, 오진욱, 홍익대학교 대학원 석사학위논문, 2004.

「임오군란의 사회적 성격」, 조성윤, 연세대학교 대학원 석사학위논문, 1983.

「임오년에 다시 보는 120년 전의 '임오군란'」, 김정기, 『역사비평』 60호, 2002.

「임진왜란 당시 함경도 백성들은 왜 조선 왕자를 일본군에 넘겼나?」, 김강식, 『내일을 여는 역사』 29호, 2007.

「임진왜란 중 민간반란에 대하여」, 이장희, 『향토서울』 32, 1968.

「임진왜란기 내포지역과 민의 동향」, 김일환, 『역사와 실학』 52집, 2013.

「임진왜란기 호서지역의 반란과 성격: 송유진·이몽학의 난을 중심으로」, 강미, 부산대학교 교육대학원 석사학위논문, 1998.

「재지사족의 체제이반과 1862년 진주민란」, 방용식, 『한국동양정치사상사연구』 16권 1호, 2017.

「전봉준의 사진과 무라카미 텐신(村上天眞)─동학지도자를 촬영한 일본인 사진사」, 김문자, 『한국사연구』 154호, 2011.

「전봉준의 새 정치체제 구상」, 김정기, 『역사비평』 73호, 2005.

「점필재 김종직에 대한 퇴계 이황의 평가: 관련 자료의 실증적 검토를 중심으로」, 정석태, 『동양한문학연구』 31집, 2010.

「점필재 김종직의 내면세계와 초기 사림파」, 이종범, 『동양한문학연구』 28집, 2009.

「정광필의 생애와 현실인식」, 김경수, 『대전문화』 13호, 2004.

「정여립 연구: 정치사적 의미와 사상을 중심으로」, 배동수, 건국대학교 대학원 박사학위논문, 1999.

「정여립 정치사상의 재정립」, 김재영, 『정치·정보연구』 3권 1호, 2000.

「정여립의 생애와 사상─반주자학적 성향을 중심으로」, 최영성, 『동양고전연구』 37

호, 2009.

「정조대『흠휼전칙』의 반포와 형구 정비」, 심재우,『규장각』22호, 1999.

「정조의 송시열 추숭 연구」, 유덕상, 한남대학교 대학원 석사학위논문, 2014.

「조광조와 정치 근본주의의 기원」, 박현모,『국회도서관보』42권 2호, 2005.

「조선 중종대 도적의 활동과 그 특징: 16세기 민의 동향에 대한 일연구」, 한희숙,
　　『역사학보』157권, 1998.

「조선시기의 관료제도 및 그 운영의 특성: 부정부패의 구조적 원인과 관련하여」, 오
　　종록,『한국사연구』130호, 2005.

「조선시대 군도 활동양상의 변화와 그 추이」, 한희숙,『지역학논집』8집, 2004.

「조선시대 성리학적 사회질서에서 욕망의 억압에 관한 연구」, 권기돈, 동아대학교
　　대학원 석사학위논문, 1996.

「조선시대 '양반' 계급의 탄생에 대한 시론」, 유승원,『역사비평』79호, 2007.

「조선시대 양반가 여성들의 삶과 문학」, 박현숙,『한국사상과 문화』35호, 2006.

「조선시대 양반의 축첩현상과 경제적 부담」, 이성임,『고문서연구』33집, 2008.

「조선시대 지방행정에 있어서 수령과 향청의 관계 변화와 의미」, 권영길,『한국행정
　　사학지』38호, 2016.

「조선시대 향리 작폐 고발 한시 일고찰」, 이의강,『동방한문학』68집, 2016.

「조선시대를 바라보는 제3의 시각」, 이헌창,『한국사연구』148호, 2010.

「조선왕조 장기지속의 경제적 기원」, 김재호,『경제학연구』59집 4호, 2011.

「조선이 세워질 때 왜 고려에 충성하는 신하가 많았을까」, 오종록,『내일을 여는 역
　　사』23호, 2006.

「조선전기 왕실의 토지소유와 경영」, 양택관,『한국사론』53집, 2007.

「조선전기 왕실의 토지지배」, 송수환, 경희대학교 대학원 석사학위논문, 1983.

「조선전기 장리 연구」, 허은철, 한국교원대학교 대학원 박사학위논문, 2019.

「조선조 기축옥사와 선조의 대응」, 이상혁,『역사교육논집』43집, 2009.

「조선조사대부의 중국관:『을병연행록』에 보이는 홍대용의 중국관을 중심으로」, 조
　　명화,『중국문학』43집, 2005.

「조선중기 경연과목『심경』의 정착과정과 그 정치적 의미」, 박성순,『한국사상사학』
　　22집, 2004.

「조선중기 사림파의 사회정치사상 연구: 남명 조식과 내암 정인홍을 중심으로」, 권
　　인호, 성균관대학교 대학원 박사학위논문, 1991.

「조선중기 탐관오리를 농락한 임꺽정」, 한희숙,『역사비평』15권, 1991.

「조선중기 향촌지배체제의 확립과정과 그 성격」, 이정화, 한양대학교 교육대학원
　　석사학위논문, 2002.

「조선초기 절의파 사대부의 정치적 성향과 사상」, 김보정, 부산대학교 대학원 박사
　　학위논문, 2008.
「조선초기의 사대론」, 안정희, 『역사교육』 64호, 1997.
「조선후기 경상도·평안도 지역차별의 비교」, 오수창, 『역사비평』 59호, 2002.
「조선후기 당쟁과 기록의 정치성: '기축옥사' 희생자의 가해자 공방과 관련하여」,
　　정호훈, 『한국사학사학보』 33집, 2016.
「조선후기 대동론(大同論)의 수용과 형성」, 안병욱, 『역사와 현실』 47호, 2003.
「조선후기 명화적과 한말의 의적 활빈당」, 배항섭, 『경대문화』 29호, 1994.
「조선후기 민의식 성장과 천주교 수용」, 조유진, 연세대학교 대학원 석사학위논문,
　　2003.
「조선후기 영조대 백성관의 변화와 '민국(民國)'」, 김백철, 『한국사연구』 138호,
　　2007.
「조선후기 지방사회 공직관리의 부패상에 대한 일고」, 이종길, 『동아법학』 41호, 2008.
「조선후기 지방행정에 있어서 수령의 역할과 부패 유발구조에 관한 연구」, 오동규,
　　한서대학교 정보산업대학원 석사학위논문, 2003.
「조선후기 향촌 양반사회의 지속성과 변화상 1: 안동 향안의 작성과정을 중심으로」,
　　정진영, 『대동문화연구』 35권, 1999.
「조선후기 향촌지배기구 연구: 향청·작청·장청을 중심으로」, 배기헌, 영남대학교
　　대학원 박사학위논문, 2000.
「조선후기 향촌지배질서와 토호」, 배기헌, 계명대학교 대학원 석사학위논문, 1985.
「조선후기의 향리역과 향리 작폐 개혁론」, 김은숙, 부산대학교 교육대학원 석사학
　　위논문, 1997.
「조식과 황종희의 민본정치사상에 대한 비교연구」, 진보성, 대진대학교 대학원 석
　　사학위논문, 2007.
「중국 태평천국혁명과 동학농민혁명의 비교」, 이환호, 갑오동학농민혁명연구회 세
　　미나 자료, 2003.
「진보적 사림파의 정치철학과 그 현대적 의의」, 구재현, 대진대학교 대학원 박사학
　　위논문, 2010.
「찬탈에서 반정으로: 인조반정 이후 정치세력의 포섭과 정치적 정당성의 구축」, 김
　　기연·송재혁, 『한국정치연구』 27집 1호, 2018.
「패자들을 위한 진혼곡: 하워드 진의 민중사학」, 최성철, 『미국사연구』 26집, 2007.
「하세응 종가 소장 변무(辨誣)의 내용과 그 의의: 정인홍의 이황 비판을 중심으로」,
　　이상필, 『영남학』 26호, 2014.
「한국 민주주의의 뿌리로서의 '민란'」, 이나미, 민주화운동기념사업회, 2018.

「한국 유교정치문화가 관료의 권위주의 성격형성에 미친 영향」, 이희완·이헌경, 『세계지역연구논총』 25집 1호, 2007.

「한국, 중국, 일본의 지방행정에 있어서 행정실무계층의 역할과 부패유발구조에 관한 비교 연구」, 이상엽, 『한국비교정부학보』 15권 1호, 2011.

「한국민속에 나타난 죽음: 이몽학과 김덕령 전승을 중심으로」, 박종수·강현모, 『용인대학교 논문집』 10, 1994.

「한국의 유교화와 17세기: 도이힐러의 『한국 사회의 유교적 변환』과 그 해석」, 계승범, 『한국사학사학보』 20권, 2009.

「한국인의 전통적 가치지향의 형성과 특징: 유교와 조선사회지배구조의 영향을 중심으로」, 최우영, 연세대학교 대학원 석사학위논문, 1994.

「한국중세사회의 지배구조와 '민'의 성장—16, 17세기 재지사족의 향촌지배와 그 성격」, 정진영, 『역사와 현실』 3권, 1990.

「한말 활빈당의 활동과 성격의 변화」, 박재혁, 부산대학교 대학원 석사학위논문, 1994.

「향원(鄕原)의 의미와 그로 인한 국가적 피해와 대책」, 김충영, 『교수논총』 26집, 2002.

「'홍경래 난' 연구의 쟁점」, 권내현, 『한국사인물연구』 11호, 2009.

「홍경래난의 성격에 대한 재검토: 각계층의 참여배경을 중심으로」, 강광석, 고려대학교 교육대학원 석사학위논문, 1994.

「훈구 세력에 대한 공정한 인식과 평가」, 김범, 『내일을 여는 역사』 26호, 2006.

단행본

『17세기 조선의 이야기—예법 세상을 가르는 칼바람 소리』, 윤천근, 새문사, 2008.

『19세기 민중사 연구의 시각과 방법』, 배항섭, 성균관대학교 출판부, 2015.

『19세기 조선의 향촌사회연구: 지배와 저항의 구조』, 고석규, 서울대학교 출판부, 1998.

『갑오동학혁명사』, 최현식, 신아출판사, 1980.

『갑오왜란과 아관망명』, 황태연, 청계, 2017.

『계유년의 역신들』, 한국인물사연구원, 타오름, 2011.

『고종 44년의 비원』, 장영숙, 너머북스, 2010.

『공주와 동학농민혁명』, 박맹수·정선원, 모시는 사람들, 2015.

『금단의 나라 조선』, E. J. 오페르트, 신복룡·장우영 옮김, 집문당, 2000.

『나라를 망친 조선의 임금들—실록으로 읽는 궁방절수』, 이충래, 청조사, 2012.

『남명 조식』, 허권수, 지식산업사, 2001.

『남명 조식: 칼을 찬 유학자』, 박병련·이종묵·정순우·한형조, 청계, 2001.

『남명 조식의 학문과 선비정신』, 김충열, 예문서원, 2006.

『남명학파와 영남우도의 사림』, 박병련 외, 예문서원, 2004.

『남명학파와 화담학파 연구』, 신병주, 일지사, 2000.

『내암 정인홍』, 남명학연구원, 예문서원, 2010.

『노론 300년 권력의 비밀』, 이주한, 위즈덤하우스, 2011.

『녹두 전봉준 평전』, 김삼웅, 시대의창, 2023.

『논어』, 공자, 김형찬 옮김, 홍익, 1999.

『다산을 찾아서』, 고승제, 중앙일보사, 1995.

『당의통략』, 이건창, 이덕일·이준영 옮김, 자유문고, 2015.

『당쟁으로 읽는 조선 역사』, 이덕일, 인문서원, 2024.

『동학과 갑오농민전쟁연구』, 신용하, 일조각, 2016.

『동학과 농민전쟁』, 이영호, 혜안, 2004.

『동학농민전쟁과 일본』, 나카츠카 아키라·이노우에 가쓰오·박맹수, 한혜인 옮김, 모시는 사람들, 2014.

『동학에서 미래를 배운다』, 백승종, 들녘, 2019.

『두 얼굴의 조선사』, 조윤민, 글항아리, 2016.

『뜻으로 본 한국역사』, 함석헌, 한길사, 2009.

『망국의 역사, 조선을 읽다』, 김기협, 돌베개, 2010.

『맹자』, 맹자, 박경환 옮김, 홍익, 2023.

『민란의 시대―조선의 마지막 100년』, 이이화, 한겨레출판, 2017.

『민중과 대동―민중사상의 연원과 조선시대 민중사상의 전개』, 이창일, 모시는 사람들, 2018.

『반역, 패자의 슬픈 낙인』, 배상열, 추수밭, 2009.

『백양 중국사 1~3』, 백양, 김영수 옮김, 역사의아침, 2014.

『사화와 반정의 시대』, 김범, 역사비평사, 2007.

『선비의 배반』, 박성순, 고즈윈, 2004.

『세계사 편력 1~3』, 자와할랄 네루, 남궁원·곽복희 옮김, 일빛, 2004.

『송시열, 그대의 목에는 칼이 안 들어간답니까?』, 박지훈, 법문사, 2016.

『송시열과 그들의 나라』, 이덕일, 김영사, 2000.

『시경』, 심영환 옮김, 홍익, 1999.

『역사는 언제나 다시 써야 한다』, 이상현, 삼화, 2017.

『역사란 무엇인가』, E. H. 카, 김택현 옮김, 까치, 2007.

『역사의 개념에 대하여 / 폭력비판을 위하여 / 초현실주의 외』, 발터 벤야민, 최성만 옮김, 길, 2008.

『영남사림파의 형성』, 이수건, 영남대학교출판부, 2007.

『영남학파의 형성과 전개』, 이수건, 일조각, 1995.

『영조와 정조의 나라』, 박광용, 푸른역사, 1998.

『우리가 아는 선비는 없다』, 계승범, 역사의아침, 2011.

『원치 않은 오랑캐와의 만남과 전쟁』, 한명기, 동북아역사재단, 2020.

『윤휴와 침묵의 제국』, 이덕일, 다산북스, 2011.

『임진전쟁과 민족의 탄생』, 김자현, 주채영 옮김, 너머북스, 2019.

『자발적 복종』, 에티엔 드 라 보에시, 심영길·목수정 옮김, 생각정원, 2015.

『전봉준 장군과 그의 가족 이야기』, 송정수, 혜안, 2021.

『전봉준 재판정 참관기』, 김흥식, 서해문집, 2016.

『전봉준, 혁명의 기록』, 이이화, 생각정원, 2014.

『전봉준과 동학농민혁명』, 조광환, 살림터, 2014.

『전쟁의 세계사』, 윌리엄 맥닐, 신미원 옮김, 이산, 2005.

『전환기를 이끈 17인의 명암』, 이희근, 휴머니스트, 2002.

『정감록 역모사건의 진실게임』, 백승종, 푸른역사, 2006.

『정선 목민심서』, 정약용, 다산연구회 엮음, 창비, 2019.

『정인홍 평전』, 신병주, 경인문화사, 2008.

『정인홍과 광해군』, 조여항, 동녘, 2001.

『정치, 함께 살다―위민과 민본으로 공존하는 유교정치학』, 안외순, 글항아리, 2016.

『조선 민중 역모 사건―재판 기록으로 살펴본 조선의 두 얼굴』, 유승희, 역사의아침, 2016.

『조선 성리학, 지식권력의 탄생』, 김용헌, 프로네시스, 2010.

『조선 지식인의 위선』, 김연수, 앨피, 2011.

『조선, 그 마지막 10년의 기록』, 제임스 S. 게일, 최재형 옮김, 책비, 2018.

『조선과 그 이웃 나라들』, 이사벨라 버드 비숍, 신복룡 옮김, 집문당, 2000.

『조선시대 당쟁사 1~2』, 이성무, 아름다운날, 2007.

『조선시대 지주제 연구』, 이세영, 혜안, 2018.

『조선시대의 대간 연구』, 정두희, 일조각, 1994.

『조선에 반反하다』, 조윤민, 글항아리, 2018.

『조선유학사』, 현상윤, 심산, 2010.

『조선은 왜 무너졌는가』, 정병석, 시공사, 2016.

『조선을 뒤흔든 최대 역모사건』, 신정일, 다산초당, 2007.

『조선을 비판하다』, 김진년, 책과나무, 2018.

『조선의 변방과 반란, 1812년 홍경래의 난』, 김선주, 김범 옮김, 푸른역사, 2020.

『조선의 숨은 왕―문제적 인물 송익필로 읽는 당쟁의 역사』, 이한우, 해냄, 2010.

『조선중기 사림의 도학과 정치철학』, 설석규, 경북대학교 출판부, 2009.

『조선중기 정치와 정책』, 한국역사연구회, 아카넷, 2003.

『조선후기 남인과 서인의 학문적 대립』, 허권수, 법인문화사, 1993.

『조선후기 농업사 연구 1~2』, 김용섭, 지식산업사, 2007.

『조선후기 산림세력연구』, 우인수, 일조각, 1999.

『조선후기 정치경제사』, 이세영, 혜안, 2001.

『조선후기 지방재정과 잡역세』, 김덕진, 국학자료원, 1999.

『중국 통사 상, 하』, 범문란, 박종일 옮김, 인간사랑, 2009.

『중종의 시대─조선의 유교화와 사림운동』, 계승범, 역사비평사, 2014.

『진보와 빈곤』, 헨리 조지, 김윤상·박창수 옮김, 살림, 2008.

『청소년을 위한 역사란 무엇인가』, 최경석, 살림FRIENDS, 2008.

『패자의 역사』, 구본창, 채륜, 2008.

『한국 근대사를 꿰뚫는 질문 29』, 김태웅·김대호, 아르테, 2019.

『한국사 그들이 숨긴 진실』, 이덕일, 역사의아침, 2009.

『한국 사회의 유교적 변환』, 마르티나 도이힐러, 이훈상 옮김, 아카넷, 2003.

『한국정치의 역사적 기원』, 진덕규, 지식산업사, 2002.

『허균 평전』, 허경진, 돌베개, 2002.

『허균의 생각』, 이이화, 교유서가, 2014.

『홀로 벼슬하며 그대를 생각하노라─미암일기 1567-1577』, 유희춘, 정창권 풀어씀, 사계절, 2003.

『홍경래─시대의 벽을 넘지 못한 비운의 혁명가』, 안재성, 아이세움, 2008.

언론 기사

「2003년 고서 한권이 발견됐다. 그러나 아무도 연구하지 않았다. - 정인홍이 쓴 '정맥고풍변', 퇴계 비판한 400년 금서의 사연」, 『동아일보』, 2012.2.9.

「고위공직자 병역면제 비율, 일반인보다 높아..10명 중 1명 꼴로 면제」, 『한국경제』, 2016.9.11.

「고조선 넓은 영토에 왜 벌벌 떠나, 식민사학계와 진보학계에게 보내는 글」, 이찬구, 『디트뉴스24』, 2016.6.24.

「교육부 고위간부 "민중은 개·돼지… 신분제 공고화해야"」, 『경향신문』, 2016.7.8.

「농업史 통해 '내재적 발전론' 싹 틔워... 근대사 역동성 발견 - 김용섭의 '조선후기 농업사연구'」, 『한국일보』, 2019.1.7.

「복합상소와 보은집회 - 김삼웅의 동학혁명과 김개남장군 17화」, 『오마이뉴스』, 2019.12.28.

「희대의 조작 사건, 기축옥사」, 『딴지일보』, 2019.9.30.

「110년 전 석대들 전투를 아십니까?」, 『오마이뉴스』, 2004.5.5.

조선 500년의 거짓말

초판 1쇄 펴낸 날 2024. 8. 23.

지은이   김학준
발행인   양진호
책임편집   황인석
디자인   김민정
발행처   도서출판 인문서원

등 록   2013년 5월 21일(제2014-000039호)
주 소   (07207) 서울시 영등포구 양평로21가길 19, 우림라이온스밸리
         B동 512호
전 화   (02) 338-5951~2
팩 스   (02) 338-5953
이메일   inmunbook@hanmail.net

ISBN   979-11-86542-68-2 (03910)